采铜文丛

尝谓今人纂辑之书，正如今人之铸钱。古人采铜于山，今人则买旧钱，名之曰废铜，以充铸而已。所铸之钱，既已粗恶，而又将古人传世之宝舂剉碎散，不存于后，岂不两失之乎？承问《日知录》又成几卷，盖期之以废铜，而某自别来一载，早夜诵读，反复寻究，仅得十余条，然庶几采山之铜也。

——顾炎武《与人书十》

知識生產與傳播

刘龙心 著

近代中国史学的转型

生活·讀書·新知 三联书店

Simplified Chinese Copyright © 2021 by SDX Joint Publishing Company.
All Rights Reserved.

本作品简体中文版权由生活·读书·新知三联书店所有。
未经许可，不得翻印。

图书在版编目（CIP）数据

知识生产与传播：近代中国史学的转型 / 刘龙心著．
—北京：生活·读书·新知三联书店，2021.7
（采铜文丛）
ISBN 978 - 7 - 108 - 07122 - 4

Ⅰ．①知… Ⅱ．①刘… Ⅲ．①史学史-研究-中国-近代 Ⅳ．①K092.5

中国版本图书馆 CIP 数据核字（2021）第 045124 号

责任编辑　王婧娅
封面设计　黄　越
责任印制　洪江龙
出版发行　生活·讀書·新知 三联书店
　　　　　（北京市东城区美术馆东街 22 号）
邮　　编　100010
印　　刷　常熟市文化印刷有限公司
版　　次　2021 年 7 月第 1 版
　　　　　2021 年 7 月第 1 次印刷
开　　本　720mm×965mm　1/16　印张 25
字　　数　407 千字
定　　价　86.00 元

目　次

- *001*　简体版序
- *005*　自序

- *001*　绪论

上篇　历史书写与国族认同

- *017*　第一章　国族起源与"中国上古史"的建构
- *100*　第二章　形塑"中国近代史"：民族主义与现代化

下篇　社群、网络与传播

- *169*　第三章　一代旗手傅斯年：一个学术网络的观察
- *209*　第四章　寻求客观对话的空间：书评与社群网络
- *250*　第五章　学术社群与中国社会经济史研究的兴起
- *303*　第六章　通俗读物编刊社与战时历史书写

- *355*　结论

- *367*　征引书目

简体版序

2019年初这本对我而言延宕已久的书终于面世，2020年下半年生活·读书·新知三联书店告诉我简体版已经进入编校流程时，三民书局也通知我，繁体初版的库存量已经不多，准备要再版了，因此趁着这个机会，一并把繁体初版中的一些错误和不足之处加以增补修订，唯全书基本架构和论点不变。

二十几年来，研究、教学几乎占满我所有的生活内容，而各种学术活动更成为我寻思往事、系年纪事的坐标。2020年好不容易迎来期盼多年的休假，不料遇上Covid-19全球疫情肆虐，原本配合休假而安排的出国研究、开会等活动，一时之间全数停摆。日子忽然像一列急刹的列车，一下子慢了下来，原本清晰映衬在窗景中的自我忽地消失不见，这时，我才看出了远山近树之别、琼田翠岛之美，注视那些停在平交道上等待列车通过的行人、骑士，才发现他们只是我生命中极为短促的一道风景，我不知道他们是谁，不懂得他们的人生与苦乐。窗外移动的形体和车厢中的自己，其实是两分的世界，一直以来在快速飞驰而过的窗景中观看的自我，原来只是镜像。

休了假，不能出国，留在台北却意外多出许多时间。7月下旬"中研院"近史所吕妙芬所长邀我在"思想文化史研习营"做了一场演讲，谈"史学史还可以怎么做？"；随后又因人文司人才培育系列讲座，以"知识论域与近代史学"为题，从去年（2020年）9月到今年4月，总共进行了六次演讲。这一连串的演讲都和近代史学相关，准备过程中，我仿佛在慢下来的列车窗景中，体会到窗里窗外两分的世界，当窗外折射的镜像不再，我才赫然发现自己其实一直只是坐在高速行驶的列车中，自以为的"预流"，不过是"物我合一"的镜像。作为史学史研究者的我，竟未能觉察史学史研究从何时开始凋零若此？

1930年陈寅恪在《陈垣〈敦煌劫余录〉序》中说："一时代之学术，必有其新材料与新问题。取用此材料，以研求问题，则为此时代学术之新潮流。治学之士，得预此潮流者，谓之预流。其未得预者，谓之不入流。此古今学术之通义。非彼闭门造车之徒，所能同喻者也。"照理来说，史学史研究者应该是最敏于时代之变与学术潮流之人，可是为什么我看得出学术潮流之变，却对自己研究领域的凋零提不出任何解释？是我太忙、太融入？还是所有的历史研究者都太忙、太融入？当日子慢下来之后，我开始思索这些问题。陈寅恪说这话的时候，显然在一个亟需倡议"新材料"重要性的年代里，但如果是一个普遍重视新材料，却不见得能够相应提出新问题的年代，陈寅恪又会怎么说呢？在学术分科愈来愈细的今天，我们是不是早已习惯在自己的分支次领域找材料、提问题？却毫不在意自己在什么样的框架下认识问题，以及这些问题又有多少是从既有的研究脉络出发，并持续影响着今天的我们？或者更多时候，我们是不是只能卑微地期待新材料的出现，或乞灵于国外的问题意识？如果大多数的历史研究者没能意识到这些问题，那么史学史研究的凋零，恐怕就不只是一个分支次领域的事了。

不过身为史学史研究者的我们难道就没有责任吗？我们意识到了中国史学史的研究典范长久以来如何制约着我们吗？1926年梁启超在《中国历史研究法补编》里提及"史学史的作法"时曾经表示：中国人"回头看"的性质很强，常以过去经验做个人行为的标准，所以史部的书特别多。然而"中国史书既然这么多，几千年的成绩，应该有专史去叙述他，可是到现在还没有，也没有人打算做，真是很奇怪的一种现象。"梁启超这段话看来稀松平常，后来的研究者也没怎么注意，实际上梁启超在似有若无间已将中国过去"几千年的史书"串成一气，使其前后相连，为的就是要让人感觉不出古今之别。而久处学科体制下的我们，也早已习惯这种"古今无别"的提法，自然不觉得用"专史"去研究中国"几千年来的史书"有什么问题。"专史"是现代史学的一种表现形式，当我们从"专史"的角度重理中国史学时，就不可能不涉及旧史的"改造"，而这种改造是在不知不觉中完成的。

梁启超早在《史之改造》中曾毫不讳言地表示，中国古代著述，大多短句单辞，不相联属，少有长篇记载，所以事与事之间很难产生联络。而真史当如电影片，前张后张紧密衔接，成为一轴。因此他认为今日之史必须表现出人类活动的状态，其性质为"整个的""成套的""有生命的""有机能的""有方向的"。要把原本不相联属的过去，连成整个的、成套的、紧密相衔的历史，可见得梁启超的改造方案实与20世纪以后的史学走向相仿佛，建制化的学科体制和科学史学的概念，一方面把"中国史"建构成一个从古到今、一以贯之的共同体，一方面把探讨、描述中国过去几千年史学成就的"中国史学史"塑造成中国历史文化所留下来的史学遗产，两者同具"集体同一性"的表征。从这个角度来看，中国史学史自始即以一种现代学科的视角，将中国史学视为一个持续发展、连续不断的历史进程，为了探究此一进程和绵延不绝的中国史如何为一代代的史家所记录与书写，历朝历代的史书、史官、史家、史学就成了中国史学史研究的主要对象。说到底，中国史学史几乎是为了说明中国史的正当性而存在的一门次学科领域。

然而，当历史研究的课题愈来愈多样化、细碎化之后，"大写历史"逐渐失去它的吸引力，各种新兴的研究领域开始关注微观的、日常的、地方的、去中心观的、后殖民的历史，"国史"不再是历史研究的唯一视角，中国史学史存在的合理性也随之动摇，多数学者长年浸淫在自己的研究课题中，不知道从什么时候开始，过去写在 CV 上的学术专长从"研究领域"变成了"研究课题"，而外在的学术规范也助长了此一趋势。近二十年来的学术期刊评比和各种研究项目的申请，进一步制约了学术论文的写作格式，"研究回顾"成了"前言"或"研究背景"必要的栏位。当研究者提出一个个细碎而专精的研究课题时，需要回顾与对话的对象往往也限缩在极小的范围内，以史家、史书、史学为书写对象的史学史便与绝大多数的研究课题断离开来，再无用武之地。可是，此一现象史学史研究者发现了吗？如果史学史研究者自己都没有意识到此一转变所带来的影响，史学史研究恐怕真是凋零已极了。

史学史研究需要新的活水，新的视角。最近的思考没来由地让我想起很多年前一位来系上客座的教授，旁听我在研究所开的中国近代史学史专题之后说："你的课可以和任何一个人合开！"当时以为这只是一句玩笑话，并不以为意，多年后回想才知其深意。面对研究趋向的改变和学术环境的变化，中国史学史研究的确需要新的思路与定位。也许我一直不能算是一个"典型"的史学史研究者，但长久在此耕耘，总有些不吐不快的想法。有关"新史学史"的具体做法，说来话长，无法在此细述，也许留待来日另文发表。出版在即，借此机会聊记一年多来的想法，同时为慢下来的脚步留下一点印记。

刘龙心　于深柳堂

2021 年 4 月 30 日

自　序

对我而言，这是一本迟到将近十年的书。2009年从荷兰回来后曾起心动念想把它写出来，可是不久之后就莫名病了，心理也开始起了变化，虽然日子照过、课照上、文章照写，依旧忙忙碌碌，却就是无法面对这件事。直到2013年开始思考近代历史学空间观念转变的课题之后，新的研究方向才让我重启研究动能。接下来的日子，由于对新的课题兴致高昂、跃跃欲试，心里时时浮现应把旧作完成的念头，却苦无时间。幸而2016年获得补助，有机会放下繁重的教学工作，前往"中央研究院"近代史研究所访问，这本书才有了重生的契机。

现在回想起来，还是因为所有的书写与创作都和生命的内在关怀相表里，不想写、不愿意写的背后，隐藏的是心灵的荒疏，而身体，只不过是心理的投射与显化而已。新的研究课题让我找到一个更宽广的视角，尝试回答中国现代史学和传统史学之间的差异：抽象的空间观念如何伴随具体事物的变化而改变，而改变之后的空间观念又如何影响历史的表述方式和历史学整体的知识形态？这些新的问题刺激我回过头来反思旧作，甚而从中得出新的体会。这一过程让我意识到，很多事情似乎必须走到人生的另一阶段，才能看出它的意义——或许，这也正是历史想告诉我们的，只是，汲汲于当下的我们往往来不及看懂这些。

这本书里有旧作也有新文，每个篇章都曾在国内外不同的学术讨论会上发表过，有些则刊登在学术期刊上，分别得到来自不同国家、不同地方学者的指正，这些在我改写过程中，都点滴在心。要谢谢的人很多，首先最该感谢的是人文司历史学门在我每次提出专题和专书计划时给予的补助，特别是早些时候资料库还不是这么发达的年代里，每次到中国大陆或日本找资料都像是一场冒险，不知道自己可以看到什么。如果没有这些补助，仅靠个人财力，很多研究都不容易完成。其次，要感谢哥廷根大学（University of Göttingen）的施耐德（Axel Schneider）教授，于2008年邀请我到荷兰莱顿大学现代东亚研究中心（Modern East Asia Research Centre, Leiden University）研究访问，并且在他忙碌的行政和研究工作之余，还定期和我一起读书、一起讨论，享受自在、愉快而又充实的时光。2016—2017年"中研院"近史所吕妙芬所长慨然应允担任我的sponsor，并且在我访问期间提供了相当优厚的研究环境，让我非常便利地取得各种资源，重新理清旧稿未逮之处。也谢谢黄克武教授和张哲嘉、林志宏邀我加入近史所知识史研究群，在所期间诸位研究员，如李达嘉、余敏玲、罗久蓉、张寿安、潘光哲、连玲玲和林美莉等，不时的关照与互动，更是让我铭感于心。2017年华东师范大学王东教授和李孝迁教授邀我前往客座，让我有机会和历史系的老师、同学们一起研究切磋，同学们的热情、向学尤其使我印象深刻。此外，还要感谢所有曾经邀请我参加学术研讨会或研究团队的单位及研究伙伴，如复旦大学的章清教授，澳大利亚国立大学的梅约翰（John Makeham）教授，北京师范大学的李帆教授，香港树仁大学的区志坚教授，以及南开大学的孙卫国教授、朱洪斌教授，等等，因为每一次的发表都是一种学习，也是一次分享，在孤单而又有趣的研究道路上，非常庆幸有这些同行和朋友相伴。

  2009年以后曾经或长或短担任我专题计划的助理们，黄琬柔、李琬绮、张英瑜、陈品伶及曾宇宸，都是我赶写每篇论文时最及时的救火队，他们不但协助我处理资料，还帮我解决各式各样的疑难杂症及电脑问题，有时也跟着我一起读书。完稿之后，曾宇宸、林政杰、廖佳盈更连续数日夜挑灯夜战陪我赶工校对，完成临门一脚的工作。也谢谢台大生科系于宏灿教授、三民书局总经理刘仲杰先生，以及编辑小组在整个出版过程中给我的帮忙与协助，使我得以从容写作。

研究工作常常没日没夜，没有假期，写起文章来最常忽略的就是家人。从我踏上研究之途开始，妈妈、小姨、小姨丈最常问我的话每每都是："这礼拜回不回家？"他们用最大的包容和耐心等我写完每一篇论文、每一个计划，从无怨言，只希望我下个礼拜能够回家，他们永远是我心里最深的牵挂，也是我精神上最强大的支柱。当然朝夕相伴的绍理，更是我所有研究动力的来源，每个想法，每种构思，他永远是我第一个听众，也永远是最支持、最鼓励我的人。每天最期待的事就是下了课，穿过整个台北市，回到家里和绍理一起散步，一起做饭，一起吃饭，分享一天的种种。书里每个篇章，都有他的批评，也有他的心血。

最后，我想说的是，从事史学研究二十余年，至今不能或忘的是业师杜维运老师一生对史学史研究的忘我与坚持，即使退休住在温哥华，一样天天笔耕不辍。这么多年下来，尤其感激他放任且接受我做完全不一样的史学史，写我想写的问题。一直以为杜老师少说活到90岁不成问题，可是就在我最低潮的那三年，2012年9月杜老师在温哥华骤然过世。心里一直带着遗憾，来不及在杜老师生前把这本书写出来，而且一拖还这么些年。杜老师过世后，师母像是代替了老师，不时询问我写书的进度，偶尔返台也必约会聊天，师母的诙谐、智慧、勇敢，让我知道老师何以能够放心写作，完全无后顾之忧。全书出版在即，谨以此书献给我亲爱的杜维运老师。

刘龙心　写于青山楼

2018年12月30日

绪 论

很多年前一位前辈在某次谈话之后问我:"现代史学和传统史学真的有很大的差别吗?"这个问题一直留在我的脑海里,在我写完前一本书《学术与制度:学科体制与现代中国史学的建立》之后并没有完全消逝,因为学术与制度之间的互动固然可以看出现代史学如何在它所依托的制度下逐渐变化的过程,却不能完全解决传统史学如何向现代转化的问题。此一问题由于牵涉面广,可以尝试观察的面向很多,例如以某些具有代表性的史学家为例,或从历史学的观念、方法、材料、书写形式入手,也可以讨论历史学在学科范围、学科性质方面的变化,等等,都提供了我们理解传统史学如何向现代转化的不同面向。不过,在上述这些有关历史实然面的讨论之前,一个更根本的问题在于我们必须先去厘清致成此一转变的关键性因素究竟为何?唯其如此,上述种种问题才可能产生相应的答案。

在我看来,导致中国传统史学向现代史学转化其中一个非常关键的因素,即在于民族国家(nation-state)的出现。虽然要确切定义"民族国家"非常困难,而且这种以西欧为经验的发明,也不见得可以完全移置于中国,但无可讳言的是,19世纪中叶以来,历次的战争、条约已逐渐把中国带进一个根据主权范围来界定的国际条约体系当中,[①] 而19、20世

[①] 相关讨论可参考:王柯,《中国,从天下到民族国家》(台北:政大出版社,2015年),页177—206。

纪之交，与民族国家观念最为切近的"国民"或"民"的概念，已经愈来愈广泛在中国知识界流传。① 如果按照奥斯特哈默（Jürgen Osterhammel）的看法，世界各国通往民族国家的道路各不相同，有些从帝国转化而来，有些必须借赖民族主义所形成的"我族"意识，更有一些则是透过革命或霸权式的联合方有以致之。一个比较共通的定义，大体是将现代"民族国家"指向由一个或多个民族在被界定的领土范围内寻求政治上的自治，并建立自己的国家以维护这种自治的政治共同体。在此意义下，作为公民共同体的"民族"是为国家主权的拥有者，由它来建立并控制政权；而所有公民皆可平等参与国家的公共机构管理、义务履行与规划实施。②如果根据这个定义，20世纪以后的中国无疑也在试图寻找一条通往民族国家的道路，唯其不同的是，每个人对于民族国家的想象可能各自不同。

事实上，有关民族国家的讨论相当多，盖尔纳（Ernest Gellner, 1925 - 1995）、安德森（Benedict Anderson, 1936 - 2015）、霍布斯鲍姆（Eric J. Hobsbawm, 1917 - 2012）等人有关民族主义的著作皆名噪一时，③ 特别是安德森将民族视为一种"想象的政治共同体"之后，此一发人深省的论述便成为许多研究者用以反思自身国族起源的依据。本书虽无意踵继前说，去讨论安德森所谓"想象共同体"的概念如何在中国民族国家生成过程中产生作用，然而作为一个史学史研究者，在我注意到现代民族国家其实是导致传统史学向现代转化的关键因素时，安德森的观点提醒我必须思考：在人们透过历史来书写民族、想象民族的同时，这个想象中的民族实际上也会回过头来形

---

① 方维规，《近代思想史上的"民族"相关核心概念通考》，孙江、陈力卫主编，《亚洲概念史研究》，第2辑（北京：生活・读书・新知三联书店，2014年），页29。
② 于尔根・奥斯特哈默著，强朝晖、刘风译，《世界的演变：19世纪史》，II（北京：社会科学文献出版社，2016年），页779—780。
③ Ernest Gellner, *Nations and Nationalism* (Ithaca: Cornell University Press, 1983). Eric J. Hobsbawm, *Nations and Nationalism since 1780: Programme, Myth, Reality* (Cambridge: Cambridge University Press, 1990). Benedict Anderson, *Imagined Communities: Reflections on the Origin and Spread of Nationalism* (London: Verso, 1991).

塑历史的书写，从而对历史的概念、方法、功能及价值产生决定性的影响。这就好比田中（Stefan Tanaka）注意到明治早期的日本菁英发现将日本变成一个民族国家最有效的策略就是撰写历史，仿效西方的形貌，把日本写入近代史，使其成为世界文明的一部分。在这样的观察上，卜正民（Timothy James Brook）进一步表示，历史是最适合这项使命的学科，明治初期日本的史学家采用了西方的史学方法及其宣称所掌握的科学方法，来建构一部正在向前迈进国家的近代史。① 卜正民的看法某种程度上即说明了民族国家的框架一旦成形，同样也会制约当初建构它的那些"历史"。

芝加哥大学的查克拉巴迪（Dipesh Chakrabarty）对于印度史曾经提出这样的警语：任何有关国史本真性的表述（authentically representation），都应该成为一个问题意识被加以重新思考。查克拉巴迪认为近代印度学院中的历史实际上已非印度自身的历史，而是欧洲历史学的产物，科学化的印度史放弃了许多印度原有典籍文献中的各种言说，将其纳入"神话"这个新发明的概念中。② 虽然查克拉巴迪的话原是针对印度史而发，不过也等于间接告诉我们，应当注意这种带有科学性质的历史书写对中国产生的作用；当20世纪中国史学家试图借由自身理解的"科学历史"方法书写国史时，是否也生产了另一套自视为具有"本真性"的表述？③ 而这种表述

---

① 卜正民著，李荣泰译，《资本主义与中国的近（现）代历史书写》，卜正民、格力高利·布鲁（Gregory Blue）主编，古伟瀛等译，《中国与历史资本主义：汉学知识的系谱学》（北京：新星出版社，2005年），页144—145。
② Dipesh Chakrabarty, "Postcoloniality and the Artifice of History: Who Speaks for 'Indian' Pasts?" *Representations*, 37, (Winter, 1992), pp. 1-26.
③ "本真性"问题在哲学、美学、艺术领域的诸多讨论在此不具，一般带有"确实""真实"的意思，本书所论"本真性"的概念主要脱胎于杜赞奇的观点。杜赞奇认为20世纪的哲学多从卢梭、黑格尔、尼采到海德格尔等人所论，旨在探寻自我及人格上的本真，并且思考资本主义如何腐蚀人原有的"本真"。而杜赞奇所界定的"本真性"则是跳脱上述本体论的讨论，指的是一种秩序或体制（an order or regime），这个秩序或体制企求权威且神圣不容侵犯的各式表述，换句话说，"本真性"体制起源于它具有（或宣称）任何时间都是美善的权威，而且既然在任何时间都是美与善的，那么这种"本真性"的秩序和体制就超越了时间的限制。基于这样的看法，杜赞奇认为现代哲学（转下页）

是不是也因为比较符合民族国家的想象而被我们视为更接近真实？

对于这个问题，杜赞奇（Prasenjit Duara）显然有更深一层的思考，他在 Rescuing History from the Nation 一书中不但注意到历史是非民族国家转入民族国家的主要模式，同时也看到了历史在成为民族的根基与存在模式的同时，民族也跟着成为历史的主体。① 他强调历史把民族塑造成一个同一的、在时间中不断演化的主体，为民族建构了一种"虚假的统一性"。② 不过杜赞奇并不同意历史只是一个以民族国家为主体单线进化的过程，他更强调"复线的历史"（bifurcated history），他认为在以民族国家为单一的政治群体之外，实际上还存在着众多以语言、宗教、习惯、宗法、礼制等不同文化实践作为组成方式的群体，只是这些群体的历史在现代国族建构的过程中，逐渐被吸纳或掩盖在以民族国家为主体的历史叙事当中，因此所谓"复线的历史"正是要讨论这些为主流话语所消灭或利用的叙事结构。③ 杜赞奇以一种更为后设的视角，点出民族国家在近代历史书写中愈来愈强大且无所不在的影响力，复线的历史观除了帮助我们理解民族国家的主流叙事如何形成，也提醒我们应该注意那些被压抑、排除和利用的，又是些什么样的历史。

从某种意义上来说，杜赞奇提出的复线历史，是对于18、19世纪以降欧洲发展出的单一线性国史书写的批判与反省，因此我们有必要了解此

（接上页）视"本真性"为具有危及存有（being）的属性，指涉的是一种不断建构自我为权威核心的权力体制。从这个角度来看，本书所论之历史书写即是一种不断建构自我为权威的过程。Prasenjit Duara, "The Regime of Authenticity: Timeless, Gender, and National History in Modern China," *History and Theory*, Vol. 37 No. 3, (Oct. 1998), pp. 293–294.

① Prasenjit Duara, *Rescuing History from the Nation: Questioning Narratives of Modern China* (Chicago: The University of Chicago Press, 1995), p.27.
② Prasenjit Duara, *Rescuing History from the Nation: Questioning Narratives of Modern China*, p.4.
③ Prasenjit Duara, *Rescuing History from the Nation: Questioning Narratives of Modern China*, pp.65–66.

种单一线性历史书写的生成,及其对历史知识和历史意识的重大影响。就此课题而言,绝对不能忽略德国史家科塞雷克(Reinhart Koselleck, 1923-2006)的长期反思与讨论。① 科塞雷克特别注意到所谓鞍型时期(Sattelzeit)的百年间(1750—1850),欧洲人出现了一种新的历史意识,他称之为"集体同一性"(collective singularity)。在这段历史意识的转变中,人们的时间意识由侧重过去转向寄望未来,过去所发生的事,难以和变幻莫测的未来相衔,于是原来具有人生导师(Historia Magistra Vitae)作用的"过去",失去了原有的价值。人们必须用计划或规划(plan)的理性思考来面对并试图掌握不可测的未来。计划与规划的思考是形成集体同一性的重要力量,因为历史似乎可以让人在遭遇的各种事件中,发现诸多蕴藏在事件中的潜在力量和寓意,也就是某种可以被人理解与掌握的计划,并且让人产生一种信念,觉得自己是与这个计划有关、要为此计划负责且行动的人。

为了理解潜藏在诸多事件背后的计划,人们不能只顾着观看单一事件,也必须察觉事件与事件之间的关系与联系,才能掌握全貌,并且看到计划所指向的未来及其目标。科塞雷克指出,就是在这样的转变下,逐渐滋长出集体同一性的历史意识,也渐渐区别出记录单一事件的故事/报道(histoire, account)和表现集体同一性计划的"历史"(Geschichte)。② 集体同一性不仅指涉事件与事件连缀而成的历史,也指涉诸多事件所经历的时间,亦即观察、分析诸事件的时段必须要够长久,才能看出背后隐藏的计划,因而上古、中古、近世这类长时段(longue durée)分期即是集体同一性的时间表征。他特别引用洪堡(Alexander von Humboldt, 1769-1859)的话

---

① 有关科塞雷克生平和史学思想较完整的讨论,可参考:Niklas Olsen, *History in the Plural: An Introduction to the Work of Reinhart Koselleck* (N.Y.: Berghahn Books, 2012)。
② Reinhart Koselleck, "Modernity and the Planes of Historicity," in Reinhart Koselleck, *Futures Past: On the Semantics of Historical Time*, trans. by Keith Tribe (Cambridge Mass.: The MIT Press, 1985), p.3.

来说明时人观念的转变。洪堡说，要做一个名实相符的历史书写者，他的作品就必须将各种事件看作整体之中的一部分，或者能在每个事件中描绘出历史普遍的形式与容貌。此一历史意识在18—19世纪也成为人们思索改造社会的重要工具，人们会用各种"大写"的语词来表达此种集体同一性，例如全体社会的自由Freedom取代个人（复数）的自由freedoms，全体的进步Progress取代各别（复数）事物的进步progressions，而对自由的渴望、进步的欲求，最后汇流成必须彻底改造现状的强大驱力，革命（Revolution）于焉出现。① 科塞雷克提醒我们，绝不能忽视历史所具有的庞大能动性（feasibility of history）。

杜赞奇力图批判的，正是这股庞大动能所生产出来具有集体同一性的历史，科塞雷克则提供了反思集体同一性的理论资源。在他们的影响下，中外学界有许多讨论历史如何建构民族国家的先行研究，让我们理解民族国家起源的虚构性，同时也有愈来愈多研究者正以杜赞奇所谓"复线的历史"观念，从事各式各样原本被国族叙事所压抑的历史研究。然而从史学史的角度来看，上述两种取向似乎仍然各行其是，多数的历史研究者并没有严肃反思民族国家所带来的框限，而是持续在它的笼罩下从事各种历史实然面的探讨，并不自觉今日我们对于过去的理解、思考、提问，甚至对历史真实的信仰，以及绝大多数的学科规训，几无不受此框架之影响。

事实上，因应现代民族国家而出现的历史学，往往必须透过一套科学、实证的研究方法和外在机制来巩固其存在的合理性，这套方法和机制与学院内部所生产的历史知识相互套叠，彼此奥援。史学家借由档案、奏折、方志、公文书、赋税资料、海关报告及考古发掘等材料，为民族国家的历史提供一套从古到今承续不断的科学证明。而学术机构、社群组织、期刊论文、书评和审查制度，也使得这套以学院为核心生产出来的历史知

---

① Reinhart Koselleck, "Historia Magistra Vitae: The Dissolution of the Topos into the Perspective of a Modernized Historical Process," in Reinhart Koselleck, *Futures Past: On the Semantics of Historical Time*, pp. 29 - 31.

识,取得可受公评、检证的客观价值,并且透过教育与各种传播媒介不断向外扩散,一再复制传衍,逐渐为大家所接受,并视之为理所当然。于是这套以民族国家为框架的历史表述,使得多数人(包括史学家自己)愈来愈相信国家是一个如实存在的个体,一个值得我们用情感、生命去拥抱的对象。因此当外力入侵、民族国家的生存受到挑战时,史学家宁可放下手边的工作,试图改编各种通俗历史书写文本,以期动员更多人投入捍卫民族国家的行列。

从另一方面来看,传统史学向现代转化的问题还可以从近代知识转型的角度来思考,这方面的研究在这十来年也受到国际汉学界相当高的关注。台湾方面以"中央研究院"近代史研究所为核心,研究时间上溯至晚明时期,研究课题兼重制度、思想与专门学科(specialized)等面向,内容涵盖校雠学和目录分类、传统学术的近代演变、近代学制变革、经学解体、教科书,以及新知识的传入、观念转移、知识生产与消费、翻译、出版、阅读、专业人士、专业社群、新型文化人等等,① 部分研究成果相继结集出版。② 中国大陆方面则以复旦大学、中山大学为代表:复旦大学自2005年开始分别就知识与制度、学科术语、西学译本与知识分类等主题筹组会议、出版研究成果,③ 其后更延伸出概念史研究群,结合中、日、韩、台等国家和地区的学者出版专刊;中山大学则以"近代中国的知识与制度体系转型"为题,召集学人分批发表研究成果。澳大利亚方面则有澳大利亚国立大学自2007年开始,分别在建筑学、中国历史学、中国文学、中国哲学、语言学、宗教研究和社会学等七大领域筹组会议,讨论近代中

---

① 张寿安,《近代中国的知识建构专号·导言》,《"中央研究院"近代史研究所集刊》,第52期(2006年6月),页9—17。张寿安,《近代中国知识转型与知识传播(1600—1949)大陆版导言》,《中国文化》,第44期(2016年第2期),页290—295。
② 除上述《近代中国的知识建构专号》外,另有:沙培德、张哲嘉主编,《近代中国新知识的建构》(台北:"中央研究院",2013年);Minghui Hu, Johan Elverskog, eds., *Cosmopolitanism in China, 1600-1950* (Amherst, New York: Cambria Press, 2016)。
③ 复旦大学历史学系、复旦大学中外现代化进程研究中心编,《中国现代学科的形成》(上海:上海古籍出版社,2007年)。

国传统学术典范的转移以及中国学科体制的形成，如何与西方学术体系融合互动并逐渐本土化的过程，其后中国历史学和中国哲学两大领域之研究成果集结为专书出版。① 德国方面在 1996 年到 2001 年间推出"近代中国科学术语形成的研究"专案，并与意大利罗马大学合作"耶稣会资源中的中国新词"研究，建立多种电子文献资料库。

以上各团队的研究取径虽各自不同，然皆以近代中国为论域核心。不过知识转型的问题同样在 17—19 世纪的西方世界出现，因此西方学界对此也有近似的关怀，其中有关西方历史知识转型、学科建制与国族认同之间的研究课题，最具代表性者，当推欧洲科学基金会（European Science Foundation）于 2003 年开始支持的一项大型研究计划 Representations of the Past: The Writing of National Histories in Nineteenth and Twentieth Century Europe，该计划结束后，出版了 *Writing the Nation: A Global Perspective*（2007），*The Contested Nation: Ethnicity, Class, Religion and Gender in National Histories*（2008），*Narrating the Nation: Representations in History, Media, and the Arts*（2008），以及 *Nationalizing the Past: Historians as Nation Builders in Modern Europe*（2010）。② 前三本论文集乃以宏观视角，分析国史书写的全球面向，族群、阶级、宗教与性别的书写如何成为与"国史"同样具有竞争力的历史

---

① John Makeham, ed., *Learning to Emulate the Wise: The Genesis of Chinese Philosophy as an Academic Discipline in Twentieth-Century China* (Hong Kong: The Chinese University Press, 2012). Brian Moloughney and Peter Zarrow, eds., *Transforming History: The Making of a Modern Academic Discipline in Twentieth-Century China* (Hong Kong: The Chinese University Press, 2011).

② Stefan Berger, ed., *Writing the Nation: A Global Perspective* (New York: Palgrave Macmillan, 2007). Stefan Berger & Chris Lorenz, eds., *The Contested Nation: Ethnicity, Class, Religion and Gender in National Histories* (New York: Palgrave Macmillan, 2008). Stefan Berger, Linas Eriksonas & Andrew Mycock, eds., *Narrating the Nation: Representations in History, Media, and the Arts* (New York: Berghahn Books, 2008). Stefan Berger & Chris Lorenz, eds., *Nationalizing the Past: Historians as Nation Builders in Modern Europe* (New York: Palgrave Macmillan, 2010).

叙事，以及历史叙事在媒体、艺术等媒介中的表现；后一本论文集则从微观视角出发，观察欧洲各国重要史学家在国史书写上的角色与作用。

这四本论文集虽然议题与本书关切的主旨有关，但多以欧洲的国史书写为研究对象，只有2007年出版的 *Writing the Nation: A Global Perspective* 一书，是以全球史为范围而与本书的关系较密切。如同主编博格（Stefan Berger）在导言中指出，自19世纪以降，伴随着欧洲各个王权转化成为近代主权国家，国史书写乃成为欧洲历史学发展过程中，极为重要的特质。两百年间的国史书写，吸纳了各种不同的时代思潮，包括科学主义、浪漫主义、实证主义、马克思主义以及社会达尔文主义，在不同的主权国家中，又因其所容受的政治意识形态的差异，表现出极为多样而异质的国史书写类型。然而，不论其间的差别为何，"科学的历史"（scientific history）似乎是欧洲国史书写中极为重要的特质，而因欧洲帝国扩张，以及大量涌入欧洲的各地留学生之学习与引介，此一特质分别向亚洲、非洲及拉丁美洲传播。例如日本即以能书写科学之国史作为衡量日本能否迈向西化与现代化的指标之一，并借此摆脱长久以来受传统中国学术影响的历史观。直到今天，科学的历史书写仍然是全世界许多地区学院历史书写的重要指标与特色。博格强调，"科学的历史"由于其宣称具有实证的效力，在"科学"的保证下，这种历史书写具有让人相信其为如实而真确存在的特质。① 是以"科学的历史"与"本真性"的国史表述，实为吾人应该进一步思考的课题。

Writing the Nation: A Global Perspective 这本论文集中收录的文章含纳了欧洲以外的美加、巴西、印度、澳大利亚、阿拉伯地区、非洲，和亚洲的中国与日本。其中有关亚洲部分由王晴佳（Q. Edward Wang）撰写，他在"Between Myth and History: The Construction of a National Past in

---

① Stefan Berger, "Introduction: Towards a Global History of National Historiographies," in Stefan Berger ed., *Writing the Nation: A Global Perspective*, pp.1-24.

Modern East Asia"一章中,主要铺陈日、中、韩三国有关近代国史书写的历程,并且扣紧上述"科学历史"与神话之间的交互关系。[①] 他分别以日本的神武天皇、中国的黄帝与朝鲜的檀君为例,说明近代民族国家建构的过程中,古代世界的各种传说记载如何被部分学者挪用为国家的始祖,以其作为民族国家认同的符号,另一方面又遭到秉持科学史学的学者所批评,称其为伪作,或视其为神话。此种科学史学与神话之间的辩难,直到21世纪初在中、韩两国之间仍清晰可见。唯其不同的是,二战后的中国由于深受马克思主义意识形态的影响而逐渐对黄帝失去兴趣,转向讨论古代奴隶社会。1990年代则由国务院主导"夏商周断代工程",试图用考古证据为三代定出精确年表,唯争议甚大,黄帝仍为一无法确认的传说。由于王晴佳这篇文章涵盖中、日、韩三国,因而有关中国的讨论只能精要带过,他对科学历史与神话的讨论,将会在本书第一章有更进一步的剖析。此外,王晴佳虽然注意到1990年代后中国政府主导古史研究,但他并没有将这个主导性放在民族国家与历史书写的辨证脉络下进一步阐述。

本书将在前述研究成果的基础上,探讨传统历史知识如何向现代转化的议题,主要内容将从近代历史知识的形态,以及历史知识形成的社会条件两方面,亦即历史知识从生产到传播的过程,讨论如下问题:一、近代中国人凭借着什么样的知识体系去认知和理解外来知识?二、在人们认知和理解外来知识的同时,又是如何借用传统、突破传统并建构传统的?三、在近代知识转型的过程中,历史如何被重新书写?新的历史知识如何建立?四、新的学院史学家如何操作不同的社会网络去传播他们的历史观念给新一代的学生和广大群众?他们如何形塑一个共有的历史知识,以及增加历史知识的有效性和正当性?

首先,在近代历史知识的形态方面,因应民族国家建国的需求和驱

[①] Q. Edward Wang, "Between Myth and History: The Construction of a National Past in Modern East Asia," in Stefan Berger, ed., *Writing the Nation: A Global Perspectives*, pp. 126-154.

力,近代中国史学必须回应两个无可回避的问题,即历史如何说明民族国家的起源和承续,以及民族国家形成过程中主要权力来源由君主、帝王转向一个必须重新界定的"民"。这两大问题某种程度上改变了近代历史书写的基本形态。本书第一、二章即试图以中国上古史和中国近代史两大次学科领域,说明中国史如何在一个全新的时间框架下,尝试以线性发展的概念,串联一部从古到今一脉相承的国史。在这部国史中,上古史如何解答民族国家的起源、近代史如何勾勒跨入近代以后当代国族存在的合理性等问题,不但体现了国史书写中长时段分期所表露的时间意识,也牵动时代巨变中的"民",如何去认知与理解这个刚刚诞生不久的国族。梁启超(1873—1929)在1902年发表《新史学》时高倡以民史代君史的"民",到了民国以后,历史学者又是如何书写那些从未在历史舞台上担任主角的"民"?是上古史中来源各异的"民族"?抑或是近代史里那些深具反帝反封建意识的"人民"?当民族国家成了历史叙事的主体时,民史的书写似乎也可以幻化成各种不同的形式。

其次,将以社群、网络与传播的角度铺陈接下来第三到六章的主题,在这些篇章中,我将侧重历史知识形成的社会条件,探讨上篇论历史知识所依托的种种外在机制,其中包括学术社会的营造、次领域的建构,以及历史知识的传播等议题。第三章我将以抗战前后的傅斯年(1896—1950)为例,说明他在一个金钱、物资极度缺乏的年代里,如何透过个人的人际网络和社会关系,力图建立一个他心目中所期待的学术社会。这些年来,有关傅斯年的研究很多,其中当推王汎森的 *Fu Ssu-nien: A Life in Chinese History and Politics* 一书最具代表性。[①] 本章许多思路皆承该书而来,唯其不同的是本章将更为侧重学术网络的面向,用以凸显傅斯年及其所领导的历史语言研究所对于现代学术社会所形构的各种价值与标准产生的作

---

① Fan-sen Wang, *Fu Ssu-nien: A Life in Chinese History and Politics* (New York: Cambridge University Press, 2000).

用,同时也可以从另一个侧面观察傅斯年所信仰的学术观念如何体现在第一章提及的中国上古史研究中。此外,第四章所侧重的史学类书评也和学术社会的形成有密切关系。在1930年代学术走向愈趋专业化的过程中,书评因各种学术期刊、报章杂志的普及而逐渐受人重视。这类评论性的文字尽管在整体报刊中所占篇幅并不算大,但从社群网络的角度观之,书评容或带有更强烈的对话性质。书评撰写者基于什么样的学术立场或秉持何种历史观点提出批评?对于现代历史学产生什么样的作用?以及书评与刊登书评的载体(包括纯学术性的期刊及具通俗大众化倾向的报纸副刊)之间又有什么关系?这些都是本章所欲讨论的问题。

比较特别的是第五章"学术社群与中国社会经济史研究的兴起",这章主要讨论社会经济史这门次学科领域崛起的过程。按理来说,这章放在上篇中讨论亦无不可,然而我想强调的是:学院以外的研究机构和社群组织对于中国社会经济史的崛起所产生的作用。因此,本章将着重于从北平社会调查所、中央研究院社会科学研究所到清华史学研究会这一系的研究脉络,用以说明中国社会经济史研究的兴起,并不仅仅是社会史论战的余波效应。在以左派叙事为主体的社会经济史研究之前,事实上早已存在以社会调查、档案分析为主的实证研究路线。而此一路线与18、19世纪之交西方的社会学、经济学发展有何关联?上篇所提及长时段的分期眼光以及有关"民"的书写,又是如何体现在此一时期的社会经济史研究当中?而其研究方法及核心关怀又与左翼社会经济史研究有何不同?都希望能在这章中有所梳理。

最后一章则是有关通俗历史的讨论。承前所述,在民族国家逐渐成形的过程中,有关"民"的书写与讨论,常常会因应不同时期、不同主题的需要而有不一样的表现方式。通俗历史书写里的"民",不同于学院内部常以某个抽象或集体概念所表现的"民",为了打动真实世界里每一个活生生存在的国民,往往必须以更直观、更简白的方式来表述一个个看似具体而鲜活的历史人物。特别在战争时期,通俗历史书写尤其肩负着唤起民族意识和动员群众的重责大任，久居学院的历史中人如何因应这样的需求，而在书写对象、书写方式和书写策略上有所调整？本章所论通俗读物编刊社，又是如何透过社群组织的力量打进下层社会，而其改写的历史对于重塑国民现代性和新的历史意识又产生了什么影响？亦是本章所要处理的问题。

以上所述各章皆环绕在近代历史知识的形态，以及形成历史知识的社会条件两大主题之下，也是从历史知识的生产和传播两个角度，观察这些因应民族国家而起的历史书写和客观建制。每章所论无不涉及历史书写者如何借用传统、突破传统和建构传统的问题，也存在着历史学者对于各种外来知识的认知、理解与转化，以及他们如何透过各种外在机制和社会条件，将其信仰的历史知识以各种方式传达、散播给其他人，从而建构一套迥异于传统的历史书写形态和思维方式。本书希望透过上述讨论，对于这些至今仍然影响我们深远的历史知识和学术环境，能有更深一层的认识。

上篇

历史书写与国族认同

第一章
国族起源与"中国上古史"的建构

　　这些年来学术界对于传统如何向现代转化的课题似乎特别感兴趣,而史学界亦屡见新猷,出现不少突破传统与现代二元对立思考形态的论著,有些论著特别着墨于个别史学家或派别的思想理路,有些则是把焦点放在史学方法、材料与观点的继承和创新上,相对比较少从历史知识本身的性质去思考现代中国史学与传统之间承续和断裂的问题,因此在论述时不仅难以超越一个根据现代史观或学术派别所定义的视角,也不易从近代知识转型的概念探触史学领域中某些极具本质性的议题。

　　即以20世纪的国史书写而论,史学史研究者多以1902年梁启超发表的《新史学》作为现代中国史学的开端,对于文中倡议的"史界革命"及"民史"等主张反复申陈、再三致意,并将梁启超以历史作为凝合人群、建构国族的工具,视为划时代的声言。然而有意思的是,多数史学史工作者在论述民国以后的史学发展时,却极少再着墨于梁启超20世纪初大声疾呼的"民史"及"新史学"所带来的影响及变化,仿佛清祚既寝、民国建立之后,民族国家的目标已然达成,早先被梁启超视为"悠悠万事,惟此为大"的"民史",[①] 在语境转换之后,便不再是民国历史书写的重点,20世纪初的民史诉求与建构国族的主张,似乎在"为学术而学术"的浪潮下就此销声匿迹。然而,如果我们从历史书写的角度而论,现代民族国

---

① 梁启超,《新史学》,《饮冰室文集》之9,第4册(台北:台湾中华书局,1983年),页7。

家的出现与形成,对20世纪以后的中国史学实际上产生了相当大的影响,其中最显而易见的莫过于"国史"的书写,例如清末重编国史运动中大量因应新式教育而编就的中国史教科书,以及民国以后众多史家陆续撰写的中国通史/中国史等,便十足带有强烈的"国史"建构性格。在传统历史书写中,绝少出现过以"中国"作为一个"国家"单位写成的历史,在这样的历史书写中,历史学家不免重新思考如何定义"中国"的范围、谁才是国史书写的主角,以及用什么标准串联不同时期的历史特色,以解释国家当前的处境及历史文化之所从来等问题。这些问题无不在观念、方法、材料,甚至研究范围上,导致中国史学出现某些极为本质性的变化,而这些变化正是现代史学有别于传统史学之所在。

在民族国家的框架下,本文所论"中国上古史",以其带有探寻国族起源的意义,尤为国史书写中无可回避的课题。唯此一断代分期,在概念上既不完全等同于先秦,亦有别于夏商周三代,现代史家如何在一个全新的时间意识和空间范围内探求此一时代的特色,并重新缀合各种断裂纷呈的历史文献和考古资料,用以解释一个具有当代自我认同意义的"中国史"源头,凡此问题无一不值得深入考究。除此之外我更关心的问题是:学科体制的形成紧紧扣合现代国家的种种课题,如何表现在"中国上古史"这门次学科领域当中?在向上溯源当代国族起源的意义上,现代史家何以选择以"民族"视角建构中国古代的起源,并以此向下承接历代王朝及当代民族国家?而在探寻国族起源的过程中,各种关涉起源的神话、传说又是如何在摸索"信史"的边界中被安置?这些问题有些是"中国上古史"所独有,有些亦与其他次领域攸关,从知识生产的角度而论,这些在"中国上古史"建构过程中所出现的课题,无一不与历史知识的转型直接相关。

一、 国史书写第一章

"中国上古史"一词对今天任何一个习史之人而言应该都不陌生,而这个词语的出现其实和中国史开始以上古、中古、近古作为分期的方式有关。1918年傅斯年论中国历史分期问题时曾说：

> 西洋历史之分期，所谓"上世""中世""近世"者，与夫三世之中，所谓"支期"者（subdivisions），在今日已为定论。虽史家著书，小有出入，大体固无殊也。返观中国论时会之转移，但以朝代为言，不知朝代与世期，虽不可谓全无关涉，终不可以一物视之。①

傅斯年说这段话时还在北大文科就读，在他看来当时中国史以上世、中世、近世作为分期方式还不是非常普遍的概念。事实上，这种以"时代"作为历史分期的方式，不过是清末时人透过汉译日籍才介绍到中国来的，如20世纪初梁启超在以民史对抗君史的脉络下，于《中国史叙论》中便仿了这样的分期方式，他说：上世史"自黄帝以迄秦之一统，是为中国之中国"，中世史"自秦一统后至清代乾隆之末年，是为亚洲之中国"，近世史"自乾隆末年以至于今日，是为世界之中国"。②在这个分期概念中，梁启超以"中国民族"为单位，将历史上的中国从一个"自发达、自争竞、自团结"的阶段，③一步步放进亚洲、世界的框架中，有意将中国史作为抟成民族国家的工具。

接续梁启超的概念，20世纪初重编国史运动中有愈来愈多人也跟着主张以上古、中古、近古的方式重新分期国史，唯此时断代史著作的时机尚未成熟，不少有关"中国上古史"的论述是以"国史第一章"的形式出现在通史撰作中，如夏曾佑（1863—1924）、刘师培（1884—1919）于20世纪初以时代分期方式分别写成的《中国历史教科书》，以及梁启超于1918年

---

① 傅斯年，《中国历史分期之研究》，原载：北京大学编，《北京大学日刊》，第1分册（北京：人民出版社，1981年），1918年4月18、20、22、23日。后收入：傅斯年，《傅斯年全集》，第4册（台北：联经出版事业公司，1980年），页176—185。
② 梁启超，《中国史叙论》，《饮冰室文集》之6，第3册，页11—12。
③ 同上书，页11。

在《中国史叙论》的基础上所写的《中国通史》等著作皆为代表。① 唯这类早期的通史性论著最后多半未能终篇，有好些是多年以后才陆续以断代史形式重新出版的。② 换言之，晚清时人在列强环伺的情况下，逐渐意识到朝廷不同于国家，③ 对照西方世界所谓的"国家"，今时今日的"中国"算不算一个国家？如果"中国"是一个国家——或想成为一个国家（这里有实然和应然的区别）——那么它的时间（历史）、空间（地域）范围又该如何界定？在这些问题的牵引下，才渐渐有了国史书写的需求。所以从这个角度来看，如何处理中国的"起源"之说，便成为国史书写第一章无可回避的课题。

由于受进化论的影响，晚清时人在处理中国起源问题时，经常好从人种学角度立论。1901年梁启超在《中国史叙论》中即特设"人种"一节，谓中国史范围内最有关系之人种包括苗种、汉种、伯特种、蒙古种、匈奴种和通古斯种等六种。④ 次年发表《新史学》时，又谓世界人种可区分为黄、白、棕、黑、红等五色，这五色人种中，梁氏再根据"历史"之有无划分为黄、白二种，其中白种人可谓之为"世界史的人种"，黄种人则是"非世界史的人种"。所谓"世界史的人种"是指"其文化武力之所及，不

---

① 梁启超自写《中国史叙论》之后，几番提笔想要完成《中国通史》之作，最后一次是在1929年前后，但只写了二十万字左右即因病而止。1936年中华书局将梁氏有关上古研究论著六编集结成册，名之为《国史研究六篇（附录三篇）》（台北：台湾中华书局，1956年），收在《饮冰室专集》中。近日，北京商务印书馆又将《国史研究六篇》中的《太古及三代载记》《纪夏殷王业》《春秋载记》《战国载记》四篇，加上《中国史叙论》及《新史学》二文，以《中国上古史》为名重新出版。梁启超，《中国上古史》（北京：商务印书馆，2016年）。
② 夏曾佑于1904年出版的《中国历史教科书》原为中学教科而用，但只写了上古史、中古史两篇，至两晋南北朝而止。1933年商务印书馆重印时将之改名为《中国古代史》，列为部定大学丛书。夏曾佑，《中国古代史》（台北：台湾商务印书馆，1994年）。
③ 如夏曾佑在论"中国种族之原"时便说"种必有名，而吾族之名，则至难定"，他认为无论汉族、唐族、诸夏等皆"朝名"而非"国名"，唯"华"之一字稍近吾族真名。夏曾佑，《中国古代史》，页3。
④ 梁启超，《中国史叙论》，《饮冰室文集》之6，第3册，页5—7。

仅在本国之境域,不仅传本国之子孙,而扩之充之以及于外,使全世界之人类,受其影响,以助其发达进步"者。① 在这个定义下,梁启超认为中国人、日本人、朝鲜人、暹罗人和其他亚细亚东部之人都只能位在"非世界史的人种"之列,而白种人因掌握了全世界百分之九十的"土地主权",所以称得上是"世界史的人种",其中雅利安人中的条顿人更是当今世上"独一无二的主人翁"。梁启超根据肤色、历史和文化武力的差别定义人种的方式,很显然有意将着重体质遗传特征的人种学和19世纪以后世界强权国家的分布状况混为一谈,其目的不外乎要说明白种人除了在体质形态和遗传条件上优于黄种人之外,更重要的是他们能够在文化、武力方面不断扩充并向外延伸。而这种能不能向外扩延的关键,就在于该人种有没有"自结"的力量,梁启超表示:"能自结者为历史的,不能自结者为非历史的","能自结者则排人,不能自结者则排于人。"② 这说明了在他的观念里,历史才是聚合人种的重要力量,白种人之所以能够占据世界上百分之九十的土地主权,就在于他们是"有历史的人种"。

梁启超有意将历史与人种结合的论述,无疑创造了20世纪初国史书写的需求,从人种切入的取径,也让中国历史在溯源过程中,有了和世界其他人种相互较量的机会。前述夏曾佑、刘师培的《中国历史教科书》便不约而同地在上古一章讨论中国人种的起源。夏曾佑在《上古史》一篇中,即引达尔文(Charles Robert Darwin, 1809-1882)"种源论"(Origin of Species),借"物物相嬗"之理说明中国亦世界人种之一。他强调世界五大人种在上古时,大都聚居在亚细亚西北高原一带,其后才散之于四方,因水土不同而有形貌之殊、文化之别,唯在语言文字上犹有相通之处,可借此以观分合之迹。③ 夏曾佑在此虽然介绍了中国在世界五大洲中,位处亚洲东部,属蒙古利亚种,也看似同意世界五大人种最初都是从亚细亚西

---

① 梁启超,《新史学》,《饮冰室文集》之9,第4册,页12—15。
② 同上书,页11—12。
③ 夏曾佑,《中国古代史》,页2—3。

北高原向四方迁移的，但是当他提到"中国种族"的起源问题时，却表示"吾族之所从来，尤无定论"，他说：

> 近人言吾族从巴比伦迁来，据下文最近西历一千八百七十余年后，法德美各国人，数次在巴比伦故墟掘地，所发见之证据观之，则古巴比伦人，与欧洲文化相去近，而与吾族之文化相去远，恐非同种也。①

对于清末盛行一时的中国人种西来说，夏曾佑抱持着相当保留的态度，他认为根据考古发掘，巴比伦人与中国人"恐非同种也"。在这个观点上，刘师培的看法和他不尽相同。

刘师培一样从人种学的角度立论，但他比夏曾佑更直接地表示不同意西人将"亚东诸国"，如朝鲜、日本、中国等称为"蒙古种"，他说："中国人民，近世称为汉族，与亚洲人民同属黄种。上古之时，五色之中，黄色独崇，故即以土色区种色，称为'黄种之民'。"② 对于这"黄种之民"起源，刘师培则是非常大胆地采用了人种西来的看法，③ 他说：

> 然汉族初兴，肇基迦克底亚。古籍称"泰帝""泰古"，即"迦克

---

① 夏曾佑，《中国古代史》，页3—4。
② 刘师培，《中国历史教科书》，《刘申叔遗书》，下册（南京：江苏古籍出版社，1997年），页4。
③ 学界有关20世纪初中国人种西来说的研究相当多，不能在此细论，举其要者如：沈松侨，《我以我血荐轩辕——黄帝神话与晚清的国族建构》，《台湾社会研究季刊》，28期（1999年12月），页1—77；孙江，《拉克伯里"中国文明西来说"在东亚的传布与文本之比较》，《历史研究》，2010年第1期，页116—137；李帆，《西方近代民族观念和"华夷之辨"的交汇——再论刘师培对拉克伯里"中国人种、文明西来说"的接受与阐发》，《北京师范大学学报》，2008年第2期，页66—72；李帆，《人种与文明：拉克伯里（Terrien de Lacouperie）学说传入中国后的若干问题》，《西南民族大学学报》，2008年第2期，页31—35；李帆，《民族主义与国际认同之间——以刘师培的中国人种、文明西来说为例》，《史学理论研究》，2005年第4期，页97—102。

底"之转音。厥后,逾越昆仑,经过大夏,自西徂东,以卜居于中土。①

刘师培借白河次郎(1874—1919)、国府种德(1873—1950)《支那文明史》的说法,主张汉族从巴比伦向东一路翻山越岭而来,西人称汉族为"巴枯"民族,中国古籍中的盘古为创世之君,而"盘古"实为"巴枯"的转音,所以盘古为中国首出之君,即以种名为君名。其他像天皇、地皇、人皇等也都是汉族初入中国的君王。他甚至将巴比伦部落之名和《春秋命历序》里的因提纪、禅通纪相比附,证明古代诸族皆由西方迁入。② 此外,刘师培还引用拉克伯里(Terrien de Lacouperie, 1844 - 1894)的说法,谓"巴克""百姓"实为一音之转,黄帝即巴克民族的酋长,神农即巴比伦之莎公,仓颉即但克巴克云云,上古学术、技术、文字、文学,无不与巴比伦迦克底亚相同。③ 刘师培借西来说对古史进行改造,将盘古、三皇、黄帝等都说成是率领族人东来的酋长,这种人种出于一元的构想在清末之所以能够打动人心,最主要的原因不外乎人种学以遗传、种性的角度立论,提出黄、白种同出一源的可能性,对优胜劣败观念高涨的晚清知识界而言,无疑证明了黄种人并不比白种人低劣的事实,对于想要强化满汉之别的革命论者而言,带着胜利者姿态来到中土的汉族首领,自然更能超越其他各族具有统治中国的正当性。④

晚清以降的国史书写,本就带着强烈的现实解释意涵,以建构当代国族为目标的国史,在面对中国起源问题时尤不免从现实需要出发。曾经以20世纪初风靡一时的西来说改造国史的著作,到民国以后逐渐销声匿迹,

---

① 刘师培,《中国历史教科书》,《刘申叔遗书》,下册,页4。
② 同上书,页6—7。
③ 同上书,页4—5。
④ 沈松侨,《我以我血荐轩辕——黄帝神话与晚清的国族建构》,页36—40。

就连原先一度以西来说为基调①撰写中国民族问题的梁启超，民国以后再度援笔撰写国史时却也改口说："降及近世，欧洲学者盛倡中国人种西来之论，好奇之士，诧为新异，从而和之，乃遍索百家所记名号，刺取其与巴比伦、迦勒底古史所述彼中王名译音相近者数四，辄附会为彼我同祖之征，斯益凿矣。"②很显然，此时梁氏对于拉克伯里提出巴比伦为中国起源地的说法已然无法苟同，不过他认为如果只是因为西来说为"孔子所未道、史公所未采"，便指其为向壁虚造，则不免过于武断。在他看来，史前时期各国皆有"神话"，中国古代种族繁多，各族之间口耳相传极为复杂，如果非按年代排序，并以后世帝王盛业相比拟，实在没有必要，因古代所谓"三五之数"或"帝皇之名"，不过是春秋战国以后的人根据自己时代的喜好和情况所做的一种比附而已。③

对于古史中五帝的世系和年代，梁启超也表达了类似的意思，他指出《大戴记》《史记》中记载的黄帝、颛顼、帝喾、尧、舜看似一脉相承，如若后世帝王家皆出于黄帝，然而古代群籍彼此相互抵牾，牵强之处颇多，二千年来学者聚讼纷纭，迁就附会，终无是处。凡此种种，皆出于后世以"大一统"之政象，"推诸古而强求其合"的结果，④梁启超还说：

> 至于唐虞三代同祖黄帝之说，或出于人种一元之理想，或由后代帝王，喜自托于华胄（如汉高祖自称出于豢龙氏，因远祖唐尧，王莽自称出于黄帝，汉昭烈自称中山靖王后，刘渊自称汉甥），而其谱系之龃龉不可通，既已若是，则宜侪诸神话，不能视同史实，其理甚明。⑤

---

① 梁启超，《历史上中国民族之观察》，原载《新民丛报》，3：17（光绪三十一年二月十五日）。后收入：梁启超，《国史研究六篇（附录三篇）》，页1。
② 梁启超，《太古及三代载记》，《国史研究六篇（附录三篇）》，页6—7。
③ 同上书，页6。
④ 同上书，页9。
⑤ 同上书，页9—10。

从这里可以看出，梁启超认为五帝同出一源的世系，一方面可能是后世"大一统"眼光下有意攀附的结果，一方面也受到"人种一元"概念的影响。或许清末的人种西来说到民国以后已无法再动摇心旌，可是这种带有西方中心观的人种一元论，却对中国古史世系中既有的一元论思想产生奇妙的冲击，而且世系年代一元观念的破除，同时也连带影响时人重新思考上古文明地域分布状况的问题。

梁启超对此亦自有一番推论，他表示中国文明发轫于黄河下游，今天的河南、山东、直隶等地都是中国"文物诞育之区"，其中又以山东发育最早，伏羲、神农、少昊、颛顼、帝喾之都，皆不出沿河上下数百里间，唯黄帝邑于涿鹿，距河殊远。然大体而言，太行山以东、桐柏山脉以北、泰山以西、长城以南之地，是为中国最大的平原区，大河贯注其间，孕育文化最为适宜，炎黄以来，既已宅此平原，然唐虞以后却舍易就难，由平原地区迁往山谷崎岖的山西高原一带。① 梁启超对此感到费解，因而提出几种可能：

其一，尧舜所属部落本在西北高原一带；

其二，尧舜禹原居黄河下游，后因洪水而西迁；

其三，后人可能受两汉以后通往西域之道梗阻的影响，因而误判古代两地沟通往来的实情；

其四，中原通往西域之道由来甚古，如若不是往来交通频繁，如何可能？

其五，中国文化或许本不是"由东西渐，而是由西东徂"。②

事实上这五点是一个连环论证，梁启超的目的并不是要一一考证其中的细节，而只是想要托出中国人种多元的看法。论证过程中，梁启超并不

---

① 梁启超，《太古及三代载记》，《国史研究六篇（附录三篇）》，页 11—12。
② 同上书，页 12。

讳言西来说对他的影响，但他也强调拉克伯里所谓中国起源于巴比伦，以及里德和芬①(Ferdinand von Richthofen, 1833 - 1905)主张中国与于阗同种的说法，都存在着一元、多元之辨的合理性。换言之，梁氏认为如果世界人种出于一元，也绝不会只有中国和巴比伦同源的问题。若从多元的角度而论，中国"山河两戒之奥区，自能有多数民族函奄卵育于其间，岂其必由外铄"？②实际上梁启超真正想说明的是，中国文化不尽然是由东向西发展，而是同时也存在着自西而东的可能性；虽然他并不同意中国人种起源于巴比伦或于阗，但东西之间的互通可能远远早于我们的想象。其次，中国山河两界间的腹地自可孕育无数民族，中国人种实无由外迁移而来的可能。唯此看法似乎并不能完全解释"古代西通频繁"，华夏民族何以西向的问题，对此，梁启超自问自答地说：

> 窃疑炎黄以前，今新疆中央之大戈壁白龙堆，实为多数文明都邑之所宅，塔木里（按：塔里木）河两岸，不减中原陈、卫、宋、郑之郊，自玉门西抵昆仑，井邑相属，其开化或更先于中原，我华夏民族或曾宅此间，以次转徙而东，或本在东方，而与西土常相接触。故西域故实，至今犹往见古籍中也。至此道后来中梗之由，则因洪水以还，绣壤奥区，沦为沙漠，前劫文物，湮荡无余，此非惟中国史家之遗恨，抑亦全世界文明史一大运也。③

梁启超认为中国文化由西徂东的看法，显然受人种西来说的影响。唯其不同的是，西来说具有一元论的色彩，而且强调人种由域外迁徙而来；而梁启超主张的却是一种"内部多元"的概念，也就是说，他认为远古时期华夏民族既可能原本宅居于新疆戈壁、塔里木河两岸，也可能原出于东方，

---

① 今译李希霍芬。
② 梁启超，《太古及三代载记》，《国史研究六篇（附录三篇）》，页13。
③ 同上书，页14。

且时有西向接触往来的机会。梁启超自己也承认这个假设在古籍上没有任何记载，只是出于地文学上的一种推断，而且他对原出东方的民族也无任何着墨之处。不过由此还是可以看出，地域出于一元的观念此时显然已不受梁启超青睐，唯其在排除域外迁徙而来的可能之后，他对中国内部民族多元的推想，似乎也投射了他对当代国家的想象，其观点相当值得玩味。

同样的，1919年柳诒徵（1880—1956）写《中国文化史》时，清末论述中国人种西来的种种说法，已然成为柳诒徵引证中国人种起源不可尽信的材料。他认为中国历来治史之人大多不溯及远古，仅就伏羲、神农、黄帝、尧、舜言之，故而导致西来说传入中国之后，自周秦以来种种无法确知的古史便成了凿凿之言。[①] 字里行间可以看出柳诒徵此时尽管不同意人种西来的说法，却并不完全把人种外来之说斥为无稽之谈，反而由这些论述配合中国自古以来种种未可尽信的传说，得出"古史出于多元"，以及"文明兴于山岳"两个极有开创性的见解。

在古史出于多元的看法上，柳诒徵认为伏羲、神农以前之事多见于纬书，然纬书记载不乏荒诞不经之言，犹如各国古史之"神话"，这些神话虽大抵出于臆造，但也多少反映了古无历法、纪年不能如后世正确的情形，如十纪所载若干万年，至多也只是臆测而已。如果从地质学的角度视之，若说今日中国境内自古初以来皆无人类，必待最近数千年才由巴比伦、中央亚细亚等地转徙而来，如何令人置信？为此，柳诒徵认为中国地势虽然西高东低，但人类未必悉出于西方，如果人类起源不限于一地，那么天皇起于昆仑，实可视为西方之种族；地皇兴于熊耳、龙门，是为中部之酋长；人皇出于旸谷、九河，则可代表东方之部落。如此天皇、地皇、人皇便非以"后先相继"的序列呈现，而可视为代表西、中、东三方各有最初发生的部落。柳诒徵认为后世之所以会将天、地、人三皇分先后，有

[①] 柳诒徵，《中国文化史》（原书最早于1919年出版），上册（上海：上海古籍出版社，2001年），页2—4。

如近世帝皇相嬗者，实因纬书之言使然。① 基于此，柳诒徵更以"传说"的角度重新审视西汉以来纬书的记载，如《春秋命历序》中有关天皇十二头，兄弟十二人；地皇十一头，一姓十一人；人皇九头，兄弟九人的说法。他认为这些所谓天皇十二头、地皇十一头、人皇九头的说法，都不过只是上古时期人类部落的象征，在一个五伦未具的年代里，哪来的兄弟称谓？所以如合雒纪、禅通纪中所谓某氏某氏，不过是指同一时代的若干部落，而伏羲、神农以后的华夏之族，实由此无数部落混合而成的。②

其次是关于文明起于山岳的看法。过去一般人大多以为中国文明起于河流，柳诒徵却主张文明发生于山岳。延续前述人种不出于一地的看法，柳诒徵认为中国地居大陆，拥部众而施号令者，必居高临下，始可控御多方，证之于古史传说，亦可见古代部族兴于山岭者多，起于河流者少，如天皇兴于柱洲昆仑山，地皇兴于熊耳、龙门山，人皇兴于刑马山，出旸谷，分九河，在在可见先民先居山岭、后沿河流的证据。例如唐、虞之时诸侯之长多称为岳、巡狩之朝诸侯必于山岳、古时人民多谓之为丘民、古代帝王必登山封禅等例，都可说明中国文明起于山岳。③ 事实上柳诒徵所征引的材料，如《尚书》《孟子》《管子》等，无一不是中国旧籍，可是他却对中国文明起源提出一个完全不同的假设，由此可见西来说中各族翻山越岭来到中国的说法，隐隐然对于柳诒徵重新看待古史的视角是有所启发的。同样的，柳诒徵注意到三皇世系相续的纽带出自纬书附会的看法，固然和清季以降疑古辨伪的思想不无关联，但人种西来说的刺激无疑也从另一个侧面强化了柳诒徵对古史多源的推想，氏族部落的聚合关系在此成为探寻中国起源的另一个起点，这在后面的讨论可以看得更清楚。

---

① 柳诒徵，《中国文化史》，页5—6。
② 同上书，页6。
③ 同上书，页6—7。

二、 大学设科——"中国上古史"

一如前文提及,上古、中古、近古的分期概念,大约在19世纪末20世纪初才逐渐透过日文翻译书籍传到中国,并对中国历史的断代分期产生影响,然而从学科角度而论,这种分期方式背后所蕴含的时间意识,对中国历史书写而言却是崭新而陌生的。科塞雷克的研究指出:欧洲在16到18世纪间逐渐生成了一种时间化(temporalization)的历史意识,这种历史意识把以往单一事件的"记录"(histoire)转化为将众多事件统合为一长时段的"历史"(Geschichte),并视这些由众多事件聚合而成的历史具有"集体的同一性"(collective singularity)。人们希望在这集体同一性的历史中,寻找长时段的统一性质,他们认为的历史不只是年代、年表的编排,更要能够进一步知道隐藏其间的动因(motive)及其内在规律。科塞雷克认为这种具有集体同一性的历史,在法国大革命前后逐渐生成,唯其不同的是,在莱布尼兹(Gottfried Wilhelm Leibniz, 1646 – 1716)和康德(Immanuel Kant, 1724 – 1804)的眼中,历史的内在规律乃是上帝的故事(novel/Roman),或具有同一性的普遍史(natural unity of general history);然而在洪堡的眼中,历史的内在规律就变成了一种力量(strength)、趋势(tendency),而且这股力量和趋势无形中又会将一切事物导向某种神秘的计划中,赋予其单一化的质性,并在政治及社会层面指引人们对抗既存的社会秩序。①

从这个角度来看,上古、中古、近古等历史分期的背后便带有这种寻求集体同一性的历史意识,划归在相同时段的历史分期,即意味着此一时段在政治、社会、文化等方面都具有"同一性",而持此概念所做的历史

---

① Reinhart Koselleck, *Futures Past: On the Semantics of Historical Time*, trans. by Keith Tribe, pp. 27 – 38.

分期不唯强调时间的连续性，抑且着重时代的特殊性表征。因此，以"中国上古史"为名，其意既不同于"夏商周"三代，亦与所谓"先秦"有别，更和习称之"古史"不尽相同。然而，清末重编国史运动中虽有不少中国史开始采用上古、中古、近古等分期方式，但在此分期架构下所填充的却仍是一个个不同的朝代。1904年《奏定大学堂章程》颁布，文科大学下设中国史学门，章程规划的主课项目如御批历代通鉴辑览，各种纪事本末、中国历代地理沿革略、国朝事实、四库史部提要等，① 依旧是一种从传统史籍类型出发的设课形态，其研究要义指出：

> 正史学精熟一朝之事，而于古今不能贯串；通鉴学贯通古今之大势，而于一朝之事实典章不能精详。若不立正史学一门，则正史无人考究，于讲通史者亦有妨碍，故正史学与通鉴学亦有相资补助之法。②

正史学即一朝之史，亦今日所谓断代史；通鉴学强调贯通古今大势，是为通史，治断代史者需与通史"相资补助"。这时候清廷为大学体制所制定的章程里，断代史还是朝史的概念，并未出现以时代分期的"上古史"。

即便民国时教育部公布《大学规程》（1913年），大学文科历史学门中开始出现较多的专史，如塞外民族史、经济史、法制史、外交史、宗教史、美术史等，然中国史基本上还是依循《尚书》、《春秋左氏传》、"秦汉以后各史"之讲求方式。③ 1920年以前中国上古史原则上仍附属在中国史讲授的范围内，如北京高等师范学校史地部在1918年以前将中国史一

---

① 《奏定大学堂章程（附通儒院章程）》，光绪二十九年十一月二十六日（1904年1月13日），璩鑫圭、唐良炎，《学制演变：中国近代教育史资料汇编》（上海：上海教育出版社，1991年），页349—350。
② 同上书，页351。
③ 《教育部公布大学规程》1913年1月12日部令第1号，同上书，页699—700。

课分上古、中古两段，于不同学期分授。① 最早设置史学系的北京大学在 1920 年时还是以朝代史概念开设西周史（陈汉章，1864—1938）、战国史（朱希祖，1879—1944）、秦史（马叙伦，1884—1970），其课程说明有谓：

> 此为研究课程。中国自汉以下，每朝各有断代史，而秦以前则无。中国一切学术、政事、风俗皆渊源于周代，而周代仅春秋时有编年之《春秋左氏传》，首尾完具，事迹详备。西周、战国并此无之，唯秦亦然。然西周之政治、战国之学术、秦之改封建为郡县制，皆于后世有莫大之影响，故先整理此三史，以为编纂上古史之基础。盖此三史颇与西洋之希腊史、罗马史有同等之声价，具独立之资格。②

此一课程说明充分表露出中国上古史作为一门次学科领域的时机尚未成熟，陈汉章、朱希祖、马叙伦等尚且尝试以研究课程的形式整合这三个时段，并希望从西周政治、战国学术和秦改封建为郡县等对后世产生影响的面向，找出此一时代的特质，作为来日"编纂上古史之基础"。在此之后，北大是否如预期整理出这三史我们不得而知，然次年北大的确不再有以西周、战国为名的课程，而是改以"中国上古史"或"本国史一：上古史"为名，由陈汉章或章嵚（1879—1931）负责讲授。③

整体而言，1920 年代除北大史学系在 1923 年以后经常性开设中国上古史之外，1920—1929 年间只有极少数大学曾零零星星开设过中国上古

---

① 《北京高等师范学校十周年纪念录》（1918 年），王应宪编校，《现代大学史学系概览（1912—1949）》，上册（上海：上海古籍出版社，2016 年），页 121。
② 《国立北京大学讲授国学之课程并说明书》，原载：《北京大学日刊》，第 720 号（1920 年 10 月 19 日）。后收入：王应宪编校，《现代大学史学系概览（1912—1949）》，上册，页 12—13。
③ 陈汉章在北大讲授中国上古史一课由 1923 年持续到 1925 年，1926 年改由章嵚接手。

史，与同一时期热烈展开的古史论辩风潮形成极大的反差。细究其中的原因，当可发现五四以来疑古辨伪的思想一方面触发了古史研究的热潮，却在另一方面对于学院内部初初成形的中国上古史产生了抑扼作用，非常吊诡地形成一种外热内冷的现象。或许顾颉刚（1893—1980）个人的经历可以侧面说明这个现象：

> 前数年，我曾研究了这方面的几个问题，又把若干篇讨论文字合成一册《古史辨》。因此，社会上以为我是专研究古史的，就有几个学校邀我去任中国上古史的课；我只有逊谢。这因担任学校的功课必须具有系统的知识，而我仅作了些零碎的研究；试问图样未打，模型未制，如何可以造起渠渠的夏屋来呢！若说不妨遵用从前人的系统，那是违背了我的素志，又是不愿意干的。①

一个古史辨运动中的健将，看来对古史研究极有心得的研究者，却对进大学讲授中国上古史感到却步，可能就像顾颉刚自己说的，"担任学校的功课必须具有系统的知识"，他仅仅做了些零星的研究，如何可能开课？顾颉刚是谨慎的人，依据新的时间意识设课的断代史，比起专史、专题尤需清楚的脉络和基本史实，才能串联整个时代，顾颉刚说自己的"图样未打，模型未制"，如何可能造屋？这就是说他对"中国上古史"的"集体同一性"还没有把握，不知道怎样去说一段"有系统"的历史，古史不同于"中国上古史"由此可见一斑。

且不说在大学设课，1922年胡适（1891—1962）介绍顾颉刚替商务印书馆写一部初中历史教科书，在上古到秦以前（221B.C.）这段，顾颉刚尚且不愿写进连自己都不能确定的三皇五帝，只说炎帝、黄帝的称号"或许是后来的人推想出来的一个奠土建国的古帝，便用什么五行里的土德来表

---

① 顾颉刚，《中国上古史研究讲义》之《自序一》（北京：中华书局，1988年），页2。

示他"。① 讲到古代传说的帝王时，便说可以看作"文化史上几个重要变迁的象征"。② 说到尧、舜的故事时，且说"一部分属于神话，一部分出于周末学者'托古改制'的捏造"。③ 顾颉刚对于前人提到尧舜禹的传位方式和商汤伐履癸的事迹，惯说是传贤之局、传子之局，或以征诛代禅让等评断时，表示："其实传贤传子，都是时势催逼出来的局面，在当时身历其境的人，或许倒初无容心的，何况尧、舜揖让的传说又没甚根据呢！"④ 这些话原是顾颉刚在不愿"遵用从前人系统"写史的情况下讲的，由此可见即便只是中学教科书，顾颉刚也不愿写入任何他自己都不能相信的上古史事，更遑论进大学教授中国上古史！

1927年顾颉刚应聘广州中山大学，他说自己到校时学校已经开课，功课表上已经排定了"中国上古史"一门课，而且选课的人也选定了，没办法只好硬着头皮上课。这时顾颉刚仍然认为自己还是没有办法讲授中国上古史，所以只好采取变通办法，也就是"不编讲义而专印材料"，他把相关材料抄写出来，约略编成五种：

> 甲种：上古的旧系统，以《史记》秦以前的本纪、世家为代表；
> 乙种：《史记》本纪、世家所根据的材料及其他真实的古史材料（其实这两类不应合在一起）；
> 丙种：虚伪的古史材料，古代的神话传说与宗教活动记载；
> 丁种：古史材料的评论；
> 戊种：豫备建立上古史新系统的研究文字。⑤

---

① 顾颉刚、王钟麒著，胡适校订，《中国史读本》（原名《现代初中教科书：本国史》，上海：商务印书馆，1923—1924年）（北京：中国工人出版社，2007年），页19。
② 同上书，页20。
③ 同上书，页24。
④ 同上书，页25。
⑤ 顾颉刚，《中国上古史研究讲义》之《自序一》，页2。

此时顾颉刚虽然没有办法告诉学生中国上古史是什么，但他试着用材料说话，他把这五种材料分成三类，一类是有关旧古史系统的材料（甲种），一类是他认为可用以重建古史的各种可信、不可信的材料（乙、丙、丁种），以及他认为与重建古史相关的研究（戊种）。

经过两年的讲授，1929 年当顾颉刚北上应聘到燕京大学时，他说自己这时已经能"就旧稿改为较有系统的叙述"了，于是他把先前的五种材料整并成三编：（甲编）旧系统的古史；（乙编）新旧史料的评论；（丙编）新系统的古史。不久之后顾颉刚发现同在燕京和北大上课的陆懋德（1885—1961）也编了一本《中国上古史讲义》，其内容是专讲"信史"的，类似他丙编的内容，所以顾颉刚认为自己在"新系统的古史方面既无切实的把握"，不如不讲"新系统的古史"，专就"旧系统"讨论即可。① 今日我们没办法得知陆懋德的《中国上古史讲义》怎么谈新系统的古史，但看得出来顾颉刚对这部分非常谨慎，不愿轻发意见，所以只在旧系统的辨伪上着力，某种程度上，这也代表了顾颉刚认为在材料尚未辨析清楚之前，新古史的系统是没有办法建立的。

当然，如此谨慎的开课原则或许是顾颉刚个人的坚持，但这或多或少透露出五四前后的疑古辨伪思想对原有古史系统产生的摧折力道极大，古书古事的真伪、信史和神话的区别、夏商周世系的究竟、五德终始说与古史系统的关系等问题，在在考验着讲者。撇开顾颉刚这类因疑古而暂时"失语"的学者不说，1920 年代各大学历史系少数开得出来的中国上古史，似乎采取的是另一种策略，也就是完全不去碰触任何可能招致怀疑的课题，把三皇五帝以至夏商周当成"先秦史"来讲。例如 1928 年孟世杰（1895—1939）在燕京大学历史系开设的先秦史，其讲授要点包括：1. 传说时代开化之程度；2. 唐虞时代之进化；3. 先秦之政治组织；4. 先秦之学

---

① 顾颉刚，《中国上古史研究讲义》之《自序一》，页 3。

术思想;5.三代之社会状况。① 这些内容几乎不涉任何古史系统、经书考辨、神话传说演变等问题,而是把"先秦""三代"当成一个不证自明的概念,论述当时的政治组织、学术思想、社会状况。1918年北京高等师范学校所开中国上古史,讲的也是"太古之传说、三皇五帝之伟业、唐虞三代之盛衰兴亡与春秋战国事迹之大略"。② 厦门大学历史社会学系在1926年所设中国上古史,则主要"根据六经、诸子及《太史公书》所记载之事实为上古之材料,讲明此时期政治之状况与学术之发达",③ 这样的做法不但相对安全,古史经过这番改造之后,似乎也因为有了相同的政治组织、学术思想和社会状况,而逐渐顺理成章地成了"中国上古史"。

然不论如何,激烈的疑古思想多少还是使中国上古史的设科多了一重周折。即以中国近代史而论,1920年代中期以前各大学开设中国近代史的状况同样也不理想,授课教师不见得是以近代史研究见长,一人兼授多门功课或几所学校同请一位先生的情况时有所闻。然而至迟在1920年代中期罗家伦(1897—1969)、蒋廷黻(1895—1965)等人从国外回来,带进原始史料的观念,并以专题研究的方式开课,带领学生直接从中西外交史料着手,上述情况便慢慢有所改善。这说明了中国近代史初初设立时,欠缺的是研究动能,在缺乏材料、缺乏研究成果的前提下,凭空建设一门学科是有其难度的。然而对照于此,中国上古史无论在材料还是研究课题上,都与传统经学、诸子学、史学有很紧密的关联性,照理来讲,其设课难度不该超过中国近代史。从这个角度来看,在激烈的反传统氛围下发展出来的古史辨运动,彻底摧毁了长期以来人们信持的古史,④ 其激烈的程度不但

---

① 《燕京大学本科课程一览》(1928年),王应宪编校,《现代大学史学系概览(1912—1949)》,下册,页516。
② 《北京高等师范学校十周年纪念录》(1918年),同上书,上册,页119。
③ 《厦门大学布告》,5:4(1926年),同上书,下册,页467、470。
④ 王汎森,《古史辨运动的兴起——一个思想史的分析》(台北:允晨文化,1987年),页1—24。

动摇一般人对黄金三代的想象，也让发起疑古运动者几致无法站上讲堂，去讲授一段"信而有征"的历史，特别是这段历史关乎的是中国国族起源的问题，除非有意回避此一课题，讲授者显然必须先经历一段由破到立的过程方有以致之。

根据各大学开课的资料显示，中国上古史的设课数量一直到1930年前后才有比较明显的变化。1929—1930年这两年间，大约有七八所学校分别开出与中国上古史有关的课程十来门，其中特别集中在北大、燕京、辅仁、中央、厦大等校。① 其后两年开课数量稍有下降，及至1933年之后又再回升，开课数最多的时间点落在1936年，总共有十二所学校开出十四门与中国上古史有关的课程，包括北大史学系三门：钱穆（1895—1990）的中国上古史、顾颉刚的春秋史、傅斯年的中国上古史择题研究，中山大学史学系的甲骨铜器文字（商承祚，1902—1991）、燕京大学历史学系的中国上古史研究（顾颉刚）、北平大学女子学院文史学系的中国古代史料研究、东吴大学历史学系的中国古代史，以及暨南、清华、四川、武汉、大夏、光华、厦大等校所开立的中国上古史。抗战以后数量锐减，教师来源不稳定，统计不易，1941—1944年间每年平均至多二三门。

1929年之后中国上古史在大学设课的数量明显攀升的原因很复杂，统计数字只能代表一个趋势，无法说明所有的可能。至少在我们看待这个统计数字时，首先，不能忽略那些在1920年代初发起疑古辨伪的学者中没有几个是出身"历史系"的。在学术分科还没有这么清楚的年代里，我们不好用后来清楚的学科界域追索当时的景况，或许我们可以说，在整理国故脉络下出现的疑古辨伪风潮，吸引了当时来自"国学"概念下各个不同学科领域的人参与，而这些参与者思考的问题、撰写的文字、讲授的课

---

① 根据不完全统计，1929年北大、燕京、武汉、中央、厦大、中国公学六所学校，分别开出九门有关中国上古史的课程；1930年也有北大、辅仁、燕京、中山、中央、厦大、复旦、北平女子学院、国立北平师范大学九所学校，开设十二门相关课程。

程,未必一一反映在"历史系"的课程架构下。其次,1929年以后各大学历史系设置中国上古史的数量陡升,实际上和北伐完成后高等教育急遽成长、各大学增设历史科系有关,加以此时教育部对各校课程逐渐有所规范,强调基础必修科,断代史于是便成为各校历史系的必修科目之一,以"中国上古史"为名的课程因而增多。

再者,次学科领域的发展,除了学科设置的外部条件之外,学科本身的研究动能往往也是关键。早先的古史辨运动看似已经启动了古史研究的热潮,但在激烈的反传统气氛中,疑古辨伪的工作总给人一种破坏多于建设的印象。而这种印象并不利于中国上古史的设课,因为任何一门学科建置不可能只建立在"破坏"的条件下,古史问题可以有种种论辩的空间,可是一旦进入大学设课,只破坏而无建设便很容易失去它的合理性。所以当顾颉刚从中山大学转职到燕京之后,他已逐渐尝试把"旧稿改为较有系统的叙述",表面看来他还是在做辨伪的工作,但实际上他已试图找寻古史的真实脉络,一如他在中国上古史研究一课中说:"本课搜集上古史材料,审查其真伪与时代,俾得顺其发生之次序,以明了古史学说演化之经过,并予史实以系统的叙述。"[1] 这也就是说,辨古书之真伪只是手段,最重要的是"予史实以系统的叙述"。他在《尚书》研究一课中也说他希望分析《尚书》的"真伪与窜乱,说明其逐次涂附之迹,俾知《尚书》中有若干为当时之真记载,及其所以列于经典之故,俾知若干古史问题有因《尚书》中某问题已解决而得解决者,又有须待《尚书》中某问题解决之后而得解决者"。[2] 此一看待《尚书》的眼光,其实更多是放在"立"的这一面。

---

[1] 《北平私立燕京大学文学院课程一览》(1935年),王应宪编校,《现代大学史学系概览(1912—1949)》,下册,页548。
[2] 国立北京大学,《国立北京大学史学系课程指导书》(北平:国立北京大学,1932年8月至1933年7月适用),页6—15。

事实上,破与立往往是一体的两面,看不懂的说他"非圣无法",①看得懂的说他是"寓立于破",顾颉刚在燕京大学的《中国上古史研究讲义》里曾说:

> 我编辑这份讲义的宗旨,期于一反前人的成法,不说哪一个是,哪一个非,而只就它们的发生时代的先后寻出它们的承前启后的痕迹来,又就它们的发生时代的背景求出它们的异军突起的原因来。我不想取什么,丢什么,我只想看一看这一方面的史说在这二三千年之中曾起过什么样的变动。……这便是我用的方法。我想,待到它们的来源和变动都给我们知道了之后,于是它们在史实上的地位可以一个一个地推翻,而在传说上的地位可以一个一个地建设了。这是我的研究这门学问的大目的,而这编讲义乃是个造房屋的草图。②

这便是顾颉刚试图为他想做的一部"层累地造成的中国古史"所画的蓝图,延续他在《与钱玄同先生论古史书》里讲的:我们"即不能知道某一件事的真实状况,但可知道某一件事在传说中最早的状况"。③ 顾颉刚的目的不是为了破坏古史,而是想用发生学的方法,找出每一种"传说"产生的时代背景和它演变的过程。而这个过程其实就是把古史在"史实"上的地位一步步推翻,让它们一个个都回到"传说"的位置上。这种观点其实就是顾颉刚常批评古人所欠缺的"学术史的观点",从今天的角度来看,

---

① 顾颉刚为商务印书馆所编的《现代初中教科书:本国史》在国民政府时期因不载三皇五帝而被禁,1929年山东省参议员联名提议案弹劾此书,说它"非圣无法"。顾颉刚,《中国上古史研究讲义》之《自序二》,页17。顾颉刚,《中国史读本》之《推荐序》,页2。相关讨论参考:刘超,《学术与政治:〈现代本国史〉教科书个案》,《史学月刊》,2006年第7期,页95—99;李长银,《一件关乎民国年间政学商三界的重大事件:1929年本国史教科书案新探》,《历史教学》,2014年10月,页34—40转17。
② 顾颉刚,《中国上古史研究讲义》之《自序一》,页4—5。
③ 顾颉刚,《与钱玄同先生论古史书》,原载《读书杂志》,第9期(1923年5月6日)。后收入:顾颉刚编,《古史辨》,第1册(台北:蓝灯文化,1987年),页59—60。

此一学术史的观点,其本身就带有强烈的建构性,所以顾颉刚才说他这编讲义即要说明"现在公认的古史系统是如何组织而成的",循此角度观之,古史的破与立其实只是一体之两面,而学院里的中国上古史可能更需要的是"立"的这一面,像是1931年以后长期在北京大学讲授中国上古史的钱穆,其课程一样从考订史料真伪入手,然其内容却更多偏向"立"的一面。① 就连一道参与古史论战的刘节（1901—1977）也不免在1935年说,中国上古史要分两方面做,一是整理旧史中的系统,一是要从新得的材料中做成新史的骨干。他认为研究上古史的人至少应该作出两部书来,一部是《中国上古史引论》,一部是《中国上古史大纲》。② 疑古走到了要做"新史"的阶段,应该也算彻底的"立"了吧!

和顾颉刚一样,把构思中的问题和使用的材料都放进课堂里的讲者,其实不在少数,傅斯年就是一例。1934年傅斯年担任中央研究院历史语言研究所（简称史语所）所长期间,在北大开设了一门中国上古史择题研究。他强调这门课"大致以近年考古学在中国古代史范围中所贡献者为限,并以新获知识与经典遗文比核",处理以下问题:

> （1）地理与历史,（2）古代部落与种姓,（3）封建,（4）东夷,（5）考古学上之夏殷,（6）周与西土,（7）春秋战国间社会之变更,（8）战国之大统一思想,（9）由部落至帝国,（10）秦汉大一统之因素。③

如果以此对照傅斯年的同期研究和史语所的考古发掘,就会发现这些问题几乎都和他在"九一八"事变前后的思考若合符节。曾经在这段时间上过

---

① 国立北京大学,《国立北京大学史学系课程指导书》（北平：国立北京大学,1932年8月至1933年7月适用）,页6—15。
② 刘节,《古史辨·刘序》,顾颉刚编,《古史辨》,第5册,页9。
③ 国立北京大学,《国立北京大学史学系课程指导书》（北平：国立北京大学,1934年）,页256—265。

他课的何兹全(1911—2011)多年后回忆,傅斯年经常在课堂上说他要写一本 From Tribe to Empire 的书,而他陆续发表的《论所谓五等爵》《姜原》《大东小东说》《夷夏东西说》《周东封与殷遗民》等,可能都是其中一部分。这本傅斯年在"九一八"事变前已完成几近三分之二的书,① 就成了他在北大课堂上的讲纲。在这份讲纲里,可以清楚看到傅斯年关心的几个核心问题包括:(一)古代诸夏和诸夷两大族;(二)中国古代夷/夏、殷/周东西对峙格局的形成;(三)在东西对峙格局下所形成的东方与西土的四个地理重心(即东平原区的空桑和韦,西高地系的雒邑和安邑);(四)春秋战国的思想家如何组织一种大一统观念,让原本不是一家人的古代各族,编排成一系的君臣、父子关系;② (五)周灭殷后,迁殷遗民到外地建立新邦,殷商文化持续影响中国长达两千余年。③ 这些问题无一不和傅斯年从民族角度切入探寻中国国族的起源相关,这方面的分析在后文会有比较详细的讨论。

同样有意从民族角度切入探寻古史的蒙文通(1894—1968),在中央大学开设中国古史研究时,显然已经从他的老师廖平(1852—1932)处得到启发,试图打破古史一元的观点,其课程纲要便点出了他思考问题的方向:

> 本学程专究中国自太古迄于西周之史迹,讨论史书之真伪、诸家学说之得失(例如齐鲁之说与三晋之说),发掘对古史之印证,并指示研究古史之方法。④

---

① 何兹全,《民族与古代中国史》,河北教育出版社编,《二十世纪中国史学名著叙录》(石家庄:河北教育出版社,2002年),页204—207。
② 傅斯年,《夷夏东西说》,《傅斯年全集》,第3册,页86—157。
③ 傅斯年,《周东封与殷遗民》,同上书,页158—167。
④ 《国立中央大学一览》(1930年),王应宪编校,《现代大学史学系概览(1912—1949)》,下册,页633。

蒙文通原是从学术入手，推得古代有荆楚、三晋、齐鲁三系之别，再由学术之不同逆推上古，因而得出古有江汉、河洛、海岱三系之说。他把这样的观察带到课堂上，分别从四个角度探讨此一问题：（一）太古神话之解释；（二）古代文物之渊源；（三）西周前史迹之讨论与诸家学说之异同；（四）古物发掘对于古史之贡献。① 而这四个角度实际上就是他在《古史甄微》中，透过古史有关三皇五帝的记载，以传说中的泰帝、黄帝、炎帝之名，推导出中国古代泰族、黄族、炎族三系。② 其说可视为探寻中国国族起源问题时，有异于傅斯年东西对峙格局之外的另一种主张，也是结合部族、地域首度提出三元说的代表。

事实上，1930 年代探寻中国国族起源的问题，不断受到两个因素的影响：一是晚清今文经学家对三皇五帝和黄金三代说的质疑，一是清末的中国人种西来说。前者像一根细线，始终牵引着民国以后的学人朝这个方向思索，而后者则像一根隐隐在背的芒刺，不断刺激中国上古史研究者回应这个假说，而这两个问题最终汇为一渠，成为民国学人建构国族起源的潜流，引导中国古代起源走向本土多元的解释格局。前面提到的梁启超、柳诒徵如此，1930 年代在大学开设中国上古史者亦莫不皆然，傅斯年的夷夏东西二元之说，以及蒙文通的泰族、黄族、炎族三系之论，都可清楚看到这个轨迹。

从以上的论述中得见 1930 年代在大学里开设中国上古史，经常可见以研究作为课程的先导，而支撑这些研究论点的材料便常常成为课堂中的要角。清末民初陆陆续续发现的材料和考古发掘成果，都是各大学讲授中国上古史极为重要的素材。例如 1930 年商承祚在中山大学同时开设殷墟文字研究、三代古器物研究、《说文解字》部首笺异、商周史等课。其殷墟文字研究和三代古器物研究两课，皆是以新近发现的殷墟文字和三代法

---

① 《国立中央大学一览》（1930 年），王应宪编校，《现代大学史学系概览（1912—1949）》，下册，页 634。
② 蒙文通，《古史甄微》（成都：巴蜀书社，1999 年），页 42—72。

物为依据，与史书、礼经所记相互对勘，而其商周史也强调是"以新出甲骨、金文，参校信书，考其世次制度、文化事迹，成一有统系之纪述"。① 更有直接以目录学性质讲授最新发现之史料者，如 1934 年任职于北平图书馆的向达(1900—1966)，在北京大学史学系讲授四十年中国史学上之新发现时，所授内容便涵盖了中国史前时代、甲骨、汉晋简牍、佛教美术遗迹、敦煌学、西夏及辽金元时代之新史料，以及明清档案等。② 另有中山大学的丁山(1901—1952)，以其曾在史语所任职之经历开设中国远古史，这门课主要讨论未有文字记载前之史迹，丁山在这门课里安排了七大主题：

> （一）中国的地史与古人类，（二）北京原人，（三）河套古人，（四）原形中华人，（五）原始社会，（六）原始文化，（七）古神话与古传说。③

这门课是把中国起源问题拉到更远的史前时期，从古人类学、地质学、考古学的角度，介绍 20 世纪以后在中国境内发现的远古人类。

即便不以介绍史料为主的课程，多数讲授中国上古史者也都不会忽略各种新出土的材料，并于课程中强调运用新旧材料的方法及重要性。如容肇祖(1897—1994)就直接表示他要用考古学所得的新材料，鉴定殷周及以前的史料，讲述"实证的上古史"。④ 而丁山在他的商及西周史一门课里也特别强调"因殷墟古物发现而殷礼足征，因巨量铜器流传而宗周载记愈益征实"，⑤ 课程中他以各种古书杂记疏通新史料（如卜辞全文），更以新史料补苴旧史阙文，这样的授课方式无疑必须建立在自己的研究基础

---

① 国立中山大学编，《国立中山大学一览》（广州：国立中山大学，1930 年），页 43—47。
② 《国立北京大学文学院课程一览》（1934—1935 年），王应宪编校，《现代大学史学系概览（1912—1949）》，上册，页 88。
③ 《国立中央大学文学院选课指导书》（1933 年度上学期），同上书，下册，页 351。
④ 辅仁大学，《北平辅仁大学文学院概况》（北平：辅仁大学编印，1935 年），页 61—63。
⑤ 《国立中央大学文学院选课指导书》（1933 年度上学期），页 351。

上方有以致之。此外，燕京大学的齐思和（1907—1980）在殷周史一课中也强调他的课程是"依据近年来之新发现及可信之旧史料，讨论史前时代、殷代及西周之文化"。①他在讲授春秋史时也表示：将"依据《春秋》《左传》《国语》及其他有关史料，以及现存实物，将春秋时代之政治、经济、社会制度、学术思想及国际关系，作有系统之研究"。②重视新旧材料比勘对照，相互参证，几乎成了中国上古史这门课相当重要的讲授方式。

从各种新旧材料上去把握中国上古史，不唯是1930年代中国上古史这门次学科领域得以拓展的关键，同时也具有探寻信史开端的意义，特别是经历了五四一代激烈的反传统和疑古思想洗礼后，古史的可信性全面遭到破坏，于是出现了杨宽（1914—2005）在《中国上古史导论》里说的信古、疑古、考古、释古四派。杨宽认为史学研究必基于史料，无史料则无史学，"吾人必先'疑古''考古'而后之以'释古'，然后史家之能事尽矣"。③在杨宽的观念里，除信古者的立场不可取之外，研究上古史必以史料为基础，先疑古、考古，最后才能走到释古这一步。事实上这就是一种寻求信史的过程，在这个过程中，杨宽甚至认为"探索传说演变分化之系统，为古史传说还其本来面目"，非但不是破坏古史，反而是一种"建设古史"的作为。④或许杨宽的这一看法，不尽然能为大部分学者接受，但在某种层面上，未尝不可看作此一时代的上古史研究者亟欲从各种形式的史料中找寻信史的渴求。

在探寻信史的前提下，各种考古发掘、殷墟卜辞、铜器铭文等都成为补释文献、考求信史的重要来源，于是我们看到1930年代以后除极少数

---

① 《燕京大学课程一览》（1941年），王应宪编校，《现代大学史学系概览（1912—1949）》，下册，页565。
② 同上。
③ 杨宽，《中国上古史导论》，吕思勉、童书业编，《古史辨》，第7册，页65—66。
④ 同上书，页69。

例外，① 各大学开设的中国上古史几乎不约而同都从殷商讲起，要不就是参酌考古发现成果，在殷商之前加上新、旧石器时代或神话传说时期、史前时期、史前遗迹、古史传说时期等以示区隔，并逐渐出现以"一整个时代"的概念来描述中国上古史的趋向。如雷海宗（1902—1962）强调"本学程讲述华夏民族自殷商迄战国时代政治、社会、经济方面之经过，兼述各期宗教思想与文艺之概况"。② 钱穆的中国上古史不但根据各项史料之真伪，"重定其系统"外，也强调"自六国逆溯而上以及远古。其间划分数时期，于每一期中求出几点重要的特性，从之推断其前后，互为联络而归之条贯"。③ 很显然钱穆希望透过分期的方式，凸显每一时期的特性，并找出中间的关联性。而各校课程中最具代表性的则是武汉大学吴其昌（1904—1944）的讲授内容：

> 此学程上自殷，下迄先秦止，将神州先民从草昧蓝缕逐次创造文化的史实作简要的叙述。先讲述原始初民的"生活情态"，次讲及基此生活情态而构成的"经济状况"，次讲及根据此经济条件而表现的"社会轮廓"。以次而递及"政治雏形"，最后乃讲述综合此经济、社会、政治各方面而酝发出的"思想意识""学术流派"，以整个民族的大众为对象，不以一二个人或一二特殊故事为对象。④

---

① 如辅仁大学张星烺在 1941 年开设的秦以前史，还是从黄帝讲起，并依循黄帝、尧、舜、夏、商、西周等次序讲授。《私立辅仁大学一览》（1941 年度），王应宪编校，《现代大学史学系概览（1912—1949）》，上册，页 224。而四川大学的杨筠如也比较罕见地谈到"残缺之夏史"，见：《四川大学一览》（1936 年），同上书，上册，页 380。
② 国立清华大学，《国立清华大学本科暨研究院学程一览》（北平：国立清华大学编印，1932—1933 年度），页 40—47。
③ 国立北京大学，《国立北京大学史学系课程指导书》（北平：国立北京大学，1934 年），页 256—265。
④ 《各学院概况学程内容及课程指导书》，《国立武汉大学一览》（1935 年），吴相湘、刘绍唐编，《民国史料丛刊》，第 6 种（台北：传记文学出版社，1971 年），页 25—28。

吴其昌讲授的内容尤其明显地把"中国上古"从殷商到先秦这段,当成一整个时代、一整个民族来描写,并且逐一讲述经济、社会、政治、思想、学术的内容,仿佛中国自上古时期便已构成为一个同质而完整的国家,"整个民族"俨然具有高度的"集体同一性",其有意建构国族共同起源的意图至为显明。

三、 多元民族观的建构

在时间序列里,中国上古史看似是离当代中国最远的历史时期,然而自清末中国人种西来说传入之后,中国却至少花了大约两代人的时间来回应这个问题。各种探寻中国古代起源的论述无一不扣紧当代人的现实关怀,特别是古史一元的概念破坏之后,各种以新观念缀合古史材料的尝试,充分反映了思考当代国族的起源和建构中国上古史之间的紧密关系,其中民族史的取径尤受到1930年代学人的关注,这里我想以蒙文通、傅斯年、徐炳昶(1888—1976)为例,说明他们对中国古代起源的看法及其投射的国族想象。

(一) 蒙文通

如果就发表的时间先后来看,蒙文通的《古史甄微》和傅斯年有关民族与古史的系列作品,大约都集中在1930—1934年前后,[①] 若考虑两人

[①] 傅斯年有关民族与中国古史的系列文章包括:《姜原》(1930年)、《论所谓五等爵》(1930年)、《大东小东说》(1932年)、《周东封与殷遗民》(1934年)、《夷夏东西说》(1934年)。但傅斯年于多处提及这些稿子有些放了很多年,原打算成书,因此没有立刻发表。如《夷夏东西说》就是他构想写《民族与古代中国史》一书中的三章,其"中心思想"是他"十余年前的见解",但写成的时间却在"九一八"前两到半年之间。唯其写成之后,因时局动荡、两次迁所而延宕,一直到1934年才因庆祝蔡元培65岁生日而收在《中央研究院历史语言研究所集刊外编》第一种。见:傅斯年,《夷夏东西说》《傅斯年全集》,第3册,页86。而蒙文通在1933年正式将《古史甄微》付梓之前,实已于1929—1930年间陆续将他在成都大学、成都师范大学和中央大学的讲稿,单篇发表于《史(转下页)

开始思考和酝酿的起点似乎也不分轩轾。① 而徐炳昶的《中国古史的传说时代》最晚,1943年时初版才在重庆问世。② 多数研究者,包括徐炳昶在内,认为蒙文通和傅斯年的著作是"各自独立的研究,没有谁承袭谁的嫌疑",③ 实际上蒙、傅二人的立论初衷和论证方式也确有不同。

蒙文通在1927—1930年前后陆续写就《经学抉原》《古史甄微》和《天问本事》,推阐鲁学、晋学、楚学之旨,并借此说明古代地域与学术之间的关系,他说:

> 余之撰《经学抉原》,专推明六艺之归,惟鲁学得其正。又成《天问本事》,亦可以窥楚学之大凡也。兹重订《古史甄微》,则晋人言学旨趣所在,亦庶乎可以推征。三篇循环相通,而文通年来言学大意,备于是也。④

(接上页)学杂志》和《中央大学半月刊》中。见:蒙文通,《古史甄微》,页127。

① 蒙文通在《古史甄微》的《自序》中表示,乙卯年(1915年)他秉承师(廖平)命,开始思考古代帝王"一系相承"的合理性,因而走上古史研究的道路。唯其以经学眼光看待古史,有意打破三皇五帝世系相承的概念乃积渐而成,然十余年来未遑撰集,直至丁卯年(1927年)间才发愤著述,写成十二篇六万余言,于1929年发表于《史学杂志》。见:蒙文通,《古史甄微》之《自序》,页1;王承军,《蒙文通先生年谱长编》(北京:中华书局,2012年),页69—72、86。而傅斯年于留欧期间写给顾颉刚的信件中,已提到他怀疑中国文化本来"自东而西"的想法。顾颉刚表示这些信件大约从1924年元月开始,断断续续写到1926年10月还没写完,由此可见蒙、傅二人酝酿问题意识的时间极为相仿。傅斯年,《与顾颉刚论古史书》,收入:傅斯年,《傅斯年全集》,第4册,页485—486。相关论述见:王汎森,《一个新学术观点的形成——从王国维的〈殷周制度论〉到傅斯年的〈夷夏东西说〉》,《中国近代思想与学术的系谱》(台北:联经出版事业公司,2003年),页309—311。

② 事实上《中国古史的传说时代》自1943年出版后,台海两岸有许多不同版本,徐炳昶自己也曾大幅修改过,特别是1960年北京科学出版社的版本(台湾里仁书局1999年即据此版本),因政治运动影响,全篇删除1943年版的"叙言"、第一章"论信古"和第四章"中康日食"等章节,并不时于文中加入马克思主义五阶段论的观点。因此本文原则上皆以1943年重庆中国文化服务社初版者为主,部分出于修改后之版本,则采里仁书局版本,另特别注明之。

③ 徐炳昶,《中国古史的传说时代》(台北:里仁书局,1999年),页56。

④ 蒙文通,《古史甄微》,页14—15。

在蒙文通的观念里"经术亦以地域而分",他认为自古以来,齐鲁、三晋和楚三方所述之史不同,实导源于思想之异。① 在《古史甄微》一书中,蒙文通从古代学术和史事入手,反向推明太古传说时期江汉、河洛、海岱等三系民族,因地域分布范围的差异,而有不同的生活与文化。南方的江汉民族(即炎族),多为姜姓之裔,以炎帝、神农、三苗、共工、祝融、蚩尤为代表;西北的河洛民族(即黄族),以姬为姓,以黄帝、颛顼、帝喾、帝尧为代表;东方的海岱民族(即泰族),多风姓、偃姓、嬴姓等,以伏羲、燧人、女娲、太皞、少皞、帝舜、皋陶为代表。

蒙文通论述这三大区系的民族时,处处从地理、生活和文化的角度切入,强调泰族、黄族、炎族各有其不同的特色。他认为中国古代文化,"创始于泰族,导源于东方",② 而炎族、黄族乃后起之民族,在许多方面承袭泰族而来,然炎、黄二族亦各有擅场。在这三系民族中,黄族起于河、洛之间,为西北游猎民族,而炎族则为南方农稼民族,一行国,一居国,两族累世争战,实为"中国上古民族之主要部分"。③ 而东方的泰族,是为中国旧有的土著民族,自东而西,九州之土皆其所长,鼎盛之时,势力西渐,熊耳、昆仑皆入其版籍,及至炎族起于西南,黄族起于西北,风姓之国才渐渐消灭殆尽,及至春秋之际,唯任、宿、须句、颛臾四国尚存,以海、岱之间为根据地。④

除地域分布之别外,这三系民族之制作亦有所不同,一般来说,炎族建国早于黄族,其创制之物,多为黄族承袭,如神农教民稼穑、纪历成岁,皆由炎族创始于前,黄族踵袭于后。蒙文通认为炎族信鬼而好祠,多妖妄之教、享祀之神;神农之世,男耕而食,妇织而衣,造就苗民不用政

---

① 有关蒙文通六经非史的概念,及其以今文经学立场分别经、史,在三方多元的古史系统中,重构上古史的讨论,可参见:张凯,《出入"经""史":"古史三系说"之本意及蒙文通学术旨趣》,《史学月刊》,2010年第1期,页125—134。
② 蒙文通,《古史甄微》,页63。
③ 同上书,页50。
④ 同上书,页56—57。

令，刑政不用而治，可谓最缺乏政治组织之民族。① 而黄族特异之点，则适与炎族相反，其善治法度，条理致密，喜好创制一切实用器物，为一强于武力而优于政治组织的民族。② 至于泰族之制作，性质又有不同，伏羲审地势以定川岳，于天文、地理、物类皆有所留意，其中最特别的即作《易》八卦，以通神明之德，类万物之情，其他像礼事、政令、图典、文字，为律法、造甲历、制嫁娶等皆出于泰族，即此可见泰族是一极富研究思考之民族。③ 在比较三系民族之异同后，蒙文通还以希腊、印度、罗马比附三族，他说：

> 泰族为长于科学、哲学之民族，俨然一东方之希腊，炎族为长于明袄祥、崇宗教之民族，颇似印度，黄族为长于立法度、制器用之民族，颇似罗马也。④

蒙文通从地理、文化的角度析论三大民族的特点，但他强调这三系民族仅限于上古时期，夏代以后，三系逐渐融为一体，统称为"诸夏"，他说：

> 自炎、黄以迄唐、虞，始则南北二族，文化各殊，及接触既久，渐以孕育新文化。及于伯禹，遂大成熟，而灿然有辉。风、姜、姬氏，融和为一，统曰诸夏，以别于四夷未进化之族。穷桑、质沙、共工、轩辕民族之名，皆晦而莫见，合诸小民族为一大民族，即以伯禹朝代之名，为此种民族之名，以别于四围蛮野之民族，此固华夏之名所由起耶。⑤

---

① 蒙文通，《古史甄微》，页 65。
② 同上书，页 66。
③ 同上书，页 66—67。
④ 同上书，页 67。
⑤ 同上书，页 55。

三代"诸夏"观念形成之后，夷夏之别取代了太古三系之说，蒙文通一方面以江汉、河洛、海岱三系民族的框架，打破长久以来五帝一系相承的概念，一方面又将上古三大民族归并到"华夏民族"的范围内，以"华夏"之名统摄诸族。其意实扣合廖平当年嘱其梳理古史时所嘱："破旧说一系相承之谬，以见华夏立国开化之远，迥非东西各族所能及。凡我国人，皆足以自荣而自勉也。"① 在此，以地域-文化特征为判准的"民族"，不唯是解构古史一元论的工具，抑且成为建构当代国族起源想象的枢纽，蒙文通有意以"民族"重构多元古史图景的用意可谓至为显明。

（二）傅斯年

另一个几乎在同一时间里尝试以多元视角解释古代民族分布的傅斯年，却没有和蒙文通一样采取古史三系的说法，在傅斯年一系列讨论民族与古代中国史的文章中，他显然更在意的是上古民族东西对峙的关系。傅斯年认为在中国古代由部落进为王国，到后来再进为帝国的过程中，东西对峙的局面总是比较多的，② 这种情形从夏、商、周三代，持续到战国时期、秦并六国、楚汉亡秦、平林赤眉对新莽，以至于曹操对袁绍都是如此，直到东汉、三国以后才逐渐改为南北对峙的局面。③ 这样的看法来源于傅斯年很早以前就十分留意东西两系的关系，这在他留学欧洲时期便已露出端倪，例如他说：

> 我疑心齐本是东方大国，本与殷为敌，而于周有半本家之雅（厥初生民，时惟姜嫄），又有亲戚（爰及姜女，聿来胥宇），故连周而共敌殷。④

---

① 蒙文通，《古史甄微》，页1。
② 傅斯年，《夷夏东西说》，《傅斯年全集》，第3册，页148。
③ 同上书，页151—152。
④ 傅斯年，《与顾颉刚论古史书》，《傅斯年全集》，第4册，页483—484。

> 周之号称出于后稷，一如匈奴之号称出于夏氏。与其信周之先世曾窜于戎狄之间。毋宁谓周之先世本出于戎狄之间。姬姜容或是一支之两系。特一在西，一在东耳。①
>
> 鲁是一个古文化的中心点，其四围有若干小而古的国。曲阜自身是少昊之墟。昊容或为民族名，有少昊必有太昊，犹大宛小宛，大月氏小月氏也。我疑及中国文化本来自东而西：九河济淮之中，山东辽东两个半岛之间，西及河南东部，是古文化之渊源。以商兴而西了一步，以周兴而更西了一步。不然，此地域中何古国之多也。齐容或也是一个外来的强民族，遂先于其间成大国。②

这些话写在他留欧时期寄给顾颉刚的信中，实已透露他对古史东西两系的疑心。唯其并未说明导致他起疑的原因究竟为何？是他单纯地发现"此地域中何古国之多也？"，还是前人研究给他的启发？③ 抑或是另有其他的原因？傅斯年说：

> 中国之有民族的、文化的、疆域的一统，至汉武帝始全功，现在人曰汉人，学曰汉学，土曰汉土，但是最合理的名词，不是偶然的。秦以前本不一元，自然有若干差别。人疑生庄周之土不应生孔丘。然如第一认清中国非一族一化，第二认清即一族一化之中亦非一俗，则其不同亦甚自然。④

这种疑心中国非一族一化一俗的想法，应该多少还是反映五四一代人对于儒家过分整齐化中国思想学说的反动心理。所以傅斯年说："文化之统一

---

① 傅斯年，《与顾颉刚论古史书》，《傅斯年全集》，第4册，页485。
② 同上书，页485—486。
③ 这方面的关系请参考：王汎森，《一个新学术观点的形成——从王国维的〈殷周制度论〉到傅斯年的〈夷夏东西说〉》，《中国近代思想与学术的系谱》，页307。
④ 傅斯年，《与顾颉刚论古史书》，《傅斯年全集》，第4册，页487。

与否，与政治之统一与否相为因果：一统则兴者一宗，废者万家。"① 此时傅斯年已从地域视角尝试解构古史大一统的观念，进而排出这样的图谱：

> 统一中国之国家者——秦。
> 统一中国之文教者——鲁。
> 统一中国之宗教者——齐。
> 统一中国之官术者——三晋。②

这种以地域-文化铺排的思维竟与蒙文通有些神似，唯其不同的是傅斯年这时便已经把目光焦点集中在东西两系，并无意讨论南方系统，或许这和他认为东汉、三国以后中国历史才变成南北对峙的格局是有关系的。不过非常微妙的是，傅斯年此时虽然一方面强调大一统观念造成一宗兴、万家废的结果，却还是隐隐然将"中国"指向一个"统一"的方向。他在这里既有意为"中国上古史"找出不同来源的时代表征，也尝试将此时代表征与后来的大一统帝国相衔，为中国建构一个前后相续、因果相连的"国史"。

东西对峙的观念在傅斯年回国之后进一步加以深化，他认为黄河下游及淮济流域一带，和太行山及豫西群山以西的地方，在地形上有根本的差别：东边一片水道冲积的大平原，是为东平原区，西边一大片夹在山中的高地，是为西高地系，两者原则上可以当时的平汉铁路为界。在以"考察古地理为研究古史的一个道路"上，③ 傅斯年发现三代及近于三代的前期，大体上有东西两个不同的系统，即东系的夷与商，西系的夏与周。

西系的夏以河东为土，区域上包括山西省南半（即汾水流域）、河南省之西部中部（即伊洛嵩高一带）以及陕西渭水下游；而周则是以岐渭为

---

① 傅斯年，《与顾颉刚论古史书》，《傅斯年全集》，第 4 册，页 488。
② 同上书，页 488。
③ 傅斯年，《夷夏东西说》，《傅斯年全集》，第 3 册，页 87。

本,最初时比夏还要更西,在其向东平原区发展时则以雒邑为出口。① 傅斯年讨论诸夏时非常谨慎,有意把神话和传说排除在外,所以他在排比夏迹时,刻意排除了禹,只从后启谈起,以其作为讨论国族分布的起点。②

东系又可分商及诸夷,商代发迹于东北渤海和古兖州一带,之后由北而南;诸夷则皆起于东方,大约分布在淮、济下游一带,其活动范围西至河南之中心,东尽于东海,北达济水,南则包括淮夷、徐夷、舒夷等。③ 以风姓、偃姓、嬴姓为代表。若以部族而论,可分为太皞(如风姓的伏羲、女娲、燧人)、少皞诸族(以嬴、己、偃、允四姓所建诸国为代表,另如春秋时之淮夷、商末的奄人及秦赵之祖也都是嬴姓)。

比较傅斯年和蒙文通二人的观点,可以很容易看出傅斯年把上古民族分成东西二元,而蒙文通则是分成黄族、炎族、泰族三支。从表面上来看,傅斯年在东西对峙的格局中,舍掉了南方炎族一系未谈,实际上他在《姜原》《"新获卜辞写本后记"跋》里对于南方一系是有所着墨的,差别在于他把南方诸族分别消融在他东西二元的体系当中。

例如他在《姜原》中即考出周为姬姓,却用姜的神话,可见得周是姜的一个支族,或是一个更大族的两支。④ 且姜之地望原在"九州",即今豫西渭南群山之中。傅斯年据《左传》姜戎一段知九州一名瓜州,"其地邻秦,其人为姜姓,其类则戎",⑤ 因此得证姜本是西戎,唯其与周亲厚,又为姻戚,故常被人视为中国的一支,实际上姜、羌同字,并非中国。其后,傅斯年在讨论殷周关系时,又讲到周人在太王、王季、文王三代都借着与殷人结亲而极度"殷商化",最后甚至把殷人的上帝(帝喾)也借了

---

① 傅斯年,《夷夏东西说》,《傅斯年全集》,第3册,页118—119、151。
② 同上书,页110—111。
③ 同上书,页87、129、146。
④ 傅斯年,《姜原》,《傅斯年全集》,第3册,页25。
⑤ 同上书,页28—30。

来当成自己的上帝，把殷人的祖先崇拜拿掉，让帝喾从一个"宗神"变成"全民的上帝"。① 只是这些最后都湮灭在周人的西方系统中，被整齐化为大一统的论述。总合这些推证，其实就是傅斯年早在留欧时期对顾颉刚说的："究竟谁是诸夏，谁是戎狄？"② 换句话说，姬姓的周本为姜的支族，在傅斯年证得"姜""羌"乃一字之转后，周的先世便得以证实是羌族而非诸夏，唯其在东进过程中不断"殷商化"，与东方部族建立愈来愈深厚的关系，甚至到最后连殷人的宗神都一并借了来，当成自己的神祇，而周在种族和文化上便彻底与殷混同而莫辨了。

傅斯年借着讨论周的起源和殷周关系时，把南方一系的姜姓放进西系当中，同样的，他也在讨论楚的先世时，试图厘清南方祝融与东西两系的关联。傅斯年根据董作宾（1895—1963）新获卜辞残片"戊戌卜又伐羋"中的记载，重新点活了荆楚和祝融一系的关系。简而言之，傅斯年在考证楚的先世时，发现楚的先世羋姓为祝融八姓之一，③ 而祝融一系在夏商时期的分布非常之广，遍布于东、西两大系统中，包括有虞之前的陶唐，夏代的昆吾，商代的大彭、豕韦等强大的国家，都是祝融八姓之一。然而傅斯年注意到《国语·郑语》的记载，谓属于祝融一系的己姓、董姓、彭姓等所建之国，后来相继被夏商两代消灭，秃姓则为周人所灭；而未灭之国，也在周公摄政斥大九州之后纷纷改隶，有些在王室，有些在蛮夷，唯羋姓尚存，然羋姓之国却多用蛮俗，唯荆楚可以寄望。④ 因此及至西周末年，荆楚曾一度强大起来，只是很快又被周厉王和召虎（召穆公）击退，直到宗周灭亡，荆楚才一步一步蚕伐南国而北上，⑤ 成为春秋五霸之一。

由于傅斯年本就怀疑唐—虞—夏—商—周的系谱是很后来才起的，所

---

① 傅斯年，《"新获卜辞写本后记"跋》（原刊：国立中央研究院历史语言研究所编，《安阳发掘报告》，第2期，1930年），《傅斯年全集》，第3册，页252—258。
② 傅斯年，《与顾颉刚论古史书》《傅斯年全集》，第4册，页487。
③ 祝融八姓为己、董、彭、秃、妘、曹、斟、羋姓。
④ 傅斯年，《"新获卜辞写本后记"跋》，《傅斯年全集》，第3册，页227。
⑤ 同上书，页226。

以他在比对上述这些资料之后很敏锐地意识到，如果把卜辞所记"戊戌卜又伐羋"、陶唐为祝融之姓、楚之先世为羋姓，以及历来《国语》《左传》只记虞—夏—商—周的系统却不把陶唐列入此系统等几个线索联系起来，就会发现"西土之夏，东土之殷，皆继祝融诸姓而强大，在夏殷未作之前，据东土西土者，必以祝融诸姓为最强大"，① 唯曾经遍及东西两大系民族之间的祝融，却在夏商两代逐渐被新兴的大国所驱，为祝融之姓的陶唐，便极有可能于此时遭到翦伐。于是遭到驱灭的祝融一系便逐渐变成中原下层之民，或流窜至蛮戎之间，秦俗称庶人为"黎民"，可得一证。与此同时，傅斯年还从楚的宗法、官名、万舞之相同点，以及《离骚》所用殷之典故等证据，找到楚和殷商之间可能存在的紧密关系，② 再一次证明上古民族的复杂性，绝非后来经过战国秦汉人整并之后的面貌。

　　从上述两个例子可以看出，傅斯年并非完全没有触及上古时期南方一系，只是在他的观念里，南方一系的姜姓实与姬姓有密切的关系，而曾经在夏商之前广泛分布的祝融诸姓，也在剧烈的民族变动过程中消融于三代东西两系之间。或许从这个角度出发，傅斯年如要进一步延伸《史记》所谓"共工氏作乱，帝喾使重黎诛之，而不尽"这样的话，未始不能把它也放进东西对峙的格局中来理解。因为一则他确实把共工放进姜姓（炎帝）一系之中（如下图），③ 二则傅斯年曾经认为"帝喾为商之宗帝，所谓帝喾诛重黎者，无异商之先世曾与祝融之族征战而杀其王，或其族已臣服于商，而商以不适意而杀之"。④ 傅斯年既可将帝喾诛重黎作如此解，而重黎又为祝融一族，且从姜姬同源的角度而论，何以不能视与殷人亲厚的祝

---

① 傅斯年，《"新获卜辞写本后记"跋》，《傅斯年全集》，第3册，页243。
② 同上书，页245—246。有关楚和东系民族的关系亦可见：胡厚宣，《楚民族源于东方考》，《史学论丛》，第1册（北平：国立北京大学潜社，1934年），页1—52。
③ 傅斯年，《姜原》，《傅斯年全集》，第3册，页25。

少典 { 姜（炎帝）——共工 ——伯夷——四岳国——齐许吕申诸国
　　　 姬（黄帝）

④ 傅斯年，《"新获卜辞写本后记"跋》，同上书，页237。

融（重黎）和共工间的战争为一场东西之间的对峙？这当然是仅就傅斯年逻辑所做的推论，我的意思是：在傅斯年的观念里，东西对峙是上古民族分布的基本格局，南方一系在此格局下尽可消融于东西两系之间。所以根据徐炳昶回忆，他曾私下问过傅斯年炎帝应属哪一集团，傅斯年应之曰"南方集团"，① 这样的回答似也不妨碍傅斯年还是站在东西二元对峙的立场在看待古史的，毕竟西南（姜姓）、西北（姬姓）皆可归之于西系，更何况傅斯年本有"斜线的东西相争"之说。②

从南方一系来看，傅斯年和蒙文通确是有所不同的，但如果说到东夷一系，二人见解相似之处反多。首先，傅斯年有关殷商和东夷的分类大体上和蒙文通相仿，其差别唯一在虞舜，一在颛顼。傅斯年认为虞、夏皆属西土系统，③ 但蒙文通却根据《史记·五帝本纪》"舜耕历山，渔雷泽，陶河滨，作什器于寿邱，就时负夏"，谓此"皆为泰族走集之地，悉在海、岱、河、济之间"，④ 故而把舜归到东方海岱（泰族）一系。在颛顼问题上，蒙文通因视颛顼为黄帝之后最杰出的帝王，为民师而命以民事，且创制了重黎六府，是为上古脱离神道、纪于民事的代表，因此他将颛顼归之于西北河洛（黄族）一系；⑤ 然傅斯年却以《史记·秦本纪》"秦之先，

---

① 徐炳昶有关傅斯年的这段回忆，在不同的版本略有差异。他在1943年版表示：有人告诉他"傅斯年在北大讲授，将古代的国家，也分成三部分，同鄙见颇有相似处，但其全稿未发表，发表的仅有《夷夏东西说》，详述此二部分的区别"。见：徐炳昶，《中国古史的传说时代》（重庆：中国文化服务社，1943年），页102。其后经过改写的版本则删掉了这段，只说"蒙文通、傅斯年已有相类似的说法，暗中摸索，大致相合，足以证明所得各条并非一人的私见。但是关于炎帝问题，徐炳昶此时仍谓"傅斯年的意思也是把他归于南方集团的"，唯其"理由未详"。见：徐炳昶，《中国古史的传说时代》（里仁版），页155。
② 傅斯年在清点夏初以来东西对峙局面时，曾谓殷-鬼方、淮夷-周即是一种"斜线的东西相争"。见：傅斯年，《夷夏东西说》，《傅斯年全集》，第3册，页152。
③ 傅斯年，《"新获卜辞写本后记"跋》，同上书，页242—243。然傅斯年有时又把有虞氏看作东土的系统（空桑的外环），当是因舜的起源地和活动范围有别而论的。见：傅斯年，《夷夏东西说》，同上书，页154。
④ 蒙文通，《古史甄微》，页58。
⑤ 同上书，页52—53。

颛顼之苗裔，孙曰女修"一段，说明秦与淮夷之祖本皆嬴姓，淮夷为东海部类，与东北沿海诸族皆有"人降"神话，而《秦本纪》此段将嬴姓神话归本于颛顼氏，因此傅斯年认为颛顼实为东北方部落之宗神。①

然除开这两者，傅、蒙二人最大的相似点，在于皆认为中国文化起源于东方。傅斯年很早就说"我疑及中国文化本来自东而西"，②蒙文通在"上古文化"一章开宗明义也讲"中国古代文化，创始于泰族，导源于东方"，他认为泰族为中国最早的原始住民，中国文化自东而西，"自燧人以来，出旸谷，分九河，以生息于斯"，中国大陆自古人迹始居之地，可考见者即在此"九河之地"。③他进一步表示：

> 盖海岱之间，为泰族之根据地，而群雄角逐之场，据有泰山者即有天下，行封禅以明得意耳。况复炎族北侵，必经穷桑，三族接触，于此最繁，地虽偏于海隅，而实为政治战争中心也。观共工振滔洪水，以薄空桑，蚩尤又伐空桑，神农自陈徙鲁，鲁有大庭氏之库，是在昔为大庭之都，有巢氏治石楼山在琅琊，皆足见东方固政治战争之中心，为上世我先民之所聚处，河洛之繁荣乃在后，远不足与侔也。④

蒙文通从地理上的相对关系注意到海岱之间的特殊性，自古以来是炎族、黄族和泰族三方交会之处，也是东方的政治战争中心。这方面的观察可说与傅斯年并无二致。傅斯年一样也注意到空桑这个地方，他认为西起

---

① 傅斯年此处并以《晋书》卷180提及"魔以大棘城即帝颛顼之墟也"为证，说明大棘城所在（今辽宁省义县西北）即颛顼之墟。然傅斯年在《"新获卜辞写本后记"跋》中论证楚先世出自颛顼时，却又遵《国语》之说，认为颛顼为虞夏之祖，傅斯年对此也没有进一步说明。傅斯年，《"新获卜辞写本后记"跋》，《傅斯年全集》，第3册，页236—237。
② 傅斯年，《与顾颉刚论古史书》，《傅斯年全集》，第4册，页486。
③ 蒙文通，《古史甄微》，页61。
④ 同上书，页58。

于陈、东至于鲁的东平原区南部,接连有好些蓄水湖泽,去黄河下游稍远,天然水患不大,地也最肥,是交通最为便当之处。"太昊都陈、炎帝自陈徙曲阜",① 都在这一带。而曲阜一带,即所谓空桑之地,既是少昊氏的大本营,后羿亦在此立国,周公东征时的对象奄国也在这里,傅斯年认为这些都明白指出"空桑是个政治中心"。除此之外,五祀之神中有三个起于此地、伊尹以其文化所赋之智谋以事汤灭夏、孔子凭借时势成为儒宗等等,亦可见空桑显然也是东平原区的文化中心。② 傅斯年强调三代之中东胜西的情况较少,西胜东之事甚多。大体而言,东方经济好,所以文化优,西方地利好,所以武力优,因此东方尽管在武力上失败,政治上一时不能抬头,一经多年安定之后,却往往再起。③ 如"商朝本在东方,西周时东方或以被征服而暂衰,入春秋后文物富庶又在东方"。④ 周灭商后,殷遗民在文化上影响力持续不坠即是最好的证明;鲁之儒墨、燕齐的神仙、唯孝之论和五行之说,继起主宰中国思想二千余年,这些都是东系民族的特性。

蒙文通几乎和傅斯年一样看重齐鲁一带作为文化重心的意义,而给予东方极高的评价,他说:

> 东方之学为六艺、为儒家之学以中庸为贵,固能甄陶于两大民族之间,而文质彬彬矣。是则齐鲁之间,儒学出焉,不为无故。盖夷俗仁,徐偃王仁而无权,此泰族原始之思想也,贵中庸,则后来调和于异族之思想。儒家之学,尚中而贵仁,此固为善保持其原有民族之特殊精神,而又善调和于异民族之两极端精神,而后产生之新文化也。是邹、鲁者既开化最早,中国文化之泉源,而又中国历久文化之重

---

① 傅斯年,《夷夏东西说》,《傅斯年全集》,第 3 册,页 154。
② 同上书,页 154。
③ 同上书,页 153。
④ 傅斯年,《周东封与殷遗民》,《傅斯年全集》,第 3 册,页 166—167。

心也。①

蒙文通认为齐鲁一地的文化和思想特质，造就儒学在此播萌，而中国文化的发生，自昔即以鲁地文化为最高。蒙文通为说明齐鲁一地作为中国最早生息之地，还特别引用民国十年（1921年）发现的"北京齿"以为证明，他表示："西人盖以人类遗骸之发见，未有古于此齿者，或言至今五六十万年，或言且百万年，最初人类之导源，且欲于中国见之，则九河之地，固东亚有人类最早之域也。"② 这段引北京齿为证的话，其实多少透露出蒙文通的看法还是在"中国人种西来说"的语境下提出的，想要证明中国人种起源在东不在西，中国文化之自东徂西。为此，蒙文通还特别点出他和柳诒徵之间的差异："丹徒柳先生谓：'中国古代文化，起于山岳，无与河流'。而主中国民族西元论，又谓'古代文化自西而东'。皆与此篇所究，旨趣不同也。"③ 蒙文通对于东方起源论无疑有相当的坚持。

此一想要证明中国人种起源于东方的心情，在傅斯年身上似乎显得更为迫切。从留学欧洲时期开始，傅斯年对此即念兹在兹，回国后有关上古民族系谱的讨论，几乎都放在东西对峙的格局下，对于殷商和东夷诸族的论述也相对最多。傅斯年始终相信"殷商为中国文化之正统，殷遗民为中国文化之重心"，④他在《夷夏东西说》中甚至表示：认识此四地（空桑、韦、雒邑、安邑）在中国古代史上的意义，"或者是一件可以帮助了解中国古代史'全形'的事"。⑤ 在他的观念里，中国古代史的"全形"必须从东西相对的局面中理解，而"东方"作为民族的起源地，相较于长期被视为正统的炎黄一系尤需更多的阐发。傅斯年这样近乎执拗的信念，最终

---

① 蒙文通，《古史甄微》，页68。
② 同上书，页61。
③ 同上书，页71。
④ 傅斯年，《周东封与殷遗民》，《傅斯年全集》，第3册，页167。
⑤ 傅斯年，《夷夏东西说》，同上书，页156。

促使他以考古证明他的假设。

中研院史语所成立之后，发起的第一宗考古任务就是从殷墟开始的，史语所考古团队直奔安阳，固是由于清末以来在那里发现了甲骨，更重要的原因也是为了找寻殷商研究的突破点，这和我们后面会谈到的北平研究院成立后，去了陕西宝鸡斗鸡台背后的假设是很不一样的。① 史语所早期的考古工作基本上可说都是在"夷夏东西"这样的古史框架下进行的。特别是后来城子崖的发掘，确立龙山文化之后，更强化了傅斯年长久以来的假设。今天我们再看他《〈城子崖〉序》时，还是很容易被他的兴奋之情感染。傅斯年表示西洋人治中国史，经常是从汉籍的中外关系上着手的，而取得的成绩和发明也多在这些"半汉"的事情上，他觉得这些工作虽然重要，但中国人自己也要提出些"全汉"的问题，"而这些问题更大更多，更是建造中国史学知识之骨架"。他以考古学为例表示：

> 在中国遍求于中央及西方亚细亚采色陶器有亲属关系之中国采色陶器之分布，诚然是一件绝重大的考古工作，然中国史前及史原时代之考古，不只是这么一个重大问题，若以这个问题为第一重心，则仿佛觉得先秦二三千年间中土文化之步步进展，只是西方亚洲文化之波浪所及，此土自身若不成一个分子。②

傅斯年显然不愿意跟着西方人提出的问题意识走，让一切在中国的考古发掘只是证成西方问题的证据，完全没有自己的主体性。他特别不同意那些年欧洲学人经常在还没有断定出土物年代之前，即"预断其流传方向是自西向东的"。傅斯年的这句话明显是针对 1921 年安特生（Johan Gunnar Andersson，1874-1960）在河南新安渑池发现仰韶文化遗址时，推测其制陶技

---

① 苏秉琦，《满天星斗：苏秉琦论远古中国》（北京：中信出版集团，2016 年），页 66。
② 傅斯年，《〈城子崖〉序》，《傅斯年全集》，第 3 册，页 206—207。

术来自西方的断语。

或许就是基于这种激越的民族情感，傅斯年想在学术观点和考古成绩上和西方一较长短，① 所以他说："凭借现有的文籍及器物知识，我们不能自禁的假定海滨及邻近地域有一种固有文化，这文化正是组成周秦时代中国文化之一大分子。"② 这种情不自禁的假定正是他建构"夷夏东西"概念的来源，而他希望借着史语所的考古发掘证明他对文籍记载推定的正确性，也在城子崖的发掘动机中表露无遗，他说：

> 这个发掘的动机，第一是想在采陶区域以外作一试验，第二是想看看中国古代文化之海滨性，第三是想探比殷墟——有绝对年知识的遗迹——更早的东方遗址。③

城子崖发掘以前，包括1921—1924年安特生在甘肃一带所做的考古调查工作，以及1926年李济（1896—1979）在山西夏县发掘西阴村的史前遗址，都还是在彩陶区域（很大程度上是傅斯年所谓的西系）的前提下进行的考古发掘，而殷墟虽为史语所成立后第一个进行的大规模考古发掘，但却是二十多年前因甲骨残片出土才偶然出现的遗址。傅斯年认为这些都不足以

---

① 葛兆光认为传统中国向近代国家转型的过程中，和其他国家最不一样的地方，不仅仅是"从天下到国家"，更是一个"纳四裔入中华"的过程，因此他也注意到1920—1930年代中国学术界以历史文献和考古发掘方式对抗"西来说"的论述，是充满"民族主义"色彩。该文所用材料与观察皆与本章所论极为接近，唯所得结论却大相径庭。相关论述请见：葛兆光，《何为中国：疆域民族文化与历史》，第三章"民族：纳'四裔'入'中华'"（香港：牛津大学出版社，2014年），页75—109。由于其研究的立基点和他对民族国家的看法有关，细节在此无法讨论，根本关键在于：（1）作者并未觉察1920—1930年代历史学、考古学界"纳四裔入中华"的相关论述本身就是一种叙事的建构；（2）有如我在绪论里提及的看法：20世纪以来历史学者常常以自己所理解的科学方法写出来的国史，是一种具有"本真性"的表述，这样表述因符合民族国家的想象，而被后来的我们视为更接近"真实"。
② 傅斯年，《〈城子崖〉序》，《傅斯年全集》，第3册，页207—208。
③ 同上书，页208。

有意识地证明中国古代文化的海滨性，以及他预想中的东方起源论，所以他承认这是一个"有组织的设计，不是凭自然出土或文书知识牵之流转的"，是一个"空前"的立点。

当时主持城子崖发掘的李济对此也持同样的看法，他表示在此之前中国考古界在奉天、山西、河南、甘肃一带都做过系统性的发掘，但发现的带彩陶器基本上都和中亚、小亚细亚与东欧出土的有若干相似之处，导致许多学者据之以为中国文化原始于中亚的证据，使得那"沉默了三十年的'中国文化原始于西方'的学说，差不多又复活起来"。① 但李济认为这些新石器时代的遗址还是不能证实"西来说"的真确性，因为彩陶只出现在中国的西部和北部，东北部的大平原，包括河北的东南、河南的东部，以及山东一带，都还没有发现这类陶器。所以这让人自然联想到："中国内地东北大平原是否也有个石器时代？要有的话，是否也有带彩的陶器？"②

城子崖的发掘成果确实让傅斯年、李济等人找到中国民族东方起源的证据，黑色发光的陶器和后来的铜器十分相仿，使他们相信这批发现可以和商周时期的铜器文化产生联系。在此之后史语所一路在河南安阳后冈、高井台子、浚县大赍店、山东滕县（今滕州市）、临城凤凰台、河南广武、巩县（今巩义市）、安阳同乐寨，安徽寿县、豫北一带，以及山东日照、浙江杭州良渚等地的发掘，全部位于黄河、扬子江及其支流所沉积的冲积平原范围内，③ 原则上不出傅斯年东方起源论的基本架构。傅斯年后来称城子崖的发掘成果是"求仁得仁"，或许某种程度上我们可以说"夷夏东西"格局建构了傅斯年对古代中国雏形的基本想象，而史语所的考古发掘路线，则证实了他对国族起源的根本理解，将考古资料纳入古史系统，对于建构中国上古史的"全形"无疑是有很大帮助的。

---

① 李济，《发掘龙山城子崖的理由及其成绩》，《山东省立图书馆季刊》，1：1（1933年），页198—199。
② 同上书，页199。
③ 梁思永，《龙山文化——中国文明的史前期之一》，《考古学报》，1959年第7册，页5—6。

（三）徐炳昶

此外，同样从"民族"角度切入探讨中国古史问题的还有徐炳昶。他和蒙文通一样，对中国上古民族采三系之说，即所谓炎黄、风偃和苗蛮等三大集团。① 唯其不同的是：他并不像蒙文通一般，将炎帝、共工划归于南方的江汉民族，而是将其与颛顼、祝融一并归之于北方的炎黄集团；而蒙、傅二人以为应属东夷/海岱民族的伏羲和女娲，在徐炳昶看来却属于苗蛮集团；对于蚩尤，他也独排众议，视其为东方风偃集团的成员。徐炳昶和傅斯年、蒙文通的异见，涉及三人对于中国本土起源论的基本假设，以下分三方面阐释他们的观点。

1. 炎帝问题

在炎帝问题上，徐炳昶认为炎、黄两氏族，一为姜姓，一为姬姓，两者皆出于陕西、甘肃之交黄土原上的少典一族，同属华夏集团的成员。唯姜姓炎帝一族很早就进入农业阶段，而黄帝氏族则在周代以前都还停留在游牧时期。为了证明姜姓一族的发祥地，徐炳昶从姜水一地追索，推证出最有可能的地点应在陕西境内渭水上游一带，该地离黄帝氏族的发祥地陕西黄土原相去不远，② 基于这个理由，他把炎、黄二族都划归于同一集团。徐炳昶的判断除了来自文献上的记载之外，也加入考古方面的材料，以及民间传说的证据，③ 如1935年他在陕西宝鸡县（今宝鸡市）斗鸡台从事考古发掘时，在宝鸡县城南的姜城堡附近发现一处彩陶遗址，并于相去十二三里处又发现一座史前民居的遗址，在遗址存留的陶器中藏有一些霉黑的谷粒，加以当地人至今仍供奉着一种谓之为"大头爷"或"后稷头"

---

① 修改后版本徐炳昶改称：华夏集团、东夷集团和苗蛮集团。徐炳昶，《中国古史的传说时代》（里仁版），页32、45、57。
② 徐炳昶，《中国古史的传说时代》，页30—32。
③ 徐炳昶，《中国古史的传说时代》（里仁版），页35。

的农神,① 凡此皆可证明炎帝一族的起源,以及农业起源甚早的事实。②

徐炳昶据以判断各族分属哪一集团的依据,多半是该族的起源和地望,而非后来逐渐迁移活动的范围。③ 他强调炎帝氏族有部分向东迁徙,在东迁路线中略向南偏,于是和南方苗蛮集团有不少犬牙相错的地方,如申、吕、齐、许和祝融八姓的昆吾,以及共工等国,④ 因此这些国家才经常为人划归为南方一系。例如共工氏,蒙文通和傅斯年皆视其为南方部族,然徐炳昶据罗泌(1131—1189)引《淮南子·本经训》中"共工振滔洪水以薄空桑"之说,⑤ 考得古地名以"共"命名者有四处,唯此四处却各自分散在山西、河南、甘肃等地,⑥ 难以区辨,于是他便再从共工和颛顼的关系中,推得河南北部的辉县最为靠近颛顼帝丘(河北濮阳县)之所在,并透过亲访,发现该地位在黄河北转之处,极为符合"炎帝少女溺海堙海",以及"振滔洪水以薄空桑"两神话的源出地,⑦ 因而断言共工和颛顼一样同为炎黄集团的氏族。

2. 颛顼问题

颛顼也是一个关键人物,无论炎帝、共工还是后面会提到的祝融,

---

① 徐炳昶,《中国古史的传说时代》,页31—32。
② 徐炳昶此处仅止于分析姜城堡一带可能是炎帝族的起源地,却没有进一步说明他如何判断发现谷粒的年代,及其与炎帝氏族进入农业时期的时间和关系。类似观察可见:王钟翰,《书评:中国古史的传说时代》,《燕京学报》,第30期(1946年),页301—302。
③ 1947年徐炳昶和苏秉琦联名发表的文章上,提及如研究传说时代的史事时,最可致力的问题在各氏族的分合、接触和移动等方面,而考究此类问题的线索往往可透过"族姓"和"地名"来进行。此意与本文所谓的起源、地望和迁移范围类似。徐炳昶、苏秉琦,《试论传说材料的整理与传说时代的研究》,《史学集刊》,第5期(1947年),页21—23。
④ 徐炳昶,《中国古史的传说时代》,页33。
⑤ 〔汉〕刘安等编注,〔汉〕高诱注,《淮南子》"本经传"(上海:上海古籍出版社,1989年),页80。
⑥ 徐炳昶考古地名发现,以"共"名之水有二,以"共"名之国亦有二,分别在山西芮城县界、河南新安县界、甘肃灵台境,以及河南北部的辉县。徐炳昶,《中国古史的传说时代》,页34—35。
⑦ 炎帝少女溺海堙海的神话即大家熟知的精卫填海的故事。同上书,页35。

几无不与颛顼有密切关系。在颛顼问题上,傅斯年认为颛顼为东北方部落之宗神,属于东夷一系,然徐炳昶却和蒙文通一样,以为颛顼更接近于炎黄集团,例如他们不约而同地注意到颛顼在上古时期由神道向民权转化的意义。如《左传·昭公十七年》有谓:"自颛顼以来,不能纪远,乃纪于近,为民师而命以民事,则不能故也。"① 蒙文通认为这即代表"古之设官命名,多荒陋,听于神,而颛顼切于实事,听于民,则可以为治理也"。② 颛顼设五行、六府之官以治民事,是为中国古代"脱离神道,纪于民事"的重要表征。③ 然而颛顼如何带领人们脱离神道、走向民事,蒙文通并没有进一步追究,徐炳昶则从神话学的角度诠释此一转折。

他强调颛顼的主要事迹在于"命重黎绝地天通",即"命南正重司天以属神,火正黎司地以属民"。④ 徐炳昶认为所谓的"绝地天通",实际上就是一个"很显著的神话",⑤ 只是历来古书并没有从这个角度提出令人满意的解释。从社会进化的观点来看,远古人类对于大自然的变化所知不多,天人之间的沟通有时必须靠巫术,其后才慢慢有了宗教。徐炳昶强调巫术与宗教是不同的,巫术可以靠巫觋用特别的咒语指挥、命令自然界照着人们的意志达成想要的事,但宗教是信仰,信仰背后有苍苍在上的贵重明神,⑥ 即所谓"帝",中国古书里惯于在颛顼、喾、尧、舜、丹朱等名之前冠以"帝"字,指的就是这种"半神半人性质"的人神,也就是具有

---

① 〔晋〕杜预注,〔唐〕孔颖达等正义,黄侃经文句读,《春秋左传正义·昭公十七年》(十三经注疏之七),卷48,下册(上海:上海古籍出版社,1990年),页837—838。
② 蒙文通,《古史甄微》,页52—53。
③ 所谓的"五行之官"指的是木正句芒、火正祝融、金正蓐收、水正玄冥、土正后土,后土为社,稷为田正。《汉书·百官公卿表》说"颛顼为民师而命以民事,有重黎、句芒、祝融、后土、蓐收、玄冥之官",此即六府是也。蒙文通,《古史甄微》,页52—53。
④ 左丘明,《国语·楚语下》(据《四部备要》排印清代士礼居翻刻明道本为底本)(台北:里仁书局,1981年),页562。
⑤ 徐炳昶,《中国古史的传说时代》,页65。
⑥ 同上书,页65—66。

人格的神。① 这类的人神，人们不能指挥、命令他们，只能谨慎地遵守他们所定下来的"科条"。因此巫可以有很多，宗教主却最好只有一个，否则社会秩序便无以维系。② 然而明神居于苍天之上，人们如何才能得知明神的意旨呢？徐炳昶说古人相信天地之间是相通的，上天和下地可以靠着"上插云霄"的高山沟通，所以高山上常可见群帝的游迹，神巫在此亦可任便往来。③ 黄帝以前，氏族的范围不大，社会秩序还不成大问题，及至黄帝以后，散漫的氏族逐渐合并成较大的部族，天地相通、神巫往来就可能打乱社会秩序，于是这时帝颛顼出来，快刀斩乱麻，命少昊氏的大巫重出任"南正"以司天，也就是说除了重和帝颛顼之外，无论何巫均不得升天，妄传明神的命令；再命"火正黎司地以属民"，即让黎担任"火正"管领群巫，教他们好好给万民治病祈福。换句话说，"绝地天通"的具体办法，就是把原本可以通天的高山封绝起来，使众巫不能随便往来，由具有人格的明神主持人世间的一切，安定社会秩序，这也就是颛顼"绝地天通"的意义，也是上古社会从巫术转向宗教的重要一步。④

可是如果颛顼可以任命少昊族的重出任司天的南正，那么他何以不属于风偃集团呢？徐炳昶的看法是，如果单就地域方向来辨别，很难断定颛顼所属的集团，因为无论东西南北皆有关于它的记载，⑤ 所以只能另辟蹊径。徐炳昶指出，从《国语·鲁语》中，展禽列在祀典中的人物，如太皞、少皞、皋陶、祝融等毫无地位的情形来看，便可知这是炎黄集团的祀典，而颛顼在里面却占着重要的地位，由此便可证明颛顼确为炎黄集团的

---

① 徐炳昶表示中国古书中的"帝"为神称，帝之下不系名者泛指"天神"，系名者则为"人神"，如帝颛顼、帝尧、帝舜等，即象征着其具有"半神半人的性质"。徐炳昶，《中国古史的传说时代》，页 63—64。
② 徐炳昶，《中国古史的传说时代》，页 66。
③ 同上书，页 67。
④ 同上书，页 67—71。
⑤ 如《山海经》中《海外北经》《大荒北经》《海内东经》《大荒东经》《大荒南经》《大荒西经》等皆有关于颛顼的记载，其声威所及之远，无远弗届。同上书，页 63。

成员。① 此外，黄帝和夏后氏是华夏集团的中坚分子，颛顼"能修黄帝之功"，夏后氏亦对其举行祖祭，这点适可看出他们氏族间的派分关系。②徐炳昶从这两条线索中虽然确立了颛顼的集团属性，但他无论如何也不能忽略颛顼和隶属于风偃集团的重之间的密切关系，以及黎后来成了南方首领的事实。对于这点，徐炳昶的解释是：这正好说明了颛顼原属于炎黄集团，唯后来受风偃集团很大的影响。他说：

> 大约炎黄集团从陕西、甘肃一带的黄土原上，陆续东迁，走到现在河南、山东、河北交界处的大平原，首先同那边的风偃集团相接触。始而相争，继而相安，血统文化，交午旁错。帝颛顼的氏族所居最东，互相影响的地方也最多。因为他的氏族所居的地方交通方便，所以文化也较别处同集团的氏族为高。将来有虞氏和商人所居的地方皆不甚相远；他们的文化全是一种混合而较高的文化。有虞氏祖颛顼，商人禘舜，足征他们的氏族与文化全是一脉相承。③

这段话值得注意的地方有三：第一，颛顼族是为炎黄、风偃两集团的混合；第二，炎黄、风偃两集团"始而相争，继而相安"，对抗之后在氏族和文化上逐渐混合交融，一脉相承；第三，中国古代民族未必起源于一地，尤不见得起源东方滨海地区，④炎黄集团由西向东迁徙，在河南、山

---

① 此一推证方法和傅斯年是一样的，但两人却由此得出完全不一样的结论（傅的看法是周人把殷的宗神抢了过去，作为"全民之神"），这种现象说明了疑古思想大行之后，过于整齐化的古史序列皆不被人所信。徐炳昶，《中国古史的传说时代》，页72—73。
② 此一证据是徐炳昶后来加上的。见：徐炳昶，《中国古史的传说时代》（里仁版），页99。
③ 徐炳昶，《中国古史的传说时代》，页73。
④ 同上书，页26。

东、河北交界处与风偃集团相接触即为证明。①

3. 祝融问题

再一个显著的例子是祝融。不少人将祝融划归为南方民族，而徐炳昶同样根据祖源和地望加以判断，认定祝融实际上原出于炎黄集团的颛顼氏族，在禹征服三苗之后才到了南方，逐渐成为南方苗蛮集团中最有代表性的一族。由于古书中提及祝融时无不说他出于颛顼，其名或曰黎，或曰重黎，如《左传》上说"颛顼氏有子曰犁，为祝融"，《山海经·大荒西经》也说"颛顼生老童，老童生祝融""颛顼生老童，老童生重黎"等，② 于是徐炳昶便从祝融和颛顼的关系往下追索，得知重和黎实际上是两个人。《国语·楚语下》亦言"颛顼受之，命南正重司天以属神，命火正黎司地以属民，使复旧常，无相侵渎"，③ 可见重和黎是分掌南正和火正的两个人，唯《史记》却误以火正为北正，导致后世聚讼纷纭。徐炳昶认为黎即是祝融，他既受颛顼之命出任火官，就代表他和颛顼一样属于炎黄集团的成员，人们祀之为灶神，不唯代表了人对火的需求，更象征着古人对火的崇拜观念。④

从祖源的角度来看，祝融和颛顼的关系证明了祝融原属于炎黄集团，但徐炳昶和傅斯年一样也注意到祝融的后代，即所谓"祝融八姓"的分布地极广，远非北方民族的活动范围所能涵盖。《左传》上说"郑，祝融之虚也"，⑤ 徐炳昶考得祝融原居地为河南中部的新郑，⑥ 而祝融八姓的分布

---

① 徐炳昶在描写炎黄集团的炎帝一族于东迁时遇见"本地的土著"东夷人，遂展开争斗。徐在此虽称东夷为"本地土著"，然叙述主体显然还是放在炎族一系，主从关系十分明显，由此也可看出他对中国上古民族起源的看法。徐炳昶，《中国古史的传说时代·叙言》，页10。
② 徐炳昶，《中国古史的传说时代》，页51。
③ 左丘明，《国语·楚语下》，页562。
④ 徐炳昶，《中国古史的传说时代》，页52。
⑤ 〔晋〕杜预注，〔唐〕孔颖达等正义，黄侃经文句读，《春秋左传正义·昭公十七年》，卷48，下册，页839。
⑥ 徐炳昶，《中国古史的传说时代》，页52—53。

范围却从湖南、湖北一路北上,延伸到河南中部,以至河南、河北、山东交界处,亦有西居黄河北岸者,向东则可到山东南部,远远超过炎黄集团的范围。① 徐炳昶认为这是祝融后代不断迁徙的结果,他强调"集团是偏于文化的,并不完全属于血统",意思是祝融在血统上虽出于汉人,在迁移之后却在文化上渐受南方民族的影响,所以"后人把祝融说成苗蛮集团的代表,也并无大错误"。②

祝融问题牵涉甚广,其复杂程度常常使治古史者陷入一种自说自话的状态,徐炳昶在总述苗蛮集团时便说过这样一段话:

> 前两集团(指:炎黄、风偃集团)早期相互以至于可以相混的关系几乎没有,而与此集团的关系极深,几乎可以作代表的人物,祝融,差不多的古书全是说他出于颛顼。这就使它同它集团有容易相混的危险。③

细读这段话,大致有两层意思值得留意:第一层意思比较简单,徐炳昶认为炎黄和风偃两集团的属性较为清楚,彼此混淆的情形相对比较少见(即便在蒙文通、傅斯年的分类体系上亦复如此);但南方民族的变数极大,炎黄、风偃集团被划入南方集团者有之,南方民族混入前两大集团者亦复可见,以致后人对它们的分类不十分一致。徐炳昶自己也承认:

> 我们这样地分三集团,也为工作的方便,觉得这样地分比较合适一点。其实,除了东方的风偃集团内容比较简单外,此外二集团全比较复杂。我们已经把炎黄集团分为黄帝和炎帝两大支,又不得不把祝融八姓各国从真正南方的苗蛮集团分出来。实则,如果觉得不方便,

---

① 徐炳昶,《中国古史的传说时代》,页54。
② 同上书,页54。
③ 同上书,页45。

即使分成五集团也没有什么不可。不过就是这样画分以后，只要我们对于时间和空间二要素把握的很紧，并且不要忘记早期史料和晚期史料的不同价值，仍不难看得出炎帝同黄帝，祝融同苗蛮的关系比较密切，不是同其他集团的关系所能比。①

徐炳昶认为集团划分为的是研究方便，因此不论分成三集团或五集团（应指风偃、炎、黄、祝融、苗蛮等）都是可以的，只是炎帝和黄帝、祝融和苗蛮之间的关系，无论如何总还是比较密切。徐炳昶的这两段话本是针对祝融和苗蛮集团而发，仔细推敲却不难发现他和傅斯年的观点在此倒颇有相契之处，换句话说，徐炳昶之所以注意到南方民族易与西北/东方民族相互混淆的情形，以及炎帝和黄帝、祝融和苗蛮之间的密切关系，实际上透露出他已意识到上古时期南北之间存在着更多的融合与渗透；而炎黄和风偃集团间清楚的集团属性，则意味着对抗和竞争才是东西民族之间的主调。② 这点和傅斯年有意将姜姓一族并入西系合而观之，并坚持从东西对抗的格局看待上古民族的看法，竟隐隐然若合符节。

　　第二层意思也是从祝融的问题延伸而来。徐炳昶说，"蛮的地域似乎以湖北、湖南为中心，北及于河南西部熊耳、外方、伏牛各山脉间。至于祝融八姓的地域似乎超出这个范围不少"，③ 而且"究竟离苗蛮的范围，相差颇远"，④ 所以他基本上不认为祝融应和苗蛮集团的其他民族（如三苗）混为一谈。他一方面强调"集团是偏于文化的，并不完全属于血统"，⑤ 却还是从祖源关系上追索祝融和颛顼之间的联系，这和他讨论炎

---

① 徐炳昶，《中国古史的传说时代》，页105。
② 尽管徐炳昶在描述三集团关系时，也强调炎黄集团和风偃集团的合作与同化，及其对苗蛮集团使用武力的一面，然此处更强调的是他在论述集团属性时无意中流露出与傅斯年类同的观察。同上书，页282。
③ 同上书，页44。
④ 同上书，页55。
⑤ 同上书，页54。

帝、共工和颛顼的问题如出一辙。① 因此他一一考得祝融八姓散居各地的位置,也将祝融氏族编排进南方苗蛮集团中,却还是念兹在兹地强调:"祝融氏族或部落的一部分后来虽南入苗蛮集团,成了那边的宗教的和政治的首长,可是氏族或部落的本身仍属于华夏集团,它的大部分也仍留在集团中,并未南下。"② 此一结论和同样从地望考察祝融八姓活动范围的傅斯年极为不同。在傅斯年的观念里,祝融是夏商以前遍布东、西两系之间最大的民族,唯于夏商兴起后逐渐遭到剪除,唯芈姓之荆楚尚留遗风,傅斯年便从楚的宗法、官制和文化等线索上,推断出殷楚同风的可能,从而间接证明祝融和东系民族之间微妙的关联性。

徐炳昶相信祝融原出于北方炎黄集团,在深入南国传播教化之后才逐渐成为苗蛮集团的成员,这和傅斯年注意到往南移徙的生祝融,不同于留在中原的祝融孑遗(熟祝融),③ 有着基本相同的思路,唯二人对于祝融的起源问题却有完全不一样的见解:傅斯年看到的是祝融与东夷的关系,而徐炳昶却指向了北方的炎黄集团。究其实,这样的推论与傅、徐二人对于上古民族起源的基本假设息息相关。傅斯年对于东方民族起源的信念有如前述,而徐炳昶对此却始终持保留态度,他说:

> 读了若干西方的历史,看见古代文化发展的几个摇床全在滨海的区域,就结论到那样区域交通方便,所以文化容易发展,而推论到中国发展的摇床也应该在沿海各地;证据欠缺,又不惜牵强附会以证成之!这一般的学者常常用力甚勤,立论甚多,但是历史的真实并不由

---

① 徐炳昶后来在新版中即特别点出:"炎帝氏族或部落属于华夏集团,高阳氏族或部落也属于华夏集团,却与东夷集团有很深的关系。"见:徐炳昶,《中国古史的传说时代》(里仁版),页158—159。
② 同上书,页158。
③ 傅斯年谓:"不特在中国的'熟祝融'因周室封建而割宰的剩下不多,即在南方的'生祝融',亦因周室之开辟南国而大受压迫,然而周朝虽在方盛的时候也未能在南方大逞。"见:傅斯年,《〈新获卜辞写本后记〉跋》,《傅斯年全集》,第3册,页246—248。

于他们的努力而比较接近。……然则吾国文化的发源地就没有一定限于滨海区域的理由。①

徐炳昶认为主张文化起源于滨海地区的人,只是从交通便利的角度立论,却忽略了海道可能是通往其他地方的渠道,也可能形成一种天然的障碍;中国东方一望无际的大平原利于行旅,而西方的黄土高原也非不易超越的险阻,何以认定中国文化必起源于滨海?

(四)徐、傅、蒙三人对国族起源的想象

徐炳昶的著作成文时间较晚,其批评东方滨海起源的论点应该主要是针对蒙文通和徐中舒(1898—1991)、傅斯年、梁思永(1904—1954)等史语所考古团队成员而发。② 这批评或许必须回到1920—1930年代考古学的发展脉络里比较容易理解。简言之,安特生于1921年在河南渑池县仰韶村发现了彩陶文化遗址,在比对彩陶上的纹饰之后,他认为仰韶文化出土的彩陶应与中亚的安诺(Anau)和特里波列(Tripolye)出土的十分相似,并且和俄属土耳其斯坦或欧洲的出土文物有关,因而判断其中有传播的可能。③ 为了验证这种假说,安特生花了两年的时间在甘肃、青海一带找寻史前文化遗存,1924年他在《甘肃省的考古发现》一文中表示,甘青地区发现的精美彩陶,使他进一步相信李希霍芬提出的中国文化起源于新疆

---

① 徐炳昶,《中国古史的传说时代·叙言》,页25—26。
② 蒙文通论穷桑之地时,则从交通枢纽、气候宜人的角度论之,有谓:"中国文化之起于勃海,盛于岱宗,光大于三河,亦正彼地气候温暖中和之时也"。蒙文通,《古史甄微》,页39—42。龙山文化发现以前,徐中舒已大胆表示,仰韶文化应是虞夏民族的文化,春秋以前是为胡人分布地,和小屯(安阳)是两个不同的系统,各有其源流。而小屯出土器物中有青铜器和甲骨文字,远比仰韶文化复杂,应当另有丰长的文化渊源。他因此断言,小屯文化无疑是由别处移植来的,而遗物中的咸水贝、鲸鱼骨,证明殷人与东方海滨一带的交通往来。徐中舒,《再论小屯与仰韶》,李济编,《安阳发掘报告》,第3册(北平:国立中央研究院历史语言研究所,1931年),页535—557。
③ 陈星灿,《中国史前考古学史研究(1895—1949)》(北京:生活·读书·新知三联书店,1997年),页91。

的假说,但他强调这一起源于新疆的文化应该还是受到西方的影响。① 安特生的文章发表后不久,随即遭到瑞典汉学家高本汉(Klas Bernhard Johannes Karlgren, 1889–1978)和阿恩(Ture Algot Johnsson Arne, 1879–1965)等人的批评,同时也引发了传播过程中的时间先后问题,换句话说,1923年甘肃史前文化发现后,彩陶文化的相对年代,就不仅止于是河南仰韶文化和西方彩陶之间的问题,甘肃与河南两地的相对年代势必也要进一步确定,否则便无以说明彩陶文化的传播方向。② 这个问题对于深信彩陶从西方传播而来的考古学家而言可能基本上是个潜台词,但对中国人而言其意义就大不相同了。

在此之后,中国的考古团队陆续尝试在黄河中游、汾河(如1926年李济在山西夏县西阴村的考古发掘)、渭河流域一带展开考古发掘工作,试图找到可以进一步证明彩陶传播方向的证据。但整体而言,1920年代在"传播论"的主导下,多数学者对于彩陶文化是否存在多元发展的可能性,多半抱持怀疑的态度,而以仰韶文化为代表的中国史前文化西来说,普遍受到中外学界的认可,③ 这种情形一直到1930年代史语所在山东城子崖、后冈相继发现龙山文化及小屯—龙山—仰韶三叠层之后,东方起源说逐渐成为有力的反证,考古学界才普遍承认仰韶文化由西而东发展,龙山文化由东向西发展,是为各自独立的两个系统,中国史前文化二元对立的观点于焉形成。④

在东西二元对立观点形成的过程中,徐炳昶对于中国文化起源于滨海地区的说法一直持保留的态度,⑤ 上述批评很明显可以看出他是站在东方

---

① 陈星灿,《中国史前考古学史研究(1895—1949)》,页121—123。
② 同上书,页125。
③ 同上书,页130—131。
④ 同上书,页221。
⑤ 徐炳昶始终强调中国古代三民族集团是以炎黄集团为主干的,他承认风偃集团的文化不比炎黄集团低,但他对于时人倾向于说风偃集团的文化比较高,认为是没有充分证据的。徐炳昶,《中国古史的传说时代》,页282。

起源论的对立面。对于仰韶文化的源出地,徐炳昶或许不尽全然同意安特生的看法,可是他对于从黄河、渭河流域一带寻找中国文化起源的尝试始终充满信心。1929年北平研究院史学研究会成立,1932年徐炳昶出任考古组主任不久,随即发动陕西考古发掘前的调查工作,① 1934年选定宝鸡斗鸡台的陈宝祠遗址展开大规模发掘。此次发掘的目的,虽然主要在于探究周、秦民族的初期文化,② 以为来日重修国史的依据,③ 唯发掘过程中却意外在斗鸡台附近找到了复杂的新石器时代文化层,徐炳昶当时即判断该处应该含有比仰韶文化更早的"真正新石器时代文化"。④ 此一判断说明了徐炳昶及其考古团队显然认为此处发现的新石器时代遗址,适可证明彩陶文化由西向东传播的路径,其观点显然和傅斯年及史语所考古团队的基本假设截然相反。

话说回来,徐炳昶认定了黄河、渭河流域一带应该是中国上古民族活动的起源,对于他解读三大集团的属性必然是有影响的。这里提到的祝融问题仅是其一,炎帝、共工、颛顼在他的观念里之所以都属炎黄集团,又何尝与他的西方起源论无关?事实上,古籍中提到祝融时,向来和颛顼的问题联动,蒙文通对此一样留心致意,可是他的解读却是颛顼为管理民事

---

① 《国立北平研究院五周年工作报告》,张研、孙燕京主编,《民国史料丛刊》(文教、文化概况),第1117册(郑州:大象出版社,2009年),页5。徐炳昶,《中国古史的传说时代·叙言》,页4。
② 苏秉琦表示此次考古发掘的源起,乃是出于《史记》之《封禅书》和《秦本纪》中记载的陈宝祠、陈仓城和周、秦民族早期活动的轨迹有关。见:苏秉琦,《陕西考古发掘报告:斗鸡台沟东区墓葬》,第1种第1号(北平:国立北平研究院史学研究所,1948年),页3—8、8—11。苏恺之,《我的父亲苏秉琦:一个考古学家和他的时代》(北京:生活·读书·新知三联书店,2015年),页24—25。
③ 曾经参与北平研究院史学研究会陕西考古发掘团队的苏秉琦表示,中国自设考古专门机构开始,首要的目标就在"修国史",一为中央研究院历史语言研究所,一为北平研究院史学研究所,一南一北两单位皆设考古组。而北平研究院考古组的工作重点有二:一是发掘北京附近易县的商周遗址,一是发掘陕西渭河流域。见:苏秉琦,《满天星斗:苏秉琦论远古中国》,页66;苏恺之,《我的父亲苏秉琦:一个考古学家和他的时代》,页24。
④ 陈星灿,《中国史前考古学史研究(1895—1949)》,页194。

而设五行之官，于是南方江汉集团的祝融便成了他的火官，为颛顼掌管民事。① 这个解读和徐炳昶正好相反，徐炳昶认为祝融实是北方的"大巫长"，受颛顼之命南下，把不愿采用北方进步巫教——即所谓"弗用灵"——的驩兜、三苗、梼杌等各氏族完全击败或分别流放，于是"苗蛮对北方进步的宗教完全接收"，而北方受苗蛮的影响则相对较小。② 这样的解释显然是强调原属北方民族的祝融收服了南方，和蒙文通所谓南方民族的祝融进入北方为官，显然大有不同。从某个角度来看，徐炳昶似乎更强调炎黄集团的源出意义，及其主动的地位，带有更强烈的西方起源论视角。不过徐、蒙二人的差别，尚可放在炎、黄同为少典之后的角度来理解，南北民族频繁互动，在所难免，基本与东系民族无关；可是傅斯年秉持东方起源论的假设，反而把颛顼视为东方民族的宗神，是周人"殷商化"之后才借了来当自己的上帝，而与颛顼关系密切的祝融亦原出于东夷，后因夏商民族的压迫才分化南迁，祝融八姓的分布，即说明了他们渐与南方民族融合的情形。

同样是祝融问题，蒙、傅、徐三人各有所见，或许从某个角度来看，治古史诚然如聂崇岐（1903—1962）的比喻——像"画鬼"，因为"鬼不易见，画的像不像，没有人能作比较，而古史文献少征，依据一点点例证，就可大放厥辞"。③ 然而如果从古史建构的角度而论，各民族的集团属性及起源假说，无不与时人亟欲建构的国族想象有密切关系：对徐炳昶来说，发掘华夏民族的起源地无疑是最重要的课题；对于傅斯年、蒙文通而言，如何扭转晚清以降的中国人种西来说，或许才是建构上古民族来源的主调。王汎森于论断蒙、傅、徐三人的多元古史观时，曾经表示"蒙文通的三集团说最早出，但在当时影响较小。徐炳昶先生之书最为晚出，以分

---

① 蒙文通，《古史甄微》，页52—53。
② 徐炳昶，《中国古史的传说时代·叙言》，页13。
③ 聂崇岐，《对现在史学界几句诤言》，《现代史学》，1：11（1947年），页22—23。此条资料感谢李孝迁教授提示。

析古代神话为主"。① 而傅斯年的《夷夏东西说》则是批判性地运用文献，且受当时考古新发现的影响，并时时以新出土之甲骨作为证据。王汎森的观察基本上没有错，唯需强调的是傅、徐二人著作在当时之所以能够发挥较大影响力的原因，主要还是因为他们的手上掌握了考古发掘的资源，史语所和北平研究院史学研究会的考古发掘，不能说不是傅、徐二人古史观念的具体实践。如果稍稍留意20世纪上半叶中国的考古发掘轨迹，当不难发现这一代的田野考古工作者，依循文献的思路相当明显，如何以考古所得印证古史记载，几乎成为考古的首要目标。② 傅斯年、徐炳昶二人的考古团队不用说，李济在1926年之所以选定山西夏县西阴村作为发掘地点，也不外乎是因为文献记载说明了尧、舜和夏王朝的活动区域集中在汾河流域一带。从这个角度来看，李济、傅斯年、徐炳昶及他们的考古团队，各自认定了夏、商、周三代的活动范围，以考古证古史，把历史上原具时间序列的"王朝"，转化成带有当代国族空间意涵的"地域"，并尝试以一个极具现代意义的"民族"概念重新建构中国上古的起源。20世纪初梁启超大声疾呼的"民史"，或许就在这个全新的"民族史"构成中，初步完成向"新史学"转化的目标。

四、 神话与古史

蒙文通、傅斯年和徐炳昶三人对于上古民族的分系和诠释各有其倾重之处，唯徐炳昶与蒙、傅二人最大的不同还在于他运用了神话学的概念来解释传说时代的古史。以神话解释古史，当然并非徐炳昶的专利，自清末

---

① 王汎森，《一个新学术观点的形成——从王国维的〈殷周制度论〉到傅斯年的〈夷夏东西说〉》，《中国近代思想与学术的系谱》，页305—306。
② 李新伟，《重建中国的史前基础》，北京联合大学考古研究中心编，《早期中国研究》，第1辑（北京：文物出版社，2013年），页2—5。李新伟，《中国史前文化格局建构的心路历程》，北京大学考古文博学院、北京大学中国考古研究中心编，《考古研究》，九（北京：文物出版社，2012年），页769—774。

以来章太炎（1869—1936）、梁启超、蒋智由（1865—1929）、夏曾佑和马伯乐（Henri Maspero, 1883-1945）等人都曾经尝试以神话来建构古史，① 战前，杨宽在他的《中国上古史导论》里也大幅运用神话的角度解释中国上古史。特别是徐、杨二人的著作在成书时间和议题方面颇为接近，可以看出1930—1940年代历史学界在处理神话和古史方式上的转折，以及信史观念的形成对于"中国上古史"这门学科所产生的意义。②

事实上，前文提及徐炳昶讨论颛顼命重黎"绝地天通"一段，即已是一种神话学的运用，而伏羲和女娲则是另一个典型的例子。徐炳昶处理伏羲、女娲的方式和处理传说时代其他人物明显不同，他并不以文献记载中伏羲和女娲的起源、地望或迁徙范围派定他们的集团属性，而是借用了神话传说的方式分析他们的来历。受到人类学的影响，徐炳昶于成书之初即做了很清楚的区分："帝"是氏族的首长，具有半人半神的人格，其本身是神，可说是具有人格的神，他一方面对自然界有很大的威力，可以呼风唤雨，另一方面却保有人王的性质，可以作战、制官、娶妻、生子、葬坟。而"王"则是国家时代的首长，虽然象征神权，却是人的身份，就如后来的"天子"，代表一种神人之间的关系。③ 所以他说：

> 我们所用的材料不过是西周（甚少），春秋，战国人的传说。我们不敢轻于离析这些传说，称与我们意见相合者为真实，为原有，斥与我们意见不合者为作伪，为后附。我们现在相信：我们所找出的结

---

① 章太炎、梁启超、蒋智由、夏曾佑等人关于神话和古史的讨论，可参考：谭佳，《神话与古史：中国现代学术的建构与认同》（北京：社会科学文献出版社，2016 年），页 54—107。
② Brian Moloughney 也注意到此一时期神话与信史的论辩，不过其关切的重点在于各方对信史观念的讨论，而不是各种立场所形构的古史和民族起源的关系。Brian Moloughney, "Myth and the Making of History: Gu Jiegang and the Gushi bian Debates," in Brian Moloughney and Peter Zarrow, eds., *Transforming History: The Making of a Modern Academic Discipline in Twentieth-Century China*, pp. 241-270.
③ 徐炳昶，《中国古史的传说时代》，页 27—28。

果差不多就是他们公同的相信。我们认炎帝黄帝颛顼尧舜禹为氏族的首长，为人，是因为春秋战国的人全认为他们为首长，为人；认帝俊为神，是因为当时的人全不认为他为人；认有巢燧人庖牺（按：即伏羲）神农为时代，是因为战国和秦汉的人差不多全认它们为时代。①

这些话看着像和前面"帝"与"王"的说法有些冲突，实际上徐炳昶的意思是说，像炎帝、黄帝、颛顼、尧、舜、禹这类被视为一个氏族的首长，在春秋战国人的眼里就是领导部落的"人"——一种"具有神力的人"，即所谓"人神"。而伏羲与此不同，他更接近于神帝或神皇的性质，在战国、秦汉人的眼中，代表的是一个"时代"。

前文已经提及，伏羲和女娲在蒙文通和傅斯年的分类里都归在东系民族。蒙文通的理由很简单，即是从族姓起源出发，他认为伏羲、女娲和燧人一样，皆为风姓，出于太皞，属于海岱民族。而风姓之族为中国土著之民，极盛之时逐渐西向迁徙，因而先有伏羲陵在山阳、女娲陵在任城的记载，其后又有伏羲都陈之说，蒙文通认为这或可看成泰族西渐的轨迹。② 傅斯年的看法和蒙文通差异不大，一样是从伏羲和太皞的关系上引申，视其为风姓一族。然而徐炳昶倒是早早斩断伏羲和太皞的关联，不认为他和风偃集团有任何关系。他强调至少在战国中叶以前的书里，完全找不到伏羲的痕迹；最早一部称述伏羲的书是《庄子》，其后包括《商君书》《管子》《荀子》《战国策》也都只零零星星谈到他，直到《周易·系辞》才把伏羲当成"首出庶物"的圣人，其后就是《淮南子》谈的最多。③ 至于女娲的记录就更少见了，仅仅在《楚辞·天问》《山海经·大荒西经》《礼记·明堂位篇》等偶一可见，但也是到《淮南子》里，女娲就忽地成了极烜赫的人物，并与伏羲似有不可分离的关系，直把女娲当成"整理天地的

---

① 徐炳昶，《中国古史的传说时代·叙言》，页26—27。
② 蒙文通，《古史甄微》，页55—57。
③ 徐炳昶，《中国古史的传说时代》，页273—274。

神"。如《淮南子·览冥训》里说"昔者黄帝治天下……然犹未及虙戏氏之道也。往古之时，四极废，九州裂，天下兼覆，地不周载"，是女娲"炼五色石以补苍天，断鳌足以立四极，杀黑龙以济冀州，积芦灰以止淫水"。① 这里所称的虙戏就是伏羲，和《系辞》里的庖牺，三者古音相通，所指皆同。徐炳昶提醒读者，女娲的这些功绩，在《览冥训》里都是跟在"未及虙戏氏之道"一语之后的，这说明了女娲和虙戏氏之间有很密切的关系。

只是在考出了《淮南子》及各书中述及伏羲和女娲不可分离的关系之后，徐炳昶到底想要说明什么？他又怎么进一步借此追索他们的集团属性呢？这时，他借用了人类学者芮逸夫（1898—1991）有关苗族与伏羲、女娲传说的研究成果，指出苗族传说中本有兄妹遭遇洪水，人烟断绝，二人为绵延后代而配为夫妻的故事。传说中的男子叫 Bu-i，女子叫 Ku-eh；Bu-i 就是伏羲古音，指最早的祖先，而 Ku-eh 和"娲"字的古音也很接近，由此可以看出苗人所说的祖先便是伏羲和女娲。② 此外，在汉人的文献中也可查到清初陆次云在《峒溪纤志》里说："苗人腊祭曰报草。祭用巫，设女娲，伏羲位。"③ 芮逸夫表示苗人传说中的兄妹和汉族书中所载的伏羲、女娲同名，并非偶合，很难说是苗族受汉族的影响，还是汉族受苗族的影响。不过芮逸夫在推测伏羲、女娲族属问题时，提到两点：第一，根据伏羲、女娲之名见诸古籍，最早不出于战国末年来看，大约可以推断 Bu-i 和 Ku-eh 为苗族祖先，而洪水传说应为苗族所传之故事，其后为汉族援为己用。④ 第二，芮逸夫发现苗族所传的洪水传说基本上大同小异，大都和兄妹（姐弟）配偶遗传人类的神话有关，可称之为"兄妹配偶型"的洪水故事。他表示这类故事的传说分布很广，北自中国本部，南至南洋群岛，

---

① 徐炳昶，《中国古史的传说时代》，页 277。
② 芮逸夫，《苗族的洪水故事与伏羲女娲的传说》，《国立中央研究院历史语言研究所人类学集刊》，1：1（1938 年），页 174—182。徐炳昶，《中国古史的传说时代》，页 279。
③ 芮逸夫，《苗族的洪水故事与伏羲女娲的传说》，《国立中央研究院历史语言研究所人类学集刊》，1：1（1938 年），页 169。
④ 同上书，页 188。

西起印度中部,东到台湾岛都有。如果把这个区域看成一个"文化区"(Culture area)的话,根据人类学者的研究,文化区的中心往往就是某种文化特质的起源地。从地理上看,这个"文化中心"(Culture center)应当在中国本部的西南。因此他推断"兄妹配偶型"的洪水故事,应该就是从中国的西南向四方传播出去的。①

人类学的实证调查给了徐炳昶莫大的启发,他借着芮逸夫的结论推断,苗族兄妹结为夫妇的传说,到底和儒家传统道德观念不合,所以伏羲、女娲出于炎黄集团的可能性极低。②而且证诸文献,代表南方的楚国势力,直到战国中叶才及于今日的湖南,因此苗蛮的明神在这个时候传到华夏,也比较合乎情理,《楚辞·天问》《淮南子》作者属于南系,其受苗蛮文化的影响尤在意想之中。③在证得汉族伏羲、女娲传说来自于苗族之后,徐炳昶进一步细心比对苗族传说和文献之间的差别,尝试找出苗族传说进入华夏以后的路径,及其在文化意义上的转型。他表示:

> 苗人说他们最初出于伏羲和女娲;《览冥训》的说法同它们的很近;《系辞》虽不言女娲,且亦未及人类出生的问题,但庖牺为最古的帝王,同苗族传说的意思也可以说是相近:这是三方面相类的地方。另外,苗族传说的中心点是集中于人类起源方面;《览冥训》的中心点是注重于整理世界方面;《系辞》是注重于仰观俯察,制器尚象:这是三方面不相类的地方。④

徐炳昶将传说与文献中相同和相异的地方一一排比之后发现,苗族传说在战国中叶逐渐输入华夏以后,首先受到影响的是庄子一派的人,《庄子·

---

① 芮逸夫,《苗族的洪水故事与伏羲女娲的传说》,《国立中央研究院历史语言研究所人类学集刊》,1:1,页191。
② 徐炳昶,《中国古史的传说时代》(里仁版),页334—335。
③ 徐炳昶,《中国古史的传说时代》,页279。
④ 同上书,页280。

大宗师》里得道"以挈天地"的狶韦,很可能来源于女娲。而《楚辞·天问》的作者属于南系,可能也受庄子的影响,谈到了女娲,把苗族传说中最早祖先的原义保留了下来,所以《览冥训》里还把重点放在女娲整理世界,《系辞》里也把伏羲放在古帝之首。

然而到了《系辞》的时候,有关伏羲的重点开始有些变化。徐炳昶注意到这位战国后期到西汉初期的作者,可能是一位仰观俯察的名手,于是便将相传出于远古的八卦,送给了伏羲这位古帝之首。而八卦中从自然界体察万事万物的哲理,又和儒家"近取诸身,远取诸物"的思想契合,于是这位原出于苗族的祖先,便摇身一变成了儒家体系里"首出庶物"的圣人。① 徐炳昶透过文献北传的过程,推测出《系辞》作者在接收了苗族最初祖先的神话之后,又添加上自己的理想,把苗、汉两方面的元素整合在一个人身上,所以他强调"我们今日只能承认伏羲为神帝或神皇,不能拿他同原出氏族名称,实属人帝的太皞和少皞同等看待"。② 因为伏羲不是代表氏族的"人帝",只是一个"时代"的表征,他认为《系辞》里有意用"庖牺氏",而不用伏羲、虙戏,或许就是有意表明这是一个进入农业阶段前的"渔猎时代",庖牺氏、神农氏前后相衔,代表的正是渔猎时代进到农业时代的过程。

徐炳昶在《中国古史的传说时代》里经常借用神话学的研究成果,他在 1960 年代重新改写此书时也承认,早年写帝颛顼"绝地天通"传说时,颇受到英国功能派人类学家马林诺夫斯基(Bronislaw Kasper Malinowski, 1884 - 1942)对于巫术和宗教观点的影响。③ 事实上,20 世纪初人类学刚刚发端,

---

① 徐炳昶,《中国古史的传说时代》,页 280—281。
② 徐炳昶,《中国古史的传说时代》(里仁版),页 327。
③ 举例而言,马林诺夫斯基认为,在神圣领域以内,巫术是实用的技术,所有的动作只是达到目的的手段;宗教则是一套包括行为本身便是目的的行为,此外别无目的。而且巫术里面的信仰,因为合乎明白实用的性质,所以是极其简单的,也就是说,人可以靠某种咒与仪式而产生某种结果;但在宗教里的信仰,则有整个的超自然界(转下页)

英、法、美、日等国因殖民地扩张而发展人类学，因调查对象和社会学之间有难舍难分的牵扯，徐炳昶多次在书里提到西方社会学的观点，实际上指的多是人类学家的研究。如马林诺夫斯基认为几乎所有的巫术、仪式和礼教都和神话有不可分割的关系；神话既是实际活动的保状、证书，甚至向导，也往往是产生道德规律、社会组织、仪式或风俗的真正原因。① 徐炳昶在研究古代传说时，抱持着极为类似的观点，他强调：

> 古代是神话的时代，那时候的人无法脱离鬼神去思想。我们现在可以毫不疑惑地断定：凡古代的史实，只要那里面不搀杂神话，大约全是伪造，至少说它是已经经过一番人化的工作了；反倒是淆杂神话的说法尚属近古，想推测古代的经过，只有从那里钻研，才有可能得到靠得住结果的希望。②

在徐炳昶的观念里，掺杂了神话的古史反而更趋近于真实，更能看出古代社会实际的信仰、仪式、风俗、戒律及最原初的社会构成。

由于神话问题和"信史"观念息息相关，在历史学界愈来愈讲求"信史"的氛围下，有疑古倾向的学者从根本上怀疑战国秦汉以来经过整齐化的古史系统，古史辨运动更从一开始就带有全盘"抹杀"上古信史的精神，③

（接上页）作对象（如灵与魔，图腾的善力，保卫神，部落万有之父，来生的想望等），足以给原始人创造一个自然界以外的超自然的实体。徐炳昶表示他当年看马林诺夫斯基的书，看的是李安宅的译本，但书名已忘，据时间上推测应为《巫术、科学、宗教与神话》（1936年初版）。马林诺夫斯基著，李安宅译，《巫术、科学、宗教与神话》（上海：上海社会科学院出版社，2016年），页108—109。徐炳昶，《中国古史的传说时代·后语》（里仁版），页434。
① 马林诺夫斯基著，李安宅译，《巫术、科学、宗教与神话》，页134。
② 徐炳昶，《中国古史的传说时代》（里仁版），页431—432。
③ 王汎森，《古史辨运动的兴起——一个思想史的分析》，页217。

顾颉刚早年即说过:"研究古史自应分析信史和非信史两部分。"① 胡适对于夏民族也说:"我们此时所有的史料实在不够用,只好置之于'神话'与'传说'之间,以俟将来史料的发现。"② 显见其对种种掺杂了神话、传说成分的古史一概排除在信史的行列之外。对于这样的主张徐炳昶颇不以为然,他认为把传说一笔抹杀,完全不谈文化的黎明时期,在地下发现的材料未弥补之前,商朝中叶以前的历史遂成了"白地","历史的真相是否果然真正如此?历来的传说是否真正没有一顾的价值?却是很成问题的"。③ 疑古派学者如果一直抱持着"怕被古人欺骗"的态度,那么就和中国过去把神话看成历史真实的想法一样不可取。④ 在他看来,疑古已经走到了尽头,现在应该改走"信古"的路。⑤

只是徐炳昶的"信古"之路并不和多数人一样,期待殷商以前的古史可以靠日后的考古发现来解决,他认为将来我们由地下发现的材料,尽管比现有的再加上十倍、百倍、千倍,我们由此能知道的,永远只是些"打制石器""磨制石器""彩陶""黑陶""甲文化""乙文化"等等,"永远不会发现那些是黄帝炎帝;哪个是尧墟舜墟"。⑥ 他斩钉截铁地说,就算日后的考古发掘,果真在殷商文化层下面,发现若干个真正文化衔接、时间连续的文化层或文化系统,或是又发现一种比殷商卜辞更古的原始文字,因而证明了夏朝的世系,可是各部族的远古故事还多,想要一一用地下材料来证实或否定它们,是不可能的。

徐炳昶这话看来有些似曾相识,事实上顾颉刚早在1930年《古史辨》

---

① 顾颉刚,《答刘胡两先生书》(1923年7月1日),顾颉刚编,《古史辨》,第1册,页97。
② 同上书,页98—99。
③ 徐炳昶,《中国古史的传说时代》,页10。
④ 徐炳昶、苏秉琦,《试论传说材料的整理与传说时代的研究》,《史学集刊》,第5期(1947年),页2。
⑤ 徐炳昶,《中国古史的传说时代》,页14—15。
⑥ 徐炳昶、苏秉琦,《试论传说材料的整理与传说时代的研究》,《史学集刊》,第5期(1947年),页8—9。

第二册出版时就说过类似的话：

> 有许多古史是考古学上无法证明的，例如三皇五帝，我敢预言到将来考古学十分发达的时候也寻不出这种人的痕迹来。大家既无法在考古学上得到承认的根据，也无法在考古学上得到否认的根据，那么，希望在考古学上证明古史的人将怎么办呢？难道可以永远"存而不论"吗？但是在书本上，我们若加意一考，则其来踪去迹甚为明白，固不烦考古学的反证而已足推翻了。①

徐、顾二人都不相信考古发掘在未来可以完全解决三皇五帝、尧墟舜墟的问题，那么文献考辨似乎还是唯一可以尝试的道路。徐炳昶强调"我们所揭橥的信古，同前人的信古颇有不同"，② 这里包含两层意思：第一，必须是古的才去信，如非古的就不去轻信；第二，认清孔子、墨子、荀子、太史公，以及此类的学者是绝不会有意造谣的。这两大原则简而言之，就是要对古史材料加以批判，以及不再只从"造伪"的角度看待周秦两汉以来留下来的材料。在批判材料方面，徐炳昶说：

> 批判传说材料的目的，是就传说材料的内容，来分析那些是原始的古代传说，那些是后人加减过的，综合整理的结果。除去了后者的成分，剩下来的多半即是前者的成分。所以这也可以说是"辨伪"的工作。③

徐炳昶所谓走"信古"的路，做的就是"辨伪"的工作。有意思的是，顾颉刚也早以"辨伪"工作自许，他说：

---

① 顾颉刚，《古史辨·自序》，顾颉刚编，《古史辨》，第2册，页5。
② 徐炳昶，《中国古史的传说时代》，页14—23。
③ 徐炳昶、苏秉琦，《试论传说材料的整理与传说时代的研究》，《史学集刊》，第5期（1947年），页14。

> 中国的考古学已经有了深长的历史，近年从事此项工作的人着实不少，……。至于辨伪方面，还没有许多人参加，……如果我不以此自任，则二千数百年来造作的伪史将永远阻碍了建设的成就。所以即使就时代需要上看，我也不得不专向这方面做去。①

不完全期待于考古，并且相信"辨伪"可能是唯一可以厘清古史问题的方式。徐、顾二人，一信古，一疑古，看似走在两条不同的道路上，可是对于追求"信史"的目标却是相当一致的。事实上，我们可以回头看看顾颉刚在1923年提出"推翻非信史"的四大标准：（一）打破民族出于一元的观念；（二）打破地域向来一统的观念；（三）打破古史人化的观念；（四）打破古代为黄金世界的观念。② 从这四项标准看来，史学界二十多年以来对于什么是"非信史"的观念倒是愈来愈趋于相同。特别是打破民族一元、地域一统、黄金古代等方面，都和主张"信古"的徐炳昶没有任何区别；顾颉刚当年说"我们对于古史，应该依了民族的分合为分合，寻出他们的系统的异同状况"，③ 说的也正是后来蒙文通、傅斯年、徐炳昶在做的事。其中比较值得注意的是"打破古史人化的观念"一条，顾颉刚那时表示：

> 古人对于神和人原没有界限，所谓历史差不多完全是神话……，他们所说的史固决不是信史，但他们有如是的想象，有如是的祭祀，却不能不说为有信史的可能。自春秋末期以后，诸子奋兴，人性发达，于是把神话中的古神古人都"人化"了。人化固是好事，但在历史上又多了一层的作伪，而反淆乱前人的想象祭祀之实，这是不容掩

---

① 顾颉刚，《古史辨·自序》，顾颉刚编，《古史辨》，第2册，页4。
② 顾颉刚，《答刘胡两先生书》（1923年7月1日），顾颉刚编，《古史辨》，第1册，页99—102。
③ 同上书，页99。

饰的。我们对于古史应该依了那时人的想象和祭祀的史为史，考出一部那时的宗教史，而不是要希望考出那时以前的政治史，因为宗教是本有的事实，政治是后出的附会，是假的。①

这段话可以很清楚地看出：顾颉刚认为古史之中的神话固然不全是"信史"，却不能说没有"信史"的可能。只是这些古史在春秋战国以后已经出现掺杂"人化"的轨迹，所以今人最多也只能根据春秋战国时人对于古代的想象和祭祀，做出一部他们心目中的"古代宗教史"，但是万不要想就此能够考出春秋战国时人想象的"古代政治史"，因为这里面太多后人的附会，是假的。顾颉刚对于"信史"的界线拉得很明确，超出春秋末期以前的古史，他是"存而不论"的。

二十年后徐炳昶在《中国古史的传说时代》里这么说：

三皇五帝说既是属于战国后期及秦汉，我们就把它还给当时的人，看看他们综合努力的意趣及成就，评量它将来善恶两方面的结果。但是，无论如何，我们却不能把这些加到真正的古史系统里面。我们再将春秋以前的传说及战国初期还没有受过系统化的传说，搜集起来；看看它们中间是否有冲突。如果有冲突，是否可以找出来一种满意的解释。把比较靠得住的材料，谨慎地综合起来，看看当时社会进化到何种阶段。把世界各民族的发展历史（兼今日所称历史学及社会学），拿来作比较的研究，却不把这些研究的所得，削足适履般地硬给我们历史上套。这样，渐渐地就可以把我们古史的间架，大致建立起来。……把最初的传说和后来继续的添加，这样地分别起来，整理起来，才能完成我们信古的任务。②

---

① 顾颉刚，《答刘胡两先生书》（1923年7月1日），顾颉刚编，《古史辨》，第1册，页100—101。
② 徐炳昶，《中国古史的传说时代》，页15—16。

这段话显然是同时针对具有疑古倾向的顾颉刚、卫聚贤 (1898—1990)、杨宽和左派的郭沫若 (1892—1978) 说的。他强调传说时期的史料本都是间接的，不可能有原始史料（primary source），① 因为一涉及原始史料，就一定超出了传说时代的范围。他把史料分成三期：第一期是商周到战国前期，第二期是战国后期到西汉末期，第三期是东汉以后。② "辨伪"的材料主要集中在第二期（也就是战国到西汉末的作品），因为第一期是基本材料，第三期只是补助性质的材料。"辨伪"工作分成两段：前一段是把第二期的作品仔细考辨出来，看看作品中有哪些古史传说是他们加减过或综合整理过的，厘清这些成分虽然对于了解"传说时期"不见得有什么帮助，但至少不能把这些内容加到真正的古史系统里，并且可以知道它们对后代的影响力有多大。③ 其次，后一段工作则是把春秋以前的传说及战国初期（主要是第一期）还没有受过系统化的传说，搜集起来，试着提出一种"满意的解释"，并且和其他民族的历史比较比较，看看能不能找出"传说时期"的真相。

从这前后两段辨伪工作看来，顾颉刚悃悃致力的工作大多属于前一段，而徐炳昶真正在意的其实是后一段的工作。顾颉刚说：

> 书本上的材料诚然不足建设真实的古史，但伪古史的发展十之八九在已有了书本之后。用了书本上的话来考定尧舜禹的实有其人与否，固然感觉材料的不够用，但若要考明尧舜禹的故事在战国秦汉间的发展的情状，书本上的材料还算得直接的材料，惟一的材料呢。④

---

① 徐炳昶、苏秉琦，《试论传说材料的整理与传说时代的研究》，《史学集刊》，第 5 期（1947 年），页 4。
② 同上书，页 12—13。
③ 同上书，页 14。
④ 顾颉刚，《古史辨·自序》，顾颉刚编，《古史辨》，第 2 册，页 4—5。

就像前面提到过的，顾颉刚始终想做的是一个"战国秦汉史家"，他想要从战国秦汉时期"人们的思想和学术中寻出他们的上古史观念及其所造作的历史"。换言之，顾颉刚对于"建设真实的古史"是没有兴趣——或是不敢有所期待的，他有兴趣的是后来的人怎么建构了古史的系统，用他自己的话来说，他希望了解的是"东周时期的夏商史"，而不是"夏商时期的夏商史"，① 传说时期的"真相"为何，顾颉刚确实只想"存而不论"。在"信史"的大纛前，顾颉刚选择了从"古史即神话"（ancient history as myth）的角度，② 将神话、传说从信史中剥离。然而徐炳昶要做的却是试图找出传说时期的真相，搭建"古史的间架"，他说：

> 所以我们现在的问题，并不是如何以现代人的知识眼光来批评古人打倒旧说的破坏工作，而是应当如何善用我们现代的知识眼光来重新整理材料，重新研究古史真相的建设工作。③

他承认康有为（1858—1927）、崔适（1852—1924）、顾颉刚等人于无意、有意中打倒偶像的功绩，我们不能抹杀他，"但是寻求古代真正的经过，还有待于我们向他方面的努力"，④"把这一部分半神话，半历史的传说整理清楚，才可以把我们黎明的历史大略画出轮廓，才可以把我们的史前史同真正的历史中间搭上一座联络的桥梁"。⑤ 这说明了徐炳昶对于"信史"的

---

① 顾颉刚，《与钱玄同先生论古史书》，顾颉刚编，《古史辨》，第1册，页60。
② 张光直认为把古史传说当成商周时代的神话，并加以科学性的分析与研究，应是20世纪才开始的事；而"古史即神话"这个命题，学术界大约在1923—1929年之间即已肯定了下来。张光直，《商周神话之分类》，《中国青铜时代》（台北：联经出版事业公司，1983年），页286。
③ 徐炳昶、苏秉琦，《试论传说材料的整理与传说时代的研究》，《史学集刊》，第5期（1947年），页17—18。
④ 徐炳昶，《中国古史的传说时代》，页19。
⑤ 徐炳昶、苏秉琦，《试论传说材料的整理与传说时代的研究》，《史学集刊》，第5期（1947年），页2。

认知是不同于顾颉刚的,在他的理解中,神话和传说虽然不一定能够全然体现古史的真相,却是弥缝史前史和历史时期的重要阶段,如果要求得完整的"中国上古史",便不能将神话完全剥离信史,在此意义下,徐炳昶毋宁更愿意从"神话即古史"(myth as ancient history)的角度来理解神话与古史的关系。

总之,想要在古史中重建真相的重要条件之一,就是不能把神话和传说全当成子虚乌有的东西,某种程度上,必须相信神话之中也有人话,传说也可能反映部分的真实。20世纪初夏曾佑写《中国历史教科书》时即谓,传疑时代并无"信史",包牺(即伏羲)、女娲、神农诸帝皆在半人半神之间,皆属"神话",唯此神话之中,"各族之性情、风俗、法律、政治,莫不出乎其间"。① 王国维在《古史新证》中也说:"传说与史实相混而不分,史实之中,固不免有缘饰,而传说之中,亦往往有史实为之素地。"② 说的都是这层意思。

只不过如何具体研究神话、传说中的真实,谈的人不多。法国汉学家马伯乐在他的《书经中的神话》中便直接讨论了中国古书中的神话,以羲与和的传说、洪水传说,以及重黎绝地天通三个例子,说明中国古代学者好以"爱凡麦化"(Euhemerism)的方式将中国古代的神话历史化。③ 不过马伯乐对于神话的运用及理解方式和徐炳昶、顾颉刚明显不同,即以重黎"绝地天通"一例而论,马伯乐把《尚书·吕刑》中的这段话和中国南

---

① 夏曾佑,《中国古代史》,页5、7、11。
② 王国维,《古史新证——王国维最后的讲义》(北京:清华大学出版社,1994年),页1。
③ 爱凡麦(Euhemerus)是公元前4世纪一位西西里学者,他认为希腊神话原本是历史,因记录残破而为后来的学者解释为神话,所以后来的人就把原是历史后来成了神话的现象,叫作"爱凡麦化"。然而19世纪法国汉学家马伯乐的用法却正好与此相反,以"爱凡麦化"指称中国古代将"神话"材料解释成古史的过程。此处所称"爱凡麦化",乃依循徐炳昶、顾颉刚等人援马伯乐之用法。参见:William G. Boltz, "Kung Kung and the Flood: Reverse Euhemerism in the 'Yao tien'," T'oung Pao, Vol. LXVII, Livr. 3-5 (1981), pp.141-153。另见:黄铭崇,《古史即"神话"——以〈大荒经〉及〈尧典〉为中心的再检讨》,《新史学》,7:3(1996年9月),页176。

部 Nghia-Lo 地方的黑 Tai 族及白 Tai 族神话比较后，认为这是一个典型的神话故事，叙述原始时期天与地互相交通，神自天下降于地，后来上帝命重黎绝天地之间的交通，于是人神间的关系便停止了。马伯乐认为这个传说的来源显然是周代朝廷中的祭舞，和上帝派遣英雄下凡驱灭有翼妖怪的神话有关，只是为后来的学者历史化之后而难以辨明。① 马伯乐批评中国学者解释传说，向来只用"爱凡麦"派的方法，刻意排除奇异的、不真的成分，把神与英雄变成圣王与贤相，把妖怪变为叛逆的侯王或奸臣，并按年代先后排列起来，组织成中国的起源史。实际上这些东西仅有历史之名，却都只是传说。他认为"这些充塞在中国史开端中的幽灵，都该消灭"；它们都是"冒牌历史的记叙"，我们应该从这些记叙中找出神话或通俗故事的"底子"。②

马伯乐和顾颉刚都有意探究古史如何被"人化"的过程，差别在于顾颉刚习于从造伪的角度去找出层累的痕迹，马伯乐却有意区辨出神话和历史之间的差别，并且试着找出神话的来源与原型。唯其相同的是，在他们的观念中，不论是原始的神话还是经人附会的神话，都不应该被掺进历史领域当中。从某个角度来看，这也是他们对"信史"意义的坚持。与此二人不同的是，徐炳昶并不认为神话、传说需要剔除在信史范围之外，即以论"绝地天通"一段来看，其目的在建构上古民族的活动轨迹，所以尽管他知道"绝地天通"带有浓重的神话色彩，却试着从人类学的角度理解这个神话。因为他相信神话、传说之中存在着部分"历史的成分"，③ 在有限的历史材料和后来的历史知识无以完全解释个中原委时，是可以借助于社会史或初民社会的研究材料，以及社会学和考古学的知识和原则来理解

---

① 马伯乐（Henri Maspero）著，冯沅君译，《书经中的神话》（长沙：国立北平研究院史学研究会出版，商务印书馆发行，1939年），页49—52。
② 同上书，页1—2。
③ 判断历史成分的依据为"史实特征"，它含有两方面的意义：一、有内容，就是言之有物，意义明白，不是空洞抽象的概念；二、要有个性，不是可以张冠李戴的。见：徐炳昶、苏秉琦，《试论传说材料的整理与传说时代的研究》，《史学集刊》，第5期（1947年），页21。

神话或传说的。①

1930年代一样以神话为主题研究上古史的杨宽，则是从语言学的角度来理解古代神话的演变，所得又与前述诸人截然异趣。杨宽的《中国上古史导论》原是他1937年在广东勷勤大学的讲义，1940年为童书业(1908—1968)收在《古史辨》第七册里，有学者认为杨宽在此书中提及的"民族神话分化说"在深层结构上和顾颉刚的"层累说"完全相似，堪称古史辨运动末期最重要的理论建构。②唯从近代史学发展的角度来看，杨宽的"民族神话分化说"更像是一部1930年代中国上古史学说的总整理，几乎把他成书以前学术界在疑古、考证及考古发掘等方面的重要成果全都吸纳进来。童书业说杨宽的"民族神话分化说"是混合了傅斯年的"民族史说"和顾颉刚的"古史神话学"而构成的，③不唯如此，杨宽在推证他的理论之前，还综论了晚清以来的"托古改制说""层累造成说"，以及蒙文通的"邹鲁晋楚三方传说本于民情说"，谓此三说分别从人、时、地三方面论证古史，④各有所长，却不免为一偏之见，而他的"民族神话分化说"正是融会此三说"循环通证"而得。

杨宽在此书中的主要论点大别有二，其一是民族神话史观，其二为神话演变分化说。他先以"神话演变分化说"修正顾颉刚在"层累说"里提出所有层累的史事皆出于"刻意伪造"的看法，强调古史中刻意造伪的情形并不多见，最常见的反而是神话的自然分化演变，他认为系出同源的神话会在传播过程中自然演化成各种不同的人物和事迹，而中国上古东西两系民族则是神话最主要的来源，古史传说盖"全出于殷周东西民族神话之分化与融合"。⑤此处杨宽吸收了1930年代历史和考古学界对于东西民族

---

① 徐炳昶、苏秉琦，《试论传说材料的整理与传说时代的研究》，《史学集刊》，第5期（1947年），页17、20—21。
② 王汎森，《古史辨运动的兴起——一个思想史的分析》，页280—282。
③ 童书业，《古史辨·自序二》，吕思勉、童书业编，《古史辨》，第7册，页2—3。
④ 杨宽，《中国上古史导论》，同上书，页75—106。
⑤ 同上书，页117。

二元的论证，以及语言学以口说讹传的观点处理神话演变分化的方式，把商以前的古史传说全说成殷周东西两系民族的神话。他说：

> 中国上古民族文化不外东西二系，在史前期，彩陶文化由西来，黑陶文化由东往，以两文化之交流融合，乃生殷墟之高度文化。入于有史时代，其形势犹然。①
>
> 吾华民族文化既有两大系之分，宗教自不相同。神话起于宗教，东西民族之宗教观念既殊，其神话自亦不同，由神话而演变为古史传说自更不同也。②

杨宽最激烈的地方，在于他一面把"殷周民族"当成一种实然的存在，一面又把古史传说中的各个民族全看成殷周两系民族的"神话"，在民族和神话之间，串联真实与虚构的文本。③ 他从根本上否认古史传说中各帝王、臣属、氏族任何真实存在的可能性，把一切古史传说中的圣帝贤王，全看成上天下土之神物：凡称"帝"、称"皇"者，皆是东西两系民族神话中的"上帝"，古帝之臣也不过是上帝的属神，其原型无非是土地、山川、水火、鸟兽之神，并非真实存在的人物。④ 他说：

> 盖古书中之"帝"本皆指上帝者，鲧禹本为上帝之属神，后乃变而为尧舜之属臣也。尧舜禹鲧之事，初为神话，不为人话可知矣。《墨子》《楚辞·天问》《山海经》等所载，乃传说之初相，儒家所陈，转多润色之辞。⑤

---

① 杨宽，《中国上古史导论》，吕思勉、童书业编，《古史辨》，第 7 册，页 148。
② 同上书，页 149。
③ 这与后来丁山 1948 年写《古代神话与民族》是完全不一样的思路，此处不能细论。详可参见：丁山，《古代神话与民族》（北京：商务印书馆，2005 年）。
④ 杨宽，《中国上古史导论》，吕思勉、童书业编，《古史辨》，第 7 册，页 396。
⑤ 同上书，页 110。

在这个殷周两系的神话系统中，尧舜禹鲧全为"神话"，无一是"人话"。所以对于民族和神话的关系，他既不同意顾颉刚所谓"古史传说之层累，由于各民族互相并吞之结果"，① 也否认徐中舒说"中国商周以前之古史，实即一部古代民族史"。② 因为在顾、徐的解释系统中，古代各民族都有自己的祖先传说，只不过在后来民族同化之后才逐渐整并到一起的。杨宽否定了这样的看法，他认为古代根本不存在什么民族，所有古史传说的酝酿与写定，都在商周之世，所以一切只是东西二系神话之分化与融合而已。他甚至说：

> 古史传说中之五帝传说，本东西上帝神话由分化而组合；夏史传说则又由东西下后神话之分化与组合。地上之东西民族既相融合，于是天上之东西神国亦相并合矣！③

于是乎五帝是神话，夏史传说也是神话，天上神国的并合亦不过来自于地上民族的相融，古史传说都只是东西民族神话的构成，在杨宽手里，一切只是"神国故事"。

杨宽借用了语言学派处理神话的方法，把语言之讹传视为神话演变分化的关键。他强调古人崇尚口说，各种名辞、故事相传既久，由一人化为两人，一事化为两事，故事演变，横生异说。有文字以后，古今字体变迁，传写错误，穿凿附会而本意全失者亦所在多有，于是上面所说的这些原出于东西两系民族的神话，便在民族融合过程中相互混杂演变、不断分化组合。就如童书业所说：

---

① 杨宽，《中国上古史导论》，吕思勉、童书业编，《古史辨》，第 7 册，页 106。此语为杨宽的总结，非顾颉刚原话，顾颉刚原话见：顾颉刚，《古史辨·顾序》，罗根泽编，《古史辨》，第 4 册，页 5—6。
② 杨宽，《中国上古史导论》，吕思勉、童书业编，《古史辨》，第 7 册，页 105—106。徐中舒，《陈侯四器考释》，《国立中央研究院历史语言研究所集刊》，3:4（1933 年），页 503。
③ 杨宽，《中国上古史导论》，吕思勉、童书业编，《古史辨》，第 7 册，页 154。

> 所谓神话分化说者,就是主张古史上的人物和故事,会得在大众的传述中由一化二化三以至于无数。①

一个上帝可以分化成黄帝、颛顼、帝喾、尧、舜等好几个人,一个水神可以分化成鲧、共工、玄冥、冯夷,一个火神也可以分化成丹朱、驩兜、朱明、祝融;一件上帝"遏绝苗民"的故事,得以分化成黄帝伐蚩尤和尧舜禹窜征三苗的好几件故事;一件社神治水的故事,也会分化成女娲、颛顼、鲧、禹等治水害的好几个故事。

这样的"神话分化说"一笔勾销了所有古史传说中任何可能存在的民族活动与生存轨迹,用几种神话原型串联绝大多数的古史传说,引发徐炳昶后来写作《中国古史的传说时代》时极大的批评,他认为"现代的人(指杨宽)把颛顼、帝喾、帝俊、夔、舜诸人全说成一个人格或神的分化,我们觉得这些有一部分殊不可能"。②他表示杨宽用语言学"声音假借"的方式推导"神话分化说"时,利用古人同音字可以通用的特点,以及声音变化时有阴阳对转、旁转及其他次要的变化等等,或都可以接受,但他忽略了今天所知的古韵、古声太少,如果不问古声是否相同,只要古韵相同的都可以相通,那么古代人的姓名不能相通的便十分有限了,加以各种形体相仿、事迹相类的关系,古代人物大约很少不能牵合在一起的。③徐炳昶几近绝望的表示:其他种种可比附者尚至无限!以如此的方法来治古史,那真要使我国古史的黎明时期又变成漆黑一团!

多年之后,杨宽间接回应徐炳昶的批评时,却仍然坚持夏以前的古史传说,"只能用作殷周时代的史料,不能用来解释殷商以前的历史"。④他认为如果把夏商以前称为"传说时代",重新建立一段原始社会的历史,

---

① 童书业,《古史辨·自序二》,吕思勉、童书业编,《古史辨》,第7册,页6。
② 徐炳昶,《中国古史的传说时代·叙言》,页27。
③ 同上书,页27—28。
④ 杨宽,《历史激流中的动荡和曲折——杨宽自传》(台北:时报文化出版社,1993年),页103。

或是根据这些传说来划分若干集团，说明原始社会中部族的分布及其相互斗争和相互融合的过程，都不过只是"空中楼阁"。从"信史"的角度来看，杨宽把上古时期的传说全都划归在东西两系的神话范围内，无疑是把神话当中原本交杂着真实与虚构的本质完全消解，直接裁断了历史和神话之间的缝隙，让上古民族的活动在殷商止步，以一种极端而激烈的方式宣告了商朝是为中国上古"信史"的开端。至少，在夏文化的考古发掘尚未有文字出土之前，这样的共信应该还是会在史学界流行好一段时间。

徐炳昶和顾颉刚都不相信考古发掘能够完全解决古代各民族的分合以及三皇五帝等问题，但是他们选择的做法不同：徐炳昶走了信古的路，把不能用文献证明的神话委诸人类学，并试着把没有被前人系统化的传说集结起来，试着找出合理的解释，将神话当成古史的一部分；相反，顾颉刚则走了疑古的路，把文献无法论证的神话一笔勾除，把古史当成神话，将其排除在信史的行列之外，视春秋末期为信史的开端。而杨宽更变本加厉，把所有古史传说全当成殷周民族的神话，将中国民族的起源定格于殷周之际。神话在此成了建构国族起源的双面刃，相信神话者用以加长国史的长度，不信者则把它剔除在信史的范围之外。然不论如何，神话的信持者和反对者都同时宣称他们用了科学的方法，"信史"在此是为建构中国上古史最基本的信仰，而殷商则成了民族起源的最大公约数。

五、余论

自 1920 年代末期中国上古史逐渐在大学设科以来，便有两大无可回避的课题：一是中国民族的起源，一是如何断定信史。而这两大问题又经常相互纠结缠扰。由于信史的断定被认为需要清楚而严密的"科学"论证，而古史之中有太多非信史的成分，不能不加以区辨，所以顾颉刚很早就说，要从古史中分出信史和非信史来。① 他的看法某种程度上正点出了"中国上古史"和"古史"之间最根本的差异。事实上，五四一代的学人承接了晚清以来的话语，知道三皇五帝的系谱是战国以后的人制造出来的，儒家过分整齐化的故事背后暗藏着无数玄机，古史之中掺杂了太多非信史成分，所以才需要"辨"、才需要"甄微"，才可能从杂乱的"古史"之中析出一个有清楚时间、空间脉络的"中国上古史"来，因此区辨信史便成了回答中国民族起源的第一步，同时也是中国上古史最重要的方法自觉。

然而，中国民族的起源问题又不仅仅是一个单纯的学术问题，信史的考订往往投射许多当代国族的眼光，从 20 世纪初开始，在中国人种西来说的巨影笼罩下，如何证明中国上古民族的本土起源，已是许多科学论证背后的潜台词。"九一八"事变之后，日本借"事变"之名规避战争责任，② 中国学术界对于中国民族的起源问题，除了原本与欧日学术争胜的心结之外，更平添许多民族情感与现实考量，如何从历史上说明中国有着一脉相承的特性，并从中找到上古民族活动的实貌，是为中国上古史迫切需要解决的问题。

首先，在古史同出一源的观念破除之后，多元民族的视角取而代之，蒙文通、徐炳昶的三系说，傅斯年的东西二元论，皆是以多元民族活动的轨迹重新缀合中国上古的形貌，"多元"成了中国上古史最重要的时代表征。过去以圣君人王形象出现的三皇五帝，一时之间变成了一个个在不同地域活动的部族、集团首领，从单数的帝王到复数的民族，上古民族的活

---

① 顾颉刚，《答刘胡两先生书》（1923 年 7 月 1 日），顾颉刚编，《古史辨》，第 1 册，页 102。
② 山室信一指出，日本在"九一八"事变时，宣称他们在东北的活动是行使"自卫权"，在未宣战的状态下日本占领东北，并将此军事行动称为"事变"，谓其为"满洲事变"，用以规避 1928 年签订的《非战公约》。其后日本又援引同样方式，在上海"一·二八"及卢沟桥"七七"军事行动中，皆谓其为"事变"。而中国人不明就里，照样延用，甚至到今日海峡两岸的历史教科书中仍以"事变"称之。山室信一著，陈仁硕译，《宪法九条：非战思想的水脉与脆弱的和平》（新北：八旗文化出版社，2017 年），页 200—218。

动无疑是落实"民史"书写最具体而微的尝试。只是这种多元民族的视角,虽然从空间上解构了传统古史一源的观念,却也要面对在时间概念上如何与下一个时代相衔的问题。换句话说,"多元"民族活动固然是上古时期的"关键词",但中国上古史毕竟还是国史书写的一部分,线性发展的历史最后还是必须以统合的方式呈现。好比蒙文通说夏代以后泰族、黄族、炎族汇成了诸夏一族(华夏民族),而傅斯年在解构古史大一统观念的同时,其实是从秦以后"统一的中国",反推秦、鲁、齐、三晋各自在国家、文教、宗教、官术上对中国统一的贡献。阐发上古多元民族的历史书写者,在国史叙事中并没有选择像杜赞奇所说以"复线的历史"往前追索,而是将国史重新导向大一统的方向。

1930年代后期陆续写成的中国通史,似乎更能清楚看出这个由"多元"再度走向"一元"的痕迹,如张荫麟(1905—1942)在《中国史纲》中即表示:

> 夏、商、周三朝的递嬗,代表的三个民族的移徙和发展。大体上说,夏人自西而东,商人自东而西,周人复自西而东。他们先后相交错,相覆迭,相同化,同时各把势力所及地方的土著同化,在一千数百年间,这参伍综错的同化作用挼结成一大民族,他们对于异族,自觉为一整体,自称为"诸夏",有时也被称并自称为"华"。中华民国的"华"字起源于此。这自觉和自号很难说是那一年那一月开始,大约,至迟在公元前770年,"周室东迁"的前后当已存在。①

张荫麟的《中国史纲》在抗战爆发前两年开始动笔,1940年出版,短短几段话勾勒出1930年代中国学术界从民族活动的视角探究中国上古史的

---

① 张荫麟原作《中国史纲》因未及完成赍志以殁,其后书名改为《中国上古史纲》。张荫麟,《中国上古史纲》,《张荫麟先生文集》,上册(台北:九思出版社,1977年),页42。

眼光，并以周室东迁作为"诸夏"意识抟成之始，向下衔接逐渐走向"大一统"的历史时期。在"周代的封建社会"一章，张荫麟非但以社会史的角度诠释"封建社会"，① 更从阶级的视角谈奴隶、庶民、武士、卿大夫，也谈都邑和商业活动、宗教信仰和婚姻家庭，② 尝试书写各式各样的"民"，彻底改变国史书写的对象。

其次，原本以建构当代国族为目标的国史，在面对中国起源问题时不免从现实出发，因此从另一个角度来看，中国上古史从强调多元民族走向秦汉大一统的书写格局，某种程度上也反映了当代国族的现实需求。多数的中国上古史将下限断在先秦，即有意以"多元"区隔秦汉以后国史走向"一统"的特色，唯此看法虽将国史最终导向一元，但民族多元的特性并不见得就此消失，"中国"复杂的民族组成以及广袤的地域空间，如何只靠着同化与融合就能汇为一渠？这样的问题在"七七"抗战之后随着中央政府机构和学校往西南迁移，边疆与民族问题直接进入学者们真实的生活视域。国家危难的处境引动学人关注现实问题，1939年顾颉刚在《益世报》上办《边疆周刊》关注边疆问题，却引来傅斯年的批评，认为周刊"登载文字多分析中华民族为若干民族，足以启分裂之祸"，③ 顾颉刚因此写了《中华民族是一个》，指出：

> 凡是中国人都是中华民族——在中华民族之内我们绝不该再析出什么民族——从今后大家应当留神使用这"民族"二字。④

---

① 张荫麟说周代社会就是一个封建社会，而封建社会的要素是：王室的属下有几级封君，每个封君既是一个世袭的统治者，也是地主，而被统治的农民不是农奴即是佃客，不能私有或转卖他们所耕种的土地。张荫麟，《中国上古史纲》，《张荫麟先生文集》，上册，页49—50。
② 同上书，页52—76。
③ 顾颉刚，《顾颉刚日记》，第4卷（台北：联经出版事业公司，2007年），页197。
④ 顾颉刚，《中华民族是一个》，《益世报·边疆周刊》，第9期（1939年2月13日）。后收入：顾颉刚，《宝树园文存》，卷4（北京：中华书局，2011年），页94。

顾颉刚在此文中强调"中华民族是一个"是一种信念,也是事实。他认为:"春秋时许多蛮夷到了战国都不见了,难道他们都绝种了吗?不,他们因为文化的提高,与中原诸国合为一体了,再没有种族问题了。到秦始皇统一,'中华民族是一个'的意识就生根发芽了。从此以后,政权的分合固有,但在秦汉的版图里的人民大家是中国人了。"①

这段公案的来龙去脉已有不少文章提及,在此不再细论,② 我想指出的是:傅斯年此时批评《边疆周刊》所登刊的文字,大多旨在分析"中华民族为若干民族",他认为这样的工作"足以启分裂之祸",然而傅斯年所批评的,不正是他在中国上古史研究中多年致力的工作吗?只是这样的工作在国家民族遭逢重大危机时,却反可能引发国族分裂的联想。傅斯年意识到这样的问题,很可能来自于他很清楚知道蒋介石对边疆问题的看法和国民政府的民族政策,但是他有没有意识到这样的批评和自己常年的研究是有所抵触的,我们不得而知。不过值得注意的是,顾颉刚对傅斯年的批评不但没有恼火,反而扶病写了《中华民族是一个》及其后一系列的文章表明他的立场,这说明了顾颉刚在国难危亡之际,同样主张"在中华民族之内我们绝不该再析出什么民族"的。顾颉刚的声言虽然相当肯定,但下意识里却用了应然的语气,并且说"'中华民族是一个',这话固然到了现在才说出口来,但默默地实行却已有了二千数百年的历史了",③ 有意从实然面强化"中华民族是一个"的事实。

顾颉刚的文章发表后在学术界掀起热烈反响,有同意他的主张者,也有与其商榷的文字,其中最引人注目的就是费孝通(1910—2005)的《关于民族问题的讨论》。费孝通除了先在名词上对"民族"一词的定义表达了

---

① 顾颉刚,《中华民族是一个》,《宝树园文存》,卷4,页95。
② 周文玖,《从"一个"到"多元一体"——关于中国民族理论发展的史学考察》,《北京大学学报》,44:4(2007年7月),页102—109。葛兆光,《何为中国:疆域民族文化与历史》,第三章"民族:纳'四裔'入'中华'",页104—108。
③ 顾颉刚,《中华民族是一个》,《宝树园文存》,卷4,页96。

和顾颉刚不一样的理解之外,① 他最主要的核心观念是：文化、语言、体质相同的人民,不必然同属于一个国家,国家是一个政治团体,却不必然是一个文化、语言团体。他认为顾颉刚的看法是希望为"我们不要根据文化、语言、体质上的分歧而影响到我们政治的统一"找到一个理论根据,但却不意表述成"中国境内没有因文化、语言、体质的不同而形成的团体",两者意义是不尽相同的,② 因为前者无疑是肯定了各民族之间本就有文化、语言、体质上的差异,而后者却是否认中国境内存在着不同文化、语言、体质的民族。因此,费孝通指出,顾颉刚所谓"中华民族是一个"这样的说法,其实应该可以理解为"中华民国境内的人民的政治团体是一个",可能来得更为恰当,既不影响多元民族存在的事实,也不伤害国家作为政治共同体的意义。只是这样的看法在民族主义高涨的抗战时期是很不讨好的,这和费孝通、顾颉刚、傅斯年是哪一种学术专业的立场无关,所以两次论辩之后,费孝通就不再表达意见,只继续他民族识别的工作。"中华民族"一元论的论调,在国民政府的民族政策下逐渐成为主调,其影响甚至及于1949年以后的台湾。而中国共产党建政之后的民族政策则定调为"统一多民族的国家",1989年费孝通在相隔半世纪之后才又提出"中华民族多元一体格局"的主张,将民族的"多元"包纳在国家"一体"的格局中,无疑是对"统一多民族国家"的进一步阐明。而1930—1940年代有关中国上古史多元民族观念和中华民族是一个的论述,在现实世界中不断换装登场。

---

① 顾颉刚认为 Nation 可译为国家,指的不是人类学上的名词,而是国际法上的术语。但费孝通则是从人类学和社会学的观点出发,认为 Nation 经常和 State 相对立——Nation 是指语言、文化和体质（血统）上相同的一辈人民,通常译作"民族"；State 则译作"国家",指的是一个政府统治之下的一辈人民所形成的政治团体。而"种族"是 Race 的译文,指一辈在体质上相似的人,Clan 则译作"氏族",指的是社会人类学中所谓的单系亲属团体。费孝通,《关于民族问题的讨论》,原载《益世报·边疆周刊》,第19期（1939年5月1日）。后收入：顾颉刚,《宝树园文存》,卷4,页135。
② 同上书,页136。

第二章
形塑"中国近代史":民族主义与现代化

如果就断代史的角度而论,20世纪上半叶最受史学界关注的两大次学科领域,除了中国上古史之外,应该非中国近代史莫属。顾颉刚的《当代中国史学》,从一种最为切近的时间点观察百年来中国史学的成果时,特意将"近代史"从"断代史"研究中别立而出,① 多少透露出中国近代史的研究成果相对多于其他各断代。中国社会史论战之后,陶希圣(1899—1988)也观察到论战中的议题大多集中在先秦和鸦片战争以后,② 此一观察虽针对社会史论战而发,却从另一个侧面说明了中国上古史和中国近代史所涉议题,因与当代国族论述高度相关而倍受瞩目;唯其不同的是,前者以重构上古民族活动的轨迹,作为探寻当代国族起源的依据,而后者则由现实问题出发,借中国百年来内乱外患交乘的史实,建构当前国族的正当性。

事实上,从20世纪后半叶开始,华文及西文学界有关中国近代史回顾与反省的文字虽称不上汗牛充栋,但就分期、人物、专题、历史事件、理论作为切入取径的讨论皆所在多有。其中以专题方式回顾中国近代史研究者,陆续有"中央研究院"近代史研究所于1988年出版的《六十年来的中国近代史研究》,香港中国近代史学会所编的《中国近代史研究新

---

① 顾颉刚,《当代中国史学》(香港:龙门书店,1964年),页83—85。原书最早于1947年南京胜利出版公司出版。
② 陶希圣,《读者的话》,《食货》半月刊,1:2(1934年12月16日),页46。

趋势》，① 以及中国大陆于 2000 年和 2010 年分别出版的《五十年来的中国近代史研究》和《过去的经验与未来的可能走向——中国近代史研究三十年（1979—2009）》等书。② 这类专题性的回顾文字，虽有整理和展望之意，可以让我们知晓某一段时间内各种研究课题的重要成果，以及未来可以发展的方向，却不见得具有学科反思性的意涵。换句话说，近代史的研究回顾虽有其必要性，却仍然是以一种类似先验图式（a priori schema）的方式，在既成的知识框架里讨论这门知识过去的成果和未来的走向，而不是从中国近代史这门知识生成的脉络中，反思知识本身的形成过程。

相较于此，美国学者柯文（Paul A. Cohen）在他的 *Discovering History in China: American Historical Writing on the Recent Chinese Past* 一书中，③ 对于战后美国学界中国近代史的研究典范提出颇具批判性的看法。他在书中检讨了 1950 年代以降美国学界盛行的挑战-回应、传统-现代，以及帝国主义等分析中国近代史的理论模式，实际上都不自觉地隐含了一种以"西方"为中心的观点，而这种观点不但过度夸大了近代西方工业文明所带来的价值，并且以之为放诸四海皆准的经验法则，从而遮蔽了中国自身的特质及内部的变化。

不过柯文的研究基本上还是以 1950 年代以后的美国学界为主，并没有往前追溯中国近代史这门学科最初形成的内外语境。2013 年美国华裔

---

① "中央研究院"近代史研究所六十年来的中国近代史研究编辑委员会编，《六十年来的中国近代史研究》，上、下册（台北："中央研究院"近代史研究所，1989 年）。香港中国近代史学会编，《中国近代史研究新趋势》（台北：台湾商务印书馆，1995 年）。
② 曾业英主编，《五十年来的中国近代史研究》（上海：上海书店出版社，2000 年）。徐秀丽主编，《过去的经验与未来的可能走向——中国近代史研究三十年（1979—2009）》（北京：社会科学文献出版社，2010 年）。
③ Paul A. Cohen, *Discovering History in China: American Historical Writing on the Recent Chinese Past* (New York: Columbia University Press, 1984). 中译本有二：柯保安著，李荣泰等译，古伟瀛校订，《美国的中国近代史研究：回顾与前瞻》（台北：联经出版事业公司，1999 年）；柯文著，林同奇译，《在中国发现历史：中国中心观在美国的兴起》（北京：中华书局，1989 年；北京：社会科学文献出版社，2017 年）。

学者李怀印 (Li, Huaiyin) 的著作 Reinventing Modern China: Imagination and Authenticity in Chinese Historical Writing 则提供了这方面的关照。①该书从 1930 年代，一路写到 2000 年以后，前三章与本章有极大的关联性，主要讨论中国近代史在 1949 年以前两种对立的叙事模式：一是以"现代化"进程为核心的民族主义史学，一是以"革命叙事"为核心的马克思主义史学。与前述研究回顾式文字不同的是，作者极有意识地注意到史学家的叙事建构和历史表述的关系，他认为史学家叙述过去的方式和他们的政治倾向、意识形态有密切的关系，不同政治信仰的人，每每以自己的视角解释过去，并以其作为指导现实政治行动的纲领。作者以其美国华裔学者的身份，反思在他步入历史学研究以来中国本土的各种研究典范，并往前追溯中国近代史叙事的源起与现实政治的关联。

不过，或许由于李怀印的基本对话对象是成长于中国大陆的读者群，因此全书对于 1949 年以后台湾的中国近代史研究成果未置一词，不但完全忽略台湾学者在这方面的努力，同时也回避了 1990 年代以后两岸的学术交流对中国大陆带来的影响。即以"现代化"为例，作者坦言，中国大陆过去的研究往往过于强调马克思主义及社会主义所占据的主导地位，从而忽略了这"只是其中一个侧面"，"另一个同样显著且更为重要的侧面，乃是非马克思主义的自由主义传统在历史写作中所显示的坚韧和活力，及其在 20 世纪最后十年之最终胜出"。② 如果作者已经注意到中国大陆的近代史研究在 20 世纪最后十年，重新拾回"现代化"论述并"最终胜出"的话，似乎不应忽略在此过程中台湾学界在 1949 年之后一脉相承的研究传统及其于 1970—1980 年代在"区域现代化"方面的研究成果，否则何以说明中国大陆在"革命退却"之后，以何种资源得以在 1990 年代重新

---

① Li, Huaiyin, *Reinventing Modern China: Imagination and Authenticity in Chinese Historical Writing* (Honolulu: University of Hawai'i Press, 2013). 中译本：李怀印著，岁有生、王传奇译，《重构近代中国：中国历史写作中的想象与真实》（北京：中华书局，2013 年）。
② 同上书，页 4。

捡拾为其抛弃近半世纪的"现代化"观点?

　　退一步来说,李怀印对于1949年以前中国近代史研究的两种叙事模式,确实有相当透彻的分析,唯其所论与本章诸多课题攸关,若干持论与其相左之处似有必要在此说明。首先,笔者认为"现代化"概念最早乃先在舆论界和知识界流传,其后才慢慢影响中国近代史的书写形态,因此1930年代许多"现代化"持论者,对于如何达成"现代化"的进程、主张和具体方案,以及哪些是构成中国"现代化"的障碍,都还存在着极不相同的见解,未必已出现如李怀印所捻出的"现代化"的各项特征,或谓其为1930年代"知识分子共享的中国现代化的基本假设"。① 换言之,"现代化"最初在舆论界出现时,左翼人士未必完全持反对立场,自由主义者也不见得同意妥协外交,或是绝口不提帝国主义侵略。即便"现代化"是否不同于"西化"这一问题,在当时也并没有一致性的见解。某种程度上,"现代化"论述提供了1930年代时人对于国族未来图景的各种想象,许多壁垒分明的看法,反而是在抗战爆发后至1940年代才有比较清楚的呈现。

　　作者于书中似乎过于清楚地将1949年以前的"现代化"叙事和左翼"革命叙事"一分为二,从而认为1930年代的历史学者"要么在中国百年来'现代化'的想象语境中,重铸现存政权以强化和维护其存在,要么发明一个中国人民反抗敌人的'革命'过程,借以推翻此一政权"。② 李怀印强调"在这两种情况下,写史都意味着借用或者发明概念性架构,以建构叙事,为当前的政治需要和目的辩护"。③ 事实上,我认为以西方近代文明为标杆所发展出来"现代化"论述和民族主义之间也可能存在着一悖论,而"革命叙事"虽然以打倒"投降派"和推翻国民党政权为目标,却也同样以民族主义为诉求。这些错综复杂的关系,或许反而可以从时人对

---

① 李怀印著,岁有生、王传奇译,《重构近代中国:中国历史写作中的想象与真实》,页16—17、36—38。
② 同上书,页36。
③ 同上。

于国族界域的想象中折射出来,而这也正是本章主要论述的方向。

一、 初期断限与问题的提出

一般讨论近代中国史的学者,多半不会忽略梁启超在 20 世纪初发表的一系列有关"史界革命"论述的文字,随着这一系列文字的发表,"新史学"的浪潮也随之席卷学界。虽然,梁氏于《新史学》中大力批评旧史"四蔽二病"的论点,不见得为同时代学人所接受,唯其以民史代君史的主张,以及重作新史唤起国族意识与整合人群的观点,一时之间蔚为风尚,从而引发晚清以降重编国史的风潮。

在重编国史运动中,同时代学人几乎脚步一致跟随梁启超,采用具有线性意识的分期观点,以上古、中古、近世分期重新编写国史。梁启超在 1901 年(光绪二十七年)所写的《中国史叙论》首先揭橥此义,他把中国史分成上世、中世与近世三期:以黄帝以迄秦之统一以前为上世史,谓此为"中国之中国";秦统一后至清乾隆末年为中世史,为中国民族与亚洲各民族交涉竞争期,是为"亚洲之中国";乾隆末年以降则划为近世史的范围,称之为"世界之中国",视为中国民族结合亚洲民族与西方交涉竞争的时代。① 其后各种因应学堂讲授而作之书,如夏曾佑、刘师培在 1904 年和 1905 年分别写成的《中国历史教科书》,也不约而同以上古、中古、近世之名分期国史,② 打破帝王世系和朝代分法,改以"时代特征"作为历史分期的准据。民国以后,有关中国史分期问题的讨论,大体不脱前一时期的看法,如傅斯年于学生时期发表在《北京大学日刊》上的《中国历史分期之研究》,即谓西洋历史分期所谓上世、中世、近世之分,

---

① 梁启超,《中国史叙论》,《饮冰室文集》之 6,第 3 册,页 11—12。
② 夏曾佑在《中国历史教科书》中将中国史分为三期:"自草昧以至周末为上古之世,自秦至唐为中古之世,自宋至今为近古之世。"此书在 1933 年教育部编定为大学用书时,商务印书馆将其改名为《中国古代史》。见:夏曾佑,《中国古代史》,页 5。

"在今日已为定论",唯中国论"时会"之转移,但以朝代为言,全不知"朝代"与"世期"终不可以一物视之,"一姓之变迁诚不足据为分期之准也"。① 时代分期几成学界定论,实际撰写中国史者莫不以此为据。②

以时代特征作为分期国史的依据,虽自晚清以来逐渐勒为定说,然而学界对于划分上世、中世、近世等各个分期断限的标准及起讫点,却显得莫衷一是。部分关心历史分期问题的学者,于反思套用西史分期合理性的同时,亦开始探寻各种分期国史的标准。如傅斯年在上述文章中,即率先批评时人所著中国历史教科书经常援用日本学者桑原骘藏(1871—1931)在《东洋史要》中的分期方式。③ 他认为桑原的分期"始以汉族升降为别,后又以东西交通为判",其间并无划一的标准,而且误以为汉族"古今一贯",无所分别,尤其谓"中古"(秦至唐亡)一段是为"汉族极盛时代",更是大谬不然。杜赞奇在讨论傅斯年的分期观点时,非常敏锐地注意到傅斯年对桑原的批评带有一种强烈的民族意识,因为傅斯年发现桑原的分期观念中,隐藏着中国民族欠缺一以贯之的"主体性"以及早已中衰的暗示,④ 这种暗示激起傅斯年另以"汉族地位变化升降"的观点重新分期国史的意图。

不同于桑原从各个时期的历史主体与时代表征出发,随着时代递变,汉族、蒙古族、满族、欧洲人皆曾活跃在中国的土地上,傅斯年看重的是"一线相承,历世不变"的"种族",因此他的分期虽然一样采取上世(东

---

① 傅斯年,《中国历史分期之研究》,《傅斯年全集》,第4册,页177。
② 如吕思勉所著《白话本国史》,为1920—1930年代发行量极大的中国史教本,吕氏在此书中亦采上古、中古、近古、近世、最近世的分法来写中国史。见:吕思勉,《白话本国史》,第1册(上海:商务印书馆,1923年),页10。
③ 桑原骘藏将中国史分为四期:一、上古:断至秦皇一统,是为汉族缔造时代;二、中古:秦皇一统至唐亡,是为汉族极盛时代;三、近古:五季至明亡,是为汉族渐衰、蒙古族代兴时代;四、近世:满清一代,是为欧人东渐时代。傅斯年,《中国历史分期之研究》,《傅斯年全集》,第4册,页177。
④ 有关中国史分期问题所反映的线性进化观可参考:Prasenjit Duara, *Rescuing History from the Nation: Questioning Narratives of Modern China*, pp. 33–48。

周至陈)、中世（隋至南宋）、近世（元至清）和现世（民国建元以来）之分,① 但是汉族在中国历史上的地位——不论其升降、起伏，始终是唯一的判准。换句话说，在傅斯年的观念里，汉族永远是中国一以贯之的"主体"，不论其地位在陈、宋两朝灭亡时两度中衰，甚至在元代以后走的全是"胡虏之运"，亦不妨碍它在"现世"重光的可能。这种强调汉族一系相承、不绝如缕的观念，让傅斯年的历史分期透露出强烈的线性观点和汉族主体意识，尤其特别的是，这种观点不单单表现在他上世、中世、近世的论述里，也体现在他未尝稍加着墨的"现世"当中；民国代兴带来了汉族重光的契机，让原本看似可能走进汉族兴衰起降、历史循环的套路，从此出现"未来"指向的意义，傅斯年用"现世"为中国创造了一个从古到今、一脉相承的过去。

一样借着历史分期试图形塑中国历史完整性的还有雷海宗。他在1936年发表的《断代问题与中国历史的分期》的文章中，将中国四千年来的历史分成两大周期，第一周期由公元前1300年盘庚迁殷至公元383年东晋淝水之战，第二周期则是由南北朝至1839年以前的盛清时期。在讨论中国历史分期之前，雷海宗用了好些篇幅讨论上古、中世、近代这类分期方式，他表示这种三段分期的方式最早起于文艺复兴时期的复古思维，在宗教改革运动后才渐渐为西洋史家所采用，19世纪西风东渐以后，中国人见西洋史分为三段，于是也照样模仿过来。事实上，这种三段式的分期方式有很大的问题，是欧洲人有意以事实迁就理论的把戏。雷海宗认为讨论历史问题时，必须结合"地方"和"民族"两大元素，如果民族已变，文化线索已断，"虽是同一地方，也不是同一的历史"。② 从这个角度来看，广义的"西洋"应该包括埃及、巴比伦、希腊罗马、回教、欧西五个独立的文化体，各有各的发展，本无法勉强牵合，但欧西人却喜欢

---

① 傅斯年，《中国历史分期之研究》，《傅斯年全集》，第4册，页176—185。
② 雷海宗，《断代问题与中国历史的分期》，《清华大学社会科学》，2:1（1936年），页6。

将希腊罗马文献当作经典崇拜，述说自己的传统，有意忽略"真正的希腊人与罗马人已经消灭"，而今"希腊半岛与欧西文化完全无关"的事实。①

雷海宗在讨论中国史分期问题之前，之所以花这么大篇幅分析西洋史分期的种种矛盾，除了要表明中国史没有必要随西洋史三段分期起舞之外，主要目的还在于凸显中国在世界史上的特殊性。他以淝水之战为界，将中国分为"古典的中国"和"综合的中国"，强调古典中国是"纯粹的华夏民族"创造文化的时期，而第二周期"综合的中国"则是"胡汉混合梵华同化的新中国"。表面上看来，雷海宗并不像傅斯年那样强调以"汉族"地位为核心的意义，但字里行间却还是可以看出汉族在中国历史上所扮演的角色，例如他说：

> 淝水之战是一个决定历史命运的战争。当时胡人如果胜利，此后有否中国实为问题。因为此时汉族在南方的势力仍未根深蒂固，与后来蒙古满清过江时的情形大不相同。不只珠江流域尚为汉族殖民的边区，连江南也没有彻底的汉化，蛮族仍有相当的势力，汉人仍然稀少。胡人若真过江，南方脆弱的汉族势力实有完全消灭的危险。②

从这段叙述中可以清楚看出，在雷海宗的观念里，汉族才是维系中国存亡绝续的关键。一旦汉族生存受到威胁，中国便有覆亡的可能，哪怕胡汉两族最终还是混合为一，成为一个"新的汉族"，以及元清两代亦不免受"异族"统治，这些都不打紧，因为只要汉民族得以存续，中国便有了再生的力量。好比有明三百年间，"汉族闽粤系的向外发展，证明四千年来

---

① 雷海宗，《断代问题与中国历史的分期》，《清华大学社会科学》，2：1（1936年），页9—10。
② 同上书，页20。

第二章 形塑"中国近代史"：民族主义与现代化

唯一雄立东亚的民族尚未真正的走到绝境,内在的潜力与生气仍能打开新的出路"。① 而满人入主中原之后,一步步走向汉化,雍正的改土归流政策,促使西南边省汉化,更是"满清对汉族的一个大贡献"。②

　　雷海宗认为即便在胡汉夹杂的第二周期,汉族仍是造就中国持续发展的动力来源,综观人类的历史,没有其他任何文化,像中国一样有过"第二周返老还童的生命",中国能够在二千年间维持一个"一统帝国"的局面,保持文化的特性,绝对是人类史上"绝无仅有的奇事"。③ 雷海宗一方面批评欧西国家在建构自身文化传统时对近东历史的攀附,一方面却尝试以汉族为基底,建构一个统一而连续不辍的"民族",用以接成中国的过去,凸显中国文化独一无二的特性,借此激励时人迎向中国"第三周伟局"的到来。在此,雷海宗和傅斯年一样,以历史串联民族的过去与未来,使之成为形塑真实的有力见证。

　　从另一个角度来看,有关断代分期问题的反思,也是对历史学科内部界域的探索。自晚清重编国史运动以来,留心中国史的学人无不试图从中国本位立场出发,重新思考如何厘定国史内部框架的问题。在以时间为剖面的断代史领域里,最引人争议且一直难有定论的大概非中国近世史/近代史莫属。事实上,晚清学人对于"近世""近代"之称,往往掺杂并用,一般来说,"近世"一词的使用早于"近代",指涉的时间也较宽泛。最早引进西史分期法的梁启超,④ 对此也出现好几次前后不一的看法:前引《中国史叙论》,梁氏首将中国近世史的开端定在乾隆末年,次年(1902

---

① 雷海宗,《断代问题与中国历史的分期》,《清华大学社会科学》,2:1(1936年),页26。
② 同上书,页27—28。
③ 同上书,页31—32。
④ 西洋三段式分期传入之后,晚清时人在使用时,并没有清楚区别"近世史"和"近代史"之间的差异,包遵彭、李定一、吴相湘等人认为梁启超的《中国史叙论》,首先在名词和观念上界定了"中国近世史"的意义。见:包遵彭、李定一、吴相湘,《中国近代史论丛·导论》,包遵彭、李定一、吴相湘编,《中国近代史论丛》,第1辑第1册(史料与史学)(台北:正中书局,1979年),页2。

年)写《中国学术思想变迁之大势》时,却将"近世"之义往前推导,改在明亡之时。① 及至民国以后,出版《中国历史研究法(附补编)》(1926年)时,再将清史分为两期,梁氏强调分期当以"社会变迁作标准","皇帝姓氏不换而社会变迁剧烈的,虽然是合,应当分开来研究","道咸而后,思想学术政治外交经济生活,无一不变,不特是清代历史的大变迁,并且是全部历史的大变迁"。为此,梁启超表示:"我们尽可以把道咸以前,划分一个时期,道咸以后,另划一个时期。"② 梁氏此时再度推翻前说,改以鸦片战争作为中国近世史的起点。

梁启超观点的一再变异,反映了晚清以降学人对于如何界定中国近世/近代史的标准,仍未出现一致性的看法。以上古、中古、近世等线性观点分期国史的方式,于清末民初学界虽已逐步取得共识,国族界线和族群界线纠结缠扰的画面,③ 在满汉界域消融之前却未得缓解;及至民国初成,新的政治共同体出现以后,对于国族边界的想象也开始有了不一样的思维,过去革命论者"以种族为国族"的主张或是依据朝代分期国史的方式,在新的脉络下出现不同的诠释。特别是中国近世/近代史,因直接攸关当代国族的定义而备受关注,反映在历史分期的开端问题上,尤其显现出它的浮动性:中国近代究竟应该从满汉势力消长的观点,定义明亡清继为近世/近代的开端,抑或从国力兴衰的角度,视乾嘉时期为近世变迁的关键,还是以西力入侵、道咸之变,当作近代的起点,皆各有不同的持论者。

综观此一时期中国近世/近代史之作,不少以鸦片战争为起点,如李

---

① 梁启超,《中国学术思想变迁之大势》(台北:台湾中华书局,1979年),页77。
② 梁启超,《中国历史研究法(附补编)》(台北:台湾中华书局,1981年),页35—36。
③ 沈松侨认为晚清中国知识分子处在满汉对峙、国族界线与族群界线相互纠结缠扰,难以厘清的混乱局面,此一情况直接关涉晚清学人对于建构国族界域与历史分期的想象和主张。参见:沈松侨,《振大汉之天声——民族英雄系谱与晚清的国族想象》,《"中央研究院"近代史研究所集刊》,第33期(2000年6月),页89—107。

泰棻(1896—1972)的《中国最近世史》(1912年)、① 孟世杰的《中国最近世史》(1926年)、② 高博彦的《中国近百年史纲要》(1928年)和陈怀(1877—1922)的《中国近百年史要》(1930年)等书,③ 不约而同皆以道光年间的鸦片战争为撰述之始。即以1930年出版的《中国近百年史要》为例,此书作者陈怀,浙江瑞安人,早年随叔父陈黻宸(1859—1917)编写《新世界学报》,鼓吹新学,曾作《方志》等文呼应民史思潮,该书原为作者1916年在北京大学预科任教时所编讲义,作者过世多年之后才正式出版,其论点颇能反映民初时人的立场。

陈怀于分期概念上虽仿桑原骘藏之说,以清为"近世史"的起点,却已非朝代分期的思维,他看到的是时代之变,因此他在近世史之外另以鸦片战争为界,别出"中国近百年史",谓吾国学者"欲知我国今日变迁之由来,与世界列国关系之大势",④ 必以研究近百年史为要。陈怀于文中谈到中国近百年史有别于前此的两大特点时表示,我国自黄帝以至于晋,虽有革故鼎新之变迁,却不过为"同族之战争",改姓氏、易正朔而已。东晋以还,虽有外族入主中原者,亦不过为"同种之战争",从未有如近百年来,重门洞开,藩篱尽撤,欧美不邻之邦联袂偕来,虎视眈眈,日图宰割之事,此其一。其二,自上古以来,中国皆为君主专制之国,君与民之阶级,莫不判若霄壤,自欧亚交通,西力东行,始渐知有所谓"法治之

---

① 李泰棻的《中国最近世史》原为1912年李氏在北京大学预科的讲义,共三编,藏北京国家图书馆普通古籍室。该书首编述道光年间至清代末年;第二编则述民国时代;第三编综论道光以至民初之文明史。其书后因故而遭禁绝,日后才又出版。见:李泰棻,《中国最近世史》上、下册,沈云龙主编,《近代中国史料丛刊三编》,第61辑(台北:文海出版社,1990年),页1—21。
② 孟世杰,《中国最近世史》,第1册(天津:华泰印书馆,1926年),页14。此书就事变之足以影响时代者,将近世史分成三期:自鸦片战争至各国租借军港,为积弱时期;自德宗变法至宣统退位,为变政时期;自民国成立以后,则为共和时期。作者于1931年改写原书,以供高级中学之用。孟世杰,《中国近百年史》,上册(天津:百城书局,1931年),无页码。
③ 高博彦,《中国近百年史纲要》,上册(北平:文化学社,1928年),页1。
④ 陈怀,《中国近百年史要》(广州:中华书局,1930年),页1。

国与立宪之政者",方才日思如何脱离"专制之网罗",冲破"君民之畛域"。①

陈怀写《中国近百年史要》时,国界与种界之争已然淡化,因此他眼中看到近百年来最迫切的问题,已非昔日的同族(汉族)之战、同种(黄种)之争,原本剑拔弩张的满汉关系,因白种侵凌而生"同种"之谊,当君主专制已成陈迹,法治之国、立宪之政,便成了百年追求。陈怀有意将中国近百年史定位于黄白种战,在此意义下,中国近世史虽可以满人入关为界,唯西力东来、专制陵夷,却应从鸦片战争讲起,中国近百年史显然必须以当前的国族界域为坐标。

除此之外,另有部分学者把分期断在明末清初,或与有清一代的历史相始终,如萧一山(1902—1978)在1923年出版其代表作《清代通史》时,就曾这样表示:

> 盖本书所述,为清代社会之事变,而非爱新一朝之兴亡。换言之,即所述清国史,亦即清代之中国史,而非清朝史,或清室史也。故本书又名曰《中国近世史》。②

萧一山强调他的《清代通史》亦可以《中国近世史》视之,就其出版年份来看,清室之亡去之未远,"近世"的定义,很自然地与清史重合,所不同的只是作者以"时代"的观点重新诠释清史,强调从"文化、政治、生计"等方面出发,③而非专注一朝一姓变化的"清朝史"或"清室史"。

就时代远近而言,清史以其最接近当代,而被视为中国近世史的开端,在意义上似无不妥。傅斯年在前述讨论中国历史分期的文章中,以"种族替代"作为枝分(subdivision)"近世"的依据,其近世史一、二、

---

① 陈怀,《中国近百年史要》,页1—2。
② 萧一山,《清代通史·序例》,《清代通史》(北京:北京出版社,1923年),页3。
③ 同上书,页2。

三期，一样以元、明、清三朝为断。① 将朝代更迭系于时代变化之下，或是部分民初学人最直观的分期方式。②

然而，与萧一山同为大学同学，其后又在北大史学系任教的杨栋林，③ 则对萧一山将清史等同于中国近世史的说法，表示了不同的意见，他说：

> 愚以为清主中夏几三百年。就民族论，则乾嘉以前，乃汉族衰弱之病史，乾嘉以后，则汉族复兴之酝酿史也。就政治言，则有清一代，乃专制政治之发达史也，又专制政体之结束史也。就文化言，则海通以前之清代学术，乃由明逆溯而上以迄周秦之缩演史也。海通以后，则东西洋文化将发生接触机会之过渡史也。就社会言，则百年前为东亚民族同化于汉人之历史。近今百年，则东西人类交通之发达史也。其关系綦重，内容复杂，有如此者。吾尝有志于此，拟编《近世中国史》一书问世，久未脱稿。④

根据杨栋林的看法，中国近世史经纬万端，既可以由政治而论，也可以从民族、文化、社会发展的角度切入。杨氏认为，若单就政治来看，固可以合"有清一代"而观之，视其为专制政体由发达到终结之历史；但就民族

---

① 傅斯年，《中国历史分期之研究》，《傅斯年全集》，第4册，页183。
② 萧一山在《清代通史》中尝试以种族盛衰、文化变迁、政治因革、经济趋势等标准，将中国史分为五期——（一）上古期：汉族成育时代，自太古至秦一统；（二）中古期：汉族全盛时代，自秦一统至唐亡，凡1127年；（三）近古期：蒙古族盛势时代，自五代至明，凡737年；（四）近世期：满族主政时代，亦即西力东渐时代，自清初至灭亡，约270年；（五）现代期：五族团结时代，亦即东西融合时代，自民国告成以后是也。观萧氏之分期方式，仍不脱将朝代系于时代变化的分法。见：萧一山，《清代通史·导言》，《清代通史》，页2—3。
③ 杨栋林于1923年前后曾于北京大学开设过本国近世史一课。见：《国内五大学历史系程一览》，《史地学报》，2：7（1923年11月），页147。
④ 杨栋林，《清代通史·序》，萧一山，《清代通史》，页1。

史、文化史和社会史的发展来看，乾嘉时期、明末海通之际，以及鸦片战争，就成了不可忽视的关键。这也就是说，如果只以政治史的角度来看清代史，自可径述清朝由盛到衰的历史，与清祚相始终；但是若要从其他的"时代特征"或论述角度切入，中国近世史就不能完全等同于有清一代的历史了。

杨栋林认为不能单从政治史的角度把握中国近世史的看法，倒与梁启超的观点不谋而合。在前文业已提及的《中国历史研究法（附补编）》中，梁启超主张从断代史的角度写中国近世史时，固当以"道咸为界"，如若从专史的角度出发，以道咸为起点的做法便不见得适用，他表示，专史的时代不能完全跟着政治史走，譬如"近代外交史，不能以明清分，要看外来势力做标准。葡萄牙人、荷兰人到中国，在明嘉靖以前，为一时代，嘉靖以后到清道光《南京条约》另为一时代。道光到中日战争另为一时代，往后到今日再一时代"。[①] 梁启超从断代史和专史的意义上区别分期的概念，显然思虑更详。

或许从今天的角度来看，鸦片战争与西人东来，已成为论述中国近代史起点的不二视角，然而对民初学人而言，他们在逐渐摆脱朝代分期的方式之后，究竟希望从什么意义去把握"近代"，其实还未有明确的共识。或许可以这么说，当上古、中古、近世这套带有西方俗世观点的分期方式，辗转由日本传入中国时，伴随这套分期方式而来的直线与进步的概念，[②] 便已经对中国史的书写形态产生一定程度的影响，因此，与过去相衔的"近代"，究竟在什么意义、什么条件下，有着与"过去"不同的特点？而此一特点既能体现近代文明所笃信的价值，又能保有传成中国的力量。从这个角度来看，如何定义"中国近代史"的开端，实际上也就是在探寻：中国从什么时候开始进入"近代"，以及这个"近代"所具有的意

---

① 梁启超，《中国历史研究法（附补编）》，页172。
② 乔伊丝·艾坡比（Joyce Appleby）、琳·亨特（Lynn Hunt）、玛格丽特·杰考（Margaret Jacob）著，薛绚译，《历史的真相》（台北：正中书局，1996年），页48—66。

义与特质。

  于是明末的中西海通与文化交流、清人入关之后满汉势力的消长，或是乾嘉时期国势由盛转衰，以及鸦片战争之西力东来，都被视为可以定义中国近世/近代的开端。萧一山有意从"文化、政治、生计"演绎清史，并将清史视同中国近世史，充分体现出从"时代"表征出发，寻求"集体同一性"的视角。与此不同的是，为《清代通史》作序的李大钊（1889—1927），毋宁更愿意由"中国国民史"的角度理解近世的意义。① 而杨栋林则倾向从东亚民族盛衰、中国与世界的关系，以及地方社会等方面，重新理解有清一代的历史。凡此种种，无不代表此一时期多元观看的视角，以及解读中国近世/近代史的眼光。然而吾人要问的是：究竟是在什么语境和知识架构下，中国近世/近代史的意义与分期，会从民初如此多元并立的画面，走向愈来愈以鸦片战争为起点、内乱外患为主轴的叙事模式？以及后来的学人又何以独厚政治史、外交史的取径，串联这段国难深重的历史？或许，"中国近代史"这门次学科领域建构的过程，可以帮助我们找到问题的答案。

二、 大学设科——中国近代史

  从学术发展的角度来看，晚清新式学堂对 20 世纪中国整体学术样貌产生最关键影响的，莫过于西式分科的教育形态。学堂分科肄习的方式，逐渐取代传统官学书院以经史为主的讲授内容，从而带进各种不同类目的中西学课程。中国史和西洋史也开始并列于学堂教育之中，各级由书院、州县学改制而来的新式学堂，纷纷以"通今致用""详近略远"为目标，设置中、西史课程。1897 年（光绪二十三年）湖南巡抚陈宝箴招考湖南时务学堂学生时，将魏源（1794—1857）的《圣武记》、王闿运（1833—

---

① 李大钊，《清代通史·序》，萧一山，《清代通史》，页 2。

1916)的《湘军志》与《左传》《通鉴》等书,并列于学堂讲授,① 这种强调由"当代史"考求世变的途径,对过去惯由《史鉴节要》《纲鉴易知录》或《御批通鉴辑览》中获取历史知识的读书人来说,应有一番全新的意义。

一贯强调由体用、主辅概念来看待中西学的张之洞(1837—1909),在《劝学篇》中也把史学定位为一种致用之学,他认为但凡可为"今日鉴戒",或"可资今日取法"之事实与典章制度,才是学堂讲授史学时必须倾重的内容。② 因此在他日后主导拟订的《奏定学堂章程》(光绪二十九年)中,大学文科之"中国史学门"便有国朝事实、中国古今外交史和中国古今历代法制考等科目之设。③ 例如国朝事实一科,指明以正续《东华录》《圣武记》及《皇朝政典》作为讲习范围;中国古今外交史则指定参照日人编写的《支那外交史》。④ 这份代表官学体系正式向西方教育体制转化的指标性文献中,开始将国朝事实、中国古今外交史和明清史一类有关当代史和外交史的科目正式纳入学堂考课的项目,打破以往今人不论当朝史的成例;而以《圣武记》《东华录》《皇朝政典》等书为讲授范围,更有从当朝盛衰大势、成败得失中,探寻解决现实社会危机的意义,表现出浓厚的致用性质与资治色彩。

民国以后,教育部公布的《大学令》,基本上延续了清末《奏定学堂章程》中即已奠定的学科体制,史学在成为一门具有现代意义的学科过程中,开始探寻学科内部的分类架构,以时间(通史、断代史)/地域(区

---

① 陈宝箴,《招考新设时务学堂学生示》,朱有瓛主编,《中国近代学制史料》,第1辑下册(上海:华东师范大学出版社,1986年),页271。
② 张之洞有言:"史用之大端有二:一事实,一典制。事实择其治乱大端,有关今日鉴戒者考之,无关者置之。典制择其考见世变,可资今日取法者考之,无所取者略之。"张之洞,《劝学篇·内篇》,沈云龙主编,《近代中国史料丛刊》,第9辑(台北:文海出版社,1967年),页31。
③ 张百熙、荣庆、张之洞,《奏定学堂章程·大学堂附通儒院章程》,璩鑫圭、唐良炎编,《中国近代教育史资料汇编——学制演变》,页352—353。
④ 同上书,页351—352。

域史、国别史）/事类（专史）为标准的分类方法，逐渐成为新一代学人类别史籍的原则，以及各大学历史学系拟订课程、培养人才的基本架构。① 而中国近代史即属于以时间为分类标准之断代史课程群的一支。即以最早设立的北大史学系而言，② 该系自1919年全校改行学系与选科制之后，便设有中、西各断代史，③ 1920年以后正式仿照西洋断代标准，设立中国上古、中国中古史和中国近世史等课，④ 是为民国以后最早设立中国近世史的大学。

稍晚，东南大学亦于1924年设有中国近百年史，由柳诒徵负责讲授。根据当时就读东南大学历史系的郭廷以（1904—1975）回忆，柳诒徵的中国近百年史由"鸦片战争讲到近代约七十多年"，授课时常常因缺乏材料，而要求学生直接阅读《东华录》《圣武记》和《清史纪事本末》等书。⑤ 柳诒徵离开东大后，又有刘崇鋐（1897—1990）开设中国近五十年史，1926年罗家伦回国，中国近百年史一课即由他接替柳诒徵讲授。⑥ 郭廷以晚年回忆：罗家伦在东南大学虽然只担任了半年的课程，但是由于他非常重视

---

① 有关现代中国史学学科内部分类架构的形成，请参见：刘龙心，《学术与制度：学科体制与现代中国史学的建立》（台北：远流出版事业公司，2002年），页198—204。
② 民国成立，由京师大学堂改制而来的北京大学，在1917年以前实际上一直未设立史学科系，而文科中国史学门则是在1917年蔡元培接掌北大以后才成立的。见：北京大学编，《北京大学规程》（北京：北京大学，1914年），页20。朱希祖，《北京大学史学系过去之略史与将来之希望》，国立北京大学卅一周年纪念会宣传股编，《北京大学卅一周年纪念刊》（北平：国立北京大学，1929年），页70。
③ 国立北京大学志编纂处编，《北京大学校史》（北平：国立北京大学志编纂处印行，1933年），页8。国立北京大学编，《国立北京大学史学系课程指导书》（北京：国立北京大学，1925—1926年），页1—2。
④ 《国立北京大学讲授国学之课程并说明书》，《北京大学日刊》，第6分册（1920年10月19日），第3—4版。
⑤ 《清史纪事本末》于访问纪录中误植为《清朝纪事本末》。参见：张朋园、陈三井、陈存恭、林泉等访问，陈三井、陈存恭纪录，《郭廷以先生访问纪录》（台北："中央研究院"近代史研究所，1987年），页129。
⑥ 同上书，页148—149。

外国资料及西人著作,开启了郭氏研究近代史的视野,① 而罗、郭二人亦因这半年的师生关系,结下了一生不解之缘。

整体而言,1920 年代中期以前,设有历史科系的大学本就为数不多,开设中国近代史、中国近世史或中国近百年史一类课程的学校更寥寥可数,以笔者寓目的资料而言,唯北京大学、东南大学及厦门大学等校,② 其他部分私立大学(如南开大学、沪江大学)、③ 教会大学(如燕京大学、圣约翰大学),或学制体例尚未确立的学校(如清华学校),皆极少关注中国近代史。其中原因,概与师资缺乏有密切关系,即以上述设有中国近代史课程的学校而论,1920 年代中期以前,担任此一课程的教师大多不以近代史研究见长,授课讲义多以剪辑资料编成,④ 且有一人兼授多门性质完全不同的科目,⑤ 真正投身近代史研究与教学者可谓绝无仅有。

对照此一时期出版以《中国近世史》一类为名的书籍,也大多是为中

---

① 郭廷以回忆罗家伦影响他最大的两方面,一是注意外国资料,一是研究近代史。改变了郭氏过去以为外国人只作中西交通史的误解。郭氏于大学时期亦因罗家伦的启发,注意到英国与远东的关系,并于毕业时写成十多万字的《英国在远东的发展》报告,奠定他日后研究中国近代史的基础。见:张朋园、陈三井、陈存恭、林泉等访问,陈三井、陈存恭纪录,《郭廷以先生访问纪录》,页 149。
② 厦门大学编,《厦门大学布告》,1:1(1921—1922 年),页 86—88。
③ 沪江大学于 1923—1924 年设有中国近代史,但由外国人担任讲授。《国内五大学历史系学程一览》,《史地学报》,2:7(1923 年 11 月),页 149。
④ 1929 年朱希祖于北大史学系开民国史一课,即被学生指出上课只在"黑板上抄写旧报纸为敷衍",或以高博彦所编《中国近百年史纲要》中的篇章为印发讲义。见:朱希祖,《辩驳"北京大学史学系全体学生驱逐主任朱希祖宣言"》,《北京大学日刊》,第 8 分册(1929 年 12 月 9 日),第 3 版。
⑤ 洪允祥一人于 1925—1926 年同时讲授中国近古史和中国近世史两门功课,概由宋、元以后一直上到民国。见:国立北京大学,《国立北京大学史学系课程指导书》(1925—1926 年),页 2—4;国立北京大学,《国立北京大学史学系课程指导书》(北京:国立北京大学,1924—1925 年),页 2—3。此外,柳诒徵在东南大学时期,即同时兼任中国近百年史、中国文化史、印度史、北亚史等课。见:张朋园、陈三井、陈存恭、林泉等访问,陈三井、陈存恭纪录,《郭廷以先生访问纪录》,页 129。

学教学之用而编写的教科书,① 不但内容近似,参考引用的资料也十分有限,② 很多甚至是直接改写其他版本的著作编辑而成。③ 这个现象充分反映此一时期中国近代史研究荒疏的情形。

因此严格说来,中国近代史这个领域真正获得突破性的发展,要到 1920 年代中后期,也就是罗家伦、蒋廷黻等人在大学讲授中国近代史一课以后。1926 年罗家伦离开东南大学,不久之后出任清华大学校长,并在历史系首开中国近百年史,④ 以鸦片战争为起点,着重五次对外战争(鸦片战争、英法联军、中法战争、中日战争和八国联军侵华战争)和太平天国、辛亥革命及国民革命的经过。⑤ 罗家伦于授课期间,非常重视中西史料的比较研究,为了鼓励学生从专题研究做起,他于 1930 年还另开一门中国近代史专题研究,以介绍中外史料为主,引导学生如何从搜集、考订、批评史料着手,对鸦片战争以后的问题,做"小范围"具体而深入的分析。⑥

---

① 即以孟世杰的《中国最近世史》为例,此书后经多人辗转改编或引用,但其著作本身即为应高级中学教科之用而编写,其参考资料亦不出稻叶君山《清朝全史》或刘彦《中国近时外交史》等著作。见:孟世杰,《中国最近世史》,页 1—3。
② 高博彦任教于南开中学时,原以孟世杰所编《中国最近世史》为教本,后因篇幅过大,不适学校教学之用,才以孟书为本,删繁就简,辑成《中国近百年史纲要》。见:高博彦,《中国近百年史纲要》,上册,页 1。
③ 如王蘧棠的《中国近百年史问题研究》,作者即直言乃采撷高博彦所著《中国近百年史》而成。见:王蘧棠,《中国近百年史问题研究》(北平:作者自印,1929 年),页 1。事实上,中国近代史教科书的缺乏,一直到抗战时期还是很严重,唐德刚回忆战时他在沙坪坝中央大学上郭廷以中国近代史课的笔记,即为他的中学老师借去,作为国立社会教育学院的授课讲义。见:唐德刚,《教我做 research 的启蒙老师——纪念业师郭廷以教授逝世二十周年》,收入:陈三井主编,《走过忧患的岁月——近史所的故事》(台北:"中央研究院"近代史研究所,1995 年),页 7—26。
④ 这门课根据郭廷以回忆,由罗家伦与他二人合开,郭氏主讲鸦片战争、魏源的海防思想和洋务运动等专题。见:张朋园、陈三井、陈存恭、林泉等访问,陈三井、陈存恭纪录,《郭廷以先生访问纪录》,页 194。
⑤ 国立清华大学,《国立清华大学学程大纲(附学科内容说明)》(北平:国立清华大学编印,1929 年),页 1。
⑥ 国立清华大学,《国立清华大学一览》(北平:国立清华大学编印,1930 年),页 64—67。

罗家伦于清华授课期间，无意中和郭廷以二人注意到一份未注明作者的《近代外交史辑要》油印本讲义，经调查后发现是出自当时还在南开大学任教的蒋廷黻之手，① 因此罗家伦便以高薪聘请蒋廷黻到清华开课，并担任历史系主任。② 蒋廷黻来到清华后，即以外交研究为重心，开设中国外交史和中国外交史专题研究两门课，着重讲授"中国加入世界国际系统之过程"，并特别留意"中国方面之外交史料"，特别是专题研究一课，蒋廷黻每学期设定十次专题讨论，集中以下三方面的问题：（一）中国外交史之学术成就，（二）尚待解决的问题，（三）中外史料之概况——指导学生自订范围，选题研究。③ 与此同时，罗家伦和蒋廷黻二人于1930年前后，在北大史学系开设鸦片战争及太平天国史，以及中国国际关系史，④ 对于深化以史料为基础的中国近代史专题研究，做出了前导性的贡献。

　　北伐之后，国内高等教育急遽成长，各大学设置历史科系的数量增多，各校在课程设计上，也逐渐回归学科性质本位的立场，开始注重基础性科目，因此断代史渐渐成为各校历史系的必修科目之一，而中国近代史一类的课程，在开课比例上乃大幅增加。⑤ 中国近代史、中国近百年史和中国近世史等课的起讫断限与讲授范围，也开始出现比较明显的分疏。一般而言，中国近代史或中国近百年史，多由鸦片战争为启始，讲授至民国

---

① 蒋廷黻时在天津南开大学原以教授西洋外交史为主，开有帝国主义史、欧洲近五十年外交史等课。后来由于受到何廉的鼓励，致力于中国外交史的研究，1929年前后始开设中国外交史，专门讨论近四百年的中外关系。见：《南开大学一览》（1929年），页18—22。
② 张朋园、陈三井、陈存恭、林泉等访问，陈三井、陈存恭纪录，《郭廷以先生访问纪录》，页192。
③ 国立清华大学，《国立清华大学一览》（1930年），页64—67。
④ 《北京大学史学系课程一览》，新晨报丛书室编，《北平各大学的状况》（北平：新晨报营业部，1929年初版，1930年增订再版），页26—27。
⑤ 设有中国近百年史的学校，有中央大学、暨南大学、中山大学、辅仁大学、大夏大学、复旦大学、金陵女子文理学院等；而课程以中国近代史为名的学校有武汉大学、上海大学、光华大学、厦门大学、圣约翰大学等；另有开设中国近世史者，如省立河南大学、齐鲁大学、暨南大学、光华大学、四川大学、复旦大学等校。

成立、五卅运动或北伐完成；而中国近世史则多半上溯至明朝中叶中西交通，下限到清中叶道光以前，或是辛亥革命，以至 1920 年代。然而，这当中也有一些例外，如陈训慈（1901—1991）在中央大学开设的中国近世史，虽从明代中叶中西交通开始，却只授至清中叶为止，清中叶以降至 1920 年代则划归中国现代史。① 不过一般大学在 1937 年以前，设立中国现代史者不多。②

总体来说，各校纷纷设立中国近代史一类的课程之后，鸦片战争在近代史上的关键性意义就不断地被强调，而以鸦片战争为起点的讲授方式也占了绝大部分，即使少数不以鸦片战争为起点者，亦以鸦片战争为近代史上的转折点，强调此一战争带给中国的巨变与影响，并着意讲授外力冲击、战争、条约、内乱等"内忧外患"的史实，以及这门课为中国现状和实际问题所提供的参照作用。如暨南大学中国近百年史之讲授者，即声称：

> 本课程在剖析十八世纪末国际及国内社会背景，鸦片战争以前，中国社会及满洲政府状况，鸦片战争以后，中国社会所发生的经济政治，文化思想等等变端，以及各种重大事变之经过，俾学者可以了然于今后中国，各种问题之解决的方案是若何。③

武汉大学陈恭禄（1900—1966）在中国近世史一课中，亦清楚地表述其课程

---

① 《第二科文学院概况·课程及课程说明》，《国立中央大学一览》（南京：国立中央大学，1930 年），页 54—59。
② 此一时期各校少有设立中国现代史者，有关辛亥革命以后的历史多附加在中国近代史一课中讲授。另有以专史形式出现者，如河南大学的中国革命史，即以总理革命为中心，上溯历次种族革命，迄于近代国民革命之史实。见：《文学院一览》，《河南大学一览》（1930 年），页 74。大夏大学的课程也以中国近代民权运动史为名，专讲清季以来君宪、革命派之活动，以及民国成立之后，政党变迁、宪法起草经过、女子参政、华侨参政和劳工农民组合之起源等议题。见：《私立大夏大学一览》（1930 年），页 17—23。
③ 《学程一览及课程纲要·史学系学程纲要》，《暨南大学一览》（1935 年），页 19—21。

内容在叙述"欧人来华贸易"之后至民国以来，中国的内政、外交问题；着重讲授"订约通商之经过，太平天国捻回苗之扰乱，战后之善后问题，改革之失败，土地属国之次第丧失，军港租借，仇教排外运动所受之损失"，以及"清末之改革，党人之活动，清帝之逊位"等史实，并借此"交互影响说明史迹造成之背景与原因，使学生明了现时国际上中国之地位，及国内之主要问题"。①

在以西力入侵为叙事骨干的中国近代史课程中，讲授者莫不把鸦片战争视为决定性的一战，并以此战役为核心，用以铺陈在此之前中国内部的社会背景，以及在此之后一连串的外侮事件；于是战争、条约所牵动的外交问题和因应外力入侵而起的改革、革命，就几乎成为所有中国近代史的叙事主轴。1930年郭廷以在河南大学历史系讲授中国最近世史时，即强调该课"尤注意民族衰弱与外侮之关系"，以及"关系种族问题与国际问题之事实"。②将西人东来与西力入侵，视为引动近代中国剧变、造成外侮踵至、民族衰弱的主因，在中国近代史的叙事主轴里，愈来愈占有关键性的意义。此外，大夏大学中国近百年史的授课者，③在强调鸦片战争作为近代开端的同时，更将百年之变归诸帝国主义的侵略，他说：

> 鸦片战争之后，我国备受帝国主义之侵凌，时至今日，仍处于百劫莫复之地位。在此百年中，我国经济政治，动辄受不平等条约之束缚，几夷为帝国主义之附庸。清之末季，改革之声起，经辛亥革命，五四运动，五卅运动，民众始渐有觉悟。帝国主义之地位逐渐动摇。本学程以帝国主义之压迫我国及我国应付帝国主义之方法为研究之骨干。④

---

① 《国立武汉大学一览》(1933年)，页21—24。
② 《文学院一览》，《河南大学一览》(1930年)，页74。
③ 《大夏大学一览》中虽无列授课者姓名，但推断其中国近百年史之授课者极有可能为左舜生。
④ 大夏大学编，《私立大夏大学一览》(1929年)，页20—23；(1931年)，页18—20；(1933年)，页43—47；(1936年)，页18—22。

第二章　形塑"中国近代史"：民族主义与现代化　*121*

急迫的现实问题，促使1930年代中国近代史的讲授者不约而同把目光聚集在内乱外患交乘的史实中。而"帝国主义"亦逐渐成为形构新国族概念下唯一的敌体，它不但指涉西方列强，更包括了由北南侵的俄国，以及东亚新兴的日本。帝国主义的入侵，在此成为贯串史实的唯一主轴，一切的国耻、国难无不由此而起，所有的改革、觉醒，也都黏附在这个意义下。中国近代史的研究讲述者，从现实出发，建构以国难、国耻为主调的中国近代史；晚清民初从满汉地位升降观看近世发展变化的线索，至此悄然转换，各大学历史系的明清史讲授者，极有默契地把清史下限定在西力东侵之前，"与国外接触"的历史一概划归近百年史的范围，①"西方""列强"或"帝国主义"，便成为建构新国族界域的唯一"他者"。

"九一八"事变爆发，1930年代中日问题逐渐激化，中国近代史愈来愈强调西力入侵及外患、事变所带来的影响；表现在专史课程上，外交史的大量开设更反映了现实的变化。根据笔者粗估，各大学历史系所开设的专史课程中，以中国外交史、中西交通史、中国民族史、中国学术史的开课比例最高。其中中国外交史和中西交通史，尤其与中国近代史相关，同时也是各专史课程中开课比例最高的两门课。除前述蒋廷黻在南开大学时已开始讲授中国外交史之外，②罗家伦于武汉大学也开过近代中国外交史，③该课将1516年中西航路大通至1930年代之中国外交史分为四期：（一）1516年葡萄牙人东来至1793年马戛尔尼使华为止；（二）近代中国

---

① 如北大讲授明清史的孟森，在授课计划里明言："明清史据本校课程计划，以明史及清代乾隆末年以上为一段落；以后则与国外接触渐繁，作为近百年史范围。故本课目拟本此编制讲义，但仍以明清各自分代。惟纪清代讲义，止编乾隆末年，其间亦自分段落。"见：国立北京大学，《国立北京大学史学系课程指导书》（1932年至1933年适用），页6—15。
② 这门课蒋廷黻主要讨论的范围是16世纪以降四百年的中外国际关系。见：《天津南开大学纲要》（1929年），页18—25。
③ 罗家伦于1930年10月请辞清华大学校长之后，随即受聘至武汉大学历史系，不过罗氏于武汉大学授课时间相当短，不到半年即因蒋介石任命，转任中央政治学校教务主任兼代教育长。见：刘维开，《罗家伦年谱》（台北：中国国民党中央委员会党史委员会，1996年），页93。

外交史之背景（1793—1860年英法联军入北京），注重此冲突时期内丧失之国权；（三）1860—1918年欧战终止，讲述此屈伏时期内国权之继续丧失；（四）讨论此时期内国权之收复（1902年《马凯条例》至最近）。罗家伦除自编讲义外，并以马士(Horsea Ballou Morse, 1855 - 1934)、柯蒂埃(Henri Cordier, 1849 - 1925)、丹尼特(Tyler Dennett, 1883 - 1949)等西人著作和《三朝筹办夷务始末》为参考书。①

"九一八"事变之后，各校开设中国外交史相关课程的比例大幅增高。北大、清华两校原来由蒋廷黻开设的中国外交史和中国外交史专题研究，在蒋氏1935年出任行政院政务处长、次年派驻苏联大使之后，原课程由刚刚学成归国的邵循正(1909—1972)接替。留学日本的王信忠(1909—?)此时也因中日关系激化，应时讲授近代中日外交史。② 著有《帝国主义压迫中国史》的刘彦(1880—1941)，在"九一八"之后也在辅仁大学开设近世中国外交史，该课由康熙二十八年《尼布楚条约》订定开始，讲到日本占领东三省为止，主要讲述"中国近世以来之一切外交事件"，并以"各帝国主义侵略中国之次第，与中国由一等国变成二等国，由二等国变成三等国，乃至变成今日之地位"，说明"每次被害之事实"，及"国际地位之变迁"。刘彦强调近世中国外交史实际上就是一部"中国被侵害史"。③

1934年武汉大学分别由时昭瀛(1901—1956)和郭斌佳(1906—?)二人

---

① 罗家伦于此仅说明"兼用 Morse, Cordier, Dennett 诸人著作"，并未明言著作之名。据此推断 Morse 之书应为：H. B. Morse, *The International Relations of the Chinese Empire* (London: Longmans, Green, and Co., 1910 - 1918)。Henri Cordier 之书或指：*Histoire des relations de la Chine avec les puissances occidentales, 1860 - 1900* (Paris: Alcon, 1901 - 1902)。Tyler Dennett 之书应指：*Americans in Eastern Asia: A Critical Study of the Policy of the United States with Reference to China, Japan, and Korea in the 19th Century* (New York: Macmillan Company, 1922)。国立武汉大学，《国立武汉大学一览》(1930—1931年)，页51—57。
② 《文学院历史学系学程一览》(1936—1937年)，清华大学校史研究室编，《清华大学史料选编》，第2卷上（北京：清华大学出版社，1996年），页342—348。
③ 辅仁大学，《辅仁大学文学院史学系课程组织及说明》（北平：辅仁大学刊，1933年），页10—13。

于同年开设中国外交史和远东近世史,强调近 150 年间中国与远东各国的外交关系。① 燕京大学的洪煨莲（1893—1980）则开设远东近世史,讲授马戛尔尼来华之后远东与西洋的政治、商业、文化关系,指定学生阅读马士的 *Far Eastern International Relations*、稻叶君山（1876—1940）的《清朝全史》以及王芸生（1901—1980）的《六十年来中国与日本》等书。② 其他如中山、中央、辅仁、齐鲁、圣约翰和复旦大学等,历年也都有中国外交史、中国近世外交史、近代国际关系史和中日外交史等课程。③ 这些课程一般多由 16 世纪中西通商,讲授至 1930 年代中国外交现况为止,因此清代以来历次的外交失败、不平等条约的内容和列强在华利权,以及废约运动、新约订定等几乎都是少不了的主题。④

专史课程群里,另一个热门的讲授课题就是中西交通史,这门课最初多由汉代张骞通西域讲起,自 1930 年代以后其关注范围亦向下延伸至明代中叶,甚至清乾隆末年。曾在北京各大学（辅仁、北大、清华、燕京、北平师范大学）讲授此一课程的张星烺（1888—1951）,把中西交通史分为三期:第一期由汉至宋,第二期专讲元代,第三期则以明中叶至乾隆末年为重心。⑤ 1935 年以后,张星烺更以欧化东渐史作为中西交通史的延续,课程内容特别着重 16 世纪葡萄牙人东来,西洋各国对中国之通商外交关

---

① 国立武汉大学编,《国立武汉大学一览》(1934 年),页 23—25。
② 北平私立燕京大学,《北平私立燕京大学一览》(北平:私立燕京大学编印,1937—1938 年),页 103—104。
③ 齐鲁大学的中国近世外交史由 1517 年论至 1920 年代,强调"中国与列强之交涉,条约之缔订,领土权利之丧失和最近外交之变化"。见:《私立齐鲁大学文理学院一览》(1932 年),页 73。St. John's University, "Courses of study, 1938," *Courses of Study, from 1938 to 1949*, pp.15 - 16 (上海档案馆藏)。《辅仁大学史学系课程表》,《私立辅仁大学一览》(1937 年),页 76—82。《各学系课程》,《复旦大学一览》(1930 年),页 17—21。
④ 《国立中央大学一览》(1930 年),页 54—59。
⑤ 国立北京大学,《国立北京大学史学系课程指导书》(北平:国立北京大学,1932 年至 1933 年适用),页 6—15。国立北京大学,《国立北京大学史学系课程指导书》(北平:国立北京大学,1934 年),页 256—265。

系,以及基督教传教士在华工作情形,与中国留学生的海外活动。① 除此而外,北大陈受颐（1899—1978）则以 17—18 世纪中欧文化的交互影响为探讨主题,开设近代中欧文化接触史,② 与向达的明清之际西学东渐史轮流讲授。其中向达所授内容更偏重明末欧人东来、天主教士借西学布教等内容,对于明末清初传入之西学亦分类标举,述其大要,着意探讨中国士大夫对西学的态度、康雍乾三朝之禁教,以及西学中绝等问题,希望借此了解"三百年前中西思想之冲突","可以资今日之借镜也"。③

经过专史课程进一步的分化,1930 年以后中国近代史的研究范围和关注焦点,出现了一种更加集中的现象,透过外交史与中西交通史的叙事模式,中国近代史愈益形构出它以西人东来所引发的历史变貌,作为贯串史实的架构,并强调帝国主义入侵、国权土地的丧失,以及中国相应拒斥到接纳西学的过程,对于凝聚现代国族所具有的意义。像是罗家伦在《研究中国近代史的意义和方法》一文中,即一再强调以鸦片战争为中国近代史的开端,最主要的意义在于"认定这件事对于中西短兵相接后,所发生的各种影响",因为在此之后"中国确实和西洋一天一天的增加了许多国际关系,发生了许多深刻的影响,不只是军事、经济和所谓一切物质文明,因此发生了新的局势,而且政治制度、社会制度和文化基础,也因此受了剧烈的震动的变更"。所以他认为:"要研究中国政治的改革和变动,非打通国际的情形来看不可;要研究社会的变化和生活,非综合他国的现象来看不可;要研究文化的演进,非考察世界的学术思想不可。"④ 在罗家伦的诠释体系里,近代中国一切政治、经济、文化、思想、学术的变动,无不因应西方而起,中国之希望走进世界,甚而与西方世界分庭抗

---

① 辅仁大学,《北平辅仁大学文学院概况》(北平：辅仁大学编印,1935 年),页 66—70。
② 国立北京大学,《国立北京大学史学系课程指导书》(1932 年至 1933 年),页 6—15。
③ 国立北京大学,《国立北京大学史学系课程指导书》(1934 年),页 256—265。
④ 罗家伦,《研究中国近代史的意义和方法》,《武汉大学社会科学季刊》,2：1 (1931 年 7 月 16 日),页 136—137。

礼,都必须在近代中西关系上找寻历史发展的意义。因此,在这个中国走向西方的叙事主轴里,罗家伦将中国近代史分成四个段落:

(一) 1834—1860 年,为冲突时期。
(二) 1861—1895 年,为屈伏时期。
(三) 1896—1919 年,为乞怜时期。
(四) 1920 年至现在 (1929 年),为国民革命时期。①

在这四个分期段落里,罗家伦的分期标准完全环绕在西力入侵后所引动中国的变化上,"西方"成了牵动近代中国发展的唯一动因,"列强"相对于中国的意义于焉产生。

事实上,罗家伦的看法并非一隅之见,1930 年代以后,愈来愈多的史家在形塑中国主体性的过程中,不断地靠着"拒斥异己"的论述来完成。胡竹山曾谓:"要了解西方势力侵入中国后的情形,应该研究中国近百年史。倒过来说写中国近百年史,也必以西方势力之侵入为核心。"② 他认为"西方势力的侵入"和"中国势力对它的反应",才是中国近百年史撰著的主要系统。曾经在金陵大学、武汉大学等校教授中国近代史的陈恭禄也以为:"近百年内,中国国际关系根本改变,思想、学术、政治制度、社会经济莫不受外影响,其事迹迥异于前古。"③ 其说即有意以"外力"来凸显"中国"。郭廷以也主张从"中西关系"上来解读"近代中国",因为近代以来中国所有的变化,"无一不直接或间接"受到中西关系

---

① 罗家伦,《对于中国近代史应有的认识》,罗家伦先生文存编辑委员会编,《罗家伦先生文存》,第 5 册 (台北:"国史馆"、中国国民党中央委员会党史委员会,1976 年),页 37—39。
② 胡竹山,《中国近百年史·胡序》,开江、文清合编,《中国近百年史》(出版地不详:青江书店,1934 年),页 4。
③ 陈恭禄,《中国近代史·自序》,《中国近代史》(上海:商务印书馆,1935 年),页 2。

改变的影响。① 此一认知也影响到郭氏日后研究的主要方向。此外，吕思勉（1884—1957）在光华大学和抗战时期沦陷区的青云、辅华两校讲授中国近代史时，则索性把中国近代史分为"中国受外力压迫之时代"和"中国受外力压迫而起反应之时代"。② 外力的压迫在此更成为凝聚中国主体意识的来源。质言之，外力的入侵——不论是西人东来，还是道咸之变，在研究讲述近代史学人的论述体系里，愈来愈成为串联史实的唯一主轴，"中国"的内忧因此而起，外患更由此而生，面对"外力"的压迫，中国学人更关注的议题是：近百年的中国如何"反应"、如何"面对"这个困局？而此一问题非但是一个历史性的问题，在救亡日迫的年代里，它更具有与现实勾连的意义。

三、从国耻、国难到现代化论述体系的形成

1930年代以后大量出版的中国近代史，几无不为了解国难深重的国家与民族而作，内乱外患交乘的史实成为讲授中国近代史学人不易的主题。罗家伦说：

> 最近人事的历史，影响于人类，或是人类的某一部分——民族——也最大。要知人类或民族过去的来历和演进，现在的地位和环

---

① 郭廷以，《近代中国史》，民国丛书编辑委员会编，《民国丛书》，第1编第78册（上海：上海书店出版社，据商务印书馆1947年版影印，1989年），页1—2。
② 吕思勉在光华大学所编讲义，将中国近世史分为两期：一自西人东来，至清末各国竞划势力范围止，此为中国受外力压迫之时代；一自戊戌变政起，迄于现在，此则中国受外力压迫而起反应之时代也。抗战后期，吕氏在沦陷区讲授中国近百年史时，仍延续此一分期法，只是在断限上略做调整：改五口通商至甲午之战，为中国受外力压迫之时代，自甲午之战以后，则谓中国受外力压迫而起变革之时代。吕氏认为前者侧重于政治之改革，后者较易注重于社会方面。见：吕思勉，《中国近代史讲义》《中国近百年史概说》，《吕著中国近代史》（上海：华东师范大学出版社，1997年），页4、256。

境，以及他将来的生存和发展，都非研究他近代的历史不可。①

站在了解民族的过去、现在与未来的立场，罗家伦在中国近代史研究方兴未艾的1930年代初大声疾呼："做近代的人，必须研究近代史；做中国近代的人，更须研究中国近代史。"② 俨然有一种不了解中国近代史，即不配做近代中国人的意态。孟世杰也说：

> 人民之于国，犹子弟之于家，子弟不知其家，不能保家！人民不知其国，不能保国！东西洋各邦，莫不以国史教民，即所以使知其国，然远史事远代湮，不如近史关系深切；故最近世史，尤为各国所重，吾国民不欲知其国积弱颓败之根原，与夫振衰起废之涂术则已，如欲知之，不可不研究中国最近世史。③

以国喻家，保国即保家，东西各国以"国史教民"，中国人亦当知近世积弱之由。孟世杰强调："自开港以来，世界各国偕来谋我，或用武力侵地，或用经济掠财，此为中国民族与世界各国民族竞存之时代！故其史迹繁复。在昔为一姓之尊，其事尚小，近世为民族之消长，所关甚大；非仅政体由专制易为共和，社会由朴质进于文明已也。"④ 斑斑史迹在此成为理解民族竞存、国族消长的关键，孟世杰有意借中国近世史凝聚国族意识的用意至为显豁。

以凝聚国族意识为主要目的的中国近代史，在叙事主轴上既以西力入侵凸显国族忧患，国耻、国难就成为所有撰述中不可或缺的元素。事实上

---

① 罗家伦，《研究中国近代史的意义和方法》，《武汉大学社会科学季刊》，2：1（1931年7月16日），页135—136。
② 同上书，页136。
③ 孟世杰，《中国最近世史》，第1册，页2。
④ 同上书，页3。

自晚清以至1920年代中期中国近代史研究正式展开之前，由国耻、国难角度观看近百年中国历史发展的叙事模式即已出现，诸多编列于国耻丛谈册页中的国耻史、外患史，若非以战争、条约为脉络，就是以分国列述的方式讲述西力东侵之害。光绪年间陈崎所编《外患史》即以交通、贸易、战争等篇章，细述欧人东来之后的国耻外患，而俄国、日本之侵略尤为全书重点所在。作者认为："天下无外患，不足以兴国，竞争不力者，进步不速，天下无不知外患者，不足以亡国。人力足以相抵者，天演足以相消。呜呼！今日外患亟矣，不知外患者，何茧茧也。"① 陈氏以天演之义，暗寓优胜劣败之旨，末篇更附以印度、日本为参照，强调外患本不足惧，所惧者在不知外患之亟而思兴革者。

民国以后，更多的国耻史、外患史于坊间流传。1921年由沈亮荣编写的《国耻演说》即讲述鸦片战争、中法战争、中日甲午之战、庚子拳变、日俄战争，及列强侵占南北军港等六大"国耻"，并及民国以后的中日二十一条密约、欧战之山东交涉，和外债借款等国际现势。② 书末并以"国耻一览表"分门别类详列近代中国与英、法、日、俄、德等国历年交涉之战争、条约与丧失的土地、国权。沈氏以唤醒国族意识的手法，大声强调："不知道国家的羞耻，就是众百姓的羞耻"，③ 晚清不知国耻之人太多，愤恨国权丧失的人太少，"从今以后，我中华民国，人人应得保守主权，人人应得讲究地理图"，让"睡着的狮子，快快醒转来了，不要再做梦了"。④ 知耻社更以全文刊载的方式，辑录中日"二十一条"全文和全

---

① 陈崎编译，《外患史》（上海：时中书局，光绪二十九年癸卯五月印刷），页1。
② 沈亮荣（戢仪）编，《（绘图官话）国耻演说》（上海：商务印书馆，1921年），页4—19。
③ 同上书，页2。
④ 同上书，页19。有关睡狮与国族意象的讨论可参见：石川桢浩，《晚清"睡狮"形象探源》，《中山大学学报》，49：5（2009年），页87—96。杨瑞松，《病夫、黄祸与睡狮："西方"视野的中国形象与近代中国国族论述想象》（台北：政大出版社，2010年），页109—137。

国各地对"五九国耻"之舆情,以及种种救亡方略,意欲唤起国人警醒之心。① 蒋恭晟的《国耻史》亦以近代条约、战争为主轴,叙述"明清以来,我国受外人逼迫之真相,及其现在危迫之情状",以"俾国人明了之,而谋挽救之方法"。②

"九一八"事变以后,有关国耻、国难的叙述更是大量涌现,周涤钦(1894—1939)的《我们的耻辱》、梁心(1898—1948)的《国耻史要》皆出于此一时期,其后更有沈鉴、王栻(1912—1983)的《国耻史讲话》,一路流行到1940年代。③ 内政部曾将鸦片战争至1928年的外患、国耻加以统计,得出一年之中"国耻纪念日"竟高达26日之多,国人忧心内讧不息,长此以往"国耻的最后一页,就是'亡国的纪录'了"。④ 为此,梁心在《国耻史要》里即特别收录谢瀛洲(1894—1972)所制"国耻纪念日表"及"国耻大事年表",以警示国人。⑤ 周涤钦编写《我们的耻辱》,即标立鸦片战争以迄1935年"冀东事变"之间的种种国耻,谓"帝国主义开始侵略中国之日,也就是我们蒙受外患与耻辱的起头",⑥ 全书对"日本帝国主义"的压迫尤为倾重。此外,更有人上溯秦汉中日交通以来之史实,辑卷出版《国耻痛史》,详述日本并吞琉球之后中日之间的冲突,以及中国存亡绝续之时论。⑦

这类强调民族主义的论著中,"帝国主义"经常成为重塑国族界域的他者,如恽代英(1895—1931)在《中国民族革命运动史》中,不时将"帝

---

① 知耻社编,《国耻》,原书1919年出版,后收入:沈云龙编,《近代中国史料丛刊三编》,第23辑(台北:文海出版社,1992年)。
② 蒋恭晟,《国耻史》(上海:中华书局,1931年),页1—2。
③ 沈鉴、王栻,《国耻史话》(重庆:独立出版社,1940年)。
④ 一岳,《重重旧恨与新愁下之〈国耻史要〉》,《中国新书月报》,2:1(1932年),页16。
⑤ 梁心,《国耻史要》(上海:日新舆地学社,1933年),页1—6、7—12。
⑥ 周涤钦编著,《我们的耻辱》(出版地不详:正中书局,1937年初版,1942年),页1。
⑦ 佚名编,《国耻痛史》,沈云龙编,《近代中国史料丛刊》,第90辑(台北:文海出版社,1973年),页23—26。

国主义"和"民族革命"对称,把所有在领土、经济上侵害中国的国家都视为民族革命的对象,他说:

> 中国民族革命运动,并不是由今日起,也不是由孙中山倡导革命之日起,自从有帝国主义侵略中国,跟着即有民族革命运动。①

作者有意区隔满人入关后"封建社会"的民族革命和当前民族革命的差别,他认为现在的民族革命运动,是与世界上无产阶级及弱小民族联合起来,对抗帝国主义的革命运动。② 此一观点无疑是把满汉之间的民族界线外移,用民族革命对抗帝国主义的论述,重新建构当代国族的边界。刘彦在《帝国主义压迫史》也运用了类似的叙事策略,他强调弱国无外交,中国自鸦片战争以来,只有被帝国主义压迫的历史而无外交史,因为"外交"是"国家与国家之交涉也","必国民外交而后可"。在刘彦的认知中,有清一代只有"拳匪"一事稍稍算得上是"国民愤外人之跋扈而有所表现者",但真正的"国民外交"却要到山东问题失败后才算萌始,在此之前中国只有一部"国权丧失史",并无所谓"外交史",而其著作正是为了说明帝国主义在中国的所作所为,以及各种不平等条约订定的由来,"以为民族运动实际之补助"。③ 在此,刘彦更直接把帝国主义当成塑造国民、国家与国权的外部力量。

杨朝杰的《近代中国民族革命运动史》一样把"帝国主义侵略"与"反帝国主义运动"作为串联史实的主轴,而其着眼之帝国主义侵略战争,不外乎是鸦片战争、英法联军、中日战争和八国联军等四大战役,④ 而"中国民族"之反帝国主义运动,亦相应此四大战役而起。其叙事结构充

---

① 恽代英,《中国民族革命运动史》(上海:建国书店,1927年),页1。
② 同上书,页2。
③ 刘彦,《帝国主义压迫中国史》(上海:太平洋书店,1927年),页1—2。
④ 杨朝杰,《近代中国民族革命运动史》(上海:大东书局,1933年),页1—2。

分反映中国由一个原本在经济、文化上落后的民族,因外力入侵逐渐觉醒的过程。列强侵略/中国相应变革的叙事模式,不但是中国近代史上不易的主轴,"反帝国主义"论述更是世变激荡下激励国人抵抗帝国主义压迫的主要动力来源。

翻看这些大量出版的国耻史、民族革命运动史、帝国主义侵华史,不难看出其叙事主轴和同一时期兴起的中国近代史,在内容上有极大的重合之处。刘珍在他的《国耻史纲》里曾开宗明义表示,中国近代史,即一部列强侵略产生的"国耻史"。① 1930年代以后,伴随大量国耻撰述的出现,中国近代史愈益形构它以外患、事变为主轴的叙事模式。高博彦于叙述近百年之变时,即运用了这样的叙事模式铺陈中国近代史的发展线索,他以洋务运动、戊戌变法、维新运动和辛亥革命等内部之变,作为对应鸦片战争、甲午战争、义和团之乱和日俄战争的结果。② 罗家伦论中国近代史时也表示:近代"中国的政治改革和变动,非要打通国际的情形来看不可"。他把鸦片战争、英法联军、中法战争、甲午战争、八国联军,视为中国近代史上的"五个重大的对外战争",而太平天国革命和辛亥革命则是近代史上的两大革命。他强调这五大战争"那一个不是和外国直接的冲突,那一次冲突不在国内发生重大的影响?"③ 冲击与回应的脉络于此隐然可见。

就在国耻、国难成为中国近代史叙事主体渐趋普遍的同时,舆论界逐渐兴起一股"现代化"思潮,在国族危机日益深重的1930年代,以一种有别于对抗外部危机的方式整合国族思维。1933年7月《申报月刊》特别制作"中国现代化问题特辑"向各方征稿,月刊编辑这样表示:

---

① 刘珍有言:"我们中国近代史的特征,是列强侵略产生国耻;中国现代史的重点,是发生国民革命雪耻图强;把这两大断代史的重点加以系统的叙述,就是一部国耻史。"见:刘珍,《国耻史纲》(台北:正中书局,1974年),页1。
② 高博彦,《中国近百年史纲要》,上册,"近百年史概观",页2—4。
③ 罗家伦,《研究中国近代史的意义和方法》,《武汉大学社会科学季刊》,2:1(1931年7月16日),页138。

> "中国现代化"这个问题,与其说它是一个新问题,无宁说它是一个八九十年来的宿题。盖中国自于前清道光年间经过了鸦片战争的挫败,全国上下,即感受到西方势力入侵的重大刺戟。那时就有人认为从此开了中国三千余年来的一大变局,不能不急急巩固国防,发展交通,以图补救。于是讲究洋务,设制造局,造轮船,修铁路,兴办电报,提倡格致;……凡此种种,都是昔人促使中国"现代化"的工作和努力。而所谓"中学为体,西学为用",也就是从前一部分人对此问题的主张。所惜这问题虽然有这样长久的历史,而事实上,中国生产以及国防方面的"现代化",至今还是十分幼稚落后。①

编者将"中国现代化"问题向前推导至鸦片战争,强调中国人自那时起便已有了现代化思维,一切洋务运动都是为了追求现代化才有的努力,"中学为体,西学为用"也是针对现代化提出的主张。编者以一种后设语言将中国的现代化当成自始即有清楚的蓝图与目标且有意为之的进程,仿佛从鸦片战争以来,每次的挫败,中国人都清楚知道必须朝"现代化"的目标迈进。即便中国目前现代化的程度不如预期,国民经济发展程度低、对外防卫令人一筹莫展,但只要笃定朝"现代化"的目标前行,必有可期的未来。

这种思维好比把"现代化"放进一个普遍发展的公理当中,② 就如论者所谓:"从进化的公例言,现代化乃自然必至之趋势","吾人认为一切一切的'现代化'乃进化公例所要求"。③ "现代化"被当成迈向进步的唯一道路,理所当然,势所必至。唯时人对于"现代化"的具体内涵为何,

---

① 《中国现代化问题特辑》,《申报月刊》,2:7(1933年7月),页1。
② 有关1930年代知识界对于"现代化"一词的理解与想象,可参看:潘光哲,《想象"现代化"——一九三〇年代中国思想界的一个解剖》,《新史学》,16:1(2005年3月),页100—108。
③ 《现代化与非现代化》,原载天津《大公报》(1930年7月7日),转载于《国闻周报》,7:27(1930年),页2—3。

言人人殊，有人从经济角度立论，有人偏重科学、工业、军事、思想、学术等等，不一而足，不少人延续前一时期"全盘西化"的论述，对照"西化"的特征来描述"现代化"，但也有不少参与讨论者有意区隔"现代化"与"西化"的意涵，强调"现代化可以包括西化，西化却不能包括现代化"。①

持此论者如张熙若（即张奚若，1889—1973）即言，中国和西洋在一百五十年前的物质状况差别不大，一百五十年后中国之所以相形见绌的原因，在于人家有了科学，我们没有，因为科学发展影响的不只是近代工业，更有其他许多别的东西，尤其是思想。张熙若认为：

> 我们今日不但要有科学化的物质环境，并且还要有科学化的思想方法。在这两方面我们都远远不如人，都还在中古时代，都不能不努力西化。②

这段话的最后，张熙若并没有用"现代化"一词取代"西化"，主要原因在于他把需要"西化"（如科学化的物质环境和思想方法）和不需要"西化"（如艺术和美术）的例子分开。他强调"现在受科学支配的事情，应于最短期间极端西化"，至于将来是否完全受科学支配的事情，"可以西化，也可以不必西化"。③ 张熙若主张中国应该保有一定的自主性，决定何者需要"西化"，何者不要，他不像过去一般人只从空间（地域）的角度理解中国与西洋，而是以带有时间指向性的中古和现代，重新安置中国的位置。而"现代化可以包括西化，西化却不能包括现代化"的意义亦即在此，因为在"西化"论述中，中国永远只能处在落后于西方的位置，而"现代化"的概念却可以让中国有机会和西方国家、日本等一样，在赶赴

---

① 张熙若，《全盘西化与中国本位》，《国闻周报》，12：23（1935年），页9。
② 同上书，页3—4。
③ 同上书，页4。

"现代"的道路上与之并驾齐驱。其意就如杨幸之（1906—1940）所谓：现代化是"前进的落后，而不是固定的落后"。

杨幸之承认中国是一个落后国家，有着铁一般的事实可以证明中国的落后："一切都落后，无论经济、政治，以至教育。一切都是残酷，反文明。战争、饥馑、灾荒、鸦片、贫困、失业、匪盗，人命比蚂蚁还要贱似的大量死亡，官僚、贪污、军阀横暴，土劣豪纵，农村凋敝，都市萧条，野盈饿殍，道载流亡，卖儿鬻女，甚至易子而食。"① 这样的中国似乎是"站在二十世纪文明圈外的非现代国家"。杨幸之认为这样落后的中国，只能靠"现代化"改变它：

> 不过"现代化"并不是一种突变。和欧美资本主义先进国家相比较，中国固然是"落后"了，但这里所说的落后，是前进的落后，而不是固定的落后。②

杨幸之强调"中国社会内部经济的发展，一样必须受历史发展一般定律的支配"，他相信中国的落后不会停滞在一个阶段，而是在时间波流中不断转变，只是转变的速度较为迂缓些罢了。

在进化论概念的支配下，任何国家都必然走上现代化之途，唯其不同的是，各家对于"现代化"的进路与具体内涵并不一致。诚如研究者指出："现代化"一词自被导入中国知识界之后，各方论者得以借此自由驰骋其对国族前景的各种想象。③ 有些人强调中国"现代化"最关键的是经济问题，如张良辅（1906—1991）即认为中国现代化的困难和障碍并不是缺乏资本，而是"国际资本帝国主义"对中国造成伤害，帝国主义为了要使中国一直处于次殖民地的地位，故而不愿中国"现代化"；他们最初用

---

① 杨幸之，《论中国现代化》，《申报月刊》，2：7（1933年7月），页66。
② 同上书，页68。
③ 潘光哲，《想象"现代化"——一九三〇年代中国思想界的一个解剖》，页100。

"商品输入"的方式侵略中国，而后则改以"资金输入"，直接在中国境内建立工厂，利用中国的贱价人工与原料，避开关税和运费，导致中国民族工业受创无法发展，因此中国"现代化"只能采取社会主义道路，在社会主义制度下，一切的生产和分配才能得到合理的处置。① 此一看法和前述杨幸之的观点十分接近，杨幸之也以为中国只有"对外发动民族革命战争，废除不平等条约，摆脱一切经济上与政治上的桎梏，推翻国际帝国主义者的统治，同时对内发动广大的民主斗争，扫荡军阀政治，肃清残余封建势力"，才可能走上"现代化"之途。不过这种对外与对内的斗争，"都必以受压迫最重、痛苦最深的广大劳苦大众为其主力"。②

另有一些人则从内部条件出发，像是陶孟和（1887—1960）便强调"现代化"是一个程序，包括许多事业的推行与进展，在他看来，中国现代化的先决条件一在教育，一在政府的廉洁与效率。因为中国人民的知识太幼稚，对于物质的认识太缺乏，如果要提高人民的知识和做事能力，非从教育下手不可；而廉洁、有效率的政府则是辅助现代化事业进行最有利的条件。在借用外资方面，陶孟和认为"为急速的实现中国现代化，不能不借用外国资本"，③ 因为与我国经济、政治有密切关系的都是资本主义国家，借用外国资本是无可避免的事，至于社会主义经济，在现代化进行期间未必适用，或可俟诸来日。这类从内部问题着眼的观点，也表现在张熙若的论述中，他认为中国"现代化"应特别在自然科学、现代工业、现代学术和思想方法科学化等方面努力。④ 因为现代化不能只注重物质，思想方面也同样重要，没有多方面的现代学术，中国也无法成为一个现代国家。

---

① 张良辅，《中国现代化问题特辑·中国现代化的障碍和方式》，《申报月刊》，2：7（1933年7月），页3—4。作者张良辅，原名张名养，笔名张弼、梁抚、东序，浙江宁海人。1925年加入共产党青年团，1926年加入中国共产党，1929年毕业于复旦大学，曾任商务印书馆《东方杂志》编辑及《学生杂志》主编。
② 杨幸之，《论中国现代化》，《申报月刊》，2：7（1933年7月），页72。
③ 陶孟和，《中国现代化问题特辑·中国现代化问题》，《申报月刊》，2：7（1933年7月），页2—3。
④ 张熙若，《全盘西化与中国本位》，《国闻周报》，12：23（1935年），页9—10。

由于现代化的内涵在在与近代历史相关,知识界对于"现代化"的看法,很快反映在中国近代史的撰述上,陈恭禄于 1935 年出版的《中国近代史》就很有代表性。虽然,该书全篇几乎不见"现代化"一词,然其内容却总是从中国内部保守、无知、抗拒变革的角度解读近代史,与"现代化"观念批判中国守旧不知变通的态度如出一辙。在论述清廷变法改革时,陈恭禄表示:中国自订《南京条约》以来,迭受强国压迫,"于此五十余年之中,士大夫尚未彻底觉悟,多持夷夏之说,严防外人,从不虚心考究西方之政治制度、社会情形、经济状况,而比较其与中国异同之点,审察其利弊,以便施行改革","仍信中国固有之政教,远非外国之所能及,胸中横有成见,自难明了国内政治上社会上之积弊,其昏庸傲慢,妨碍新事业之进行,乃为中国贫弱,外交失败之一主因"。① 在陈恭禄的眼里,近代中国贫弱、失败的原因大多来自内部,从朝廷到士大夫墨守成规,昧于外情,不思变革。在西方科学家制造轮船、火车,架设电报、电话,世界交通大为便通之时,中国人却足不出百里之外,多数老死于家乡。家族观念太深,② 人民又多以农业为生,家无存粮,一遇雨旱,死者不免。③《南京条约》《天津条约》《马关条约》《辛丑公约》,"其一次损失过于前一次者,未始不由于知识之浅陋,以及执政者无适当之处置也。外人利用时机,更何足责"。④ 根据陈恭禄的描述,是中国保守羸弱、没有国家观念、忽略世界变化、缺乏学习现代知识的能力,才给了列强可乘之机,外人不过利用时机,不足为怪,中国如要有所改变,只有走向世界、向西方学习一途。

在所有中国近代史论著中,最能体现"现代化"论述模式者,恐怕非蒋廷黻莫属了。蒋氏在 1938 年写成的代表作《中国近代史》里,直接攫

---

① 陈恭禄,《中国近代史》,页 435—436。
② 同上书,页 266—267。
③ 同上书,页 327。
④ 同上书,页 558。

出"近代化"一词,① 并以之贯串所有史实,他认为 19 世纪以来,中国民族之所以遇着空前的难关,都是因为"我们的科学不及人",导致我们在工业、农业、运输、军事、政治制度和民族观念上,远远落后于西洋,所以他说:

> 近百年的中华民族根本只有一个问题,那就是:中国人能近代化吗?能赶上西洋人吗?能利用科学和机械吗?能废除我们家族和家乡观念而组织一个近代化的民族国家吗?能的话我们民族的前途是光明的;不能的话,我们这个民族是没有前途的。②

蒋氏在此毫无隐讳地以一种直线进化的观点,把中国未来的前途与"近代化"勾连在一起,以西方的科学、工业、技术、政体,甚至是民族国家的观念为指标,认为世界上"一切国家能接受近代文化者必定富强,不能者必遭惨败,毫无例外"。只有"大胆地踏进大世界的生活",才能"与列强竞争"。③ 蒋氏还以俄国和土耳其的历史为例,用以对照接纳与拒斥"近代化"国家的命运。④

蒋廷黻非常有意识地将中国近代史的发展,紧系在"近代化"的概念下,认为鸦片战争以来历次军事上的失败,尚不是民族的致命伤,最可怕的是失败了还不知力图改革的心态。⑤ 基于此,蒋氏非常看重同光年间的洋务运动,大力标榜奕䜣、文祥等人"绝不转头回看"的决心,以及"大着胆向前进,到国际生活中去找新出路"的精神。⑥

---

① 蒋廷黻所谓"近代化",其意与"现代化"同,皆为 modernization 之意。
② 蒋廷黻,《中国近代史》,民国丛书编辑委员会编,《民国丛书》,第 2 编第 75 册(上海:上海书店出版社,据商务印书馆 1939 年版影印,1990 年),页 10。
③ 同上书,页 11。
④ 同上书,页 4—5。
⑤ 同上书,页 20—21。
⑥ 同上书,页 36。

在蒋廷黻的观念里，洋务运动只是中国走向"近代化"的第一步，认知了国防军器的必要性之后，就会体认到人才不足的问题，接下来近代化的交通，造船厂、电报局、铁路，以及为了要担负国防经费而有的招商局、制布厂、开煤矿、金矿等建设必然一一开办，所以"自强运动的领袖们并不是事前预料到各种需要而定一个建设计划"，而是在近代化这条路上"前进一步以后，就发现必须再进一步；再进一步以后，又必须更进一步"，必须"走到尽头然后能生效"。① 最后，蒋廷黻表示：

> 近代化的国防不但需要近代化的交通、教育、经济，并且须（需）要近代化的政治和国民。半新半旧是不中用的。换句话说：我国到了近代要图生存非全盘接受西洋文化不可。②

蒋廷黻几乎完全依循着梁启超在《五十年中国进化概论》中指出的，近代中国一步步从器物、制度到文化一路渐进改革的论述模式，③ 把近代中国的变化看成一条朝现代发展的线性道路。虽然蒋廷黻非常有意识地强调自强运动的领导人并不是事前就预料到要规划一个"建设计划"，但在他的论述中却仍不免和梁启超一样，以一种十分后设的角度合理化此一进程，并且预示这一切必须走到尽头，非"全盘西化"不能生效。"近代化"等于"西化"的概念，在蒋廷黻的论述中不自觉地自然流露，其意盖与陈恭禄的观点若合符节，即此可见"现代化"持论者未必全然清楚区隔"西化"与"现代化"之间的差别，多数时候人们对于"现代"世界的想象总

---

① 依据这个观点，蒋廷黻将自强运动、变法运动和拳匪运动视为中国近代史上"三大救国救民方案"，但是前两大运动由于对西洋文化的认识有限，施行的不够彻底，所以不能成功，而拳匪运动更因与近代化方向背道而驰，因此也惨遭失败。蒋廷黻，《中国近代史》，页107—108。
② 同上书，页62。
③ 梁启超，《五十年中国进化概论》(1922年)，《饮冰室文集》之39，第14册，页43—45。

还是以西方文明为蓝本。①

从某个角度来看,"现代化"和"西化"的内涵既不见得能够判然二分,知识界又何须创造"现代化"这一词语概念?即以蒋廷黻的《中国近代史》而论,他不像其他以西力入侵为叙事骨干的论著,视"西方"为列强、帝国主义,强调它们对中国的侵凌与压迫,以及因此而形成的国耻、国难。在以西方文明为主体的"现代化"论述中,蒋廷黻把"西方"一义拆解为二:一是造成中国百年耻辱与忧患的敌体,一是可以激励中国走向"现代"的模本。他把前者送进帝国主义行列,暂置不论或加以转化,②留下足勘仿效的西方文明,使其成为中国"现代化"的目标。特别在日本侵华的语境下,日本对中国领土的威胁远远超过"西方"时,"现代化"背后的西方文明反而更成为中国得以与日本相颉颃的重要资源。

蒋廷黻不时在书中表达这样的看法,好比说:

> 鸦片战争的失败的根本理由是我们的落伍。我们的军器和军队是中古的军队,我们的政府是中古的政府,我们的人民,连士大夫阶级在内,是中古的人民。我们虽拼命抵抗终归失败,那是自然的,逃不脱的。③

---

① 李怀印有关"现代化"叙事的讨论,便相当笃定地认为1930年代的"现代化"观点已完全取代1920年以前新文化运动者的"全盘西化"之说,认为"'西化文明'已经变成'世界文明',或者相当于'现代文明'"。然而实际上"现代化"虽是1930年代舆论界极为流行的语汇,使用此一语汇的人未必有完全一致的观点,而且无可讳言的是,这些"现代化"主张者所想象的"现代"未必不是以"西方"为蓝本,要说"现代化"概念已完全不同于"西化",恐有以偏概全之虞。相关论述请见:李怀印著,岁有生、王传奇译,《重构近代中国:中国历史写作中的想象与真实》,页41—45。
② 蒋廷黻在书中分析帝国主义与资本主义的关系之后表示:"资本主义可以变为帝国主义,也可以不变为帝国主义。未开发的国家容易受资本主义国家的压迫和侵略,也可以利用外国的资本来开发自己的富源及利用国际的通商来提高人民的生活程度。资本主义如同水一样:水可以资灌溉,可以便利交通,也可以成灾,要看人怎样对付。"蒋廷黻,《中国近代史》,页70—73。
③ 同上书,页20—21。

又或者说：

> 不平等条约的根源一部分由于我们的无知，一部分由于我们的法制未达到近代文明的水准。①

要不就是在描述甲午战争订定《马关条约》时表示：

> 近代的战争固不是儿戏。不战而求和当然要吃亏，……但战败以后求和，吃亏之大远过于不战而和。同治、光绪年间的政治领袖如曾、左、李及恭亲王、文祥诸人原想一面避战，一面竭力以图自强。不幸，时人不许他们，对自强事业则多方掣肘，对邦交则好轻举妄动，结果就是误国。②

在这些论述中，蒋廷黻有意忽略帝国主义侵华的合理性，把中国在战争、条约中的失败归诸内部问题，形容中国仍然停滞在中古时期，缺乏近代文明，却不自量力，好启衅端。他强调，日本近代化的方案比我们更彻底，正因为他们不但接受了西洋的科学和机械，也接受了西洋的民族精神和政治制度，才使得甲午一役出现了"高度西洋化近代化之日本战胜了低度西洋化近代化之中国"这样的结果。③ 如果中国的改革可以从同光年间，提前至道咸之际，那么中国近代化的时程就可以比日本早个二十年，既不会有后来的甲午之战，更不会到现在还受着日本的侵迫。对蒋廷黻而言，"近代化"既是一个借西方文明对抗日本的方案，也是一个团结内部、凝聚人心的主张，中国只有自己奋发踔厉，自立自强，努力"近代

---

① 蒋廷黻，《中国近代史》，页26。
② 同上书，页92。
③ 同上书，页108。

化",才能一改过去由保守、无知、抗拒变革带来的不幸。蒋廷黻在他不足六万字的《中国近代史》中,一再以大胆走向西方近代文明,作为民族的出路与统合内部力量的重要来源。

在"现代化"的论述体系下,中国内部所有的变革成了一个不断回应西方挑战的过程,中国近代史一线如缕的发展,仿佛有着明确的目标和高度的自觉,在"现代化"的道路上,中国只能朝前奔赴,不能回头,也不容迁延,即使在1949年以后的台湾和中国大陆,"现代化"之声仍不绝于耳。相较于"西化"而言,剔除了帝国主义色彩的"现代化"论述,更从捡成中国内部的角度出发,以追求现代科学、技术、工业、经济,以及一切形构现代国家应有的制度与知识为目标;而受到"现代化"论述影响的《中国近代史》,则以理想中的当代国族为蓝本,反向重构一套有关近代中国的历史论述,使之成为在此之后数十年人们认知、理解当代国族来源的基本框架。

抗战以后,仍有不少学人持"现代化"观点解释中国近代史,萧一山在1947年重新改写的《清代史》中,依然坚持"清史就是中国近代史"的主张,① 唯其论述方向上已有不少调整。他提出以"民族革命史观"作为重构中国近代史的"骨干",以民族革命对抗帝国主义的过程,联系清代以来的历史。他一方面强调鸦片战争以后的中国,"其祸不在满清,而在列强的帝国主义";② 一方面也援用了蒋廷黻的观点,认为列强以其优越的科学机械势力和民族国家的组织打败了中国,而中国之败都是由于"变的不够快",处于领导地位的士大夫阶级,被"旧社会阻滞了",以致自强运动和维新运动皆不足以彻底改变中国。③ 现在中国如果要"迎头赶上",就应该"加速度的变",以完成"近代化"国家的目标,因为只有完

---

① 萧一山,《清代史》(重庆:商务印书馆,1945年重庆初版,1945年上海出版),后收入:民国丛书编辑委员会编,《民国丛书》,第4编第77册(上海:上海书店出版社,据商务印书馆1947年版影印,1992年),页10。
② 同上书,页302—303。
③ 同上书,页304。

成近代化的国家,才不致久居"落伍"的地位。

萧一山的"民族革命史观",可说比蒋廷黻更有意识将"现代化"的目标与完成"民族革命"大业联系在一起,他不但清楚列举出每一时期的革命对象,同时连革命的领导者、口号,也都工整地排列出来,① 历史发展似乎成了一个按着既定目标有计划发生的过程,中国的过去与现在可以涵纳其间,更重要的是,中国的"将来",也似乎必然照着这个框架前行,而"终底于成"。从这个角度来看,"现代化"的终极命义不仅仅在中国的过去,更多在于它的未来;现代学人不过以历史为载体,用以表述他们对现实的焦虑和未来的期许。就某种程度而言,"现代化"论述,不过是复制了魏源以来"师夷长技以制夷"的话语形态,夷之长技为何,可以是一个不断变动、不断深化的认知进程,但是不论进到哪一个阶段,它始终是用来"制夷"的,就这个意义而言,近代化理论,提供了身处国耻、国难忧患中的学人一个对未来民族重光的想象与寄托。

四、 民族主义的激化——左翼论述的崛起

在日本侵华日亟的 1930 年代,民族危机与国家兴亡,始终是那一代学人一刻不能或忘的中心议题,早期一切以国耻、国难为主调的中国近代史,几乎不约而同把焦点放在帝国主义的入侵与压迫上,尝试以"拒斥异己"的方式形构国族的外部界域;其后发展出来的"现代化"叙事模式,则以凝聚当代国族为目标,将中国近代史描写成一个不断朝西方近代文明奔赴的过程,试图以戮力追求"现代化"作为凝合国族内部的激素。然而不可

---

① 萧一山认为从清代以来,中国民族革命可以分为三期:第一期从反清运动起,对象是满清,革命的领导者是天地会、太平军,口号为"反清复明";第二期从自强运动起,对象是帝国主义,领导者为维新人物与革命党,口号是"振兴中华、建立民国";第三期从讨袁运动起,革命的对象是帝国主义(包括列强和日本),领导者是国民党(孙文和蒋介石为代表),口号则是"三民主义"(分阶段提出"自由平等"与"抗战建国")。见:萧一山,《清代史》,页 1—2。

忽略的是，与此同时也有愈来愈多人开始注意到触发近代历史变化的经济动因及唯物史观的立场，从而对帝国主义侵略衍生出另一套解释模型。

即以曾入上海大学社会系就读的李鼎声（1907—1966）为例，①他于1933年出版的《中国近代史》，可说是第一部运用唯物史观所写的近代史著。不同于其他仅以战争、条约为主轴的中国近代史，李鼎声特别从社会形态演变的趋势，以及帝国主义入侵与中国人民反抗的线索中，重新解释近代中国历史变化。②李鼎声认为鸦片战争以后，中国虽然受到国际资本主义浪潮的冲击，带动了部分民族资本主义的兴起，但它始终受着国际资本主义的桎梏与奴役，因此讨论中国近代史绝不能与资本主义国家的近代史相提并论，因为"后者是一部资本主义的发达史，而前者却是一部中国民族沦为半殖民地及国民经济受着帝国主义破坏的历史"，③究其本质而言，"中国近代史为一部帝国主义侵略史"。④

李鼎声强调应该把"历史看作对立物相互转变的过程"，注重矛盾的不断发生与解决，从生产力和生产关系的矛盾中，把握近代史上各种相反而又相成的势力。⑤他批评一般研究中国近代史的学者只看到"一切运动是由于方向相反的力量彼此对抗发展出来的"，却忽略了运动本身即是"事物内部对立的发展与相互转变的结果"，⑥因而误以为只要中国融解于世界资本主义体系中，就可以改变旧有的封建生产关系；或只要反对资本

---

① 李鼎声即李平心，原名循钺、圣悦，江西南昌人。1925年考进上海大学社会学系，1927年加入中国共产党后即肄业离校，1928年为国民政府逮捕入狱，1945年与马叙伦、周建人、许广平等人于上海成立中国民主促进会，1952年起于上海华东师范大学任教。详见：胡逢祥，《李平心与中国近现代史研究》，《江西社会科学》，2005年第4期，页233。
② 同上书，页227—228。
③ 李鼎声，《中国近代史》（上海：光明书局，1933年），后收入：民国丛书编辑委员会编，《民国丛书》，第4编第78册（上海：上海书店出版社，据光明书局1949年版影印，1992年），页4。
④ 李鼎声，《中国近代史·编辑凡例》，同上书，页1。
⑤ 同上书，页7。
⑥ 同上书，页10。

主义,即用不着从事内部反封建势力的革命斗争。李氏认为近代中国"整个的国民经济"早已屈服于国际资本主义的铁蹄之下,从而使得国内的社会阶级产生了分化:一方面是"受帝国主义驱策与维护"的生产关系阶级,一方面是"反对帝国主义与封建剥削制度"的阶级,两者的对立,为近代中国带来剧烈的社会斗争,而当前革命的终极目标,就是要彻底改变这种受帝国主义与国内旧生产关系宰制的现象。他认为这是"中国近代历史发展过程中的必然变化"。①

某种程度上,李鼎声的观点等于直接否定了"现代化"论述体系中取法于西洋近代文明的概念,更驳斥了外力冲击/中国回应的论述模式。他从阶级对立的角度,分疏帝国主义入侵后中国的社会阶级,认为不同的阶级立场对于国际资本主义带来的影响往往有不同的态度,而中国回应外力冲击的立场更不可一概而论;封建官僚为维护其阶级利益,往往不惜与帝国主义相结合,压制国内反帝、反封建的势力,像是甲午战争以前,中国所有以军事设备为主的自强建设,李鼎声认为基本上都只是在"帝国主义扶助与策划之下成立"的"幼稚资本主义组织之前身",② 它既不能改变中国旧有的生产关系,更无可避免地会将国际资本主义与封建统治者的利益结合在一起,阻挠民族新兴资本主义的发展,并加重中国沦为半殖民地。因此盲目地走向西方,或是以西方资本主义的发展为模本,并以之为追求的目标,并不能真正解决中国面临的问题。李氏不断提醒国人重视中国民族沦为殖民地变化的过程,以及在此过程中所发生的"社会阶级之分化与革命斗争的发展起落",③ 企图以唯物史观的立场,全盘改变观看中国近代史的视角。

事实上,左翼学者对中国近代史的论述模式,受到 1930 年代初期中国社会史论战和中国农村性质论战很大的影响,基于现实革命的要求,论

---

① 李鼎声,《中国近代史》,页 7—8。
② 同上书,页 154—155。
③ 同上书,页 2。

战里热切讨论近代中国的社会性质、农村经济问题及未来革命走向等议题，成为左翼史家关注的焦点。在左翼学者的观念里，中国近代史的核心问题完全可以由帝国主义国家输入国际资本主义谈起。而国际资本主义入侵之后所带来的阶级分化，以及压制民族资本主义则是一切问题的核心。中国近代史在左翼学者的笔下，完全成了回应现实革命的张本，以及武装革命思想的利器；① 如要达成中国现阶段革命的目标，就必须从造成中国百年积患的历史上找到问题的根源，因此中国民族如何对抗帝国主义及与其所依托的"国内封建势力、资本家"的过程，就成了左翼史家论述中国近代史时一再反复弹颂的主调；中国近代史不但被高度化约成一部帝国主义侵略史，更是一部中国民族反帝、反封建的血泪史。

在这个主价值评断下，一切反帝反封建的势力与人物，都是值得颂扬的；而一切站在反帝反封建对立面的阶级、主张都应受到挞伐，且终不免于败亡。中国近代史上的史事与人物，在这个解释体系与价值判准上出现了前所未有的大翻转。例如评价戊戌变法时，李鼎声即认为国际资本主义输入之后，中国"低度工业化"的结果，加剧了国内社会阶级的分化，而民族新兴资产阶级的出现即反映了这种变化，但是这种带有资产阶级意识的改良运动，并不能真正改变旧有的封建统治基础，同时还可能被帝国主义所利用，"扩大中国民族经济对各国资本主义的隶属关系"。② 因此戊戌变法虽然不失为"带有资产阶级改革倾向的革命前兆"，但它的失败只是更说明了中国如不能发动一个彻底的"国内革命"，推翻反动政权，中国是不可能得救的。此一观点显然与其他许多自由派史家评价戊戌变法失败

---

① 黄祖英、沈长洪、陈怀白等人编写的《近百年史话》，即强调要从"目前民族民主解放斗争"的角度来观看中国近百年史，"不要一个人拿本历史书，当故事看看，消遣消遣。要认清历史是一门推进社会进步的社会科学，要多多集体的讨论研究，来武装头脑，培养政治远见。并且要拿学到的历史知识，放在生活上、思想上、工作上运用体会"。见：黄祖英、沈长洪、陈怀白编，《近百年史话》（北平：大华印刷局翻印东北书店版，出版年不详），页2。
② 李鼎声，《中国近代史》，页204—205。

的原因大相径庭。

此外,华岗(1903—1972)在他的《中国民族解放运动史》中,① 对于戊戌变法也有类似的评述,他认为康有为、梁启超一派带有资产阶级意识的知识分子昧于他们自己"阶级地位的局限性","不愿且又不敢"采用彻底革命的方法,只企图以改良主义的方式,说服统治阶级实行一套自上而下的改革,② 但最终不免由于缺乏群众基础,不懂得如何领导当时正在发展的农民斗争,依靠群众力量实施改革,③ 最终只能走向败亡之途。

华岗在他的著作中,极有意识地透过章节序列的重整,大胆改变过去中国近代史的论述模式。他以鸦片战争外国资本主义的侵入作为中国近代史的开端后,即径述太平天国革命、中法战争与甲午战争、戊戌政变与义和团运动,最后以辛亥革命、五四运动作结。在"戊戌政变与义和团运动"一章中,作者将两者串联,用以凸显戊戌变法"由上而下"改革的失败,乃是促使义和团运动发起"由下而上"革命的主因,④ 他说:

> 诚然,戊戌政变是失败了,但在中国历史发展的阶段上,也自有其进步的意义,这就是戊戌政变曾大大地促进了全国人民的新觉醒,在客观上帮助了革命运动的发展。⑤

---

① 华岗,又名延年,少峰,字西园,浙江衢州人。1923 年考入衢州浙江省第八师范学校,因参与学生运动遭校方开除,次年转入宁波浙江省第四中学。1925 年加入中国共产党,翻译《共产党宣言》,1932—1937 年曾遭国民政府关押,出狱后任武汉《新华日报》总编辑,1950 年始担任山东大学校长。华岗后来以《中国民族解放运动史》为蓝本,改写成高级中学二年级课本《中国近代史》(出版地不详:华东新华书店,1949 年),除自序、第一章绪论后半部及第七章五四运动等部分删去之外,其余文字照旧。
② 华岗,《中国民族解放运动史》(上海:鸡鸣书店,1940 年),页 164—165。
③ 同上书,页 167。
④ 张健甫的《中国近百年史教程》也以戊戌变法与八国联军合为一章,其观点亦与华岗相似。见:张健甫,《中国近百年史教程》(香港:文化供应社,1949 年),页 143—180。
⑤ 华岗,《中国民族解放运动史》,页 169。

接续而来的义和团运动，在华岗看来，即是因为"戊戌政变后，满清政府更加腐败昏黯，同时外国帝国主义之政治的经济的侵略亦更厉害起来"，导致"中国饱受了帝国主义侵略痛苦的民众才燃烧起仇恨帝国主义的愤火"，① 发动了义和团运动，由此可见义和团运动无疑是一场"北方农民、贫民自动自发的反帝斗争"。② 然而在左派中国近代史"反帝、反封建"的标准论述体系下，最有自觉性的农民革命怎么可能只把革命矛头对准西方帝国主义，而无视压迫他们最甚的国内封建势力呢？华岗对此则有另一套解释，他说：

> 为什么本来反对满清的义和团反而与满清政府结合起来呢？这里主要的原因，就是因为中国到义和团运动时代，已经变了一个局面，最高统治者已经不是满清政府，而是国际帝国主义。由于中国民族与外国帝国主义之间的矛盾成为主要矛盾，国内矛盾便到次要与服从地位。③

"联合次要敌人、打击主要敌人"的论述模式，几乎成了"革命至上论"的左翼史家解释历史发展轨则时常用的论据。义和团运动的失败，在左翼史家的眼里，也正是他们"不能将反帝国主义与反国内的封建统治运动联系成一个有机的斗争"所造成的必然结果。④

李鼎声、华岗等早期带有左翼观点的作品，在1930年代以降中国近代史的主流论述里确实是相当具有代表性的异数。他们的著作无论在研究范型还是诠释体系上，都为以左翼思想发声的中国近代史奠定了一定的基础。然而这类早期的马克思主义试声之作，尽管已经在革命理论与历史解

---

① 华岗，《中国民族解放运动史》，页174。
② 同上书，页170。
③ 同上书，页176。
④ 李鼎声对此也有类似的观点。见：李鼎声，《中国近代史》，页165—166。

释上做了极为严密的整合，但后来还是不免为更"正统"的马克思主义史家批评，认为他们仍采用了"类似纪事本末体"的方法，"错乱了各个历史的先后次序，拆散了许多本来是互相关联的历史现象，并使历史发展的基本线索模糊不清"。① 事实上，更符合日后中国共产党史观的中国近代史范型之作，的确要到抗战后期范文澜（1893—1969）、吴玉章（1878—1966）等人的作品发表之后才逐渐定型化，② 而范、吴等人的中国近代史论述模式，又与毛泽东（1893—1976）在延安时期出版的《中国革命与中国共产党》（1939年）一书有密切的关系。

毛泽东的《中国革命与中国共产党》一书，实际上是他和几名当时在延安的中共干部合写而成的，③ 是为中国共产党在延安时期重要的革命纲领。该书由于讨论到中国现阶段的革命性质、革命对象等问题，因而对中国近百年来受帝国主义压迫的事实多所论述。此书一出，对于后来左翼史家撰述中国近代史的基本范型产生了极大的影响。其中，毛泽东首先为近代中国社会的基本形态定调，他认为1840年鸦片战争以后，中国在帝国主义的侵略下，已经逐步变成一个"半殖民地半封建的社会"。④ 中国近百年的历史其实就是"帝国主义和中国封建主义相结合，把中国变为半殖

---

① 例如胡绳即认为不应将鸦片战争和英法联军之役（第二次鸦片战争）合在一起叙述，因为这样的叙述完全没有表明第二次鸦片战争和太平天国革命的关系，事实上，两次鸦片战争之间，中国内部已发生了惊天动地的农民大革命。胡绳，《中国近代历史的分期问题》，原载《历史研究》，1954年第1期，后收入：历史研究编辑部编，《中国近代史分期问题讨论集》（北京：生活·读书·新知三联书店，1957年），页2—3。
② 李怀印认为李鼎声、张闻天等人对马克思主义、斯大林和共产国际的观点非常娴熟，而范文澜却相对缺乏马克思主义的训练，故而不时陷入夷夏之防、满汉冲突，以及抵抗派和投降派的解释模式中。李怀印著，岁有生、王传奇译，《重构近代中国：中国历史写作中的想象与真实》，页98—102。
③ 《中国革命与中国共产党》一书，实由毛泽东与李维汉、杨松、吴亮平、陈伯达几人合写而成。参见：张希贤、王宪明、张伟良，《毛泽东在延安——关于确立毛泽东领导地位的组织、人事、理论宣传和外交统战活动实录》（北京：警官教育出版社，1993年），页17。
④ 毛泽东，《中国革命与中国共产党》，《毛泽东选集》，第2卷（北京：人民出版社，1991年），页626。

民地和殖民地的过程，也就是中国人民反抗帝国主义及其走狗的过程"。①在这个侵略与反侵略交织的历史中，毛泽东特别标列了鸦片战争、英法联军、中法战争、中日战争、八国联军战争等五大战役，及十二次中国人民反帝国主义侵略的事件，②从而确立中国现阶段的革命对象，分别是"对外推翻帝国主义压迫的民族革命"和"对内推翻封建地主压迫的民主革命"，并以发展国内资本主义为目标的"新民主主义革命"，作为发动无产阶级革命的前哨战。

为了完成"新民主主义革命"，毛泽东提出"抗日民族统一战线"，以左手打帝国主义、右手打封建地主阶级的方式，将民族革命与民主革命合冶于一炉，他说：

> 这种新民主主义的革命，和历史上欧美各国的民主革命大不相同，它不造成资产阶级专政，而造成各革命阶级在无产阶级领导之下的统一战线专政。在抗日战争中，在中国共产党领导的各个抗日根据地内建立起来的抗日民主政权，乃是抗日民族统一战线的政权，它既不是资产阶级一个阶级的专政，也不是无产阶级一个阶级的专政，而是在无产阶级领导之下的几个革命阶级联合起来的专政。只要是赞成抗日又赞成民主的人们，不问属于何党何派，都有参加这个政权的资格。③

毛泽东以"抗日民族统一战线"为号召，整合国内一切反帝、反封建的势力，以打倒帝国主义、建立无产阶级主导的联合政府为终极目标。在这个

---

① 毛泽东，《中国革命与中国共产党》，《毛泽东选集》，第2卷，页637。
② 这十二次反帝国主义侵略的革命与运动分别是：鸦片战争、太平天国运动、中法战争、中日战争、戊戌变法、义和团运动、辛亥革命、五四运动、五卅运动、北伐战争、土地革命战争、抗日战争。见上书，页628、632。
③ 同上书，页648。

目标下,一切向帝国主义妥协的力量,都该被打倒,所有愿意参加抗日、赞成民主的阶级,皆可引为同调。从某种意义上来说,毛泽东企图以"抗日民族统一战线"重塑一个新的国族界域,只是他重组方式并不以种族为判准,而是以阶级为对象。在一致对外的立场上,毛泽东重新把帝国主义视为中国的敌体,吸纳所有反侵略的无产阶级、农民、小资产阶级,加入战斗的行列,[①] 唯其不同的是,他拒绝像"现代化"的持论者一般,以走进"西方近代文明"作为挽救国家危亡的方策;相反地,他认为造成中国近百年灾难的帝国主义国家,无一不是因为以西方近代资本主义为模本,对中国输入国际资本主义,才造成中国今日陷于"半殖民地半封建社会"的困境,为此他严斥一切向"西方"学习的方案,视所有与"西方"妥协的势力为"卖国""投降"。在毛泽东的概念里,"西方"无异是帝国主义的代名词,而"抗日民族统一战线",正是要以拒斥"西方"为手段,用一种更激进、更极端的民族主义,作为他凝聚新国族意识的利器。

根据毛泽东《中国革命与中国共产党》一书提示的革命方略,抗战后期左翼史家纷纷以此为蓝本,将中国近代史改写成一部部以"阶级斗争"为原则的反帝、反封建革命斗争史。特别是范文澜成于1947年的《中国近代史》,[②] 更是完全在毛泽东的提点下完成的。首先,在分期用语上,范文澜依毛泽东的提示以"旧民主主义革命时代"(鸦片战争到五四运动)和"新民主主义革命时代"(五四运动以降),取代过去以事件为名的分期用语,并以"半封建半殖民地社会的形成及中国人民旧式的反抗运动"为第一分册的主标题,用以标显中国近代史上侵略与反侵略的叙事主轴。其

---

① 毛泽东在"中国革命的动力"一节,细述中国的地主阶级、资产阶级、无产阶级、农民和小资产阶级的阶级特性。见:毛泽东,《中国革命与中国共产党》,《毛泽东选集》,第2卷,页637—646。
② 范文澜,《中国近代史》上编第一分册,1945年在延安写成,1947年由华北新华书店翻印,后经北方大学历史研究室校订时略有增删。见:范文澜,《中国近代史》(北京:人民出版社,1947年延安第1版,1953年北京修订第8版),后收入:民国丛书编辑委员会编,《民国丛书》,第4编第78册(上海:上海书店出版社,据上海三联书店1949年版影印,1992年),页2。

次，范文澜更将阶级斗争包裹在民族主义之中，依循毛对中国社会各个阶级的划分与判准，全盘改写近代史事和人物，并以极端的民族主义标准，将近代史涵括在"排外"与"媚外"两种态度上；将历次对外战役中持保守、谈判、防御态度者，斥之为投降派、妥协派或顽固派，持对抗态度者则谓之抵抗派、主战派、革命派，并给予后者高度的历史评价。其对史事、人物的价值评断，完全依据"对侵略者的态度"而定，他说：

> 抵抗投降两派思想上基本不同点在对外国侵略者的态度上。抵抗派从民族自尊心出发，拒绝外国势力的侵入，虽然他们也是傲慢自大对世界情况无所知，但在民族遭受危害的时候，他们愿意探查外国情况，学习外国技术，这是进步的倾向。抵抗派的路线，无论战胜、战败或长期战……，都起着促进中国进步的作用，这样的战争对中国是有利的而且是必要的。
>
> ……投降派从压迫人民、保持少数人私利出发，他们清楚懂得，只要政权在手，民膏民脂，尽够剥削，中国遭受任何伤害，对他们私利并无妨碍。不仅如此，中国任何一个伤害，对他们还都是乘机获利的机会。投降派的路线，显然是守旧顽固、阻止生产力进步、依附外国侵略者，引导中国走向殖民地的路线。这一路线直到今天还没有消灭。中国近百年史就是人民反抗投降派及其主人帝国主义的斗争史。①

为了包容更多反帝反封建的成员，范文澜贯彻了毛泽东的主张，强化对外关系的立场，用民族主义取代阶级斗争，将矛头指向所有反对抵抗侵略的"投降派"，彻底将无产阶级革命的立场转化为以民族主义为号召的革命叙事。在范文澜的观念里，抵抗派无论其实际作为为何，只要动机符合捍卫

---

① 范文澜，《中国近代史》，页65。

"民族自尊心"的原则，一切的对外战役都是必要的，都是能对中国"起进步作用"的；相反地，所有投降派之所以该受到谴责，也是由于他们完全没有民族自尊心，只以自己的阶级私利为考量，才会将中国推向殖民与半殖民地的窘境。中国近代史既是一部侵略与反侵略的斗争史，那么所有的历史人物，当然只可能有抵抗与不抵抗两种选择，动机和态度是决定一切价值判断的唯一标准。

因此，在蒋廷黻笔下视为深具现代外交手腕的琦善，[①] 到了范文澜的手里就成了"投降集团"的代表；[②] 力图"刷新旧社会""革新守旧"同时并进的曾国藩，则成了头号"汉奸刽子手"；[③] 在甲午战争初期主张循外交途径折冲樽俎的李鸿章，也变成了只有"奴隶远见"的"无耻"之徒；[④] 太平天国革命是"揭开中国资产阶级民主革命序幕"的划时代历史大事；[⑤] 义和团运动则是"有志愿、有纪律"的反帝行为，[⑥] 是让帝国主义者认识到"中国群众含有无限蓬勃生气"的群众组织；[⑦] 蒋廷黻由"近代化"观点出发，批评"剿夷派"不图振作、不图改革，盲目排外的心态，[⑧] 对范文澜来说，反而是欠缺民族本位思想的表现。历史叙事与价值评判在这里形成强烈的反差，人物与事件高度化约为阶级的符号；百年来的斗争可以简化成"中国人民"与"统治阶级"对立的表格，当权派从"湘淮军阀"到"国民党反动派"一定是投降主义，不当权派——

---

① 蒋廷黻，《琦善与鸦片战争》，《蒋廷黻选集》，第 1 册（台北：文星书店，1965 年），页 73。
② 范文澜，《中国近代史》，页 34—40。
③ 范文澜在 1947 年出版的《中国近代史》最后，特别收录一篇《汉奸刽子手曾国藩》，批评曾国藩是"中国百年来一切出卖民族的汉奸与屠杀人民的刽子手的开山祖"。见上书，页 421—457。
④ 同上书，页 273—274。
⑤ 同上书，页 159。
⑥ 同上书，页 364—368。
⑦ 同上书，页 414。
⑧ 蒋廷黻，《中国近代史》，页 35—36。

无论是戊戌维新还是君主立宪,才是有抵抗意识的改良主义者。①

范文澜认为鸦片战争基本上已经完全改变了中国社会的性质,让战前只是农民反对地主阶级的斗争史,一变而为"民主主义反对帝国主义、封建主义的斗争史",封建主义依附在帝国主义之下,造成反革命的力量特别顽强,因此人民革命斗争的过程也就特别曲折和艰苦,但他相信这股革命力量会持续壮大,直到取得最后胜利的那一天。② 范文澜强烈的"民族革命史观",不但是他架构中国近代史的标准,也是他用以激化当前民族主义的工具。中国近代史为左翼学者提供了一个模拟革命理论的园地,和练习马克思主义中国化的实习机会,民族主义在此虽然未必能够具体提出中国民族如何实践未来的构想,但就凝聚革命力量而言,它绝对是一个可以激励民族大团结的重要工具。

1930年代后期,有些史家相信中国近代史的史料丰富,不愁没有材料可用,加上取材便利,只要稍加"排比与解释"便足够了,"并不需要什么考证工作";③ 重要的是"方法",因为只有"正确的方法",才能体现"中国近代史的真实内容与每一种事变的历史意义及因果关系"。④ 这种看法在左翼学者的论著里表现得尤为明显,他们认为不能只看到历史外表的现象,更要从"潜伏于现象背后的实象与动因"里,去把握中国近代史的意义。⑤ 因此对于历史事件的诠释角度就显得格外重要,特别是当叙

---

① 范文澜在"中国人民与统治阶级所走的不同路线"里,将鸦片战争以后一百年来的斗争史画成一个简表,一边是中国人民,一边是统治阶级;中国人民又可分为反帝国主义的平英团、升平学社、义和团,反封建主义的则有太平天国、同盟会、中国共产党、改组前的中国国民党和中华革命党。统治阶级方面,则有当权派(投降派)的湘淮军阀、晚清政府、北洋军阀、国民党反动派,以及不当权派走改良主义路线的戊戌维新派和君主立宪派。见:范文澜,《中国近代史》,页81—82。
② 同上书,页81。
③ 此一观点在中国近代史渐趋学科化之后相当普遍。见:李絜非,《中国近世史》(上海:文通书局,1948年),页3;李鼎声,《中国近代史》,页5。
④ 李鼎声,《中国近代史》,页5。
⑤ 同上书,页5。

事主轴与理论架构逐渐定型时,说理的意义往往凌驾于证据之上,意识形态才是建构主体价值的依据。左翼学者为了凸显帝国主义侵略及中国人民反帝反封建的斗争过程,更把中国近代史的焦点集中在政治、外交事件上,毛泽东所提示的阶级斗争原则和五大战争、十二次反侵略事件,便成了所有左派学者撰述中国近代史时不易的焦点。

曾经协助范文澜修订《中国近代史》的荣孟源（1913—1985）在他的《中国近百年革命史略》里,综述五四运动以前资本主义列强对华侵略的五大战役,即完全按照毛说而来,其分析近百年中国社会沦为半殖民地半封建社会的特点,也几乎全文照搬《中国革命与中国共产党》里的文字;① 华岗的《中国民族解放运动史》在1949年4月改写成《中国近代史》之后,就成了中共治区高中二年级的历史教科书;华北大学历史研究室更把范文澜《中国近代史》浓缩精简后出版,在每个章节之后附上提点阶级斗争、反帝反封建思想的问题,指示读者重新调整看待中国近代史的眼光。② 吴玉章的《中国最近五十年民族与民主革命运动简史》则把重点向下延伸,将甲午战争至1949年中共建政时期的历史,称作"资本主义最后阶段的帝国主义侵略中国与中国人民争得解放的时代",③ 联结旧民主主义革命和新民主主义革命,让中国近代史与中国共产党诞生之后的历史衔接起来,为中共政权的合理性建立基础。自此之后,愈来愈多类似教科书形式的通论性著作,不断复述同样的论述核心与诠释体系,1954年

---

① 荣孟源,《中国近百年革命史略》(北京:生活·读书·新知三联书店,1954年),页1—4。
② 例如:"中国封建社会剥削有那几种?你亲眼见过那些封建剥削?""满清统治时期,人民斗争的形式有那些?""封建思想之表现,主要有那些?它对于各个阶级起什么作用?""汉奸曾国藩的势力是怎样兴起的?他保护那个阶级的利益?""人民的力量怎样停止了帝国主义瓜分中国?""中国资产阶级的革命要求与其软弱性是怎样产生的?"。参见:华北大学历史研究室编,《中国近代史》(出版地不详:新华书店,1949年),各章节问题。
③ 吴玉章,《中国最近五十年民族与民主革命运动简史》(出版地不详:华北大学教务处,1949年),页1—3。

的"中国近代史的分期问题"讨论,更把中国近代史化约成"一条红线、两个过程、三次革命高潮、八大事件",① 左翼中国近代史的叙事结构至此可谓完全定型。

当然,左翼中国近代史论述的崛起,除了与前述诸多持马克思主义观点的滥觞之作有密切关系之外,就学科发展的角度来看,抗战时期红区各大专院校对左翼思想的散播,也有一定程度的影响。如战前曾参与社会史大论战的代表人物李麦麦(1904—1942),② 为中共送往莫斯科东方大学进修之后,即于1935年时易名为李建芳,进入复旦大学历史系讲授中国近世史,直到抗战爆发后随校南迁至重庆;③ 出身红色革命学府上海大学社会系的李鼎声,1927年前后也由中国共产党安排进入浙江第六师范学校任教,抗战期间更成为中共在上海租界区开办的"上海抗大"现代知识讲座的主讲人;④ 华岗也以战前《新华日报》总编辑的身份,在1943年进入后方云南大学社会系教书;⑤ 撰写《中国近代革命讲话》的胡华(1921—1987),早年就读浙江高等师范学校时,即受中共革命理论洗礼,在1940

---

① 为了说明帝国主义侵略下,中国近代社会内部阶级结构的变动,及其相互关系和发展趋势,胡绳于1954年在《历史研究》创刊号上发表《中国近代历史的分期问题》,引发分期问题的讨论。在这场历时三年的讨论中,胡绳、孙守任、金冲及、范文澜、戴逸等人主张:以阶级斗争为分期标准(一条红线),视中国近代史为毛泽东所说是"帝国主义和中国封建主义相结合,把中国变为半殖民地和殖民地的过程"(两个过程),和以太平天国革命、义和团运动、辛亥革命为主的"三次革命高潮",及"八大事件"(鸦片战争、太平天国革命、第二次鸦片战争、中法战争、中日战争、戊戌变法、义和团运动、辛亥革命)所组成的。见:龚书铎、郑师渠,《中国近代史》,萧黎主编,《中国历史学四十年(1949—1989)》(北京:书目文献出版社,1989年),页259—260。
② 李麦麦,原名刘胤,后改名李建芳,著有《各国民族统一运动史论》(重庆:大道出版社,1945年)。
③ 《文学院史地学系二十八年度第二学期开设学程表》《文学院史地系二十九年秋季》(复旦大学),《科目、学程调查表和新生补习名册》(1939—1940年),页232—233、19—20。复旦档案馆编,《系科设置概况》,《复旦大学志》(1985年),页313—315。《教员任课表及教职员录》(复旦大学),1940—1949年,页6。
④ 《李平心传略》,晋阳学刊编辑部编,《中国现代社会科学家传略》,第8辑(太原:山西人民出版社,1982—1985年),转引自《传记文学》,68:3(1996年3月),页145。
⑤ 《云南大学志》,第1卷(人物传)(昆明:云南大学出版社,2000年)。

年之后正式担任晋察冀边区华北联合大学社会学部和工运部负责人,专授中国近代革命运动史,1946年接长教育学院党支部书记和史地系副主任。① 另外,对新民主主义时期历史论述具有关键影响力的吴玉章,则早在1922年时即出任成都高等师范学校校长,并于1925年加入中国共产党,是为建构中共早期革命理论的重要代表人物,抗战后期延安大学成立,吴玉章以老党员的资格出任延安大学校长,并于1948年华北联合大学与北方大学合并成华北大学之后转任该校,于任内完成《中国最近五十年民族与民主革命运动简史》。② 至于为左翼中国近代史奠立范型之作的范文澜,于1927年离开北京大学之后,即相继在北平师范大学、女子师范大学、私立中国大学、朝阳大学和省立河南大学教书,1940年前往延安,随即担任延安马列学院历史研究室主任,1947年接任晋冀鲁豫边区北方大学校长及华北大学副校长之职,并且兼任两校历史研究室主任。③

这些早期醉心马克思主义思想与理论的信仰者,在抗战前后悄然进入各大专院校或红区大学任教,特别是上海一带私立学校和各省师范学校尤其成为左翼人士的大本营。如上海地区的光华大学、大夏大学、上海大学和复旦大学等,原本成立时即受到革命风潮的影响,④ 成立之后虽然也于

---

① 胡华,《胡华自传》,晋阳学刊编辑部编,《中国现代社会科学家传略》,第1辑,页285—289。
② 王宗柏,《吴玉章传略》,同上书,第3辑,页231—246。
③ 潘汝暄,《范文澜传略》,同上书,第4辑,页209—224。
④ 光华大学1925年由圣约翰大学分出,其成立过程即受到五卅惨案后上海罢课风潮的影响。大夏大学则为厦门大学1924年爆发学潮之后分出的学校。至于上海大学则是1921年中共建党后最早成立培养革命干部的学校,李大钊、李季、蔡和森等人皆曾在该校教书。上海大学非常重视马克思主义基本原理的教学,开设了辩证唯物主义、通俗资本主义、科学社会主义等课,这些课程在当时大学里极少开设。参见:程杏培、陶继明,《红色学府——上海大学(1922—1927)》(上海:上海大学出版社,2002年),页35—44。

教育部注册立案，但常常成为政治理想无法实现的失意人士，① 或与主流学术观点相左学人的聚集地，② 其开课方向与教学内容常不受教育部约束；有些学校到了抗战时期，根本就在中共游击区的管辖内，国民政府教育部鞭长莫及，无法可管。许多左派出版品与著作发行管道和阅读对象，③ 也与主流社群大相径庭。表面看来，左翼人士隐身于私校或师范体系之内，看似无法进入当时位居主流地位的一流学府，但其影响力却不可小觑，特别是任职于师范院校的左派教师，其教学观点与主张，直接影响未来即将成为中小学的师资群，当这些储备教员毕业后，散至各中、小学教书时，影响层面不但扩大到基层，更延及下一代。如前述之李鼎声、范文澜、吴玉章等人都曾有在师范院校任教的经验，他们或者透过著述或以讲学方式，直接影响即将为人师表的学生。中共建政之后，这些原处边缘地带非主流大学的教师群，更迅速地为中共所用，接掌各个为国民党弃守的高等院校和学术机构，出任一流学府的负责人，④ 彻底改变国民政府时期主导的教育纲本与学术发言权，使得左翼史观能在短期内席卷全国，形成另一套论述体系，而中国近代史的叙事方式与诠释角度，至此也一分为二，走上分途发展的方向。

---

① 欧元怀，《大夏大学校史纪要》，陆坚心、完颜绍元编，《20世纪上海文史资料文库》，第8册（上海：上海书店出版社，1999年），页80。
② 例如常年留在光华大学任教的吕思勉，即一直负责中国近代史一课的讲授，观其历年所编《中国近代史讲义》，即可发现吕氏虽不见得以马克思主义史观讲授近代史，但其论点往往十分留意中国社会的阶级问题，以及经济动因造成的影响。详可参见：吕思勉，《吕著中国近代史》。此书收有吕氏早期以至抗战时期各阶段的中国近代史讲义。
③ 例如历史悠久的上海书店，即与上海大学有密切的关系。该店于1923年成立，专门出版左翼人士的著作，如瞿秋白的《社会科学概论》，瞿秋白、安体诚的《社会科学讲义》，陈望道译《共产党宣言》和共党内部刊物《向导》周报等，皆由该店发行代售。上海书店后于1926年为孙传芳勒令停业。见：周启新，《上海大学始末》，陆坚心、完颜绍元编，《20世纪上海文史资料文库》，第8册，页71。
④ 1949年中共建政之后，华岗随即出任山东大学校长；胡华则担任人民大学中共党史系系主任；吴玉章成为人民大学校长。而范文澜担任中国科学院中国近代史研究所所长和中国史学会副会长等职，发起"厚今薄古"运动，主导中共建政后中国近代史的研究发展方向。

五、余 论

中国近代史这门次学科领域的出现,自始即与现实问题密切勾连,它既反映了身处内忧外患之局的中国学人对世局的关怀,也与百年来的国耻国难有着密不可分的关系。中国近代史的书写,从早期与明清史纠结缠扰,到后期愈来愈以鸦片战争以降之外患事变为主的叙事形态,充分说明了民族外患始终是这一代学人无可或忘的中心议题。1940年教育部着手推动大学课程改进计划,重新拟订《文理法农工商各学院必修选修科目表》时,即将"中国近世史"别出于"中国断代史"课程群之外,正式列为历史系的必修科目之一,并规定讲授范围:"起自道光至抗战为止,要旨在研究外力压迫所引起之政治、经济、文化各种改革。"而明清史之下限也因此确立在"道光时为止,俾与中国近世史衔接"。① 以鸦片战争为起点,外力压迫为主轴的叙事模式,至此正式在学科体制中确立。

事实上,由国耻国难一路演述下来的中国近代史,始终在百年忧患的语境下跌宕浮沉,民族主义永远是一个不易的主调,而帝国主义在民族主义的映照下,也成了所有感时忧国的学人想象民族界域时共同的"他者";自由派学人借列强侵略/中国回应的叙事模式,形构"现代化"的理论架构,试图以大步迈向西方近代文明的种种建设方案凝聚当代国族意识。而左翼学人则以"反帝反封建"的口号,把帝国主义和封建资本家当作完成民族革命统一大业必须铲除的头号大敌。持论双方虽然各自以"走向西方"或"拒斥西方",作为提供民族自救的解决方案,进而形成一套南辕北辙的论述模式,唯民族主义在此却同时成了两派学人手中共执的利刃。这种相反而又相成的路线,最后不免导致中国近代史研究在叙事体上愈来

---

① 中国近世史以一学年4—6学分之课程比重,显然高过其他中国断代史8—12学分课程数之总和远甚。教育部以中国近世史为必修科之重点项目,由此可见一斑。见:《历史学系必修科目表》,教育部编,《大学科目表》(重庆:正中书局,1940年),页48—49。

愈窄化的趋势,外患、事变几乎成了所有通论性中国近代史著作共同关注的焦点,政治史、外交史的取径亦同声形构了这个叙事主轴。同样的历史情境与现实话语,让"现代化"主张和反帝反封建的阶级斗争史观,不约而同地把历史导向单线进化的目的论当中,中国近代史在除掉外患、斗争之后,别无其他。

就学科发展的进程而言,研究的窄化与叙事结构的定型化,除了受到民族主义过强的语境影响之外,也与中国近代史仍是一门新兴的学科有关。相较于20世纪上半叶,中国史研究大量集中在上古史的情形而论,中国近代史无疑是一个资龄甚浅的学科,议题的开拓与延展势必不可能像上古史一样有深厚的基础。罗家伦、蒋廷黻、郭廷以等早期倡议中国近代史研究的学者,其实早已意识到这个问题,他们认为从事中国近代史研究,必须先从细部的专题做起,而专题研究又必须奠基在不断充实的史料基础上。蒋廷黻曾说:

> 历史学自有其纪律,这纪律的初步就是注重历史的资料。资料分两种:一种是原料(primary source),一种是次料(secondary source)。原料不可尽信,次料非尽不可信。比较说,原料可信的程度在次料之上。所以研究历史者必须从原料下手。[1]

蒋廷黻自任教于南开大学,从事中国外交史研究开始,就十分重视外交史料的搜集工作,到了清华大学历史系以后,也经常在课堂上提醒学生做专题研究必须要有充实的史料做基础。他在中央研究院社会科学研究所(简称"社科所")兼任研究员期间,也勤跑故宫博物院大高殿,检阅军机处档案,[2]后来更辑录《近代中国外交史资料辑要》上、中二卷,成为他早

---

[1] 蒋廷黻,《"近代中国外交史资料辑要"上卷自序》,《蒋廷黻选集》,第1册,页45。
[2] 郭廷以,《近代中国的变局》(台北:联经出版事业公司,1987年),页426。

年用力最深的代表作。

　　罗家伦也说,"文献足征""所见异词",是研究近代史的人所占的最大优势,① 比较起来,中国近代史大量而丰富的史料,在当时还处于十分零乱且尚待整理的状态,所以罗家伦主张在撰写通论性的中国近代史以前,"非先有中国近代史料丛书的编订不可",他认为"研究中国近代史的方法",说穿了"就是整理中国近代史料的方法"。② 罗家伦认为中国近代史史料的搜集,非但是一种日积月累的工作,同时也必须剑及屦及,赶紧来做,否则等到史料文献散佚、毁损之后就来不及了。因此罗家伦1926年回国后,即积极向清华、东南和厦门大学等校建议编列预算,搜求散在欧洲各地的近代史资料,并设法收购曾国藩家藏的李秀成供状原件。③ 承袭了罗家伦的这个看法,郭廷以在踏上中国近代史研究初始之途时,也非常重视史料的搜集与整理,其《太平天国大事日志》和《太平天国历法考订》二书,即充分展现其掌握史料的能力,④ 即使到了晚年,仍力行每日剪报工作而不辍。⑤

　　重视史料和专题研究,让这些早期从事中国近代史研究的学人,一方面在研究视野和深度上,都有相当可观之处,另一方面也养成了他们慎言不轻出议论的习惯。蒋廷黻晚年回忆,他初到清华大学时,原本打算以十年的时间写成一部中国近代史,但是这个构想在他出任驻苏联大使之后延搁下来,而他1938年出版的《中国近代史》还是应陈之迈(1908—1978)的

---

① 罗家伦,《研究中国近代史的意义和方法》,《武汉大学社会科学季刊》,2:1(1931年7月16日),页143。
② 同上书,页146—148。
③ 包遵彭、李定一、吴相湘,《中国近代史论丛·导论》,包遵彭、李定一、吴相湘编,《中国近代史论丛》,第1辑第1册(史料与史学),页7—9。
④ 郭氏早期纂辑史料的工作,多受罗家伦启发而作,其《太平天国大事日志》成于1934年,《太平天国历法考订》一书,初稿成于1930年,后经四次修改,于1937年正式由商务印书馆出版。见:王聿均,《罗志希先生对史学与文学的贡献》,罗家伦先生文存编辑委员会编,《罗家伦先生文存》,第12册,页910。
⑤ 王尔敏,《地灵人杰》,陈三井编,《走过忧患岁月——近史所的故事》,页76。

要求，趁赋闲在家的两个月空档写出来的"初步报告"，他请读者千万不要以严肃的学术论著看待。这说明了蒋廷黻并不满意这部仓促写成的著作，而寄望将来能有重新改写的机会。这个态度与他早年编写《近代中国外交史资料辑要》时，期许能够推动中国外交史研究"历史化""学术化"的动机是一样的。① 蒋氏的史学撰著固然可以深切反映他对现实的关怀，但他基本上还是把史学研究视为一种严谨的学术活动。同样地，罗家伦早年也曾有撰写一部中国通史的宏愿，但是他发现愈到后来看的资料愈多，愈觉得不可能，所以自动缩小范围立意写一部《中国近三百年史》，可是后来仍然觉得三百年史太长，内容太复杂，不得不再自动缩减，以"中国近百年通史"为目标，② 只是这个愿望到他过世时都未能实现。至于始终坚守教育岗位的郭廷以，尽管在1949年以前即已出版《近代中国史》之作，但这部书出版时（1940—1941年），郭氏仍认为中国近代史在当时"尚为史料整理编订时期，而非史书写作时期"，所以他自承对这部书也只以"史料选录或类辑"的形态看待，不视其为完整的历史著作。③ 实际上郭廷以这部原本打算写到清末的《中国近代史》，不论在内容和体例上，都没有达成他原本预期的目标，郭氏最有观点且最集中精力的撰作，多半还是到台湾之后才发表。重视史料的态度，让郭廷以即使在创办近史所之后多年，都还认为专门从事研究的时期未至，而暂不愿同仁出版专刊，④ 近史所成立之初，在郭廷以的主导下，也以整理《三朝筹办夷务始末索引》《海防档》《矿物档》《中俄关系史料》等工作为主，其严谨态度可见一斑。

对于一门兴起于1920年代后期的新兴学科来说，从搜集整理史料和专题讨论做起，确是非常必要的工作。罗家伦、蒋廷黻等人对史料的态

---

① 蒋廷黻，《"近代中国外交史资料辑要"上册自序》，《蒋廷黻选集》，第1册，页47。
② 罗家伦，《致张元济（菊生）函，述为学计画》（1925年5月25日），罗家伦先生文存编辑委员会编，《罗家伦先生文存》，第7册，页48—49。
③ 郭廷以编，《近代中国史》，页1。
④ 李国祁，《忆量宇师》，陈三井主编，《走过忧患的岁月——近史所的故事》，页41。

度，其实和同一时期傅斯年一派人的想法并无二致，他们认为任何精严的学术撰作必须奠立在丰实的史料基础上，因此傅斯年回国后创办史语所时也是朝着这个方向发展的。然而不少人批评傅斯年并不重视近代史研究，① 因此史语所成立时并无近代史组的规划。或许当时的学术主流确实是以古史研究为重心，但并不表示傅斯年不重视近代史，我们从傅氏与社科所负责人陶孟和的私下协定可以看出，傅斯年早把鸦片战争以后的研究和明清时期经济史的范围划归社科所，因不愿人才资源重复，才没有加设近代史组的。② 抗战期间，朱家骅（1893—1963）多次希望史语所增加近代史组，傅斯年以一时之间"人才延揽不易"，以及史语所过去重心未放在近代史料的搜集上为由加以拒绝，导致近史所的设立一直延误至来台以后。

不过如今回头细看，罗家伦原本打算写一部《中国近三百年史》而没有实现的愿望，或许透露出在罗家伦早年的观念里，并不排斥以明末清初作为中国近代史的开端，其后他再缩减断限，改以"中国近百年通史"为目标，或许也不完全是因为近代史的"内容复杂"或没有时间撰写的缘故，而是"九一八"事变以后战鼓频传，日本侵华所带来的危机，促使鸦片战争为起点，以内乱外患为主轴的叙事形态愈形确立，百年积重的国难吸引了绝大部分研究者的目光，《中国近代史》除了不断强调西力入侵，以及历次外患、事变所引发的战争、条约之外，再难有其他的内容。中国近代史由于与当代国族建立的过程直接相关，国家的现实处境与民族危机，无不深深牵动研究者的神经，在此情境下任何溢出于外患、事变、战争、条约的内容，或是带有"复线"色彩的叙事，恐怕都难以展开。

即以蒋廷黻、罗家伦为例，蒋氏早年于《中国近代史》中提及太平天

---

① 王聿均，《朱家骅与近代史研究所》，陈三井主编，《走过忧患的岁月——近史所的故事》，页193—194。
② 《傅斯年致朱家骅》（1943年1月15日），《傅斯年档案》，Ⅲ：1246。后收入：王汎森、潘光哲、吴政上主编（以下简称王汎森等主编），《傅斯年遗札》，第3卷（台北："中央研究院"历史语言研究所，2011年），页1377—1383。

国以后私人武力的兴起、同治中兴,以及宗族观念和家乡观念在中国社会所起的作用等问题,他自己未必来得及一一撰写成文,却成为后进史家持续关注的课题,这显示了蒋廷黻独到的眼光。然而今日我们再看蒋氏当年提出来的这些问题,实际上未必没有发展成"复线历史"的可能,可是放在他《中国近代史》的脉络下,却只是他鼓吹中国走向"现代化"的注脚,或是论证传统观念乃是阻滞中国摆脱中古时期的证据。而他提及的近代人物,如自强运动中在京的恭亲王奕䜣、文祥,京外的曾国藩、李鸿章、左宗棠等,更无一不是担负国族兴衰强弱的朝中重臣或封疆大吏。①此外,罗家伦从事鸦片战争研究时曾表示:鸦片战争和英法联军时期有许多"小问题"有待解决,如道光时期的银贵铜贱问题、通商和关税问题、沿海军备问题、英国向远东商业发展的需要问题、法国保护天主教、英国企图开发扬子江等等,②都是可以进一步弄清楚的问题。我们从后来海峡两岸的研究脉络中,仍然不时可以看到许多政治史、外交史和经济史研究者不断深化这些课题,然而回到1920—1930年代的语境中,罗家伦之所以注意到这些"小问题",无不出于他把这些问题放在理解引动战争、条约的起因及涉外事件的脉络下才产生的。

受国族概念影响的中国近代史,无论如何难以逃脱为现实政治服务的命运,左翼史家对此目的更是毫不隐讳。早期共产党人如李鼎声所作《中国近代史》谨守马克思主义历史唯物论的观点,强调鸦片战争之后中国开始受到国际资本主义的压榨,逐渐沦为半殖民地半封建的社会,十足表现出共产国际和中共早期的阶级立场和革命史观。及至1940年代以后,范文澜为了对应毛泽东在《中国革命与中国共产党》中所提"新民主主义革命"的观点,不惜翻转中共早期的论述策略,重新以"对外关系"的态度为阶级立场定调,将近代史上的人物简化为抵抗派和投降派,并将所有统

---

① 蒋廷黻,《中国近代史》,页45、53—54、59、68—69、74—75。
② 罗家伦,《研究中国近代史的意义和方法》,《武汉大学社会科学季刊》,2:1(1931年7月16日),页164—165。

治阶级描写成联合外国势力侵逼中国，使中国走上半殖民地半封建地位的卖国贼。① 范文澜的《中国近代史》甚至完全不讳言他以历史影射当前政治的意图，让历史撰作完全成为反映现实革命的张本。在这些左翼的论述中更是完全看不到任何"复线历史"展开的可能。

事实上，这些深受到国族概念影响的中国近代史，并没有随着中共建政、国民政府撤守来台而告终，高涨的民族主义和国族叙事仍然顽强地在两岸的中国近代史论著中持续发挥它的影响力。1950 年以后，"现代化"问题仍然是台湾学者重要的核心关怀，1960 年代以后随着美国社会科学界"现代化理论"的移入，"现代化"的研究取径更是风行一时，其中最有指标性意义的就是 1973 年"中央研究院"近代史研究所展开的"中国现代化区域研究"计划，对中国沿海沿江十个省份或地区在 19 世纪到 20 世纪初期的变迁进行全面性的分析，直到 1990 年代初期才暂告一段落，有关"现代化"理论的诸多预设如理性、进步等价值和线性进化的观念，以及将传统与现代对立的态度，亦于 20 世纪末逐渐遭到扬弃。② 然而这段长达数十年的"现代化"研究，对于台湾日后的学术路向并非完全没有影响。在"现代化"的框架下，台湾学界因此而有更多实作与反省的机会，区域研究也刺激学人开始关注更多政治、外交以外的议题，例如重新反思"现代化"观念中始终将传统与现代对立的看法，或是以经济作为评估"现代化"核心指标所带来的局限，以及地域、社会、宗族组织、族群团体在"现代化"过程中所扮演的角色；研究过程中，许多学者渐渐注意到国家与社会之间的关系并不见得如想象中稳定，而这种不稳定的关系最终也可能导致"现代化"进程出现断裂与不连续的现象。研究这些问题的初衷原是要观察近代中国如何走向"现代化"，以及在"现代化"过程中

---

① 李怀印著，岁有生、王传奇译，《重构近代中国：中国历史写作中的想象与真实》，页 91—92、106—107。
② 沈松侨，《现代化的回顾与展望——"中国现代化研讨会"纪要》，《新史学》，2：1（1991 年 3 月），页 115—117。

所遭遇到的问题,然而不断深化的结果,反而对于"现代化"理论的适用性开始产生怀疑,不同的"区域"表现挑战了"现代化"原以"国家"为基本单位的假设。1970—1980年代台湾经济起飞,被视为亚洲四小龙之一的经济成就,仿佛证明了台湾自有其独特的"现代化"经验,然而经济快速发展所带来的污染、住房、劳资、环境等问题,却在在挑战着国家的治理能力,并且动摇了国家以推动"现代化"为目标的统治合理性。"现代化"理论渐渐失去它赖以生存的沃壤,后殖民、后现代论述在台湾解严前后的萌蘖与发酵,使得史学界反思"现代性"(modernity)的浪潮逐渐掩盖"现代化"思维,成为滋养日后开展"复线历史"的养分,而中国近代史亦得以从一元化的国族论述体系中获得解放。

下篇

社群、网络与传播

第三章
一代旗手傅斯年：一个学术网络的观察

如果一定要从20世纪上半叶的中国学界选出几个最具霸才、霸气的学术人，傅斯年绝对是其中数一数二的代表人物。有关他的研究在这十来年已经累积了相当可观的成果，就连原本将傅斯年视为资产阶级史学家的中国大陆学界，自1990年代中期也逐渐改变看待傅斯年的眼光，并且随着两岸学术交流日趋频繁，傅斯年及史语所的学术成就愈来愈受到研究者的关注。特别是典藏在傅斯年图书馆的"傅斯年档案"及"史语所公文档案"，也成了许多来台访学的大陆学者经常调阅的资料之一。

即以"傅斯年档案"而论，这批材料确实提供了许多《傅斯年全集》中所没有的材料，包括傅斯年与时人往来的信函、札记、笔记、手稿、散稿及未出版的文字等等。首先根据这批材料对傅斯年个人生平做出系统观察的论著，当推王汎森在2000年出版的 *Fu Ssu-nien: A Life in Chinese History and Politics*。这本书不但讨论了傅斯年的学术成就、政治观点，而且对于傅斯年在理想和现实之间的摆荡与纠葛也有很深刻的描写。于此前后华文学界也陆陆续续有不少讨论傅斯年的著作，就连纪实文学也出现了以傅斯年为题的作品，凡此种种在此不能一一细述。[①] 2011年《傅斯年

---

① 如杜正胜，《从疑古到重建：傅斯年的史学革命及其与胡适、顾颉刚的关系》，《当代》，第116期（1995年12月），页10—29。杜正胜，《无中生有的志业：傅斯年的史学革命与史语所的创立》，杜正胜、王汎森主编，《新学术之路："中央研究院"历史语言研究所七十周年纪念文集》（以下简称《新学术之路》），上册（台北："中央研究院"历史语言研究所，1998年），页1—41。岳玉玺、李泉、马亮宽，《傅斯年：大气（转下页）

遗札》整理公布，对有意从事傅斯年及相关课题的研究者而言，更是一大福音。

在学界努力耕耘下，有关傅斯年的研究剩义无多，而本章初稿写于《傅斯年遗札》出版前，由于本以"傅斯年档案"为主要材料，除傅斯年予人之信函外，尚且运用部分《傅斯年遗札》中未能收录的师友书信，想着还有一点蠒绩补苴的价值，故而重理旧稿，希望从学术网络的角度出发，观察抗战时期傅斯年如何在人力、物力资源均极度匮乏的年代里，仍然努力维系一个理想中的学术社会，并持续扩大史语所在其中的影响力。主要讨论问题包括：一、傅斯年与战时学术人才的培养；二、学术经费的筹措与运用；三、战争时期史语所与学术社群。主要内容集中在抗日战争爆发以后，一方面由于学术界对于抗战时期的史学着墨较少，再者也是希望凸显战争对学术运行机制所造成的冲击，并借此探讨傅斯年在这复杂的学术网络关系中所扮演的角色。

一、人才与学风的培养

1928年史语所之创设，本是一个"无中生有"的机构。实际上前此一年所通过的《中华民国大学院中央研究院组织条例》里，并没有设立史语所的规划，[①] 在当时的政治气候与学术环境下，史语所的成立标志着傅

（接上页）磅礴的一代学人》（天津：天津人民出版社，1994年）。布占祥、马亮宽主编，《傅斯年与中国文化："傅斯年与中国文化"国际学术研讨会文集》（天津：天津古籍出版社，2006年）。欧阳哲生，《傅斯年一生志业研究》（北京：北京大学出版社，2016年）。纪实文学之作如岳南，《陈寅恪与傅斯年》（台北：远流出版事业公司，2009年）。

① 中央研究院最初设计包括：地质调查所、理化实业研究所、社会科学研究所、心理学研究所和观象台。其筹备委员中的胡适隶属于社会科学研究所，而傅斯年则为心理研究所的筹备委员。见：杜正胜，《无中生有的志业——傅斯年的史学革命与史语所的创立》，杜正胜、王汎森主编，《新学术之路》，上册，页14。

斯年亟欲以一种"集众研究"的方式，①在国际汉学舞台上争胜的心态，②以及在当时国内疑古辨伪思潮盛行、主义口号充斥的年代里，另辟国史研究蹊径的企图。因此，当这个集众研究队伍成军之后，人才的延揽与培养就显得格外重要。

在史语所成立早期，傅斯年除了从广州中山大学语言历史研究所和清华国学研究院招揽了一批顶尖的研究人才之外，在史语所从广州北迁的当口，傅斯年曾积极游说当时仍在上海的胡适重返北大协助蒋梦麟（1886—1964），并出掌北大文学院院长，③其用意固在复兴北大，另一方面也在为史语所培养新一代人才预做准备。傅斯年心里很清楚，如果要展开一种新形态的研究工作，势必需要一群能够运用新观念、新工具的人才，④而大学正是培养和汲取这些人才的重要基地。事实证明，胡适出掌北大文学院之后，傅斯年多方献策，无论是课程规划还是人才延揽，傅斯年的介入都相当深。细查傅乐成（1922—1984）所作《傅斯年先生年谱》，当可发现自1929年秋天始，至1936年史语所迁往南京为止，傅氏皆在北大兼课。许多学人事后也都回忆此一时期傅斯年主导北大史学系的发展方向，⑤陶希圣和黎东方（1907—1998）甚至以为傅氏此时同时出任北大史学系主任之职。⑥事实上，傅斯年在史语所南迁之前，确在北大兼课，⑦但当时史学

---

① 傅斯年，《历史语言研究所工作之旨趣》，《傅斯年全集》，第4册，页265。
② 杜正胜，《无中生有的志业——傅斯年的史学革命与史语所的创立》，杜正胜、王汎森主编，《新学术之路》，上册，页26—33。
③ 胡颂平，《胡适之先生年谱长编初稿》，第3册（台北：联经出版事业公司，1984年），页955—956。
④ Fan-sen Wang, *Fu Ssu-nien: A Life in Chinese History and Politics*, pp.81-82.
⑤ 钱穆，《八十忆双亲·师友杂忆》（台北：东大图书股份有限公司，1992年），页146—147。
⑥ 傅乐成，《傅斯年先生年谱》，傅斯年，《傅斯年全集》，第7册，页286。黎东方，《平凡的我》，第2集（台北："国史馆"，1998年），页11—12。
⑦ 傅斯年自1929年始即在北大史学系开设史学方法导论，直到1934年姚从吾留学归国，才由他接替傅氏开设此一课程。国立北京大学，《国立北京大学史学系课程指导书》（北平：国立北京大学，1932年8月至1933年7月适用），页6—7。

系的系主任乃陈受颐，而非傅斯年。钱穆、陶希圣、黎东方等人回忆的误差，其实多少反映了傅斯年在这段时期确实对北大史学系的发展是有决定性影响的。

"傅斯年档案"里有一封战前姚从吾（1894—1970）写给傅斯年的信，即谈到姚氏回国任教北大两年多来的感想，他再三提及希望"在适之先生与兄的领导之下，循序发展"，朝着充实基本学科、增加科目、提倡西洋史等方向前进，特别在研治西洋史方面，要如何培养"预备人才"和"征聘用人的人材"，很希望能听听傅斯年的意见。他认为这是"国立大学和研究院应该计划的一种工作"，而"环顾国内，惟有北大与中央研究院在适之先生与兄的领导之下，能计划这样的工作！"①。信中完全没有提及时任北大史学系主任的陈受颐，反而时时称引胡适与傅斯年，傅氏以兼任之姿主导北大史学系的发展可见一斑。同一封信里，姚从吾还邀集了几个应届毕业、成绩不错的学生与傅斯年见面，②并说道："兄若今年用人多时，候论文审查完竣，我还可以再作一次详细的报告与介绍。"信中透露史语所与北大史学系的关系亦不言而喻。

事实上，姚从吾发信时史语所已南迁，傅斯年在北大的兼课业已结束，③但从姚氏的书信里可以很清楚地看出北大培养出来的人才，为史语所吸纳与留意者当不在少数。傅斯年手上还有一本《国文史学系三、四年级学生姓名履历及历年成绩》的册子，④详细记录北大国文、史学两系学生的成绩，钱穆亦谓："凡北大历史系毕业成绩较优者，彼（指傅斯年）

---

① 《姚从吾致傅斯年》，"傅斯年档案"，Ⅱ：344。
② 学生名单有傅安华、徐世助、林占鳌、於泓淇、王敬之、吴相湘六人，列有个别成绩与发表著作。
③ 姚从吾这封信虽然没有注明确切的年份，但从信中推断其回北大任教两年半之语，当可推断此信乃1936年3月19日所发，此时史语所业已迁往南京。
④ 《北大国文、史学系三、四年级学生姓名履历及历年成绩》，"傅斯年档案"，Ⅰ：797。收入：王汎森、杜正胜编，《傅斯年文物资料选辑》（台北："中央研究院"历史语言研究所，1995年），页70。

必网罗以去。"① 史语所当时以"拔尖主义"为原则搜罗人才,众所周知,邓广铭（1907—1998）在回忆中也提及：

> 傅先生所以在北大兼课,主要是想为史语所选拔人才。当时史语所人才济济,像陈寅恪、徐中舒、董作宾、郭宝钧、李济等等,但总要培养些青年学者做接班人。所以,傅斯年、董作宾、李济、梁思永诸先生都在北大讲课,想发现选拔人才。后来,北大毕业生到史语所去的很多,我的同学中就有胡厚宣、张政烺、傅乐焕、王崇武等人。②

傅斯年十分懂得如何在大学里主动、积极地开发人才资源、汲取同道,借着在北大教书的机会,散播他的治学理念、史学思想,培养一批与他志同道合并认同其观点的学生,在其完成学业以后加入他"集众研究"的队伍里,如果就学术社群的角度来看,傅斯年对于人力与知识网络关系的运用,当有十分深入的体会。

抗日战争爆发不久,各大学南迁,北大、清华、南开三校合组西南联合大学,先迁长沙,再迁昆明。三校教师与学生合流,大学本科合班上课,唯研究所各校独立办理。然而受限于资源与经费困难,北大研究所始终延宕无法招生,本科毕业学生经常面临失业,时任北大秘书长的史学系教授郑天挺（1899—1981）,提到当时的情形时表示：

> 北大本年毕业生共八十人（数学系五、物理六、化学四、地质四、生物一、哲学三、史学七、国文七、外国语十八、教育七、法律四、政治七、经济七）。其中有成绩甚优之人,而出校后职业接洽确

---

① 钱穆,《八十忆双亲·师友杂忆》,页146—147。
② 邓广铭,《回忆我的老师傅斯年先生》,聊城师范学院历史系、聊城地区政协工委、山东省政文史委合编,《傅斯年》（济南：山东人民出版社,1991年）,页3。

定者不到十人。北大学生多半来自战区，家境本属清寒，遇此浩劫盖复不了，北大现时既无研究院，又无中学（清华有清华中学、南开有南渝中学），复不能留校，……此辈青年去无可去，归无可归，留无可留，真属可虑。①

郑天挺的这封信其实是去函请教傅斯年，管理中英庚款董事会（简称"中英庚款会"）是否真有协助设立中学，以收容大学毕业生及失业教职员的计划。或许是这个原因，傅斯年认为与其成立中学，不如开办研究所，对学术研究更有提升的作用，于是他在1939年时动念结合史语所的力量，与北大合办文科研究所。然而在缺钱缺人的情况下如何办理？傅斯年想到了时任中英庚款会董事长的朱家骅和总干事的杭立武（1903—1991），在"傅斯年档案"中即有一封傅氏写给杭立武的信稿，字迹虽然非常潦草，却十分清楚地道出傅氏意欲合办文科研究所的原始动机和计划。

一如郑天挺所描述的，傅斯年在致杭立武的信中谈道：战争以来"大学毕业生之优秀者，于其毕业后不置之于良善环境中，每每负其所学，故以为大学毕业研究生一层实属重要"，虽然"尽此一关之力（指开办研究所）未必皆成，然无此一关，中道而废者多，良可惜也。并以中国大学之多不长进，高材生毕业者不过初得其门，如一旦置之四顾茫茫之境，实不知所措"。②傅氏表示长期以来史语所都有招考研究生的计划，但皆因种种理由未能实现；而历年来经过严格挑选招进史语所的大学毕业生，却因一入所就必须从事"专之又专"的研究工作，未经大学高等教育"造就一科通人"的训练而有所缺憾，所以他认为如果能和北大合办研究所，既可利用学校师资与管理办法，史语所又可提供学术上的训练，于双方都是有利的。在论及合办意义时，傅斯年还提到北大在战前即有研

---

① 《郑天挺致傅斯年》，"傅斯年档案"，Ⅱ：265。
② 《傅斯年致杭立武》，"傅斯年档案"，Ⅰ：1275，收入：王汎森等主编，《傅斯年遗札》，第2卷，页969—972。

究所国学门之设,在史料的收藏上与史语所不相上下,如内阁大库档案、艺风堂拓本、汉简、壁画等皆有可观之处,因其传统犹在,所以恢复起来也比较容易。

傅斯年对于合办计划似乎早有腹案,在同一封信中他甚至已经拟好了研究所的组织、招生办法,请款数目和导师、学生的来源。① 他强调北大训练出来的学生,虽未必全为史语所任用,"但为此一学问此一风气造人才,即皆有利也"。在傅斯年的规划下,史语所担任的是"出壮丁"的工作,也就是由他自己出任文科研究所主任之职,并由他及史语所同仁共同负责训练学生,不支薪、不计酬,因傅斯年所真正关心的是研究生的训练和培养,他说:

> 此一事业,弟之兴趣所在皆在研究生,注意之,分配之,为之引近相合之导师。督责其课业,均弟所好之事也。②

傅斯年不但把训练研究生、为研究生寻找合适的指导老师视为一种兴趣,同时也把它当成自己事业的一部分,他告诉杭立武:"弟亦可谓好事,此一事等于自寻兴趣之大可知,办时必负责尽心,故兄如即为弟之事业视之,亦无不可也。"而"弟之热心此事,非一新花样,乃是多年之志愿且曾一度行之,在弟虽多些事,却觉得值得"。③ 从这些话里显见傅斯年从战前开始,即视培养人才为延续学术研究的重要工作,虽然在此他也强调北大文科研究所的毕业生,未必全然为史语所任用,但就知识的散播、学风的养成而言,傅斯年与史语所同仁既负指导、训练之责,培养出来的研究生即使不为史语所所用,在思想与学风的传递上也必然是一

---

① 在师资方面,傅斯年将研究范围扩大到经济及制度史,以容纳北大文法学院诸教授,如郑天挺、汤用彤、罗常培、姚从吾、叶公超、钱端升等人。
② 《傅斯年致杭立武》,"傅斯年档案",Ⅰ:1275,后收入:王汎森等主编,《傅斯年遗札》,第2卷,页969—972。
③ 同上。

脉相承的。

这点我们可以从傅斯年设计的招生办法中看出端倪。对照傅斯年致杭立武信稿中的原始设计和后来公布的招考办法，可知其中虽略有出入，但傅氏原意所设史学、语学、考古学、人类学四部及其所属范围皆完全相同，① 唯后来北大公布的招考办法中加列了中国文学部一项，② 概由原来构想中的史学部门分出，应是迁就北大师资而有的改变。然无论如何，此一设计与战前北大研究所国学门的建制多有不同，史学、语言学、考古学、人类学等部，反倒与史语所的分组与研究路线若合符节。③

傅斯年获得中英庚款会的补助之后，随即于当年7、8两月正式公开招考研究生。④ 在招考条件中特别注重"论文"一项，强调必须"确有工夫并颇具心得者"方予录取，笔试项目也以学生所作论文性质出题测验。第一年录取的学生有汪籛（1916—1966）、桑恒康（1915—?）、杨志玖（1915—2002）、王明（1911—1992）、任继愈（1916—2009）、王叔岷（1914—2008）（史学部）、马学良（1913—1999）、陈三苏、傅懋勣（1911—1988）、周法高（1915—1994）、刘念和（语学部）、逯钦立（1910—1973）、阴法鲁（1915—2002）（中国

---

① 招考研究生办法中详列各部研究的范围如下：(1) 史学部分：通史中各段，哲学宗教史、经济史属之。(2) 语学部分：汉语学各科，边地语言、英吉利语言学属之。(3) 中国文学部分：中国文学史及文籍校订属之。(4) 考古部分：考古学及金石学属之。(5) 人类学部分：物质及文化人类学属之。《国立北京大学文科研究所招考研究生办法（1939年）》，北京大学、清华大学、南开大学、云南师范大学编，《西南联合大学史料（三）教学、科研卷》（昆明：云南教育出版社，1998年），页432。

② 同上书，页431—432。

③ 史语所在1928年创所之初，曾预备筹设史学、敦煌材料、文籍校订、汉语、汉字、民间文艺、考古学、人类学等八组。次年迁往北平时将原分八组合并为三组，分别是：史学组（第一组）、语言学组（第二组）、考古及人类学组（第三组）。1934年时又将社会科学研究所的民族学组合并过来，设第四组即民族学组。参见："中央研究院"历史语言研究所四十年纪念特刊编辑委员会编，《"中央研究院"历史语言研究所四十周年纪念特刊》（台北："中央研究院"历史语言研究所，1968年），页2—7。

④ 《北大文科研究所招研究生七、八月两次举行》，见：北京大学、清华大学、南开大学、云南师范大学编，《西南联合大学史料（三）教学、科研卷》，页431。

文学部）等人，① 从此北大与史语所合办之文科研究所正式开张。1940年，云南边境军事吃紧，史语所为保存人员与文物，再迁四川南溪镇李庄板栗坳，从此文科研究所遂分为二，一随史语所迁往李庄，一留云南昆明西南联大所在地。此番迁徙给予文科研究所前所未有的特殊处境，也让史语所有更多机会直接主导训练学生的工作。

根据1940年考上北大文科研究所的李孝定（1918—1997）回忆，他在考上研究所之后，因通信问题，等了将近十个月都未接到入学通知，于是在次年3、4月间前往重庆见傅斯年，傅氏告诉他可直接入学，但有两个选择："要看第一手资料，利用丰富的藏书，你就去李庄。想听听较多好老师的讲授，就去昆明。"李孝定选择去了李庄，傅斯年还指定了董作宾为他的论文指导老师。② 同年入学的王利器（1912—1998）也有相似的回忆：王氏描述他在重庆考研究所时，在敌机轰炸下边跑警报边答考题，一个上午进进出出防空洞避难七次，题目尚未答完，傅斯年因已看过他缴交来的大学毕业论文，知道他的程度，于是要他不用再考直接入学，并要王氏自己选择去昆明，或是李庄，傅氏说："昆明，西南联大在那里，有老师；李庄，中央研究院历史语言研究所在那里，有书也有人，还有你们川大两个同学在那里。"③ 后来王利器也选择了李庄。王汎森表示战争并未减少史语所的活动，史语所成了战争时期为获取硕士学位的年轻人提供研究场所的地方，④ 某种程度上指的也就是史语所和北大文科合办研究所的这种形式。

"傅斯年档案"中存留大量北大教授与傅斯年的战时通信，其中不乏

---

① 《国立北京大学文科研究所28年度第一次招考成绩表》《国立北京大学文科研究所28年度第二次招考成绩表》，王学珍、郭建荣主编，《北京大学史料》，第3卷（1937—1945）（北京：北京大学出版社，2000年），页197—198。
② 李孝定，《逝者如斯》（台北：东大图书股份有限公司，1996年），页47—52。
③ 王利器，《李庄忆旧》，杜正胜、王汎森主编，《新学术之路》，下册，页792—793。
④ Fan-sen Wang, *Fu Ssu-nien: A Life in Chinese History and Politics*, p.82.

第三章 一代旗手傅斯年：一个学术网络的观察 *177*

文科研究所教授与傅斯年商讨学生入学、考试、①论文、指导教授、生活津贴②，甚至行踪等问题的书信，③事无大小，巨细靡遗。例如招生第一年，负责北大文科研究所方面实际业务的郑天挺，即去信傅斯年说：

> 文科研究所报名有五人，其中一人论文为《玉在中国古文化中的地位》及《中国绘画中的写实》，送上请转托所中专家一看，其余四分已在此托人审阅，仍候兄来决定。所中与联大借书办法已定妥，北大文科研究所应否另定一个，乞卓夺，附上草稿一件，并乞酌定。向觉明聘书已办，照兄致向函用专任导师名，请释念。④

这封信里郑氏要傅斯年决定的事情，就包括了学生论文的审查、文科研究所与史语所订定的借书办法、研究所专任导师的聘请及称谓等问题，无一不需傅斯年做最后的裁夺。此外，像是已入学的研究生申请中英庚款补助者，必须找到愿意为他们担保的保人（同时也是导师），同样要傅斯年做最后的确认。⑤ 实际上就如傅斯年自己所说，他办文科研究所最大的兴

---

① "傅斯年档案"中不乏汤用彤、姚从吾、丁声树等人，因北大文科学生毕业论文、毕业考试、入学考试之阅卷及审定等事宜，向傅斯年请益之书信。见：《王叔岷先生毕业考试题》，"傅斯年档案"，Ⅰ：1244。《汤用彤致傅斯年》，"傅斯年档案"，Ⅱ：452。《姚从吾致傅斯年》，"傅斯年档案"，Ⅰ：910。《傅斯年致汤用彤》，"傅斯年档案"，Ⅰ：262，后收入：王汎森等主编，《傅斯年遗札》，第 3 卷，页 1494—1495。《汤用彤致傅斯年》，"傅斯年档案"，Ⅳ：534、Ⅳ：535。
② 《汤用彤致傅斯年》，"傅斯年档案"，Ⅳ：537；《傅斯年致汤用彤》（1942 年 11 月 27 日），"傅斯年档案"，Ⅰ：263；《傅斯年致汤用彤、杨振声、郑天挺》，"傅斯年档案"，Ⅰ：256。
③ 《2 月 27 日致李孝定君函》（抄本），"傅斯年档案"，Ⅰ：239；《傅斯年致郁泰然》，"傅斯年档案"，Ⅰ：257。
④ 《郑天挺致傅斯年》，"傅斯年档案"，Ⅳ：1059。
⑤ 如第一年入学者王明、任继愈由汤用彤担保，杨志玖、阎文儒由姚从吾担保，刘念和、周法高、马学良、阴法鲁、逯钦立由罗常培担保，汪篯本应由陈寅恪担保，陈氏不肯，只好改由郑天挺担保。这些担保人同时也是指导老师，最后都需要傅斯年点头首肯，盖章确认。见：《郑天挺致傅斯年》（11 月 22 日），"傅斯年档案"，Ⅳ：530。

趣，在帮助学生找研究路线相近的导师，并督导其课业，所以不论是留李庄者，或是前往昆明的学生，其导师的分配与商定，都由傅斯年裁决。①我们从 1942 年北大文科教员名录里可以看出，被聘为文科研究所特约导师者，如丁声树（1909—1989）、李方桂（1902—1987）、陈寅恪（1890—1969）、董作宾等，无一不是史语所的专任研究员，② 而留在李庄读书、研究的学生，因研究路线的关系，亦多赖史语所同仁的指导。例如后来代理文科研究所主任的汤用彤（1893—1964），即曾致函傅斯年谈及学生毕业考试问题时说：

> 人类学部分研究生既由北大烦托史语所指导，毕业考试自当由贵所办理。（北大亦无人能出题看卷），王利器、李孝定、胡庆钧三君毕业试题寄上。……似贵处意见仍要此处组织委员会，出题考试。弟等意见以为此间不可亦不能照办。③

其信中还表示北大方面公推傅斯年、凌纯声（1901—1981）、吴定良（1894—1969）、芮逸夫、丁声树等人为胡庆钧（1918—?）的毕业考试委员，④ 而这些人也全都是史语所的专任研究员。事实上汤用彤之语并非推诿之辞，北大文科教员中确实没有人类学专长的教授，所以大凡考试命题、看卷、审查无一不需史语所出人出力。后来北大文科研究所更改入学考试办法时，汤用彤又谓："北大文科研究所之设置考古、人类二部分，向系仰仗史语所合作。现在恳请吾兄商之彦堂、济之诸公，决定考试科目并出题目，是

---

① 周法高于回忆时曾言："口试时傅斯年先生对我说，我的研究属历史语言学的范围，可谓一语定下我终生的研究范围。"见：周世箴，《周法高先生的学术与人生》，杜正胜、王汎森主编，《新学术之路》，下册，页 842。
② 《国立北京大学在滇教职同学录（中华民国 31 年 6 月调查）》，王学珍、郭建荣主编，《北京大学史料》，第 3 卷（1937—1945），页 131—136。
③ 《汤用彤致傅斯年》，"傅斯年档案"，Ⅳ：550。
④ 其中胡庆钧 1941 年入学，以人类学为专业，北大文科无人能够出题考试。王学珍、郭建荣主编，《北京大学史料》，第 3 卷（1937—1945），页 269。

为至祷。"① 傅斯年拟订文科研究所路线之初，本就是以史语所为蓝本，无怪北大文科日后顶多能在文学、语言学等方面负指导之责，一遇以人类学、考古学为专业的学生只有求助史语所了，而史语所影响北大文科研究所之治学方向于此亦显而可见。

或许也是因为战争时期与北大合办研究所的经验，让傅斯年感受到国内始终缺乏专门培养考古、东方语言学的教育机构，于是他在战后北大复员北迁、自己担任代理校长之际，正式提出北大文学院加设东方语文学系和考古学系的建议，并责成汤用彤与李济负责筹备。② 1945 年 8 月文学院教授会议决通过，并强调"文学院须与文科研究所相配合""注重研究院""要取日本在学术界的地位而代之"等原则。③ 傅斯年于战争时期为北大文科研究所制定的方向，不但在战后持续影响北大文学院的建置，1949年以后国民政府撤退南迁，台湾大学文学院考古人类学系之设，与此亦有一脉相承的关系。

民国以来，文史学界"新""旧"学风对立的情形始终相当显著，而这种对立的态势又往往隐身在以大学为主体的教育系统当中，形成"北派"与"南派"的地域分野。新派（北方）不认同旧派（南方）的观点，旧派亦不苟同新派的学说，双方各树旗帜、各拥阵地，其间的差异又以看待传统文化的态度最具分别。1926 年北洋政府财政拮据，导致不少北方学人南下供职，北京大学亦因发不出教员薪水致使教员星散，然而这批南下至厦门大学、中山大学教书的新派学人到了南方之后，其活动与交往范围仍然与旧派之间保有明显的界线。顾颉刚即曾批评："厦大一班人的病

---

① 《汤用彤致傅斯年》，"傅斯年档案"，Ⅳ：536。
② 《北京大学文学院教授会议》，王学珍、郭建荣主编，《北京大学史料》，第 3 卷（1937—1945），页 292。
③ 《北京大学文学院教授谈话会》《国立北京大学文学院 34 年度第二次谈话会》，同上书，页 297—298。

根，在于没有学问的兴味，只懂得学习技能，却不知道什么叫做研究。"①顾氏自诩只要留在福建十年，以其地位必能改变其"学风"，然而实际上顾颉刚只留在厦大和中山不到三年，即回北方。1926年回国的傅斯年，甫入国门亦选择了中山大学作为其初展拳脚的舞台，但他在中山大学待不过两年，即力邀胡适前来一看，谓"不有先生指导，何以使将来胜之于前？我等'托身异国'，建设精诚，此间野蛮人士不解不谅，不有先生来以观之，譬如锦衣夜行，谁复知之者"。②话语之间，分别彼此的意态极为明显，以"锦衣夜行""托身异国"为喻，尤其带有旧派人士不解其行的味道。同样，傅斯年也在史语所开办不久，即行北上，毫无留恋地放弃了南方阵营。

北派学人看不起南方，南方学者亦对北派无多好言。原本任职东南大学的吴宓（1894—1978）即曾喟叹："中国近今新派学者，不特获盛名，且享巨金。如周树人《呐喊》一书，稿费得万元以上。而张资平、郁达夫等，亦月致不赀。所作小说，每千字二十余元。而一则刻酷之讥讽，一则以情欲之堕落，为其特点。其著作之害世，实非浅鲜。"对照新派学人的待遇，吴宓私下感叹他主编的《学衡》杂志与《大公报·文学副刊》，不是得自掏腰包，就是所得甚微。③新旧对垒的心态，即使到了吴宓北上清华教书，"身处敌营"之际，亦不见趋缓。1928年国民政府定都南京后，撤换清华大学校长，吴宓等人风闻新派学人罗家伦将领"旧北京大学一派当权"，恐清华解散，"京中教育将为北大派所垄断"。在人事改革风潮未定之前，吴宓戒慎恐惧，甚至已做好和光同尘、闭门著书的打算，直到清华请其留任，方才定下心来。④其对新派学人的心结，亦悠然可见。

---

① 《顾颉刚致胡适》（1927年2月），梁锡华选注，《胡适秘藏书信选》，下册（台北：风云时代出版社，1990年），页577。
② 《傅斯年致胡适》（1928年4月6日），同上书，页597。
③ 吴宓，《吴宓日记》，第4册（北京：生活·读书·新知三联书店，1998年），页17。
④ 同上书，页75—76、115、131。

种种迹象说明新派、旧派学者即使破除了地域上的限制,仍然在思想和观念上很难认同对方。这种情形对第二代学人尤其形成强大的压力,例如第一届考上北大文科研究所的周法高就说道:

> 各派学说都有出类拔萃的大师,各有其立足点与治学方式,新旧、东西、地域的学术体系也各有其引人入胜的精华,但门派之间的水火不容也往往会使求学者左右为难,有人从一派而终,标榜忠贞不贰,视游走于各家之门者为贰臣。弃旧从新者所受的指摘会更多,当然肩负了更大的包袱。①

原本就读中央大学的周法高,在大学毕业后因中大本身没有研究所,因此选择投考"北派"色彩浓重的北大文科研究所,视此为"第一次逃家";研究所毕业后,南派大学师长召唤其回杭州教书,使他再度"面临回归南派还是留在北派的问题",尽管周氏最后选择留在史语所工作,然而徘徊于南北之间的挣扎,不可不谓其为人生的"第三次拉锯战"。②

思想的扩散、学风的形成,有的时候除了学术思想本身的内涵外,也必须有其社会基础,而网络——尤其是人际所形成的网络关系,即是一种社会基础。事实上,傅斯年对于民国以来新旧对立、南北屹分的现象不但了然于心,他自己甚至就是拉起新派旗帜的重要旗手。从战前成立史语所及到北大兼课,以至战争时期结合史语所与北大之力合办文科研究所,都是他有意识争取学术人才的做法。傅斯年非常清楚学术人才的占有,关涉思想、学风的散播和发展,及其在学术界的版图与位置;如何在"学风"壁垒分明的文史学界占有第一流的学术人才,始终是他关注的问题。抗战胜利、北大复员,傅斯年以代理校长身份向胡适略陈各系复员情况时即明

---

① 周世箴,《周法高先生的学术与人生》,杜正胜、王汎森主编,《新学术之路》,下册,页828。
② 同上书,页844—845。

白表示：理学院各系师资"北大出身，不可多拉"，但国文、史学两系，因"有学风关系"，再难避免。① "学风"根深蒂固的观念，并没有随着抗战时期政府僻居西南，人员集中、校地混合而有多少改变。北大文科研究所招生，学生来自四面八方，② 看似为原本对峙的派系之间创造了整合与消融的机会，但这些学生毕业之后意欲何往、为谁所用，最后往往还是牵涉到新派旧派学术版图的问题，傅斯年对此十分在意。因此北大文科研究所训练出来的学生，如逯钦立、董同龢（1911—1963）、王叔岷、李孝定、马学良、周法高、王明、胡庆钧等人，多被傅斯年延揽入史语所工作。③ 部分因生计或家庭问题不能留在史语所的学生，傅斯年往往也与其订有"来日之约"，例如杨志玖1941年毕业后，为姚从吾荐往南开大学教书，傅斯年对此始终耿耿于怀，三年后借着太平洋学会委托编写《中国边疆史》的机会，再将杨志玖借调回史语所；④ 而1944年毕业的王利器，因必须返回四川大学协办文学研究所，向傅斯年报告，傅氏虽允诺暂时放他回四川，但强调："以后还是把你找回来的。"⑤

　　文科研究所的合作，让北大与史语所在学术人才网上，形成一个相互结合、攻守同盟的阵营。不入史语所者，留任北大者亦不在少数，如战前即已从北大毕业的邓广铭、张政烺（1912—2005），以及北大文科第一届毕业生任继愈等皆为其例。⑥ 后来接任文科研究所所长的罗常培（1899—1958）

---

① 《傅斯年致胡适》（1945年10月17日），梁锡华选注，《胡适秘藏书信选》，下册，页479—480。
② 据周法高回忆，与他同年考上文科研究所的十名学生当中，北大毕业者占六人，其他像东大、清大、川大、中大等各一人。见：周世箴，《周法高先生的学术与人生》，杜正胜、王汎森主编，《新学术之路》，下册，页842。
③ 《北京大学研究院——文科研究所》，王学珍、郭建荣主编，《北京大学史料》，第3卷（1937—1945），页268。《汤用彤致傅斯年》，"傅斯年档案"，Ⅳ：533；Ⅳ：532；Ⅳ：539。
④ 杨志玖，《我在史语所的三年》，杜正胜、王汎森主编，《新学术之路》，上册，页784—786。
⑤ 王利器，《李庄忆旧》，杜正胜、王汎森主编，《新学术之路》，下册，页808。
⑥ 《郑天挺致傅斯年》，"傅斯年档案"，Ⅲ：1061；Ⅲ：1069。

即曾表示:"两所不能分家",若有好学生,北大可"负初步训练之责",毕业后再交史语所继续"培植两三年"。① 对于不能留在史语所或北大的毕业生,也以相当本位的立场,积极为其安排工作,攻占各校地盘,罗常培致傅斯年的信中即说道:

> 傅懋勣被闻在宥以副教授名义拉到华西,月薪二百四十,连贴到五百上下。弟返滇已成定局,只好成事不说,但华中地盘丢的可惜,弟颇想荐葛毅卿或董同龢(此事必须方桂及兄同意再说),不知华中尚能信赖弟否。颉刚又拉杨志玖及余文豪,余已去,志玖却将路费五百元退回,阴法鲁亦不为教育部之高薪所动,此辈穷的连帽子都卖了,而能食贫若此,可佩可佩!②

抗战时期物资缺乏、财政窘迫,西南地区汇聚了大批南下的学人,各大学僧多粥少,尤与战前学术环境不能相比,"傅斯年档案"中即保存了大批学人之间往来请托介绍工作的人事信函。在大学教职一位难求的情况下,毕业学生能谋得一专任职位已属不易,然而罗常培却在信中一方面怅憾华中"地盘"丢得可惜,一方面却高度赞誉杨志玖婉拒齐鲁大学邀约,③ 以及阴法鲁之不为"高薪所动",这里如果不是涉及一点派系与学术"地盘"之争,恐怕是说不过去的。

从民国学术发展的流变来看,派系之争或许最初只限于新旧之间,但到后期,学术地盘的争夺往往掺杂了更多复杂的人事与学术成见的因素。在同一封信函里,罗常培提到西南联大本科国文系毕业生,"除北大部分,

---

① 《罗常培致傅斯年》,"傅斯年档案",Ⅲ:1461。
② 同上。
③ 罗常培致傅斯年信虽未注明写作时间,然据内文提及周法高等人毕业,推断此信应在1931年中秋节前后所发。而顾颉刚此时正在齐鲁大学担任国学研究院主任,故而延揽余文豪和杨志玖前去任教。见:顾潮编著,《顾颉刚年谱》(北京:中国社会科学出版社,1993年),页296—303。

皆被清华国文研究所拉去",其中还包括了原先已推荐给李方桂做研究生的朱兆祥在内。可见同属西南联大一校之间,也存在争夺学术人才的问题。为此罗氏还建议傅斯年赶紧收回在此之前借给联大的书籍,因清华国文研究所已由闻一多(1899—1946)、刘叔雅(1889—1958)、许维遹(1900—1950)等人召集学生,利用史语所借给联大的《道藏》《艺文类聚》《太平御览》等大部头书籍编辑校订经籍字典,以期"早有成绩"。① 字里行间罗氏颇不屑清华招生专做此类"机械工作"。然而学术乃天下公器,战争期间资源匮乏,能做此"机械工作"已属不易,罗常培不满的应该不只是清华拉走了北大原要的学生,其恐怕清华借着文籍校订而抢先在学术上有所表现,才是他真正担心的问题。

北大毕竟还是与史语所合作的机构,在争取人才、追求学术表现时,傅斯年等人考虑北大本身的利益显然高过清华。1947年6月傅斯年卸下代理校长之职赴美就医,依旧关心北大文科征聘人才的问题,姚从吾、汤用彤、郑天挺等人屡次去函请傅斯年在美代为物色人才,其间邓嗣禹(1905—1988)、韩寿萱(1899—1974)、梅可铿(1916—?)、李赋宁(1917—2004)、李田意(1915—2000)等人之聘,尤多征询傅斯年的意见。② 与此同时,史语所于战争结束后亦积极从国外招募生力军,傅斯年更曾因争取周一良(1913—2001)、杨联陞(1914—1990)、陈观胜(1907—?)、尤桐等人回国应聘,不惜与司徒雷登(John Leighton Stuart, 1876-1962)、张其昀(1901—1985)等人争执角力,最后周一良、陈观胜、杨联陞等人虽因必须践履燕京、浙大旧约,③ 不得前往史语所任职,但从周氏以"幽谷""乔木"为喻,比拟燕

---

① 《罗常培致傅斯年》,"傅斯年档案",Ⅲ:1461。
② 《郑天挺致傅斯年》(1947年9月28日),"傅斯年档案",Ⅰ:1249;《汤用彤致傅斯年》,"傅斯年档案",Ⅲ:917;《姚从吾致傅斯年》,"傅斯年档案",Ⅲ:802。
③ 《杨联陞致胡适(1946年2月19日)》,胡适纪念馆编,《论学谈诗二十年:胡适杨联陞往来书札》(台北:联经出版事业公司,1998年),页61—62。《赵元任致傅斯年信》,转引自:王汎森、杜正胜编,《傅斯年文物资料选辑》,页198。

京与史语所,① 当可知史语所在学界中的优势与傅斯年多年深耕易耨的成果。

二、 出版、奖助与经费

除了擅于掌握人才资源之外,傅斯年亦深谙学术发展必须有充足的经费做后盾。自史语所创立以来,傅斯年往往为各种经费来源四处奔走,② 考古发掘、汉语方言调查、史料整理,无一不需大笔开销。抗战期间,政府财政吃紧,能够分配给学术研究的经费更见稀少,北大文科研究所的成立,傅斯年即没有向教育部请款,完全靠的是他和朱家骅、杭立武的私人关系。③ 当然这里还有一层胡适的关系,因中英庚款会自1931年4月成立,四年后即开始以庚款孳息补助教育文化事业,而胡适、丁文江（1887—1936）、王景春则是基金孳息的咨询委员,负责审查各种声请补助案件。④ 1939年北大文科研究所成立时,胡适尽管已派赴美国出任驻美大使,但朱家骅、杭立武的帮助仍有绝大的关系。中英庚款会成立之初,以

---

① 周一良致傅斯年信中谓:"一良之所以不敢现在接受研究所之聘者,只怕回国后燕京当局履践旧约,要一良返校服务,那时不免进退维谷。以地位言,以前途言,当然研究所都远胜,唯其如此,一良才更深感觉不便自食前言,弃幽谷而迁乔木。所以目前虽极愿意立即应研究所之聘,思维再四,仍不敢贸然答应。怕将来回国后无以报命,反而有负您的好意。……"《周一良致傅斯年》（11月25日）,"傅斯年档案",Ⅱ:672。
② 中研院成立之初,蔡元培与蒋介石关系不睦,各所经费均十分吃紧。杨铨曾谓傅斯年曰:"我辈于乱世求研究,本为逆流之妄举,求仁得仁,正无所用其慨叹也。经费方面,子文表示仍照旧绝无问题,但有力者既露颜色,此等援助亦无益也。"经费筹措困难时,甚至曾以"中央博物馆"名义,向中英庚款会调度。及至安阳考古发掘成功,才一扫攻击中研院之说,杨铨谓:"济之彦堂来为研究院大放光彩,不特学者流连不舍,要人联翩而来,即妇人孺子亦加入山阴道上,五日之内,举从前攻击本院之议论一扫而空","此复自当力为考古组筹经费以报万一"。《杨铨致傅斯年》,"傅斯年档案",Ⅳ:378—313;Ⅳ:378—328;Ⅳ:378—329;Ⅳ:378—352。
③ Fan-sen Wang, *Fu Ssu-nien: A Life in Chinese History and Politics*, pp.92-93.
④ 王聿均、孙斌合编,《朱家骅先生言论集》（台北:"中央研究院"近代史研究所,1977年）,页399。

息金补助教育文化事业的五大项目中，补助"高等教育及研究机关"部分虽得25%的比例，但强调以"农工医理"四科为主，① 抗战爆发之后，农工医理等科因攸关国防实用性质而备受重视，相对来说，文法相关科目获得政府补助的比例下降。因此傅斯年央请杭立武代为申请庚款补助时，中英庚款会因文科研究所非重点补助科目，原本裁决不予批准新款提请案，后来还是杭立武适时变通，设法在"原有科学补助案内"提请增加5000元经费预算，② 北大文科研究所才得以顺利开办。由此可见，傅斯年与杭立武之交情匪浅，在各校经费匮乏无法设立研究所之际，尚能取得财源设立如此冷门的文科研究所。

另一个值得一提的例子则是西北科学考察团与居延汉简的出版。1927年瑞典探险家斯文赫定（Sven Hedin, 1865-1952）与北京学术团体代表组成的中国学术团体联合会（一说中国学术协会）订约，合组西北科学考察团，赴蒙古、新疆等地，展开为期四年的实地考察，并以斯文赫定与徐炳昶为双方代表。③ 1930年考察结束前夕，瑞典团员贝格曼（Folke Bergman, 1902-1946）所率领的北路考察小组，在额济纳河流域附近几十处汉代烽燧遗址中发现了为数一万多枚的汉代简牍，由于发现地点在汉代受居延都尉管辖，因此一般称其为"居延汉简"。④ 这批简牍大约是公元前1至2世纪前后汉

---

① 中英庚款会成立时订定孳息支配标准，将教育文化事业分为五项：甲类建设中央图书馆、中央博物馆，并保存固有文化史迹古物等，每年支配息金得25%；乙类补助高等教育及研究机关得25%，特别注重农工医理四科；丙类设置留英额得25%；丁类专门著作及中小学职业学校教科书奖励金1%，戊类建设模范中小学农工职业学校，助产校及兴办农村教育得24%。见：胡颂平，《朱家骅先生年谱》（台北：传记文学出版社，1969年），页32。
② 《杭立武致傅斯年》（6月15日），"傅斯年档案"，Ⅰ：1261。
③ 中方团员除徐旭生外，尚有清大的袁复礼、北大考古学会的黄文弼、北京地质调查所的丁道衡、京师图书馆的詹蕃勋，以及四名研究气象的学生：崔鹤峰、马叶谦、李宪之、刘衍淮。见：徐旭生，《徐旭生西游日记·叙言》，《徐旭生西游日记》（银川：宁夏人民出版社，2000年），页2—3。
④ 马大正主编，李军、邓森著，《斯文·赫定》（北京：中国民族摄影艺术出版社，2002年），页130—134、207—208。

代边塞的屯戍档案，除一小部分书籍外，尚有历谱、私人信函等等，内容极为丰富，包括了军事、政治、法律、教育、经济、信仰、历法和日常生活的直接记录。①

根据出发前双方议定的协约内容规定，所有考古发现均须交还中国，由中方负责保存，中瑞双方共同研究。因此居延汉简在1931年5月运抵北平，先交北平图书馆典藏，并委托北大教授刘复（1891—1934）、马衡（1881—1955）与瑞典语言学专家高本汉负责整理释读。然而刘复不久过世，高本汉亦未实际参与，整理释文的工作便由马衡一人负责，进度十分缓慢。1933年时任北大文学院院长的胡适，便以北平图书馆委员会会长兼西北科学考察团理事长的名义，将汉简移往北大，并加派人手进行整理、编号与释读，北平图书馆馆员向达、贺昌群（1903—1973），以及北大史学系助教余逊（1905—1974）、傅振伦（1906—1999）和史语所助理研究员劳榦（1907—2003）等人，亦于此时加入。② 1936年7月，身为考察团理事之一的傅斯年开始与上海商务印书馆接洽汉简照相出版事宜。不久抗战爆发，为保存文物起见，汉简南运，暂置香港大学汉口图书室，并由西北科学考察团理事徐鸿宝（1881—1971）和理事会干事沈仲章（1904—1987）负责将汉简照相，并运往上海商务印书馆印制出版。1940年汉简印出后，因香港天气潮湿不适存放，便由傅斯年主导，再将汉简移往美国国会图书馆，直至1965年10月才由史语所具名领回台湾。③

有关居延汉简辗转寄放香港、美国及运送返台保存的过程，史语所研究员邢义田曾做了深入的考证与分析，在此不拟赘述。个人比较注意的是居延汉简于抗战前后由傅斯年主导出版与研究的相关问题。事实上，西北

---

① 邢义田，《傅斯年、胡适与居延汉简的运美及返台》，《"中央研究院"历史语言研究所集刊》，66：3（1995年9月），页921。
② 傅振伦，《首批居延汉简的采集与整理始末记》，《傅振伦文录类选》（北京：学苑出版社，1994年），页661—662。邢义田，《傅斯年、胡适与居延汉简的运美及返台》，页922。
③ 邢义田，《傅斯年、胡适与居延汉简的运美及返台》，页922。

科学考察团于 1926 年 4 月组织成军时，北京仍在北洋政府的控制之下，史语所尚未成立，中国学术团体联合会的参与成员中，以北京大学为主要发起单位，联合了北大研究所国学门、清华大学、天文学会、地质学会、物理学会、气象学会、故宫博物院、古物陈列所、北平图书馆等单位，合组成西北科学考察团。① 而胡适与傅斯年之出任考察团理事长及理事，应该是在 1930 年两人北上以后之事，就连日后担任史语所考古组主任的李济，当时都还是以清华大学国学研究院导师的名义参加的。因此西北科学考察团中部分早期成员，如马衡、袁复礼（1893—1987）、袁同礼（1895—1965）等人，对于如何整理、保存居延汉简，便出现了与胡适、傅斯年等人不同的意见，而"傅斯年档案"中即保留了部分与此相关的信函。

双方的歧见应起于战前，在汉简移往北大存放之前，北平图书馆即与北大针对保管、整理之事起过一番争执。② 时已派任故宫博物院院长的马衡和北平图书馆馆长袁同礼、清华大学地文系教授袁复礼等人认为汉简转往北大寄存，于马衡等人之整理研究未便；然胡适、傅斯年二人却认为多年以来马衡有意迁延汉简整理的进度，即使在汉简移放北大之后，胡适加派人手协助，但向达、贺昌群、余逊、劳榦等人整理完成之释文，马衡仍要求重新审阅，③ 严重影响居延汉简的出版进度。1936 年北大文学院秘书卢逮曾去信傅斯年表示，存放在北大的汉简，马衡有意将部分取出携往南京整理，卢以胡适不在国内无法做主为由婉拒其请。此举引起马衡相当大的不满，扬言"木简迟期出版我不负责"。卢函中还提及他已通知西北

---

① 对照袁复礼致傅斯年信函原件与傅振伦 1987 年之回忆，西北科学考察团之发起单位不论在名称还是参与成员上都有不小的出入。此处采袁复礼原件的说法。见：《袁复礼覆傅斯年信及傅斯年覆信稿》（1940 年 8 月 25 日），"傅斯年档案"，Ⅰ：64；傅振伦，《首批居延汉简的采集与整理始末记》，《傅振伦文录类选》，页 661。
② 《傅斯年致叶恭绰》，"傅斯年档案"，Ⅰ：66，收入：王汎森等主编，《傅斯年遗札》，第 2 卷，页 1116—1120。
③ 《傅斯年致袁复礼》（抄件），"傅斯年档案"，Ⅰ：74，收入：王汎森等主编，《傅斯年遗札》，第 2 卷，页 1110。沈仲章口述、霍伟记录、胡绣枫整理，《抢救"居延汉简"历险记》，《文物天地》，第 4 辑（1986 年 7 月 30 日），页 34。

科学考察团理事会书记某君，请其注意汉简未经许可不得出北大，但卢也强调某君为"西北用人"，是否能确遵所嘱不敢断言。① 双方角力的痕迹已十分明显，西北科学考察团部分早期成员对于胡、傅等人以后来之姿主导汉简的整理、出版显然感到不惬。迨傅斯年以科学考察理事名义，出面与商务印书馆订约，马、袁等人与傅斯年之间的关系更加白热化。②

抗战爆发，物价飞涨，商务印书馆影印出版居延汉简之成本骤增，因而要求与西北科学考察团重订契约，并将该书版权让与商务独家印行。然而，此时考察团成员散之四方，傅斯年只得再度动用与中英庚款会的关系，请其增资补助商务刊行，并说服董事会同意事先预订三百部以减轻商务负担。只是在版权所属上，傅斯年另有看法，他在一封致商务印书馆王云五（1888—1979）、李泽彰（伯嘉）的信函中说道：

> 顷检汉简"办法"原文，发现其中有一句云："由著作人西北考察团另订契约，将该书版权完全让与商务印书馆独家印行。"此句大有不便，盖西北科学考察团现在事实上无此物，谁来签名定此约？且此会在北平开会时，已乱七八糟，且有一周肇祥者，每以主席自居，挥之不去，今为汉奸矣。此团之最主要发起人为北京大学，关于文史一部分久由北大担任款项清理。必欲别定一约，似可由"教育部"或"北京大学"出名，此事弟可办到。然亦只能担保此件在贵馆将五百部售完之前不另交他人印行。若永远将版权完全让与，此乃国家之事，谁能保证？③

---

① 《卢逮曾致傅斯年》，"傅斯年档案"，Ⅰ：497。
② 傅斯年1940年8月25日致袁复礼信中提及：北平沦陷之前，曾与商务订约，商务不唯允诺送书，并给版税，然此议遭袁复礼反对，建议改由马衡出面订约，只是其后并无下文。见：《傅斯年致袁复礼》（抄件），"傅斯年档案"，Ⅰ：74，收入：王汎森等主编，《傅斯年遗札》，第2卷，页1110。
③ 《傅斯年致王云五、李泽彰》，"傅斯年档案"，Ⅰ：56，收入：王汎森等主编，《傅斯年遗札》，第2卷，页916—918。

傅斯年为表明版权无法让渡给商务，曾在包括上信在内的数封信中提及西北科学考察团"事实上已不知其何在"之语，① 然而，这句话再度引起马衡及袁复礼等人的不满，去函更正表示：西北科学考察团理事仍有七人在昆明（徐炳昶、任鸿隽、梅贻琦、傅斯年、袁复礼、袁同礼、徐鸿宝），二人在重庆（翁文灏、马衡），一人在桂林（李四光），二人在北平（沈兼士、周肇祥），一人在美国（胡适），若谓西北科学考察团已不存在，绝非事实。② 对此，傅斯年亦不甘示弱，回信辩驳。傅氏认为即使会中空有若干古物，或有正在进行中的研究，皆不足以证明西北科学考察团依然存在，因抗战南迁之后，非但理事会不曾召开过一次，亦未有可资联络的会址或通信处，更"无独负其责之人"，凡此种种皆说明西北科学考察团理事会会务早已停顿的事实。信中傅氏还意有所指地表示："释文一事，以前每为所误（指马衡）。欲秘为己有，不肯示人，以便自己缓缓写释文者，故当年久不出版"；"此物乃国家之公器，任何人不得而私之"。③

事实上，两方之所以对于西北科学考察团究竟是否存在，如此斤斤计较的原因，概与居延汉简的出版形式、挂名机关和释文整理的主导权有着密切的关系。袁复礼强调汉简出版无论委由任何机关出名，封面上必须清楚印出西北科学考察团之名，④ 凡参与过之研究员及机关名称亦须印在封

---

① 《傅斯年致王云五、李泽彰》，"傅斯年档案"，Ⅰ：58；《傅斯年致叶恭绰》，"傅斯年档案"，Ⅰ：66。以上收入：王汎森等主编，《傅斯年遗札》，第2卷，页958—959、1116—1120。
② 任鸿隽（1886—1961），梅贻琦（1889—1962），徐鸿宝（1881—1971），翁文灏（1889—1971），李四光（1889—1971），沈兼士（1887—1947），周肇祥（1880—1954）。《袁复礼覆傅斯年信及傅斯年覆信稿》（1940年8月22日），"傅斯年档案"，Ⅰ：64。
③ 《傅斯年致袁复礼》（抄件）（1940年8月25日），"傅斯年档案"，Ⅰ：74，收入：王汎森等主编，《傅斯年遗札》，第2卷，页1109。
④ 袁同礼亦有一信致傅斯年，表达同样的意思，他说："查西北科学考查团发起人，不仅限于北京大学及地质调查所两机关，据弟所知，发起人中担任经费调查较多者，似以清华为最，故全体发起人姓名，似可不必列入。敝意居延汉简之出版机关，应写'西北科学考查团理事会'，目下与商务订立合同，则又为一事。"《袁同礼致傅斯年》，"傅斯年档案"，Ⅱ：86。

第三章 一代旗手傅斯年：一个学术网络的观察

面上。① 对于这点，傅斯年认为无论就中书还是西书的出版格式来看，均无列出考察团成员与研究员名字之前例，至于版权的归属问题，具有强烈民族主义倾向的傅斯年则主张：应将版权归于"国家"，② 改由北大或教育部具名出版，方为允当，至于瑞典人发现之原委，则可请徐炳昶在内文中写明即可。

傅氏持论的主要依据是抗战以后西北科学考察团已无实际运作的功能，悬而未印的史料如不赶紧印出，非但影响学术界对居延汉简的研究进度，更可能贻笑国际，他说："此物出土，约十五年，久不出版，学界之耻，国家之耻"，以一能代表"国家"的"全能机关"出名，方能保有史料的公开性，因此他反对马衡、袁复礼、袁同礼建议将释文与史料一起出版的建议，他认为："正文既出，人人可以研究发表"，"本文出版后，研究之事，无限制也"。③ 证诸过去的经验，傅斯年始终认为马衡有意将汉简"秘为己有""不肯示人"，而他断言"此批材料之充分利用，恐至少需十年"，如果不赶快将史料公开出版，供国内学界考释研究，他担心"瑞典人高本汉之书先出矣"。④

在傅斯年的观念里，新史料、新工具的掌握是学术得以精进的关键，他不认为根据汉简所作的释文，只能有"一家之言"的定论，将材料"公开化"，可以刺激研究蓬勃发展。对傅斯年来说，与国际汉学界角胜争雄

---

① 《傅斯年致袁复礼》，"傅斯年档案"，Ⅰ：64（手稿）；Ⅰ：74（抄件）。以上收入：王汎森等主编，《傅斯年遗札》，第2卷，页1109。
② 李济在回忆中曾提及他和董作宾、梁思永对现代考古学都有一个同样的信仰、同样的看法，都认为不应该把研究的对象当成古玩或古董，所有在地下的古物都是公有的财产，一切都应该归公家管，自己决不收藏任何古物。这可说是从事现代考古学研究者最基本的态度，傅斯年当年选了李济担任考古组主任，应该是认同这种看法。而傅斯年此处对居延汉简版权归属的主张，显然也与这种态度有关。参考：李光谟，《锄头考古学家的足迹——李济治学生涯琐记》（北京：人民大学出版社，1996年），页170。
③ 《傅斯年致袁复礼》，"傅斯年档案"，Ⅰ：64（手稿）；Ⅰ：74（抄件）。以上收入：王汎森等主编，《傅斯年遗札》，第2卷，页1109—1110。
④ 《傅斯年致叶恭绰》，"傅斯年档案"，Ⅰ：66，收入：王汎森等主编，《傅斯年遗札》，第2卷，页1116—1120。

是其创立史语所的主要目的之一，西北科学考察团成立之时，史语所未能躬逢其盛，以至居延汉简的发现成了瑞典人的功劳。虽然，根据当年中瑞双方的协定，考古发掘物必须保留在中国，可是经过十来年的整理，中国学界却并未据此发表太多相关的研究成果，只有零零星星如贺昌群、黄文弼（1893—1966）与马衡等人的考释文，① 这样的成绩看在傅斯年眼里，自是心急不已，因此他除了加快汉简出版的速度之外，在汉简照相影印时，特别委托商务印书馆另外加印一份，留在史语所中供同仁研究参考，② 而战前已投入汉简整理工作的劳榦，也在傅斯年的积极鼓励下，开始专研居延汉简的考释工作。

站在史料公开化的立场，傅斯年的主张至公至允，只是释文的整理出版，除了牵涉到居延汉简本身的出版进度之外，还涉及了双方在治史观点上的差异。马衡在接掌故宫博物院之前，长久以来即以金石学名世，自1924年开始即受聘于北大文科史学系教授金石学课程，对于历代铜器、石刻、甲骨、竹木、封泥、砖瓦、陶器、玉器、写本、版刻及艺术品皆有专研，③ 然其治学取径与现代考古学强调在有历史根据的文化遗址上，以科学方法从事田野考古的性质不尽相同。史语所成立之初，马衡即有意加入史语所，其后史语所筹备第一次安阳考古发掘时，马衡更曾主动去函表示想要参加，但为傅斯年、李济、董作宾所婉拒。④ 对此，杜正胜认为："这无关乎人事倾轧，而是对知识的态度和追求知识之方法的歧异"。⑤ 概以马衡对于历史考古的观念，虽然重视探险、调查与发掘，但多少还带有

---

① 《傅斯年致袁复礼》，"傅斯年档案"，Ⅰ：64（手稿）；Ⅰ：74（抄件）。《傅斯年致叶恭绰》，"傅斯年档案"，Ⅰ：66。以上收入：王汎森等主编，《傅斯年遗札》，第2卷，页1110、1118—1119。
② 《傅斯年致叶恭绰》，"傅斯年档案"，Ⅰ：66，收入：王汎森等主编，《傅斯年遗札》，第2卷，页1118。
③ 傅振伦，《马衡先生传》，《傅振伦文录类选》，页592。
④ 《史语所档案》，元25—3，转引自：杜正胜，《无中生有的志业——傅斯年与史语所的创立》，杜正胜、王汎森主编，《新学术之路》，上册，页33—34。
⑤ 同上书，页34。

"金石学向考古学过渡"的色彩,① 这与史语所从事的现代考古学毕竟有所不同。从这个角度来看,居延汉简若由马衡主导释文之整理与出版,自不免以傅斯年所不乐见之传统金石、器物学考释文字的方式面世,因此在释文另行出版的态度上,傅斯年始终非常坚持。相对于此,傅氏对于劳榦所做的释文考证,则显露出截然不同的态度,他对劳榦多年来投注在汉简上的功力一直深致期许,他相信劳榦积其多年"史学及汉朝碑版"素养所写成的释文,必定极有可观之处。傅氏曾对叶恭绰(1881—1968)言:劳榦所做释文,即使将来交中英庚款会或商务出版时,非但可"不必加以审定",放眼学界"能审改之者亦不多"矣。② 事后证明,傅斯年在劳榦完成《居延汉简考释》一书后,多方致赠学者,③ 并推荐其参加教育部学术审议委员会甄选之学术优良著作而获奖励。④ 换言之,如果汉简释文在马衡的主导下随史料出版,劳榦或许未能取得机先,成为研究汉代简牍的权威,学术研究所关涉的时效性问题,傅斯年的考虑不可不谓深邃周详矣!

然而,傅斯年看待史料的观点与急欲出版汉简的用心,未必得到大家的认同,对马衡、袁复礼等西北科学考察团早期成员而言,傅斯年的态度不免予人抢夺学术资源、占有材料的联想,加以傅氏对马衡的批评,因涉及人身攻击,更招致对方的诘难,汉简出版后,马衡还曾为诗一首,以自我解嘲的方式表达不满。⑤ 而袁复礼对于傅氏批评其有意拖延居延汉简的

---

① 傅振伦,《马衡先生传》,《傅振伦文录类选》,页594。
② 《傅斯年致叶恭绰》,"傅斯年档案",Ⅰ:66,收入:王汎森等主编,《傅斯年遗札》,第2卷,页1119。
③ 《蒋廷黻致傅斯年》,"傅斯年档案",Ⅰ:467;Ⅰ:462。
④ 教育部中国年鉴编辑委员会编,《第二次中国教育年鉴》,第3册第6编,"学术文化"(台北:宗青图书出版公司,1981年),页75。
⑤ 马衡致傅斯年信表示:"居延汉简得兄与森玉等诸兄之力,已能付印,快何如之,释文延误之咎,弟不敢辞,惟所谓'秘为己有者大有其人'究何所指,弟亦不暇辩,只要原物出版于愿已足,兹有解嘲诗一首,聊以示意。"其诗云:"十载劳人不自由,是非场里久沈浮;著书岁月成虚掷,伏案生涯宁强求;垂白那堪闻辩难,杀青差幸减儋尤;世事期望知多少,豁目来登更上楼。"《马衡致傅斯年》,"傅斯年档案",Ⅱ:36。

整理工作尤其在意,他说:

> 除昆明、成都数十箱外,其余因抗战时期不得整理,惟工作停顿一节,亦不确实,只未能有研究费,故未恢复工作常态,谅除中央研究院一部分外,国内各机关均为此,故请不必将西北科学考察团作一例外也。①

从当时的学术环境来看,袁复礼的话并非全无道理,抗战时期各机关欠缺经费,常态性工作尚难维持,更何况是人员已几致星散的西北科学考察团。袁复礼的话某种程度上透露出抗战时期的史语所恐怕真是一个例外,在其他大部分机关工作多已停顿的情况下,史语所的工作还能持续运行。只是袁复礼或许未必知晓,傅斯年之所以有能力主导居延汉简在上海商务印书馆出版,借赖的不是中央研究院的经费,而是中英庚款会的资助,其中包括付给商务印书馆的版税以及预订三百部书的款项,大约将近一万五千元,以及日后运往美国国会图书馆保存的运费,也由中英庚款会支付。② 在人力物力均极匮乏的年代,学术机关若要在常态性工作之外维系任何一种学术工作,没有政府单位或基金会的协助,无疑是相当困难的,而傅斯年对居延汉简的整理出版之所以有如此强硬的主导权,凭恃的当不只是他自己所谓的"文物热心"和学术公开化的理念,③ 优势的人际网络关系和筹措经费的能力,恐怕才是关键所在。其后,西北科学考察团更在

---

① 《袁复礼覆傅斯年信及傅斯年覆信稿》,"傅斯年档案",Ⅰ:64。
② 王聿均、孙斌合编,《朱家骅先生言论集》,页404。
③ 傅斯年曾对袁复礼说:"此时出版,万分困难,吾辈不能悬揣,兄言尤极隔膜。弟于此事,纯是为文物热心,亦缘深感森玉前辈老先生之督勉,故为此往来之信盈尺,除麻烦外,果何为哉?"见:《傅斯年致袁复礼》,"傅斯年档案",Ⅰ:64(手稿);Ⅰ:74(抄件)。以上收入:王汎森等主编,《傅斯年遗札》,第2卷,页1111。

傅斯年的建议下重新整军，① 改由史语所领导，联合国立中央博物院筹备处、中国地理研究所和北大文科研究所，由李济负责规划，派出夏鼐(1910—1985)（史语所）、向达、阎文儒(1912—1994)（北大）、李承三(1899—1967)、周廷儒(1909—1989)（地理所）等人，于1943—1945年间前往甘肃、新疆等地进行考古调查，② 其经费来源亦多得自中英庚款会之资助。傅斯年不惜动用各种旧式的私人交谊关系，甚至不避"学霸"之名以达成他的目的，③ 看似与他想要建立一个公正理性的现代社会，在观念上是背道而驰的，然而，在手段和目的之间，傅斯年却似乎融通无碍，并不觉得彼此有任何扞格之处。或许对傅斯年来说，手段可以是旧的，目的却必须大公至正；在与国际汉学界角胜的大前提之下，公与私、新与旧、民族主义和私人网络关系，都可以有另一种安排和解释。

在许多现代西方国家学术专业化过程中，民间性质的慈善基金会通常扮演着相当重要的角色，以美国为例，最早成立的洛克菲勒基金会（Rockefeller Foundation）在1913年即已创立，其他如社会科学研究审议会（Social Science Research Council）、古根汉姆纪念基金会（Guggenheim Memorial Foundation）和福特基金会（Ford Foundation）等亦多在两次世界大战之间设立，④ 它们提供经费，奖励、赞助、支持不同的学术团体或个人，以推广学术活动并提升其学术研究的水准。放眼民国学界，这类民间性质的基金会可说少之又少，少数如中英庚款会或中华教育文化基金董事会（简称"中基会"）等组织，也大多具有半官方的性质，其经费亦不

---

① 傅斯年认为西北科学考察团之人事复杂已极，重整不易，建议中英庚款会资助重作新者，另约部分旧人加入。《傅斯年致叶恭绰》，"傅斯年档案"，Ⅰ：66，收入：王汎森等主编，《傅斯年遗札》，第2卷，页1116—1120。
② 石璋如，《李济先生与中国考古学》，杜正胜、王汎森主编，《新学术之路》，上册，页146。"中央研究院"历史语言研究所编，《"中央研究院"历史语言研究所七十年大事记》（台北："中央研究院"历史语言研究所，1998年），页18。
③ Fan-sen Wang, *Fu Ssu-nien: A Life in Chinese History and Politic*, p.92.
④ Theodore S. Hamerow, *Reflections on History and Historians* (Madison: The University of Wisconsin, 1987), pp.61-62.

全然用以资助教育文化事业。1930—1940年代，傅斯年透过私人交谊，与这些基金会维持良好的互动关系：借着基金会的资助，傅斯年一方面实现了许多原本窒碍难行的计划，而其学术声望，也让他成为各基金会争相聘请的专业审查人。①这项工作除了让傅斯年有机会利用中英庚款会或中基会的经费，协助许多抗战期间为生活所苦、颠沛流离的学人，② 在基金会极少的中国，傅斯年掌握这项特殊的权力，相对地在某种程度上，也扩大了他在学界的影响力。

"傅斯年档案"中藏有一份中基会在1938—1940年前后委托傅斯年审查"科学研究补助金"声请案的回复函，傅斯年对于其中一名列为乙等、准予补助的案件有如下的表示：

> 此君著作只是抄集，李剑农先生介绍之词，似言过其实。惟如此一长题目（中国宰相制度），纵二千年，精练之史学家决不敢为之。作者虽不了解此问题中各时代之细点，但抄撮尚勤，亦颇扼要，在今日一般出版水准中，此书不算坏。以此书为例，则彼之计划，作中国选士制度考，其结果亦必是此类之书，此虽不足名为研究，却可作为一般人参考之资也。③

民国以来，学术分工愈细，"窄而深"的专题已经逐渐成为史学研究的主

---

① 中英庚款会"协助科学人员各组委员会"聘请傅斯年担任史学组主席委员，负责推举专家，组织史学组委员。另外中基会"科学研究补助金及奖励金审查委员会"亦聘请傅斯年担任历史学审查委员。《杭立武致傅斯年》（1940年8月2日），"傅斯年档案"，Ⅳ：1250；《孙洪芬致傅斯年》（1936年10月2日），"傅斯年档案"，Ⅱ：295。
② 像是因太平洋战争爆发滞留香港的陈寅恪，或因眷属人口浩繁不得不暂时放弃学术工作的邓广铭等，均曾因傅斯年的帮助，接受过中英庚款会的补助。见：《杭立武致傅斯年》，"傅斯年档案"，Ⅲ：1212；《邓广铭致傅斯年》，"傅斯年档案"，Ⅰ：1475、1477、493。另可参考：Fan-sen Wang, *Fu Ssu-nien: A Life in Chinese History and Politics*, p.92。
③《傅斯年致中华教育文化基金董事会》（1942年5月19日），"傅斯年档案"，Ⅰ：266，收入：王汎森等主编，《傅斯年遗札》，第3卷，页1278—1279。

要形态，胡适、梁启超、何炳松（1890—1946）等人均曾为文提倡，① 而史语所历年发表的著作尤具代表性。傅斯年认为该申请人所著《中国宰相制度》和《中国选士制度考》之计划，皆够不上"研究"之名，显然也是抱持这样的观点，概因这样的题型不论在时间还是议题上都太过浮泛，充其量只能作为一般人参考之用。至于怎样的著作才能称得上"研究"呢？傅斯年对另一名获得甲等补助者的评语可略见端倪，他说：

> 在此次送交审查全部著作中，仅此君之《晚明流寇》一书可称为"史学的研究"。此君史学之训练，尚非尽善，其中颇有可以改善之点，但就大体言之，确已抓到一"史学的问题"，而其处理之法，亦大致得当。②

此案申请人李文治（1909—2000）之所以被傅斯年评列为甲等，最主要的原因也还是题型的问题，《晚明流寇》这样的论题显然比较合乎现代史学"专题式"的主潮，傅斯年视其为该年度所有申请案中，唯一可列入"史学研究"的著作，是因其尽管在方法上仍有可改进之处，但已经掌握到什么是"史学的问题"，所以评列为甲等。

这样的评价，在今天看来也许标准并不算高，然而如果我们回归当时

---

① 胡适在《国学季刊·发刊宣言》中表示，专史研究可再依时代、区域、宗派、人物等类别，细分为各种子目，而子目的研究是专史修正的唯一源头，也是通史修正的唯一源头。梁启超主张"窄而深"的研究方式，在史学中，划出一部分来，用特别兴趣及相当预备，专门去研究它。此外，何炳松在《历史研究法》中也说："我们有志于整理中国史的人亦应该具有同样的精神先努力去做专篇的著作，再去做通史的工夫。"见：胡适，《国学季刊·发刊宣言》，《胡适文选》（台北：远流事业出版公司，1990年），页242。梁启超，《治国学的两条大路》，《饮冰室文集》，第14册，页111。何炳松，《历史研究法》，刘寅生、房鑫亮编，《何炳松文集》，第2卷（北京：商务印书馆，1997年），页264。
② 《傅斯年致中华教育文化基金董事会》（1942年5月19日），"傅斯年档案"，Ⅰ：266，收入：王汎森等主编，《傅斯年遗札》，第3卷，页1278—1279。

的学术脉络,当可知民国以来史学专业化的脚步,才刚刚随着大学建制与研究机构的出现迈开不久,除去学院中专职研究历史、教授历史的学者之外,还有为数甚众的"业余史家"依然私下从事撰述工作,这些非专职研究的史学工作者,不见得对于学院内部积渐成型的规范或学术行情有太多的认识,专题式的研究形态对他们来讲还很陌生。即使撇开这群业余史家不谈,学院内部对于史学是不是该采"窄而深"的专题研究路线,在当时也未必有一定的共识。在这样的前提下,傅斯年为中基会所做的审查工作,自然而然就会在撰著标准、理念、方法上,对申请者产生一定程度的影响。任何想接受中基会补助的史学工作者,不论他们原先的构想、理念为何,都必须在这样的规范下调整其工作方向。而符合这样标准的"史学研究",即使在申请条件上不尽周全,傅斯年也认为还是值得鼓励,例如吴晗(1909—1969)的申请案就得到傅斯年这样的评语:

> 此君并未附任何文件,研究计划亦言之太简,然其著作弟颇熟悉,知其学力如何。今以旧所阅览彼之著作为根据,列为甲等。(弟皆阅,最近尚见清华纪念论文一篇)至于手续未备之处,仍乞贵会斟酌。①

吴晗的申请补助案显然十分简略,该附的文件不但没附,连研究计划也写得语焉不详,可是傅斯年在评列等第上反而将其列为甲等,其排名尚在李文治之前,理由很简单:傅斯年太过了解吴晗的学力与研究取向了。证诸过去他所读过吴晗的作品,傅斯年非常清楚吴晗的研究路数,是符合学院内部窄而深的要求的,换言之,也就是一种可以称得上"研究"标准的史学著作。因此从某种角度来看,傅斯年的审查也许带有非常主观的成分,

---

① 《傅斯年致中华教育文化基金董事会》(1942年5月19日),"傅斯年档案",Ⅰ:266,收入:王汎森等主编,《傅斯年遗札》,第3卷,页1278—1279。

但不可讳言的是，在他主导下的审查机制必然会将史学研究慢慢导向专门化与专业化的路径上去，大凡获得基金会支持、奖助的学人，必定在理念上是符合这套标准的，或至少在学术能力、方法上被认为是值得肯定的。透过基金会的审查制度，标准化的研究形态将更加确立，而掌握了基金会审查大权的傅斯年，就如同掌握了现代史学专业化的标准与方向，其在史学界的影响力自是不可小觑。

三、 学术社群及战时影响力

最后，我想谈一谈傅斯年于抗战时期在人才网络、物力资源上的拓充外，如何以其优异的学术行政长才，持续保持史语所声势于不坠的问题。以史学专业化的进程来看，学院建制的出现无疑是现代中国史学迈向专业化的第一步，然而学界总是缺乏一个具有客观公评标准的社群组织团体。民国以来，新旧派系的对立，以至1930年代唯物史观的崛起，在在使得中国史学界长期处在一种分裂、对峙的氛围当中，小型学术社群虽不少见，但始终无法组织一个在概念、宗旨上和谐的历史学会，欠缺整体专业社群的我群意识。战争爆发前，国联之史学委员会会长泰伯利（Harold Temperley, 1879-1939）来华访问，力邀中国加入，国内各派史学团体个个摩拳擦掌，兴致盎然。只是根据国联组织章程规定，参加团体必须是一个国家级的学术机构（National Academic）或是全国性的史学委员会（National Committee），放眼当时中国学界，要求各派在短时间内捐弃成见，组织一具有全国代表性的史学团体，显然不大可能。而参与国际史学组织本为傅斯年多年之夙愿，此事于1938年因钱端升在美重遇泰伯利才又提起。[1]几番思量下，傅斯年为"求避免由唯物史观者作为中国史学正统起见"，决意不

---

[1] 《钱端升致傅斯年》(1938年5月27日)，"傅斯年档案"，Ⅰ：610。《郭泰祺致傅斯年》(1938年6月20日)，"傅斯年档案"，Ⅰ：514。

计"包揽"之名,与教育部协商,以史语所之名义申请加入。①

傅斯年再度积极筹划加入国际历史学会的准备工作。首先,他去函教育部希望取得参加此会的经费,其次则是议定出席代表人选。傅斯年认为加入此会有两个非常重要的意义:一是争取中国在国际学会中的"权力",二是廓清日本在西方汉学界"指鹿为马、淆惑视听之处"。② 因此出席代表人选不能不慎重,傅斯年认为尤须派一"在中国史学界负地位,在国际负声望,为英国话(或法)说得好"的代表,方可胜任,所以他建议教育部委派刚刚接任驻美大使的胡适出席最为合宜。

此次会议于苏黎世召开,中国方面以史语所之名参加,按理来讲,由傅斯年自己出任代表合情合理,然而傅氏最后推荐胡适前往的原因,除了他自己所说"国难当头,经费无多",胡适由美国前往最省费用的理由之外,主要还是由胡适出席代表中国史学界,是傅斯年最为放心的人选。根据胡适开完会后写给傅斯年的信中得知,胡适在大会通过中国、梵蒂冈、爱尔兰等三个新会员国之后,随即发表了一篇名为"Recently Discovered Materials for Chinese History"的文章,③ 其主要内容如下:

1. 安阳的殷商史迹。
2. 新出土的金石与其新研究。
3. 敦煌卷子。
4. 日本朝鲜所存中国史料。
5. 中国官殿官署所出档案。
6. 禁书、逸书、忽视的书的"钩沉"。④

---

① 《傅斯年致陈立夫、顾毓琇、张道藩》(抄件)(1938年6月14日),"傅斯年档案",Ⅰ:90,收入:王汎森等主编,《傅斯年遗札》,第2卷,页887—889。
② 同上,收入:王汎森等主编,《傅斯年遗札》,第2卷,页888。
③ 胡颂平由张贵永处所查胡适发表论文名称略有不同:"Newly Discovered Material for Chinese History",见:胡颂平,《胡适之先生年谱长编初稿》,第5册,页1639、1945。
④ 《胡适致傅斯年》(1938年9月27日),"傅斯年档案",Ⅰ:1637。

在三十分钟的演说中，胡适把重点全然放在介绍近代中国新出土的史料上，其中大部分又是史语所历年考古发掘或整理的成绩，换言之，国内派系林立、意见纷歧的主张，不但不见诸此次国际会议，唯物史观或是傅斯年所谓"抱残守缺者"的学术观点，在此亦销声匿迹。胡适显然不负傅斯年所托，在国际史学会议上充分呈现史语所一派所领军的史学成就，成功地为史语所打响了在国际汉学界中的知名度。

此后，史语所正式与国际史学组织取得联络，剑桥大学的李约瑟（Joseph Needham, 1900-1995）来华访问，同样由中英庚款会转介史语所出面接待，① 而其回国后非但大力宣传中国学术界的努力，对于傅斯年更多所称道。② 李约瑟甚至建议战后各国应设立一国际科学合作中心（International Science Cooperation Service），邀请中研院加入。③ 若从学术网络的角度观之，傅斯年此次参与国联史学委员会之举，尽管是以史语所名义加入，但他成功地将中国史学——至少是当时主流派的史学，推上世界舞台，与国际学术社群取得联系，完成他多年来欲与西方、日本汉学界争雄的心愿。此外，打入国际学术社群组织，对于整合国内史学社群也有间接刺激的作用，五年后（1943年）中国史学会正式组织成立，与此不无关系。④ 除左翼阵营之外，过去分处四方、各拥阵地的史学工作者及史学刊物、团体、研究机构等社群组织，在教育部的号召下，竟能暂且捐弃成见，共组一全国性的史学社群，确实极不容易。⑤ 获得当年票选理事最高票的顾颉刚，

---

① 《杭立武致傅斯年》，"傅斯年档案"，Ⅰ：1419。
② 《杭立武致傅斯年》，"傅斯年档案"，Ⅰ：1257。
③ 《翁文灏致傅斯年》，"傅斯年档案"，Ⅲ：635。
④ 《孙次舟致傅斯年》，"傅斯年档案"，Ⅲ：789。
⑤ 1943年中国史学会于重庆正式成立，号称史学界知名人士汇聚一堂，许多原有成见，或难得聚首的史学工作者一百多人共襄盛举，事后还曾编印了《中国史学》年刊四期。见：《黎东方致傅斯年》（1943年2月26日），"傅斯年档案"，Ⅰ：1520。黎东方，《平凡的我》，第2集，页43—45。傅振伦，《中国史学会》，《七十年所见所闻》（上海：华东师范大学出版社，1997年），页120。有关中国史学会的成立经过可参见：王煦华，《抗日战争期间的中国史学会》，上海图书馆历史文献研究所编，《历史文献》，第4辑（上海：上海科技文献出版社，2001年），页218—226。

尽管对于时任教育部长的陈立夫有诸多不满，当选之后仍不免表示"有此地位而不为国家作事，未免可惜"，①他希望借此机会召集同仁分工合作，"在出版事业上贡献心力"，以二十年的时间有计划地出版各种适合大、中、小学及研究所阅读的通俗及专业通史之作，"使中国史学上得轨道"。在抗日战争一致对外的前提下，民族主义意外成为专业史学社群形塑集体我群意识的重要凝合剂。

话说回来，在学术发展极为困难的抗战时期，能以极其有限的资源，持续推动学术活动，勉力进行历史研究工作，维持史语所在战前好不容易打下的基础，傅斯年功不可没，而加入国际史学组织更无形中确立了史语所龙头老大的地位。相对于战争期间许多南迁的学术机构，傅斯年领导下的史语所，俨然成为史学界人才与物力的支援站。许多大学在师资欠缺时，纷纷向史语所借将，例如中央大学历史系主任张贵永(1908—1965)，除了力邀傅斯年、董作宾担任该校"方日意特设学术讲座"之客座教授外，也希望傅乐焕(1913—1966)来校教授宋辽金史的课程。②而西北大学新设边政学系时，③系主任黄文弼也因该校欠缺语言学、人类学、社会学教授多人，希望傅斯年允借马学良出任人类学教授。④同样的，丁山赴西北大学之后，也透过朱家骅的关系，代为邀请劳榦、王崇武(1911—1957)前往贵州开设断代史课程。⑤只是史语所向来有专任不能兼职的定则，傅斯年对于所中人员管制极严，非不得已不愿研究员出外兼课。即使人情请托不可免，亦要求职级必须升高，罗常培致傅斯年信中即曾提到：

---

① 顾颉刚，《顾颉刚日记》，第5卷，页64—65。
② 《张贵永致傅斯年》(4月21日)，"傅斯年档案"，Ⅰ：597。《张贵永致傅斯年》(8月23日)，"傅斯年档案"，Ⅰ：596。
③ 黄烈，《黄文弼先生传略》，黄烈编，《黄文弼历史考古论集》(北京：文物出版社，1989年)，页Ⅶ。
④ 《黄文弼致傅斯年》(8月11日)，"傅斯年档案"，Ⅰ：1449。
⑤ 《朱家骅致傅斯年》(元月7日)，"傅斯年档案"，Ⅲ：1248。

> 叔傥来信托代物色语言学教员一人，弟拟以周法高荐，请其与兄直接商量，不知现在可以放出来否？中大如欲聘，名义须为副教授，弟之主张由史语所或北大荐出者，名义须提高，由外间荐来者，须保持两处之传统标准。①

伍俶（叔傥，1897—1966）为中央大学师范学院国文系主任，来信请罗常培推荐语言学教员，罗认为由史语所与北大推荐出去的人，必须在聘任职级上高出原来一等，所以周法高当时只是北大文科研究所毕业不到两年的学生，在史语所尚以助理研究员名义聘任，但罗常培认为中大如要聘请周法高，应以副教授名义起聘。这封信看似罗常培个人的主张，但实际上与傅斯年的观点相仿，像是原在史语所任职的胡厚宣（1911—1995），1940年转往齐鲁大学国学研究所任教后不久，即升任该所中文系及历史社会系主任，傅斯年听说后，马上回答："应该，应该，我们这里出去的，应该担任主任。"② 傅斯年显然对于史语所培养出来的人才深具信心。相对地，由其他院校荐往史语所或北大任职的待遇，显然就没有这么优厚，傅斯年对于求职者往往考虑更多的是他们的治学取径或研究表现，若非由他极为信任或推崇的学者推荐来的人，傅斯年多半不予考虑。③ 这种态度虽常常被人批评为"门户之见"，④ 但倒也真的树立了史语所早年的学术风格。

此外，在物力支援方面，最具影响力的就是史语所的图书。抗战爆发，各大学紧急南迁，人员移动尚不成问题，最困难的就是设备，其中又

---

① 《罗常培致傅斯年》（1941年10月3日），"傅斯年档案"，Ⅲ：1460。
② 胡振宇，《考据与史料——胡厚宣先生治学与史语所的传统》，杜正胜、王汎森主编，《新学术之路》，下册，页674。
③ 《蔡元培致傅斯年》，"傅斯年档案"，Ⅲ：110。
④ 胡振宇，《考据与史料——胡厚宣先生治学与史语所的传统》，杜正胜、王汎森主编，《新学术之路》，下册，页674。

以图书为甚。北京、清华、南开三校最先迁往长沙,当人员聚集、学校开学之际面临最大的问题就是三校图书均未及运到,匆忙间只好与国立北平图书馆合作,临时成立西南联大图书馆。然而北平图书馆馆藏书籍于短时间内亦无法抢救出来,只能就地采购征集,三个月间,只募得中文书小册五六千册、西文原版书及翻版书一两千册,仅够支持基本教学之用。1938年元月之后,学校再往后方迁徙,除新购书籍外,只能商请中研院史语所、心理所、社会所出借图书。根据统计,当时史语所委托西南联大南运图书有两百多箱,而心理研究所及社科所只各数十箱,[①] 因此西南联大迁定昆明之后,全校师生不得不与史语所商订正式借书办法。[②] 就连社科所也必须向史语所伸手借书。

北大文科研究所成立之后,依赖史语所图书的情况更为严重,郑天挺致傅斯年信提到:

> 北大研究所今后所址,非追随史语所不可,此事已数向兄言之,而兄似不甚以为然,但细思之,北大无一本书,联大无一本书,若与史语所分离,其结果必至养成一班浅陋的学者,千百年后探究学术史者,若发掘此辈浅陋学者,盖我曹之高徒,而此辈浅陋学者,为北大所创始,岂不大糟![③]

没有充足的图书设备,不足以称为大学,更何况是培养学术专才的研究所,史语所迁往李庄时,傅斯年留下部分个人藏书,北大同仁闻之无不欣

---

① 《国立西南联合大学图书馆概况》,王学珍、郭建荣主编,《北京大学史料》,第3卷(1937—1945),页102—103。
② 联大师生不得以个人名义向史语所借书,必须由联大图书馆汇开书单后向史语所借出,全部借出之书以36种6000册为限,且只限于一般用书,常用参考书及贵重书尚不在出借之列。《中央研究院历史语言研究所与西南联合大学订立图书阅览及借书办法》(1939年8月22日117次常委会通过),同上书,页101—102。
③ 《郑天挺致傅斯年》(9月7日),"傅斯年档案",Ⅰ:1248。

喜过望,^①北大文科研究所不愿与史语所分处两地,缺乏专门书籍应是其中重要原因。而图书搬迁看来像是一个极技术性的问题,但非有过人毅力与眼光不易完成;社科所匆忙南迁时,一部廿四史都未带出,但史语所光是普通本的廿四史就带出了三部。^②傅斯年从史语所成立,采取"集众研究"开始,就已经意识到个人孤立研究的时代已经过去,现代学者必须靠图书馆、学会提供的材料和经费,才能做出一番事业。^③对一个研究机构而言,图书就是资源,经费即是资本,没有资源,没有资本,遑论研究。战争爆发,人命尚且难以自保,选择带什么图书文献资料,如何打包、如何运送,绝对是考验中的考验,史语所如果不是傅斯年的坚持与完善的事前规划,未必能在多次搬迁中,保住庞大的图书文献与考古挖掘物,并在抗战时期成为后方学人仰赖的资料重镇。

由于傅斯年非常珍惜史语所多年累积下来的藏书,并订下图书例不外借的规则,^④许多困处大后方的学人,逃难时临行匆匆,无法多带藏书,所以在从事必要的研究工作时,即使路程遥远、交通困难,也不得不前往李庄借读,黎东方、杨向奎(1910—2000)等多人均曾亲赴史语所住读,^⑤吴晗写《明教与大明帝国》和《明太祖传》时,因史语所已迁李庄,手边只借到一部《明史》,其他如《皇陵碑》《纪梦》等书中记载明太祖的史料,便只能托梁方仲(1908—1970)觅人至史语所代抄一份寄往昆明,^⑥再

---

① 《郑天挺致傅斯年》,"傅斯年档案",Ⅲ:1067。实际上,史语所由长沙南迁昆明时,傅斯年也曾将运到长沙的书籍,借给教育部史地委员会一用,由黎东方代为保管。见:《黎东方致傅斯年》(7月4日),"傅斯年档案",Ⅰ:1521。
② 《陶孟和致傅斯年》,"傅斯年档案",Ⅲ:1003。
③ Fan-sen Wang, *Fu Ssu-nien: A Life in Chinese History and Politics*, pp.77-78.
④ 《孙次舟致傅斯年信及傅斯年覆信稿》(1941年8月9日、8月18日),"傅斯年档案",Ⅰ:77。
⑤ 《杨向奎致傅斯年》(6月6日),"傅斯年档案",Ⅰ:730。《黎东方致傅斯年》(7月12日),"傅斯年档案",Ⅰ:1518。《黎东方致傅斯年》(8月9、18日),"傅斯年档案",Ⅰ:1519。
⑥ 《吴晗致傅斯年》(1942年12月15日),"傅斯年档案",Ⅲ:1330。《傅斯年致吴晗》(抄件)(1943年2月23日),"傅斯年档案",Ⅲ:1329,收入:王汎森等主编,《傅斯年遗札》,第3卷,页1399。《吴晗致傅斯年》(1943年3月8日),"傅斯年档案",Ⅲ:1334。

趁着暑假得空时，亲往史语所翻阅白莲教、弥勒教经典。① 后方学人依赖史语所藏书之程度，于此可见。

四、结　语

民国以后，史学逐渐走向专门，学院化、独立化、专业化的条件渐趋成熟，新式大学、研究机构、专业期刊和学术社团组织的出现，形构了一个新的社群网络关系，彻底改变过去交换知识的方式，20世纪中国史学的发展也跟着出现不同于往日的变化，新的学术观点、看待材料的眼光与诠释问题的角度，随着这套全新的学术网络系统流传、散播开来。在这时代交替转换的过程中，傅斯年无疑是其中关键性的人物，自其留学归国后，他一方面投身史学阵营，努力从事学术撰作，一方面更以优越的行政长才，有效发挥他的影响力，积极将他的治学理念借着大学、研究机构的创设传播出去，进而形塑了现代史学学科纪律的主要价值。

比起同时代的专业史家而言，傅斯年拥有更优厚条件的原因，在于他充分掌握了政府机构的行政资源与社团的人际网络关系，用以推动各种新形态的研究课题；从安阳考古发掘、明清史料整理，以至战时西北科学考察的成绩，傅斯年借着各种新出土的史料，开创了无数的新课题，成功地建立了他的学术威望与史语所在学界中的位置。此外，长期担任各种基金会的专业审查人，也让傅斯年可以透过基金会的挹注，奖励并提倡与他治学理念相符的研究课题，无形中引领了整体时代学风的改变。实际上，"傅斯年档案"中还保存了许多零星散乱的材料，如热心学人请求傅斯年协助调查古物盗卖出境事件、② 教育部史地教育委员会函请协助审查中小学教科书的公文，以及识与不识的学人向傅斯年自荐或推荐作品，参加中

---

① 《吴晗致傅斯年》（1944年元月1日），"傅斯年档案"，Ⅲ：1335。
② 《郑振铎致傅斯年》（4月16日），"傅斯年档案"，Ⅰ：711。

英庚款委员会或教育部学术审议委员会之奖励信函，① 或是他为中英庚款会招考留英官费生所出的试题……②这些工作表面看来都与傅斯年本身的专职没有直接关系，可是它们清楚反映出傅斯年在学术界的声望和影响力，以及傅氏因知识而掌握的权力网络关系。

抗战期间，兵马倥偬，大多数的学校与研究机关只能维持最基本的常态性工作，图书材料的缺乏盖为主因，而傅斯年以其过人的眼光与坚忍的毅力，不辞辛劳，千里跋涉，有计划地将史语所典藏的图书文献史料迁徙到大后方，不仅延续了战时后方学人的史学研究工作，也使得史语所成为大后方师生教学、研究的重要补给站，无形中也提升史语所在史学界中的影响力。除此之外，傅斯年更因具有高远的眼光与国际性的视野，参与了国际史学组织，争取中国学术界在国际上的发言地位，借由参与国际史学团体的契机，成功地建立了史语所与国际社群交流的网络，同时也大大提升史语所在国际学术界的知名度，从而刺激了中国内部史学社群的整合。

在现代学科体制形成的过程中，内在学术理念与外在制度的形构往往必须相互配合，齐头并进；任何一种新的方法、概念、工具、材料、眼光，甚至一种普世的学术价值等内在理念，无不需外在制度的配合，方有以致之；因此学院的建立、人才的养成、经费的挹注与评核机制的产生，皆是学术内在理路得以确立的重要条件，彼此环环相扣、缺一不可。而尤其困难的是，是否有人能以极大的魄力，将此影响学术发展的外在网络关系，有效地统合运用，综观傅斯年一生的学术事业，正好具备了这些条件与能力，谓其为推动现代史学发展的旗手，谁曰不宜！

---

① 《刘节致傅斯年》（3月1日），"傅斯年档案"，Ⅰ：1506。《罗常培致傅斯年》（1943年1月14日），"傅斯年档案"，Ⅲ：1465。
② 《汉学常识考题》，"傅斯年档案"，Ⅰ：905。《中国文字学试题》，"傅斯年档案"，Ⅰ：913，该试题上盖有"管理中英庚款董事会考试委员会"密封处章，是为招考留英公费生之试题卷。

第四章
寻求客观对话的空间：书评与社群网络

从制度化的角度讨论近代中国史学专业化的过程，学院固然是一个非常重要的核心，然而由学院向外扩延，同样以学科分类为组成原则的研究机构、社群组织、学术报刊等，也是不可忽略的面向。特别是学术刊物、报章杂志的出现，大幅改变了传统知识的传播途径，从社群组织的角度来看，20世纪学科组成分子之间的交流，不必然要靠着传统的师承关系，或同侪之间的书信往返来维系，持有相同或近似观点、方法和取径的学人，往往透过各种新形态的知识传播媒介取得更广泛的联系，而学术期刊、报章杂志，也因此成为20世纪学科知识人共同讨论与对话的重要知识场域（intellectual field）。

说到"知识场域"，不能不提及法国社会学家布迪厄（Pierre Bourdieu, 1930-2002）对此论题精辟的见解。布迪厄指出，此场域是由一套"权力系统链"（a system of power lines）所构成。他所谓的权力系统链主要是指由众多力量在特定结构与或长或短的历史契机（historical moment）下，彼此相互存在、对立、键结而成的互动与相对关系。布迪厄对此提供了两个重要的关键词来解析这复杂的权力系统链：一是位置属性（positional properties），二是方法论的自律自主化（methodological autonomization）。所谓"位置属性"指的是知识场域的形构既受惠且受制于其身处的社会条件与历史契机；而"方法论的自律自主化"则是指知识场域具有建立一套表述它和既存体系之间特别逻辑关系的能力，使其达成向外独立、向内自律的目标。①

上述见解是布迪厄以概念化的方式归纳西方知识与艺术史变迁的特质,他进一步指出,此一历史变迁具有向外与向内自律化两个面向。向外自律化是寻求知识场域能免于既有各种场域或力量的干扰;向内自律化则是企图建立一套论述(或方法论)以形构内部自主运作的机制。具体而言,布迪厄认为欧洲知识人与艺术家原先具有附属在封建贵族领主的"位置属性",然自近世早期以降,他们透过界定自我在诠释文化上的正当性(cultural legitimacy)与当时已然存在的政治、经济、宗教力量有所区隔,从而挣脱原有身份,并在逐渐兴盛的出版、剧场、沙龙、学院中,寻找足以安身立命的历史契机,此即知识场域透过方法论自律化取得向外自主的例证之一。不过,挣脱贵族领主后的知识人与艺术家必须开始体察——甚至附和市场喜好,这使得他们此时又不得不受制于商业市场的位置属性。在布迪危看来,19世纪出现"为艺术而艺术""为知识而知识"的论述,正是为了帮助艺术家摆脱商业市场的束缚,使创作者能创造出心目中具有美学品味的作品,进而构筑艺术本身的自律性,而这套论述也逐渐发展出一套方法论以证成其美学价值——如超现实主义(surrealism),使美学的纯粹性成为艺术家内部自律的机制,此即知识场域面对不同的位置属性时,以一套新的论述寻求内部自律与外部自主的另一例证。②

然而,即便高举"为艺术而艺术"的旗帜,任何作品如果没有读者,充其量只能孤芳自赏,一旦涉及展示或"出版"(publication),作者就必须面对公众(public)。在面对公众的过程中,没有任何一位作者能够自外于他所身处的社会情境、同侪和读者网络,以及来自这些情境、网络的社会压力,于是,出版后的作品所传递的自律性就必须放在社群网络的检视

---

① Pierre Bourdieu, "Intellectual Field and Creative Project," translated by Sian France, Social Science Information Vol.8, No. 2 (April,1969), pp. 89—119.
② Pierre Bourdieu, "Intellectual Field and Creative Project," pp. 89—95.

下,才能看到实质的运作。换言之,任何作者的"创作"都不能忽略来自作者身处社群所给予的批评,以及此一批评希望达成的客观化(objectivization)目标;而作者所处社群结构的特质,如紧密、封闭、阶序或松散、开放、无组织等,也会回过头来影响作者与社群之间的对话形态,从而对作者所欲企求的独立与自律形成各种诘难与挑战,因此,在讨论"客观化"问题时,不能忽略作品出版可能勾连的社会网络组合及其产生的连锁效应。①

从这个角度来看,晚清以来逐渐蓬勃发展的出版市场和新兴传播媒介,在20世纪提供了初初摆脱科举束缚的文人、知识分子得以自由创作的环境和表达意见的空间;而愈来愈多的大学、研究机构也为各种不同的学科知识尽力构筑一个不受外界干扰、为学术而学术的环境。在这样一个可能同时涵纳商业利益、市场机制和强调学术自主的新兴知识场域中,新一代的知识人一旦要透过这种新兴知识传播媒介公开发表他们的看法时,势不可免地必须面对各种不同的"权力系统链",在众多可见、不可见的读者,评论家,学术同侪,出版经理人和政治作用力的交互作用中,学科知识人如何抗衡/妥协其间?学科内部的方法论、学科规训、知识价值与客观标准如何建构知识本身的自律性?凡此种种无不牵动着学科知识人所欲形构的知识样态与"本真性"的表述方式。

就学科自律性的角度而论,学科组成分子如何在方法论上发展出一套足以证成自我的论述体系,往往牵动着学科知识未来的走向。在20世纪以后逐渐开放的知识场域里,除了有愈来愈多符合现代学术格律的论文之外,也有为数不少的书评(Book review)对于学科方法的自律性扮演着关键性的角色。这类评论性的文字尽管在整体报刊中所占篇幅不大,但是就社群网络关系而言,书评或带有更强烈的对话性质。综观20世纪中国的期刊报纸,书评此一栏位,也渐渐从一个陪衬性的角色,跃居与论文平分

---

① Pierre Bourdieu, "Intellectual Field and Creative Project," pp. 95 – 104.

秋色的位置，到了1920—1930年代甚至有专职评论的刊物出现。这一现象在许多专门研究书评的著作中不乏讨论，但是其关注焦点大多集中在文学性书评，对于本章所欲讨论的史学类书评，着墨不多。

当然，学界对此问题的忽略并不是没有道理的。首先，文艺批评式的书评在整体数量上，确实比史学类书评来得多；其次，在专业性学术期刊的发展过程中，史学类期刊的出现，本又比综合性或文学性的期刊来得晚许多，因此无论在数量还是时间上都不能和文学性书评相提并论。然而，这并不表示史学类书评不重要，从学科发展的角度来看，书评快速成长的1930年代，正是现代史学迈向专业化的重要阶段，而客观标准的建立又是史学专业化的重要指标之一。史学类书评的大量出现，或多或少说明了学科知识人在一个公开园地里发表文章、表述自己观点，以取得一定客观公评的价值之余，更希望透过某种对话形式，交换彼此的心得与客观论辩的机会，塑造此一学科的方法意识和自律机制，从而建构历史学本身的自我认同。从这个角度来看，书评在现代中国史学专业化的过程中所扮演的角色，十分值得玩味。而刊登书评的载体，一般又可分为纯学术性的期刊和具有通俗大众化倾向的报纸副刊，这两种不同性质的刊物，在选择书评的内容和标准上究竟有何异同，以及他们与现代学术网络的关系又是如何，则是本章另一个关注焦点。因此本章即以书评蓬勃发展的1930年代为背景，由社群网络的角度，观察史学类书评与现代中国史学专业化、客观化之间的关系，并讨论此一特殊文类在史学这门学科确立其正当性的过程中，究竟扮演着何种角色。

一、新式书评的出现

萧乾（1910—1999）在1935年出版的《书评研究》一开头里，曾经引用美国学者都伏思(Robert Luter Duffus, 1888 - 1972)的一项调查统计，认为书评是为联系读者与作者之间最重要的媒介，其影响力甚至超过了广告、友人的介绍和作者的声望等因素。① 萧乾认为这个现象代表了书评即将渐渐成为"现代文化里的一个新势力"。当然，这是针对美国市场所做的调查，但是在20世纪上半叶的中国，书评在日益蓬勃发展的出版界也确是一股新兴的力量。当读者徘徊于琳琅满目的书肆，或是被出版商的广告扰得无所适从的时候，书评似乎提供了读者某种可以依循的标准。然而书评在中国毕竟是一种新兴的文类，它是在近代报刊兴起之后才引入中国的一个新事物、新概念和新语汇。传统中国虽然也有一些相近似的文类，如史部中的史评、集部中的诗文评等等，但是这一类作品或以评论史事、考辨史体为主，或是以穷究文体源流、泛论作品艺术理论和艺术风格为目的，其评论对象大多不像现代书评是针对某一部书而发的。② 至于大量收录在文人别集中的序、跋、笔记、书后、诗话，或是史部目录类中具有介绍、解释、评论功能的叙录、解题、提要等，则是形式比较接近现代书评的文体，③ 可是这类评论性文字，绝大部分由于收在个人文集里，或因公私藏书校雠而作，流传的广度以及评论动机也和现代书评大不相同。

新式书评是一种附属在杂志、报刊中的文类，它的出现与成长因与报纸、期刊的销路有密切的关系，因此多少带有一些"新闻性"，像是最早刊载在中文杂志上的书评，便多半是以"新书介绍"的姿态出现，美国传教士伟烈亚力(Alexander Wylie, 1815－1887)在1857年所办的《六合丛谈》里就有"新出书籍"的栏位，专门介绍新出版的书籍；著名的《时务报》上，也有梁启超写的《西书提要农学总序》《读〈日本书目志〉书后》等评介新书的文章，④ 其他像《东籍月旦》《西学书目表序例》等也都是类

---

① 萧乾，《书评研究》(台北：台湾商务印书馆，1935年初版，1990年台一版)，页1。
② 同上书，页3。孟昭晋，《书评概论》(南京：南京大学出版社，1994年)，页21—23。
③ 金克木，《论书评》，天津《益世报·读书周刊》(1937年7月8日)。
④ 梁启超，《西书提要农学总序》，《时务报》，第7期，1896年(光绪二十二年)，页4—5，后收入：梁启超，《饮冰室文集》之一，第1册，页129—130。梁启超，《读〈日本书目志〉书后》，《时务报》，第45期，1897年(光绪二十三年)，页1—3，后收入：梁启超，《饮冰室文集》之二，第2册，页51—55。

似"译书经眼录"一类的文字。民国以后,《新青年》里设有"书报介绍""书籍批评"的专栏,《新潮》杂志里亦不乏"名著介绍专号""出版界评"一类介绍新书的栏位。① 《新潮》一卷二号里的《新青年杂志》一文,还把《新青年》整份杂志当成批评的对象。② 书评在近代中国最初出现时,有着为数众多的西学译著和新书介绍,跟知识界渴求新学的风气可说不无关系。

在此之后,各类刊物的末尾几乎不可免地都有书评一栏,报章杂志刊载书评于是渐渐蔚为一股风气。20 年代最有名的几个文学性刊物,如《新月》、③ 天津《大公报·文学副刊》等莫不有此一类文体,出版界也开始出现一些经常着笔为文的书评家,闻一多、朱自清(1898—1948)、梁实秋(1903—1987)等盛享文名,和他们多产的批评文字不能说绝无相关。

虽然,书评一类的文体在传统中国经常被划分在目录学的范围当中,视为启发后学读书门径的一种文类,新书介绍更具有指示读者某书当读、某书不当读的意思,但是在新式书评里,"新书介绍"一类的文字却常常不被认为是具有现代意义的书评,因为这类文字即使在西方出版界,也常常跟报刊上的新书广告混杂,只论某书的好,却刻意避谈其缺点,具有浓厚的商业气息。然而由于书评开始出现在中国报章杂志上时,大多带有一种引介西学、汲取新知的性质,这一性质多少掩盖了一些商业宣传的味道,即便是到了 1920—1930 年代,新书评介一类的文字仍然占中国书评界极大的分量,因此本文并不把这类文字排除在讨论范围之外,这点我们会在下面有所说明。

除了新书介绍之外,民国以后的报刊也渐有一种名之为"故书新评"

---

① 孟昭晋,《书评概论》,页 9—10。
② 记者,《新青年杂志》,《新潮》,1:2(1919 年 2 月),页 345—351。
③ 《新月》创刊于 1928 年,叶公超、梁遇春、钱锺书等人经常在该刊的"书报春秋""海外出版界"里发表书评。萧乾,《书评研究》,页 3。

（或称"古书新评"）的栏位，像是《新潮》杂志一卷一号里即有几篇傅斯年评清代梁玉绳（1745—1819）的《史记志疑三十六卷》和宋朝郭茂倩（1041—1099）的《乐府诗集一百卷》的文章，傅斯年为此表示：

> 平情言之，故书亦未尝不可读。要必以科学方法为之条理，近代精神为之宰要，批评手段为之术御。人有常言："凡眼观真，无真不凡，真眼观凡，无凡不真。"果其以我主，而读故书，故书何不可读之有。若忘其自我，为故书所用，则索我于地狱中矣。今所评者虽故书，而所以评之者非故法也。①

故书新评不像一般性的书评，评的是带有新闻性的新书，这类书评可谓民国以来书评的另一种典型，其数量甚至与评介新书者不相上下。撰写此类书评者的动机和表现形式也不尽相同，像是上述《新潮》杂志的编者傅斯年便认为故书并非全不可读，只要有新方法和新眼光，就能发掘并赋予某些旧书以"近代"精神，否则只是"凡眼观真，无真不凡"，了无新意而已。此类书评的出现，和民国以来整理旧学、提倡国故研究的风气可说有绝对的关系，因此其所评之书不在年代的远近，而在观点的新旧。所评的对象有重编再刊的旧籍，以及评者以为可以发掘新观点的故书，其性质虽与评介新书不同，但是在与"古人"对话的背后，其实饱含与"今人"论学的意味。除此之外，另有不少故书新评之作，和传统文人的"笔记""书后"等文章较为接近，带有一种读后心得或笔记的味道，并不以批评、介绍为主要诉求，② 这类书评在形式上较少对话性质，反而比较接近专题式的论文，如南京高等师范大学史地研究会所出《史地学报》里的

---

① 孟真（傅斯年），《故书新评》，《新潮》，1：1（1919年1月），页139。
② 例如：恽毓鼎，《读十六国春秋》，《中国学报》，第3期（1913年1月），页9—15。倪中耖，《读史记》，《国学杂志》，第4期（1917年12月），页1—3。

"故书新评"即较接近此一形式。①

实际上一篇具有现代意义的新式书评,绝不能只像新书介绍(List of new books)一样徒有介绍之名,而无评论之实,也不能像某些故书新评之作,只是重理旧书之后的心得而已。式纯在《书评的研究》一文中曾经表示,一个完善的书评应该有叙述格、解题格和批评格三大项,② 从书的外在形式到内容介绍,以及评者的见解都涵括在内,此外,霍怀恕引社会学者许仕廉(1896—?)的看法说:

> 书评在体制上应当注意几点:
> (一)书评之首,包括书名,作者姓名,书数,册数,出版地点,出版时期及价格;
> (二)叙述该书之组织及其主要目的;
> (三)分析该书之内容;
> (四)对于该书价值之评论。③

霍怀恕认为书评之难作,不在文字,而在有没有"卓识",根据他的观察,1930年代以后"现代出版物上——无论是报纸,是什志,是书籍——载著书评的,非常普遍",可是要论及"卓识"恐怕就没有这么简单了。这当中虽然也有"一针见血"的文字,但是大部分"实无什么精

---

① 如张其昀、郑鹤声以下二文即典型的"古书新评":张其昀,《读〈史通〉与〈文史通义·校雠通义〉》,《史地学报》,1:3(1922年5月),页133—149;1:4(1922年8月),页105—131。唯此文转载自作者于《学术》第5期发表之《刘知几与章实斋之史学》。郑鹤声,《太史公司马迁之史学》,《史地学报》,2:5(1923年5月),页57—84;2:6(1923年8月),页79—106。
② 式纯,《书评的研究》,《武昌文华图书科学季刊》,3:4(1931年12月),页489—505,后收入:郑慧英,《书评索引初编》"附录一"(广州:广州大学图书馆,1934年),页221—223。
③ 霍怀恕,《书评的价值及其作法》,《学风》,2:10(1932年10月),页1—6,后收入:郑慧英,《书评索引初编》"附录二",页232。

彩"之处,"稍好一点的,总不过将书中一二小节,提出来谈谈,不管是否曾搔着痒处,只是敷衍塞责,以求聊充刊物的篇幅而已"。①

除了体例周备之外,评论者有没有卓识是一个很关键的问题,但究竟什么是"卓识"呢?萧乾的看法或者可以提供参考,他说:

> 做书评的人应有清晰的史的概念,对于作家应有亲切的认识,对于文章应有透彻的见解。……他不但要有正确的议论,并须能以活泼明显的言语传给大众;他不但注意内容和意识,同时也不漠视装帧的美观。在主观的理想成分之外,还要顾及物质的功利的部分。②

换句话说,书评家评的不光是书,还有人,把作者和书籍放在"历史"的脉络下,才能准确地评价一部书,"因为了解是一切评价的基础",任何作品皆是时代的产物,作者之见往往很难超越时代,没有把所评之书与所评之人放在历史脉络下写出来的书评,只是苛评。萧乾做了一个十分趣味的比喻,他说书评家要"像个小学教员,他懂得的很多,却能用忍耐和机智管住自己。解释而不命令,陈述而不说教"。③ 所以在萧乾的观念里,"史的概念"是一切同情了解的基础,也是建立卓识的必备条件,因此"故书新评"一类的文字根本算不上是书评,因为他认为"从书橱底层抽出一本18世纪末叶的杰作,在百余年内多少聪明人的评论上,再申述自己更聪明的意见",这种"风雅"的事"书评家是没份的"。姑不论故书新评与现代学术史的关系,萧乾的看法很能反映1930年代愈来愈重视书评格律与写法的新一代学人对书评的要求,旧书新评只是一种缺乏历史脉络的批评,充其量只能凸显评论者的"后见之明"而已。

---

① 霍怀恕,《书评的价值及其作法》,《学风》,2:10(1932年10月),页1—6,后收入:郑慧英,《书评索引初编》"附录二",页230。
② 萧乾,《书评研究》,页14。
③ 同上。

事实上，我并无意在此讨论书评的写法和格律，只是想呈现 1930 年代以前中国新式书评——特别是史学类书评出现之初的几种类型。当然，如果按照 1930 年代以后学人的看法，新书介绍、旧书新评一类的文字都不能当作严谨的书评看待，但是在新式书评逐渐崛起的 1920 年代，这两种类型的文字仍占有一定的比例。从知识传播的社会意义上来看，这两种类型的文字还是有它的功能，至于格律完整、评介深入的专业书评在 1930 年代以前毕竟还算是少数，其中原因除了与专业史学期刊出现较晚有关之外，民国以来新旧思想对立的情况严重，应该也是另一个值得观察的面向。

二、新式书评与学术论辩

1930 年代以前，专业性的史学期刊除了学报之外可说少之又少，多数史学类文章刊载在综合性的报章杂志中。民初以来派系之间对立的情形非常明显，在许多长期观察书评发展的学人眼里，民初以降至 1920 年代中国学术界思想对垒的情况严重，连带地也影响了书评的表现形式，霍怀恕就曾经说道：

> 我国的学术界已经走到思想斗争的时代了，各有各的主张，各有各的立场，众说纷纭，莫衷一是。真正学者不能说没有，可是很少。①

他认为，在"国学"界，致力阐扬国学的人不是食古不化，就是墨守旧章；稍微新进一点的，或是懂得一点国学皮毛的人，动辄就称他是用科学的方法来研究国故。在整理国故盛行的 1920 年代里，几乎任何一种学术刊物都少不了几篇讨论国故的文章，然而其间对于如何整理国故，以及

---

① 霍怀恕，《书评的价值及其作法》，页 226。

国故的内容究竟为何，言人人殊。加上民国以来思想界新旧对立的态势十分明显，不同观点、不同派别的学人各拥阵地，以各式报刊为其发声的管道，因此刊物与刊物之间往往积不相能，极难接纳与其观点相左的文字，在这样对立的情况下，要发展出客观公正的书评无疑十分困难。

即以发刊甚早的《学衡》为例，它是一份横跨1920—1930年代水准极高的综合性学术期刊，但是在为数不多的书评里，撇开"旧书新评"一类的书评不论，只要所评之书是市场上新出版的书籍，评论者大多选择所谓"新派人物"的作品来批评，因此在这些评论中充满了从基本立场、基本观点出发的辩诘，像是缪凤林（1899—1958）的《评胡氏诸子不出于王官论》，作者甚至不是以"书"为评介对象，讨论的只是胡适在《太平洋》杂志所写的《诸子不出于王官论》的文章，① 缪氏此作旨在辩驳，而非评介，实为一篇"商榷"型的文字。其他像是胡先骕（1894—1968）的《评尝试集》《评尝试集（续）》，以及柳诒徵的《梁氏佛教史评》等文章，② 都不免是从批判"新派人物"的立场出发，对于所评之书，不但没有介绍它们的外部形式和内容，也极少批判书中引用资料的优缺点，更遑论从作品的背景出发，把所评之书放在一个时代、文化发展的脉络下来谈。

新旧思想对立的环境，显然有碍学术界建立一套客观公评的价值，综观整个1920年代，大概也只有1928年发刊的天津《大公报·文学副刊》稍能提供各方学人一个相对公开而能产生对话机制的园地。主编吴宓在《文学副刊》创刊之初即将这份刊物的主要内容分成四大类：一、通论及书评；二、中西新书介绍；三、文学创造；四、读者之通信、问答及辩

---

① 胡适，《诸子不出于王官论》，原载《太平洋》，1：7（1917年4月），页1—7，后收入：1919年商务版《中国哲学史大纲》卷上之附录，1921年再收入亚东图书馆出版的《胡适文存》第一集卷二。缪凤林，《评胡氏诸子不出于王官论》，《学衡》，第4期（1922年4月），页106—130。
② 柳诒徵，《梁氏佛教史评》，《学衡》，第2期（1922年2月），页285—294。胡先骕，《评尝试集》，《学衡》，第1期（1922年1月），页125—147；《评尝试集（续）》，第2期（1922年2月），页295—313。

难。吴宓强调《文学副刊》中的"文学"采取的是一种广义的定义，也就是"包含哲理、艺术、社会、生活及国民凡百思想感情之表现",① 因此整份刊物包罗的层面是很广泛的。其中书评、中西新书介绍几乎每期都有，而读者通信和问答一栏，也首开先例为刊物提供了一个可供对话的空间，尤能反映《文学副刊》的中立价值。吴宓表示：

> 本报之宗旨为大公无我，立论不偏不倚，取公开态度，愿以本报为国中有心人公共讨论研究之地。此宗旨即《文学副刊》之宗旨。《文学副刊》之言论及批评，力求中正无偏，毫无党派及个人之成见。其立论，以文学中之全部真理为标准，以绝对之真善美为归宿。……重真理而不重事实，论大体而不论枝节，评其书而不评其人。……即对于中西文学、新旧道理、文言白话之体，浪漫写实各派，以及其他凡百分别，亦一例平视，毫无畛域之见，偏袒之私，惟美为归，惟真是求，惟善是从。②

平情而论，《大公报·文学副刊》和《学衡》两份刊物，吴宓都是主要的编辑者，但是这两份刊物在立场和性质上显然有所不同，《文学副刊》虽然也是由吴宓主动找了他属意的人选，组成编辑群，像是浦江清（1904—1957）、赵万里（1905—1980）、张荫麟和王庸（1900—1956）等人，③ 但这份刊物显然是一个对外开放的刊物，一如吴宓所言，《文学副刊》的宗旨与态度"为纯然大公无我"的，而且特重"批评的精神"。因此它与1920年代初期以捍卫国学立场出发的《学衡》有很大的差异。

---

① 《本副刊之宗旨及体例》，天津《大公报·文学副刊》，第1期（1928年1月2日），第5版。
② 同上。
③ 浦江清，《清华园日记·西行日记》（北京：生活·读书·新知三联书店，1999年），页5。吴宓，《吴宓日记》，第3册，页451。

实际上《学衡》和《大公报·文学副刊》在时间上是有所重叠的，1927年《大公报》主持人张季鸾(1888—1941)找吴宓开办《文学副刊》的时候，《学衡》仍定期出刊，只是已处在"勉力维持"的状态，《吴宓日记》里曾经记载1926年11月，陈寅恪劝吴宓停办《学衡》，因为他认为《学衡》对社会已无影响力。① 一年以后，同为《学衡》编辑群的胡先骕也以《学衡》太过"抱残守缺"，"为新式讲国学者所不喜"，建议吴宓停刊，以便改组为另一形态的刊物。② 这些记录说明了1920年代末期学术环境的变化，连原本相对处于保守阵营的陈寅恪、胡先骕都已经觉察出五四以来那种新旧分庭抗礼的时代已经过去，新思想、新浪潮已经席卷了思想界，《学衡》这种以捍卫传统文化精神为宗旨的刊物，已经不太容易为人所接受。唯《学衡》仍然在吴宓的坚持下，苦撑至1933年。也许我们没有直接的史料可以证明吴宓为什么会在张季鸾找他的时候，愿意出来办一份性质截然不同的刊物，但是我们有理由相信1920年代后期新旧思想的消融，以及客观论辩的环境逐渐成熟，多少影响了吴宓的决心。

在《文学副刊》里，我们可以同时看到前面提及的新式书评、新书介绍两种栏位，至于旧书新评之作反而是比较少的。在新书介绍方面，《文学副刊》强调该刊是仿"欧美各大日报之文学副刊，每期必有最近一星期出版的新书书目，分类汇列，而详记其书名、作者，及出版书局、发售价目。择尤撮叙内容，并加评断。新出杂志及小说，亦在其中"。但是由于当时中国交通不便，难以尽收各地最新的出版资讯，所以"仅能就本报同人所见及所得知者，为读者批评介绍"。③ 由此可见《文学副刊》编辑群基本上把"新书介绍"当成一种流通的资讯。这类书讯除了着重介绍书籍

---

① 吴宓，《吴宓日记》，第3册，页251。
② 同上书，页437。
③ 《本副刊之宗旨及体例》，天津《大公报·文学副刊》第1期（1928年1月2日），第5版。

的外部形式和内容之外，有时候也会加进一些编者的评论在其中。例如第三期介绍了罗振玉（1866—1940）主持编纂的《王静安遗书初集》，编者在文中批评该书并未收录王国维（1877—1927）早年的文字，如《静安文集》和《教育世界》中介绍西洋哲学和解析《红楼梦》等文章，因而推断罗振玉是以"考据学者"的心态来编这本书，才会只把传统考订经史、阐明文字、校勘版本、著录金石，当成"正经学问"，其他的只是"野狐禅"，"不足为作者荣"。① 编者并不讳言对该书编纂者提出批评，同时也清楚地表现出编辑者的史学见地。第19期里还有一篇报道刘师培《左盦集》重新刻印出版的消息，副刊编辑先介绍了刘氏一生的重要代表作，及其在古文经学和校雠学上的贡献，并述及刘氏遗稿散落的原委和历来出现有关《左盦集》的各种版本。② 言简意赅，提供读者清晰的图书源流面貌。其他像是介绍陈垣（1880—1971）的《新刻元典章校补》，③ 以及日本学者盐谷温（1878—1962）选辑的《三国志平话》等，④ 几乎都是在最短的时间内，刊介书市或学界的最新讯息。

另外《文学副刊》中还有一种类型的"新书介绍"十分普遍，就是报道一般社群杂志或各大学期刊、学报的内容，如《燕京学报》《史学与地学》《新月》《一般杂志》等新刊简介或各期报道。这类期刊介绍多会把当期刊物中的主要文章，做个五六百字摘要，一方面提供重要的书讯，同时也兼具报道学界最新研究课题与研究动态的功能。

在书评方面，《文学副刊》也屡有精彩的内容，以下我举几个比较重要的例子。其一是有关冯友兰（1895—1990）《中国哲学史》的几组文字：

---

① 《王静安遗书初集出版》，天津《大公报·文学副刊》，第3期（1928年1月16日），第9版。
② 《左盦集》，天津《大公报·文学副刊》，第19期（1928年5月14日），第9版。
③ 《新刻元典章校补》，天津《大公报·文学副刊》，第176期（1931年5月25日），第10版。
④ 《三国志与西游记》，天津《大公报·文学副刊》，第13期（1928年4月2日），第9版。

《文学副刊》里有好几篇书评都跟冯友兰的《中国哲学史》有关,例如陈寅恪的《冯友兰著中国哲学史审查报告》和《冯友兰著中国哲学史下册审查报告书》、张荫麟的《中国哲学史(上卷)》、胡适的《致冯友兰》,以及冯友兰的答辩《中国哲学史中的几个问题——答适之先生及素痴先生》。冯友兰的《中国哲学史》上卷于 1931 年出版后,很快地引起学界的注意,陈寅恪的审查报告原不是为书评而作,但是经过《文学副刊》转载后,接着引发了张荫麟、胡适等人的评论,而冯友兰也有一篇回应的文字。这几篇论题相同的书评,非常一致地把问题集中在《中国哲学史》的材料和观点上。陈寅恪的评论以一种高屋建瓴之势,从方法论的角度切入,他认为冯著在材料的运用上颇具"通识",善于审定和运用各种真伪不同的材料,说明时代与思想的关系,同时对中国古代哲学能有一种了解的"同情",避免了时人常犯的以今度古的错误。①

陈氏的评论出现在报纸上之后,《文学副刊》陆续接到了远在美国的张荫麟所写的长评,以及胡适的书信,于是编者抱持着"学术以讨论而益多发明"的态度,分期刊载了张、胡二文,同时也把冯友兰的回应一并收入,以启读者兴味。张荫麟的长评主要是从历史方面着手,他认为冯著对于先秦诸子和经传都有很深的了解,但是缺点在于他的"历史意识"太过薄弱,因此对于书中涉及的人物生卒年没有深入考究,以致影响了作者对先秦社会背景和思想的理解。② 而胡适的《致冯友兰书》与其说是书评,不如说是一篇读者通信,胡适坦承他并没有来得及看完全书,但是他对于冯友兰把《老子》这部书归到战国时代,表示不能苟同。③ 其实这是一个

---

① 陈寅恪,《冯友兰著中国哲学史审查报告》,天津《大公报·文学副刊》,第 132 期(1930 年 7 月 21 日),第 11 版。陈寅恪的审查报告刊载在《文学副刊》时,冯著已列为清华大学丛书,唯尚未正式出版,一年后冯才正式由上海神州国光社印行出版。
② 素痴(张荫麟),《中国哲学史(上卷)》,天津《大公报·文学副刊》,第 176 期(1931 年 5 月 25 日),第 10 版;第 177 期(1931 年 6 月 1 日),第 10 版。
③ 胡适,《致冯友兰书》,天津《大公报·文学副刊》,第 178 期(1931 年 6 月 8 日),第 10 版。

老问题了,从梁启超评胡适《中国哲学史大纲》上册开始,① 老子生卒年的问题就已经引起了学界不少辩论。胡适在此也只是借着报端一角重申他对老孔先后的看法。

这几篇论题集中的书评,呈现出几个值得注意的面向:第一,评论者几乎不约而同地把焦点放在史料问题上,如何看待史料、运用史料,以及因诠释史料的角度而引发不同的历史解释等等。观点容或有异,却多是就事论事之评,不带有什么意气之争。其次,陈、张二文表明他们的评论是以同类型的著作比较而得,因此评论中所提问题,等于是类同著作之间的一种对话,而此一对话不但体现在评论者和作者之间,同时也带有读者与作者互动的性质。例如张荫麟在评论冯友兰"老子年代问题"时表示,他并不同意冯氏的看法,但此一问题应该到了可以"结算"的时候了,所以张氏讨论此一问题时,略过将近十年前的梁胡之争,径而讨论孟子和老庄的先后问题,这样的取径等于间接否定了胡适长期坚持"老子先于孔子"的观点。故而胡适再商榷的文字也算是一并回应了冯、张二人的说法。而冯友兰的答辩里,为了要说明他的看法,又把傅斯年和顾颉刚的观点引进来,② 形成一种更大的对话圈,各种不同的主张在这里得以汇聚与交流。

当然,刊物之所以能形成这样的对话圈,多少也是编辑刻意经营的结果,《文学副刊》非但安排了读者通信与问答的栏位,也提供了投稿者彼此论辩的机会。一部作品、一篇文章一旦发表,就不再是作者的自说自话,他必须接受来自各方的公评,也必须准备随时应战。萧一山的《清代通史》上卷自1923年出版后,由于被视为可以和稻叶君山的《清朝全史》相抗衡,③ 而引起各方关注,其后中下卷陆续出版,同样研究近代史的陈

---

① 梁启超原在北京大学哲学社的公开演讲,评胡适的《中国哲学史大纲》,后来在《晨报副刊》上连载。梁启超,《评胡适之〈中国哲学史大纲〉》,《晨报副刊》(1922年3月13、14、15、16、17日),第1版。
② 冯友兰,《中国哲学史中的几个问题——答适之先生及素痴先生》,天津《大公报·文学副刊》,第178期(1931年6月8日),第10版。
③ 李泰棻,《清代通史·序》,载于萧一山,《清代通史》,页1—2。

恭禄在下卷出版时，特意为文撰写书评投稿至《文学副刊》，洋洋洒洒条举十例错误，严词批评萧一山"于各种史料，多未能利用，或未曾一读"，不但未曾翻阅《三朝筹办夷务始末》等原料，且多抄袭稻叶君山、李泰棻等"普通书籍"，引述薛福成（1838—1894）《庸盦笔记》和各种稗史时，亦"从不问其所言来自何方"，最后更说：

> 其不能为萧君恕者，处兹二十世纪，犹用旧史敷衍成书，既不利用本国印行之档案，又未参看外国学者著之史书，令读者深为失望。①

陈恭禄的批评已经涉及根本的"学术纪律"问题，就如他自己所说，"近时著书立说，莫不重视原料"，他认为萧一山连这点基本的学术纪律都没有遵守，不问来源，直接抄袭引用，更是严厉的指陈。

面对这样的批评，萧一山当然不甘示弱，立即为文置辩反驳，萧氏表示陈恭禄拿了他在 1927 年编印大学讲义的旧稿来批评他未用《三朝筹办夷务始末》等原料，在时间上是错置的，因为当时《三朝筹办夷务始末》根本尚未刊行。② 而陈氏的诸多批评也只是透露其自身的"浅薄"，他认为陈恭禄非但"未取各书与愚书对照，即愚书亦未能尽读"，"以后来所发现之一二史料，横加批评"，"又不审历史之属性，不明史学之范围，根据其一二耳食之偏见，即妄称全称肯定之指摘"，"不观前后之文，不明史料之原，捕风捉影，望文生义，强入人罪，漫无常识，此则不能为陈君

---

① 陈恭禄，《评萧一山清代通史下卷第一二册》，天津《大公报·文学副刊》，第 248 期（1932 年 10 月 3 日），第 8 版。
② 萧一山表示《三朝筹办夷务始末》刊行于 1929—1930 年间，但陈恭禄却以他在 1929 年以前的大学讲义初稿，批评他未参用《三朝筹办夷务始末》。萧氏自称这份初稿流行于市面非他所愿，乃是出版商拿了他在北大、师大和文史学院 1926—1929 年的旧稿私印刊行，以致来不及更正及补充材料。

恕矣"。①

　　这两篇来往论辩的文字透露出萧陈双方都非常在意著书立说时的学术纪律问题，不能引用原料，甚至抄袭成说，几乎已经成为20世纪学人治史的大忌。陈恭禄执此以批评萧书，萧一山也以此反击陈氏不懂稗官野史、私家笔记的史料价值，说他没有读书更是令人难以忍受的批评，于是萧氏甚至于文末反开列了一连串有关外交史的基本原料和次料，建议陈氏回家细读。书评在这里提供了一种巩固基本学术纪律的功能，任何人一旦违背了这套客观的价值标准，都有可能引发批评，报刊书评在此一方面成为学人客观论辩的场域，一方面也成了监督学人是否严守纪律的学术警察。

　　萧一山的回应之文刊登之后，陈恭禄仍有余言未了，于是再度投稿《文学副刊》，举证书中错谬不当之处，并论史家应有的态度。② 此时萧一山已出国，待其发现此文时，《文学副刊》已经停办，于是战火继续延烧到《大公报·图书副刊》上，萧一山以连登四期的长文再答陈恭禄所举之错误，同时为了证明自己绝非陈氏所言"参看之书太少"，还要求《图书副刊》影印他所搜集的史料影本以兹为证，并声言回应到此为止，之后"无论陈君如何感想，或老羞成怒，或从善如流，弟决不再置一辞矣"。③ 但是《图书副刊》为求公平起见，又再登了陈恭禄一篇回应之文，④ 才声明双方论辩已"流于枝节"，容易为读者所厌，即使再有不同的看法，"本刊恕不登载"了。

---

① 萧一山，《答陈恭禄君评拙著清代通史——致大公报文学副刊编者书》，天津《大公报·文学副刊》，第252期（1932年11月3日），第8版。
② 陈恭禄，《为清代通史下卷答萧一山君》，天津《大公报·文学副刊》，第269期（1933年2月27日），第11版。
③ 萧一山，《为清代通史卷下讲稿第一二册批评事再致大公报文副编者吴宓君书——并答陈恭禄》，天津《大公报·图书副刊》，第34、35、36、37期（1934年7月7、14、21、28日），第11版。
④ 陈恭禄，《为清代通史下卷再答萧一山君》，天津《大公报·图书副刊》，第39期（1934年8月11日），第11版。

书评写到这种地步，已经成了一种"论战"了，双方毛举细故，各就中国近代史上的问题一一置辨，编者原意以为这样的来往论辩应该可以引得"治史者先睹为快"的乐趣，①但是到了后来，问题愈辩愈细，站在读者的立场，确实很容易引人生厌，而且看得懂的读者势必愈来愈少，也会影响市场的销路。

对副刊编辑者而言，报刊虽然只是提供一个各方对话的场所，每篇文章的文责应该是作者必须自己负担的，但是编辑者面对论辩双方相持不下、愈演愈烈的时候，似乎也不能完全袖手旁观，毕竟这些文字都是经过编者审阅，决定刊登的。特别是近代中国的报纸，自晚清以来一直就有一种文人办报的传统，文人学者没有一点儿理想性，是不会出来办报的。就拿《大公报·文学副刊》来说，当初张季鸾委交吴宓办理时，就说好是一种"包办"性质，也就是《大公报》每月给吴宓两百元，由吴宓自己去找编辑群，负责副刊内所有的文字（不论内稿、外稿），包括稿酬、编辑群和吴宓自己的薪资全都包含在内。②因此编辑必须保证每周定期出刊，不能脱刊。如果稿源不足，编者当然必须自己动手写，其压力是相当大的，一如浦江清在负责编辑《文学副刊》的这段时间里，就常常为了凑足版面字数熬夜写作，③尤其1929年元月以后，《大公报》版面加宽，每期必须凑足九千字，而《文学副刊》里五位编辑，每位编辑一个月至少要分配到七千多字方能对付。④因此如果偶有像萧一山、陈恭禄这类来往辩论的稿子，当然省了编者不少事，可是编者决定每篇文章刊登与否的过程，也不是完全没有责任的，特别是这类"包办"性质的刊物，编辑群恐怕必须负

---

① 萧一山，《为清代通史卷下讲稿第一二册批评事再致大公报文副编者吴宓君书——并答陈恭禄》，天津《大公报·图书副刊》，第34期（1934年7月7日），第11版。
② 吴宓，《吴宓日记》，第3册，页449。
③ 浦江清于1932年2月9日的日记写道："吴先生嘱撰《大公报》副刊文字数篇，久诺未动笔，甚以为苦，今日得暇颇思一了文债，而精神疲惫之至。"浦江清，《清华园日记·西行日记》，页41。
④ 除前述四人外，朱自清自1929年元月底加入《文学副刊》编辑群。同上书，页23—24。

担绝大部分的文字。因此吴宓在担任《文学副刊》编辑期间,他的父亲就常常来信叮嘱他必须小心谨慎,千万不要得罪人,因为"批评一门最引人注目。词气声口,宜格外和婉含蓄,切忌率直,以免结怨,要紧要紧"。①

话说回来,文人办报有其理想性,就像吴宓想让《大公报·文学副刊》成为一个可以提供学人"超越党派"的发表园地,但是中国社会传统不喜与人针锋相对,语多委婉,温良恭俭才是美德,② 所以像《文学副刊》这种专以刊载书评、书讯为宗旨的刊物,既要考虑稿源充足与否,又要担心登出来的文章不能太过火,其寿命自然不能长久。《文学副刊》靠着吴宓等人的热情,出了三百多期,③ 在同类型的刊物里算是办得久的,1930 年代南京国立编译馆所出的《图书评论》甚至办了不到两年就夭亡了。④ 这种现象多少说明了这类刊物在书评并不盛行的年代里所遭遇的困境。

三、 报刊/书评与现代社群网络关系

1930 年代以后,史学类的报刊明显增多,从刊物本身的发展来看,确有走向专业化的趋势,除了各校历史系所、史学研究会和研究机构所出

---

① 吴宓,《吴宓日记》,第 4 册,页 48。
② 吴宓于编辑《文学副刊》的过程中,就经常与浦江清、张荫麟、赵万里等人为了文章的"尺度"问题争执,而这个争执不光是编者自己写的书评,也包括了外稿与人对辩的文章。吴宓私下常批评他们"文人意气","不顾实际需要与困难",显见吴宓对于审订副刊文章的尺度也颇多斟酌。同上书,页 131—132。
③ 天津《大公报·文学副刊》自 1928 年 1 月 2 日至 1934 年 1 月 1 日,每星期一出刊,共出三百多期。
④ 南京国立编译馆所编《图书评论》也是一份在 1930 年代很能表现对话形式的刊物,但是自 1932 年出刊后,只出到二卷十二期就停刊了(1934 年)。萧乾曾说:"不久以前,国内夭亡了一个流传颇广,权威极大的批评杂志。但那停刊的消息在读者大众脸上并未画出多少哀悼的神色;因为大众对于那些教科书,那些原文专家名著及古典文学翻译的兴趣实在太薄了些。对于党派的争辩他们更不摸头绪。"指的就是这份刊物。萧乾,《书评研究》,页 8。

版的学报和机关刊物之外，①报纸副刊也开始成为新一代学术社群的重要发表园地。例如一群由清华大学、中研院社科所学人为基本成员所组成的清华史学研究会，自1935年开始便利用天津《益世报》和南京《中央日报》副刊为其结合同道、拓展学术影响力的阵地。事实上，清华史学研究会的主要成员如汤象龙（1909—1998）、朱庆永（1909—1978）、梁方仲、吴晗、谷霁光（1907—1993）、吴铎、孙毓棠（1911—1985）、刘隽、夏鼐、罗尔纲（1901—1997）等人，②几乎同时也是中研院社科所《中国近代经济史研究集刊》的编辑委员。③这个以提倡社会经济史研究为主要宗旨的社群，在其机关刊物之外另辟园地，显然是看中报纸副刊的影响力，可以帮助他们结合更多志同道合的朋友，从而带动社会经济史研究。

虽然，这两种不同类型的刊物都是出自同一批人的手笔，但是就刊物的内容和形式而言，都有不尽相同之处。首先，《中国近代经济史研究集刊》除了一般性的论著之外，也有登刊"书籍评介"的栏位，④包括1937年3月以后改名为《中国社会经济史集刊》之后，"书评"这个栏位仍然保留。但是天津《益世报·史学》副刊和南京《中央日报·史学》副刊，

---

① 例如各大学出版的学报《清华学报》《燕京学报》《金陵学报》《岭南学报》、《武汉大学文哲季刊》《光华大学半月刊》中多登载不少史学类的作品。其他机关刊物像《中央研究院历史语言研究所集刊》、北平研究院的《史学集刊》，大学史学专刊如燕京大学《史学年报》、中山大学研究院《文史学研究所月刊》《文史汇刊》《文史专刊》、中山大学《现代史学》、北京大学《史学》《史学论丛》，等等，皆属专业性的史学刊物。
② 清华史学研究会成立的时间在1934年5月，由汤象龙、吴晗、梁方仲等人发起，参加者除罗尔纲外，多为清华前后期毕业的校友。见：罗尔纲，《师门五年记·胡适琐记（增补本）》（北京：生活·读书·新知三联书店，1998年），页36—37。罗尔纲，《中国近代海关税收和分配统计·罗序》，见：汤象龙编著，《中国近代海关税收和分配统计》（北京：中华书局，1992年），页1。
③ 《中国近代经济史研究集刊》最早于1932年11月在北平创刊，初为半年刊，由陶孟和、汤象龙主编，为中央研究院社会科学研究所机关刊物。第4卷第1期（1936年5月）之后迁往南京。1937年3月出第5卷第1期时，更名为《中国社会经济史集刊》，并改以季刊形式出版。最早由梁方仲、朱庆永担任主编，后由张荫麟取代朱庆永续任主编。见：中国社会经济史集刊编辑委员会，《中国社会经济史集刊·出版说明》，《中国社会经济史集刊》，5：1（1937年3月）（香港：龙门书店，1968年），无页码。
④ 《中国近代经济史研究集刊》除第2卷、第4卷没有书评外，其他卷期皆有书评。

却都明确标立不登载书评,①只有少数关乎书籍资讯的"史学界消息"。②除了副刊"篇幅有限"这个基本条件限制之外,③应该也与刊物本身的性质有关。

综观《中国近代经济史研究集刊》里的"书籍评介"专栏,几乎清一色是史料评介性的书评。④例如汤象龙评介许地山所编的《达衷集》就是一部藏于英国牛津大学波得利安图书馆(Bodleian Library)的资料,该书原名为《尺牍类函呈文书达衷集》,是为东印度公司在广州夷馆存放的各类旧函件及公文底稿,经许地山抄录之后于1931年刊布。汤象龙评介此书的角度,也倾向于介绍的性质,认为该书可供研究鸦片战争以前中英两国通商交涉参考,因此是一部"中英交涉的真实史料"。⑤另外像《谕折汇存》《华制存考》的评介,也是因为这两部书都是过去为人所忽略、具有新闻性的材料,汤象龙评介这两部书时,建议研究者可以将这些材料和故宫博物院文献馆、北京大学和中研院史语所的内阁档案互相比对,应该可以得到不少过去人所不知的田赋资料、关税统计、盐课报告和厘金数目。⑥而《东三省盐法志》《湖南厘务汇纂》《万历会计录》等,⑦明清时

---

① 天津《益世报·史学》载:"本刊不登书评,不登译稿(有特殊价值者,偶一选登)。"见:《本刊启事》,天津《益世报·史学》,第23期(1936年3月3日),第11版。南京《中央日报·史学》亦有"本刊不登载书评"一条。见:《本刊启事》,南京《中央日报·史学》,第9期(1936年4月2日),第3张第2版。
② 天津《益世报·史学》自第13期以后,间或出现的"史学界消息"便不时以极简短的篇幅介绍新出史料或新书,如第15期"中国史新书介绍"即介绍日本平凡社出版的东洋考古学、东洋古代史、东洋中世史书等。见:《史学界消息》,天津《益世报·史学》,第15期(1935年11月12日),第12版。
③ 《编者的话》,天津《益世报·史学》,第47期(1937年2月7日),第12版。
④ 除第3卷第3期吴铎评Gunnar Myrdal的 The Cost of Living in Sweden, 1830-1930 一书算是新书评介之外,其他皆具史料评介性质。
⑤ 汤象龙,《达衷集》,《中国近代经济史研究集刊》,1:1(1932年11月),页89—91。
⑥ 汤象龙,《谕折汇存及华制存考》,《中国近代经济史研究集刊》,1:1(1932年11月),页92—94。
⑦ 刘隽,《东三省盐法志》,罗玉东,《湖南厘务汇纂》,见:《中国近代经济史研究集刊》,1:2(1933年5月),页314—321、321—323。梁方仲,《万历会计录》,《中国近代经济史研究集刊》,3:2(1935年11月),页292—299。

期刊行的志书、汇编与财政收支记录，也都因为有了经济史的眼光而被重新挖掘出来，评介者往往只是就著书的编辑形式、优缺点略做批评，介绍意味非常浓厚。即便是1933年出版的《张季子九录》，形式上是一本文集，但评论者因为看中张謇（1853—1926）对近代中国盐政、纺织和水利上的贡献，① 才选介这部书，其出发点还是一种介绍史料的角度。

这类史料评介式的书评，因为涉及的领域非常专业，所评介者又都是与社会经济研究相关的史料，若非从事相关研究工作者，极难有所体会。因此这类型的书评是无法刊登在报纸副刊这种较具大众化倾向的刊物上的。然而，《益世报·史学》副刊和南京《中央日报·史学》副刊又何以没有刊登一些较具大众化性质的社会经济史书评呢？我认为这与社会经济史领域在1930年代初仍处于刚刚起步阶段有关。《中国近代经济史研究集刊》的发刊词曾说：

> 可是我们要知道过去的经济最要紧的条件便是资料，而这类资料向来是异常缺乏的，在我们中国尤其如此。或者是以先的人对于经济事实或经济现象不加注意，没有记载；或者有记载而不认识它的价值，未能保存。无论如何，凡是研究中国经济史的人都感觉到资料的不易搜寻，如私人或家庭的流水账，店铺的生意，工料的清单，户口钱粮的清册，如这一类有经济意义的文件，以先为人所抛弃的，至少不理会的，现在都变成最有趣的，最可宝贵的经济史料了，可惜这些资料并不是俯拾即是的。②

因此，清华史学研究会成员在中研院社科所出版的机关刊物上，便以致力发掘这些先前为人忽略的经济史料为要务，一方面透过研究，一方面以书

---

① 汤象龙，《张季子九录》，《中国近代经济史研究集刊》，1：2（1933年5月），页311—314。
② 《发刊词》，《中国近代经济史研究集刊》，1：1（1932年11月），页2。

籍评介的方式将这些材料尽量介绍出来，好让社会经济史研究逐渐脱离社会史论战时期理论凌驾于史料的状况。但是这些评介史料的书评并不见得适合刊登在报纸副刊上，而适合大众阅读且又不流于理论论争的二手研究，在当时又并不算太多，就连《中国近代经济史研究集刊》里也只有少数一两篇国外研究成果的报道，直到1937年刊物改名为《中国社会经济史集刊》之后，书评一栏才渐渐以评介中外二手研究为主，① 然此时天津《益世报·史学》副刊和南京《中央日报·史学》副刊皆已停刊，① 这类书评当然无迹可寻。

其次，这两种类型不同的刊物皆呈现出高度的社群性。《中国近代经济史研究集刊》和天津《益世报·史学》副刊、南京《中央日报·史学》副刊，皆于发刊之初强调以研究社会经济史为主，欢迎外稿来投，"只论是非，不论异同"，② 但是细看这几份刊物，几乎还是以清华史学研究会成员的稿件居多，外来稿源的比例相当低。特别是《益世报·史学》和《中央日报·史学》，几乎由史学研究会同仁包办一切，外稿中只有袁震(1907—1969)、黎昔非(1902—1970)、何维凝(1907—1958)和曹静华等数篇，其中袁震、黎昔非二人又与会中部分成员有某些私人情谊，③ 即使研究理念相近，其文稿还是多少带点儿友谊赞助的性质。而《中央日报·史学》甚至愈到后期，愈由罗尔纲一人独挑大梁，其中好几期的文字罗尔纲既用

---

① 《中国社会经济史集刊》里的书评除罗尔纲、王崇武、严中平等三人所著是为史料评介之作外，余者多为新书评介。罗尔纲，《书籍评论：太平天国丛书》，《中国社会经济史集刊》，5:1（1937年3月），页125—127。王崇武，《书籍评论：明内廷规制考》《中国社会经济史集刊》，7:1（1944年6月），页143—146。严中平，《书籍评论：辑录贸易史资料两种著作》，《中国社会经济史集刊》，7:1（1944年6月），页149—152。
① 天津《益世报·史学》于1935年4月30日创刊，至1937年5月30日停刊；南京《中央日报·史学》于1936年3月5日创刊，同年10月1日停刊。
② 《发刊词》，天津《益世报·史学》，第1期（1935年4月30日），第11版。
③ 袁震当时为吴晗之女友，黎昔非则为吴晗和罗尔纲在中国公学时期的同学。

真名又用笔名发表,① 除此之外,别无他稿。这种现象一则透露这个刊物的稿源不足,再者也显示出两报的《史学》副刊是一份标准的社群性刊物。

　　社群性刊物的出现,与史学专业化的趋向有一定程度的关系;次学科领域渐次成形之后,各种不同类型的专业社群相继产生,清华史学研究会的成立便是1930年代社会经济史逐渐崛起之后的产物。然而这类专业史学社群往往带有非常强烈的"我群意识",表现在他们所办的刊物上,最明显的就是撰稿人几乎与社群组成分子完全是同一批人,于是刊物成了他们发声的管道和表现研究心得的场所,《中国近代经济史研究集刊》发刊之始即表明:本刊是一份"披露整理结果的定期刊物"。②《益世报·史学》副刊也说:"我们愿意从大处着眼,小处着手,就各人的兴趣和所学,就每一问题作广博深湛的检讨,……我们企图从这一新方向努力推进,点点滴滴地,盼望能在十年二十年内有一点小成绩。"③ 其目的是希望"引起史学界的注意",来和"我们"合作的。因此这类社群性刊物本身就带有一种封闭性的色彩,专业而小众,提供发表空间但不一定形成对话,因此与一般综合性刊物开放大众投稿的形式截然不同,而登载最能产生对话机制的书评数量也相对有限。以1930年代而言,社会经济史研究方兴未艾,不至于完全没有其他可堪对话的社群,可是《益世报·史学》和《中央日报·史学》副刊非但不以书评为媒介,与其他社群展开对话,甚至连外稿都很少,刊物本身徒然只是社群内部组成分子表现研究成果的场域,由此

---

① 例如第21期中,罗尔纲分别用真名和笔名"幼梧"发表文章,整期除此二文之外,别无他文。见:罗尔纲,《谈造象》,南京《中央日报·史学》,第21期(1936年7月30日),第3版。幼梧,《"楚军"的界说》,南京《中央日报·史学》,第21期(1936年7月30日),第3版。其他如《陟山随笔》,罗尔纲也以笔名"慕婉"发表。慕婉,《陟山随笔》,南京《中央日报·史学》,第17期(1936年7月2日),第3版;第18期(1936年7月9日),第3版。"慕婉"之笔名为罗文起教授赐知,特此致谢。
② 《发刊词》,《中国近代经济史研究集刊》,1:1(1932年11月),页2。
③ 《发刊词》,天津《益世报·史学》,第1期(1935年4月30日),第11版。

可以看出清华史学研究会成员其实并无太大意愿与其他相关社群展开对话。相对地，同一时期以社会经济史研究为号召的社群，如陶希圣等人所办的《食货》半月刊和天津《益世报·食货》周刊、① 中山大学史学研究会所办的《现代史学》等刊物，在研究议题和取材上与清华史学研究会之取径亦不尽相同，彼此之间的对话也显得十分薄弱。②

唯1937年扩大改编之后的《中国社会经济史集刊》开始有较多的外稿，特别是书评一栏，不但在量的方面大幅增加，而且投稿者也不再限于原来清华史学研究会的基本成员，贺昌群、连士升（1907—1973）、陈振汉（1912—2008）、全汉升（1912—2001）、彭泽益（1916—1994）、王崇武、劳榦、严中平（1909—1991）等人逐渐成为这个刊物的常客。袁永一投稿评论陶希圣、鞠清远所著《唐代经济史》的书评，亦刊登在五卷一期当中；③ 张荫麟则开始注意到留美学人冀朝鼎（1903—1963）的著作，④ 国外有关社会经济史的最新研究成果，也陆陆续续被介绍进来；⑤ 罗尔纲致力太平天国史

---

① 天津《益世报·食货》，1936年12月6日创刊，至1937年7月13日第31期停刊，主编为陶希圣，编辑群有鞠清远、武仙卿、方济需、曾资生等，以刊载北京大学法学院中国经济史研究室同仁的译著为主，极少外人投稿和书评一类的文章。见：陶希圣，《食货周刊创刊的意思》，天津《益世报增刊·食货》（1936年12月6日），第2版。
② 据顾颉刚回忆，1935年时，陶希圣反而希望《食货》能和《禹贡》两团体合办一刊物，名之为《史学月刊》，但因时局陡变，并未实现。见：顾潮编著，《顾颉刚年谱》，页242。
③ 袁永一，《陶希圣、鞠清远：唐代经济史》，《中国社会经济史集刊》，5：1（1937年3月），页130—134。
④ 张荫麟，"Chao-ting Chi（冀朝鼎）：*Key Economic Areas in Chinese History*，London，1936"，《中国社会经济史集刊》，5：1（1937年3月），页121—125。
⑤ 如：连士升，"W. C. Oman, *A History of the Art of War in the Middle Ages*, Vol. I-II, Second edition, London: Methuen, 1924"，《中国社会经济史集刊》，5：1（1937年3月），页140—146；汤象龙，"Henri Hauser, *Recherches et Documents sur L'Histoire des Prix en France de 1500 à 1800*, Les Presses Modernes, Paris, 1937"，《中国社会经济史集刊》，6：2（1939年12月），页379—390；以及国外投稿如 C. P. Fitzgerald, "C. V. G. Kiernon, *British Diplomacy in China 1880-1885*, Cambridge University Press, 1939"，《中国社会经济史集刊》，8：1（1949年1月），页1234—1239。

研究多年，对于和他有相同研究兴味的学人亦投以关注之情。① 彭泽益评赵丰田《晚清五十年经济思想史》、劳榦评史岩（1904—1994）的《敦煌石室画像题识》等文，更是典型的专业评专业之作。② 如就书评而论，《中国社会经济史集刊》的确有意摆脱原先社群同仁刊物的性质，转向涵纳更大范围的研究群体，并与之对话。此一转变应该和抗战之后刊物研究范围扩大，以及社会经济史研究队伍的成长有密切的关系。

1930年代以后，专业社群崛起，带动了史学刊物走向专业化，分工分门的研究逐渐成为历史研究的主潮，然而专业社群的大小和组织强弱却又直接影响着刊物的对话与表现形式。社群性强的刊物，研究目标和宗旨相对比较明确，但"我群意识"所造成的封闭性，却往往是影响他们与其他社群产生对话的关键。因此，在这类社群性强的刊物当中，反而不容易看到专业与专业之间的对话。相反地，如果社群组织比较松散，或是以聚纳更多学人为宗旨的刊物，其对话性反而较高，如《大公报·史地周刊》就是一个明显的例子。

《大公报·史地周刊》创刊于1934年9月，是一份由燕京大学教授群为主发起创办的刊物，主要编辑有洪业（1893—1980）、张荫麟、容庚（1894—1983）、顾颉刚、容肇祖、洪思齐与张印堂（1903—1991），③ 标榜历史学和地理学为其主要研究范畴。刊物内容涵盖很广，包括民族史、政治史、社会史、思想史、历史地理、传记、总类和书评等主要项目，另有读书通讯、问答、新书介绍等栏位，总共发刊146期，至抗战爆发以后才停刊。以社群性而言，《史地周刊》显然与前述清华史学研究会所办刊物有很大的不同，《史地周刊》所代表的是一个隐性社群的集结，它不同于

---

① 罗尔纲，《吴绳海：太平天国史》，《中国社会经济史集刊》，5：1（1937年3月），页134—136。
② 彭泽益，《赵丰田撰：晚清五十年经济思想史》，劳榦，《史岩著：敦煌石室画像题识》，见：《中国社会经济史集刊》，8：1（1949年1月），页157—162，页168—175。
③ 顾潮编著，《顾颉刚年谱》，页226。

《益世报·史学》副刊、南京《中央日报·史学》副刊和《中国经济史研究集刊》投稿者和编辑群几乎是同一批人,《史地周刊》虽然也有部分主要稿源来自社群内部成员,但是它的涵纳性是比较广的,主要投稿人除燕京大学教授外,还包括了北京、清华、辅仁和中央大学等校教师,另外也有不少来自福建、四川甚至日本等地的稿源,投稿人并非固定同一群人,其锁定对象是所有对历史学、地理学有兴趣的人,包括中小学历史、地理老师,一如《发刊辞》上所言:

> 我们愿意选择自己或别人探讨的结果,尽力之所能,做比较通俗的陈述,同时愿意把本刊公开给国内同向这方面努力的人们。我们的野心是以兴味的甘饵引起一般人对于史地,尤其是本国史地的注意,并且供给他们新国民应有的史地智识。我们盼望本刊的一大部分能够成为中小学的史地教师和学生的读物。对于教师,供给他们以补充的材料;对于学生,供给他们以课外的消遣。①

因此《史地周刊》不像清华史学研究会所办的刊物有固定的社员和投稿人,他们的稿源来自各地,任何对历史、地理有兴趣的人都可以引为同道,参与讨论。加以这份刊物强调"通俗与趣味结合",同时提供"关心或从事中小学史地教本编纂人"一个交换意见的园地,所以它的社群范围广义来说,可以包括整个历史学界和地理学界。

《史地周刊》以横跨历史学和地理学两大学科范围的特质,造就了它的开放性,公开向所有对史地学有兴趣的人征稿,也扩大了它的参与层面,而通俗化的取径亦使得刊物不仅限于专业范围的讨论,因此刊物内容五花八门,即以书评而论,其中不少有关史地教科书、通俗历史读物和本国地图的评介,例如徐世劻的《现行三种小学历史教科书略评》、

---

① 《发刊辞》,天津《大公报·史地周刊》,第 1 期(1934 年 9 月 21 日),第 11 版。

童丕绳（1908—1968）的《读缪著中国通史纲要第一册》、杜明甫的《评最新修订中国形势一览图》、杨寔的《读张其昀著本国地理》、郭敬辉（1916—1985）的《评现在中小学通用之两部地图》、杨德一的《〈春秋时代争霸史〉的读后感》、刘玉衡的《读〈春秋时代争霸史〉》、洪煨莲的《介绍一本爱国青年很值得看的传记》、侯仁之（1911—2013）的《读房龙"世界地理"》等。这类批评有的时候还会引发作者或读者的回应，《史地周刊》则以"通讯"栏提供这种双向交流。此类书评很可以看作学术界与中小学教师或史地教科书编纂者沟通对话的一种表现形式，透过批评或讨论，交换彼此的看法，一如《史地周刊》最早的立意：

> （历史地理）这两门学问，如教科书所代表的，素以干枯著称，学生们一提到就头痛的。历史的境遇似乎好些。然而普通最引人入胜的历史，从科学的眼光看来，多半是很坏的历史。怎样使科学的正确和通俗的趣味结合，这便是我们常常感觉到的问题，而打算在这周刊上作解决的尝试的。①

当专史专题式研究逐渐成为 20 世纪历史研究的主要形式之后，通史撰作相对受到忽略，学界最新研究成果不容易反映到中小学历史教科书上，教科书的撰写者和历史研究者往往是两列互不沟通的队伍。一本风行甚广的史地教科书，可能是二三十年前的旧作，② 要不就是引用大量考据

---

① 《发刊辞》，天津《大公报·史地周刊》，第 1 期（1934 年 9 月 21 日），第 11 版。
② 《史地周刊》上最多人提出来批评的就是童世亨原著、陈镐基修订的《最新修订中国形势一览图》，此书初版于光绪末年，民初以后成为各中等学校的教科书，风行一时，但是即使在 1934 年经陈镐基修订之后，还是错误百出，引起很多争议。见：杜明甫，《评最新修订中国形势一览图》《评最新修订中国形势一览图（续）》，天津《大公报·史地周刊》，第 10 期（1934 年 11 月 23 日），第 11 版；第 12 期（1935 年 12 月 7 日），第 11 版。邵众抗，《通讯》，天津《大公报·史地周刊》，第 16 期（1935 年 1 月 4 日），第 11 版。杜明甫，《通讯：再论中华形势一览图》，天津《大公报·史地周刊》，第 26 期（1935 年 3 月 15 日），第 11 版。

材料,① 不适一般大众或中小学生阅读,"正确"与"趣味"之间始终不能兼顾,一流的历史学家为了专题研究,无暇投身通史撰作的行列,史地教科书编纂者亦无力将学界研究成果反映在教材上,历史研究徒然成为史家的自说自话。"九一八"事变之后,中小学教科书愈益需要能够表现民族精神与爱国情操的历史著作,以及提供一般大众正确的有关国土疆域和地理边界的知识,现有的教科书于是重新受到检视,同时也开始吸引专业历史研究者关注通俗历史教育的成果。《史地周刊》抱持着将史地知识"普遍化"以"助长国家意识觉醒"的宗旨,提供双方讨论的空间。

如张其昀著、竺可桢(1890—1974)校订的《高中本国地理》,在"九一八"事变之后不到一年半就出了七版,普遍受到书林的重视,《史地周刊》第12期就有中学史地教师杨寰的评论,纠举张书中出现的部分小错误。② 第82期再有郭敬辉的一篇书评,郭氏批评重点放在张其昀以"天然区域"取代省界划分的观点上,郭氏列举书中塞外草原、外蒙高原、黄河三角洲和海河流域、西南三大峡谷、四川盆地、西藏高原等几个天然区域,认为张其昀并未兼顾实际自然条件、人文特性来分区,同时以为划分天然区域的根据、大小、界线和渐移地带等问题都有待讨论,尤其是这样的分区适不适合学者研究尤需斟酌。③ 面对这样的批评,张其昀很快在88期中有所回应,他认为政治区域往往因历史沿革而成,自然区域则纯然以地理分布为标准,以自然区域取代政治区域分章撰述,正是他书的

---

① 杨德一书提及,市面上出版的高中历史教科书,如吕思勉所著者即是比较被普遍采用的一种,但是他认为吕书"处处考证,考证的叙述,占篇幅的大部分",对中学生而言,未免有点"费力不讨好"。见:杨德一,《〈春秋时代争霸史〉的读后感》,天津《大公报·史地周刊》,第63期(1935年12月6日),第9版。
② 杨寰1929年时仍为燕京大学史学系学生,此时已毕业离校,但仍不时投稿至《史地周刊》讨论中小学教科书问题。杨寰,《读张其昀著本国地理》,天津《大公报·史地周刊》,第12期(1934年12月7日),第11版。《历史学系十年来职员名录》,《史学年报》,2:5(1938年12月),页545。
③ 郭敬辉,《对于张其昀君划分中国为二十三"天然区域"的一些意见》,天津《大公报·史地周刊》,第82期(1936年4月24日),第11版。

一个特色。张氏更引述法国学者白兰士(Paul Vidal de La Blache, 1845-1918)的观点表示:"地理区域其各部分之现象,皆有一共同之特点,其风土人情大多同多异少",但"历史区域则不然,历史区域常杂糅许多天然单位,而成一政治单位,其于地理上之天然形势,支离割裂,多不合理"。张氏以为:

> 我们研究地理重要任务之一,即在讲明中央与地方的分际。中国在地理上与历史上是天然统一的国家,其目前更须集中全国的物力人力,以谋全民族的生存。无论华北华中华南,任何一部皆不足抵御外侮,何况一省。……中华民国的真正基础在于地方的发展。但地方势力必以国家观念为前提,况且地方性的利害关系并不一定以省区为分界。①

因此发展地方势力,与其注重政治区域,不如注重自然区域所构成的"经济单位"来得更有意义。除此之外,张氏也特别强调他用以划分自然区域的标准,是兼顾人文环境而来的,因为"地理学既以研究人地关系为目的,自然环境和人文环境不能分离也不能偏废"。张氏认为他所根据的是"世界地理学家通用的方法",而郭敬辉的许多质疑尽是些"粗心浮气"的话。中国地理学尽管仍处草创阶段,但是已经经过许多人许多年的努力,有了一定的成果,某些"过于幼稚的话,在讲堂上随便发问犹可,正式发表还宜慎重些"。言下之意,觉得郭氏的批评是不够专业的。

经过张其昀的答辩之后,郭敬辉仍有不同的看法,其论辩的重点仍放在自然区域的划分标准上,郭氏主张"由自然环境各地理要素来划分自然

---

① 张其昀,《关于拙著本国地理分区之解释》,天津《大公报·史地周刊》,第88期(1936年6月5日),第11版。

区域,则人生现象,经济情形,便不谋而同"。以现今的研究的趋势来看,郭氏认为地理学研究可分景象派和环境派,景象派是"根据自然环境而发展人生环境",对于地形水道的各种情形,不只要叙述其地位,还要辨识其形态,从而发现自然环境对人生的关系;但环境派则是以"自然环境与人生关系"为研究对象,于是常常遭到景象派的攻击,认为环境派的研究缺乏确定的对象,"所谓的环境影响,只是一种因果关系,不能算作一门科学的领域",因为没有其他任何一门科学只用一种因果关系作为一种领域。郭氏以此质疑张其昀"自然环境与人文环境不能分离也不能偏废"的主张,是犯了和环境派一样的错误,以一种不确定的对象来划分自然区域,是不合"科学的地理法则的"。

这场讨论至此结束,我们并没有再看到张其昀进一步的看法,从地理学科发展的角度来看,双方论辩涉及的是一个很根本的学科界域订定的问题,对处于起步阶段的中国地理学来说,这类在实际教学与研究之后的对话无疑有其时代上的意义。

在历史教科书方面,徐世劻曾对当时流行于市面上的三种历史教科书提出批评:① 首先,小学历史教科书应该从社会科中独立出来,增加教学的时数,才能培养幼童的国家民族意识;其次,小学历史教科书应该兼具别裁、具体等特点,取舍和取材方面要适合小朋友阅读,否则像朱翊新(1896—1984)、宋子俊所编的《社会课本历史编》里大谈"朱子学说以居敬为主,以格物致知穷理实践为用"等等,不但小学生不懂,就是高中生也未必懂得;最后,纠举这几本教科书上所出现的错误,例如朱书说"西汉时的乌孙是回族""上古时期的西戎是藏族、北狄是蒙族、东北方的山戎是满族"等等,根本就是一种时代错乱,枉顾学界研究成果的说法,在小

---

① 徐氏所评三部教科书为:姚绍华的《小学历史课本》(中华书局版),朱翊新、宋子俊的《社会课本历史编》(世界书局版),徐映川的《复兴历史教科书》(商务书局版)。见:徐世劻,《现行三种小学历史教科书略评》,天津《大公报·史地周刊》,第29期(1935年4月5日),第11版。

学生记忆最好的年代里,有了这样根本的印象,以后就很难矫正过来。这些评论所提出来的观点,现在看来也许都稀松平常,但是它所反映的确是1930年代小学教科书中很普遍的现象。

《史地周刊》甚至有一个公开征求中学本国史教科书的计划,钱穆亦去函参与讨论高中本国史教科书的撰写体例问题,① 张荫麟更身体力行,以趣味和通俗为目标,将其《中国史纲》第一册中的一章《春秋时代的争霸史》,首先发表在《史地周刊》上,② 引起很大好评,读者杨德一来函表示:"读着那篇文章,好像不是念历史而是念小说,因为史实给故事化了","趣味下装进了历史的轮廓;但并不全若读小说,因为它一字一句都含了史实的尊严"。③ 刘玉衡(1916—?)对此文也有好评,他认为张著文体流畅,具有艺术价值,同时取材简明扼要,只是在材料方面应该再加补充,并尽量写出人名,省去读者再查史实的麻烦。④ 张荫麟也承认这是一篇"试验"之作,希望将来能够据此写出一本适合高中生阅读的中国史,而他之所以将这篇文章发表在《史地周刊》上,就是希望能够"征求批评",以为将来改进的参考。

我们在《史地周刊》上可以看到大量这类的对话,有些透过正规的书评,有些则是以读后感言或通讯的方式表达,在撰写教科书和通俗读物的意见上,学术界和其他所有从事史地教育工作者,因此而有了交流的机会,所有参与讨论的成员,借由一种无形的网络关系,交换彼此对历史知识的看法。在学院化与专业化愈益发展的20世纪,大学及研究机构里的专职历史家,已然成为历史知识的主要生产者,他们所生产出来的历史知

---

① 钱穆,《关于高中本国史教科书讨论》,天津《大公报·史地周刊》,第26期(1935年3月15日),第11版。
② 张荫麟,《春秋时代的争霸史》,天津《大公报·史地周刊》,第52期(1935年9月13日),第11版。
③ 杨德一,《〈春秋时代争霸史〉的读后感》,天津《大公报·史地周刊》,第63期(1935年12月6日),第9版。
④ 刘玉衡,《读〈春秋时代的争霸史〉》,天津《大公报·史地周刊》,第71期(1936年2月7日),第8版。

识，透过不同的管道和媒介，传递给一般大众、中小学教师或学生——也就是历史知识的接受者，完成一种历史知识的传播过程。然而学院化与专业化所带来的结果，却往往使得历史知识愈来愈走向专门，知识生产者所生产出来的知识一旦不能为接受者所接受时，历史知识的正当性就可能遭到质疑，甚至形成一种断裂。换句话说，历史知识的接受者也并非是完全被动的，他们可以透过选择、接纳，甚至排拒的过程，向知识生产者表达他们的看法，因此一个在学术界享有盛誉的历史学家，可能在一般大众眼里只是个籍籍无闻的人，在生产工具和媒介如此发达的年代里，市场机制反映的有时候不见得是真理，而是需要。哪种历史知识可以被一般大众接受，哪种历史知识只能在学院流行，往往取决于知识接受者的态度。

就如《史地周刊》编辑群所说："我们担任在这半张纸上作文字的表演的人都是以教学或研究为正务的，副刊的把戏只是我们业余弄笔的结果。"① 一个专职的历史学家为什么需要"业余的弄笔"，就是他们不能忽略历史知识接受者在时代中的感受。如果1930年代的中国，已经是一个民族生存面临重大考验，大部分的人面对国家的未来不知何去何从，以及大部分的历史知识接受者的历史知识还停留在"是非对错"无法分辨的年代里，② 那么知识生产者似乎也很难再关着门做研究了。我们从《史地周

---

① 《发刊辞》，天津《大公报·史地周刊》，第1期（1934年9月21日），第11版。
② 徐世勋在检讨中国历史教育失败的原因时，曾经提及教科书的影响，他引述了吴晗在《独立评论》上的一篇文章表示，四千本中学生的卷子中，有半数以上不知道"九一八"事变是什么时候发生的。徐世勋认为这跟大部分的教科书对此都语焉不详有关，他说有些教科书仅仅用一两页的篇幅平淡无奇地交代过去，有的书上说："我们失掉了辽吉两省，有的又说辽吉黑三省。至于我们的损失问题，所谓'满洲国'的承认问题，更少人顾及了。"而这些教科书有些是国难以前出版的，有些是塘沽协定签订以前出版的，但事隔多日，难道不应该增补进去吗？所以他赞成吴晗建议的：注意课本的编订，并且由政府聘请历史专家担任撰述。由此可见，许多历史知识的接受者对于历史知识的"对错是非"问题，是非常希望专业历史学家给予关注的。见：杨寘、葛启扬、徐世勋，《中学史地教育问题》，天津《大公报·史地周刊》，第17期（1935年1月11日），第11版。

刊》的创刊宗旨和他们所开设中小学历史教科书的讨论专栏中，可以清楚地看到《史地周刊》编辑群想要透过一种集体的讨论与对话，把"正确"而有助于"国家意识觉醒"的历史观念，灌输到历史知识接受者的心中。就知识和权力的关系而论，这未尝不是一种扩张其知识影响力、形塑知识正当性的做法。《史地周刊》所筹组的"中学国史教科书编纂会"曾经表示：他们希望将来编纂出来的教科书可以成为大家"集思广益"的结果，但是他们希望这部教科书是有一种"史观"的，而这个"史观"又绝不是可以解释一切"事实因果关系的铁则"，而是一种能"与事实融化无间"的史观，所以他们认为"贯穿史材之最好的线索是事实本身的脉络"，"把史观当做历史的鸟瞰，对于历史众方面的变迁和其相互关系的一个大概的看法"。① 说穿了，这就是民国以后新史学家希望的以材料为根据、以实证研究为基础的历史研究态度，《史地周刊》编辑群所希望灌输给所有历史知识接受者的，也就是这么一个基本态度；历史知识的接受者如若没有这样的观念，新史学家们多年在学院的努力尽付东流，没有一般大众、中小学教师和学生的支援，亦无由为新一代的历史观念塑造其正当性。《史地周刊》透过书评和读者通讯的专栏，开辟了一个与历史知识接受者交流的管道，无疑就是想透过学院以外的社群网络关系，凝聚彼此共同的历史意识，扩大历史知识在社会上的影响力。

除此而外，《大公报·史地周刊》另有一个十分值得注意的现象，就是在"新书/刊介绍"或"史地消息"的栏位中，除了介绍一般新出版的史地专书之外，也常常刊登其他相关学术社群的出版讯息，例如《地理学报》《地理教学》《史学年报》《禹贡》半月刊和《史学消息》等刊物的介绍，以及禹贡学会出版的专书。② 表面上看来，这些刊物或书籍或都因为

---

① 《关于中学国史教科书编纂的一些问题（中学本国史教科书编纂会来稿）》，天津《大公报·史地周刊》，第 24 期（1935 年 3 月 1 日），第 11 版。
② 如禹贡学会所出《地图底本》《利玛窦坤舆万国全图》，皆曾经在《史地周刊》的新书介绍栏上出现，盖与顾颉刚同时也是《史地周刊》社群组织成员有关。

与《史地周刊》关注的历史、地理范畴相关而被介绍进来,但实际上这些刊物的编纂者与组成社群,大多与《史地周刊》主要编辑成员有关。如《史学年报》和《史学消息》同是燕京大学历史系所办的刊物,前者为燕京大学历史学会所编,以刊载燕大师生之作为主,也有部分北京其他各校的来稿,后者则为燕大历史系的学生刊物;《禹贡》半月刊则是顾颉刚、谭其骧(1911—1992)等人纠集一批在北京各大学院校专研古史与地理沿革的学者,共同创办的刊物;① 而《地理学报》是由翁文灏、竺可桢、顾颉刚等人在1934年发起的"中国地理学会"所发行的季刊;《地理教学》月刊则是北平师范大学黄国璋(1896—1966)所编,其作者多人如王益厓、洪思齐等人,也都是《史地周刊》上的熟面孔。② 把这些刊物的编者、作者集合起来,大致可以勾勒出一个北方学术社群的图像,而这个图像大体上是以燕京、北大、清华、辅仁和北平师范大学等几个学校为核心,③ 透过刊物评介刊物、社群介绍社群的方式,形成一种循环对话的网络(circular discussion network)关系,发表人和评论人之间的对话,不仅仅只在同一份刊物上进行,例如谢兴尧(1906—?)于《史学年报》第2卷第1期上发表了《太平天国历法考》之后,④ 薛澄清见文提出不同的看法,质疑谢兴尧引用《金陵癸甲摭谈》之不当,并举 W. T. Lay 所译《李秀成亲供》证明谢氏年历推断错误之处,⑤ 然而此文却不是刊载在《史学年

---

① 顾潮编著,《顾颉刚年谱》,页216。
② 《地理图书评论》,天津《大公报·史地周刊》,第128期(1937年3月19日),第11版。
③ 顾颉刚在禹贡学会成立时说道:"我们觉得研究学问的兴趣应当在公开讨论上养成的,我们三校的同学如能联合起来,大家把看得见的材料,想得到的问题,彼此传告,学生的进步一定很快速。……这个刊物是以三校(即指燕京、辅仁、北大)同学的课艺作基础的,但外面的投稿,我们一例欢迎。"顾潮编著,《顾颉刚年谱》,页216。
④ 谢兴尧,《太平天国历法考》,《史学年报》,2:1(1934年9月),页57—106。
⑤ 薛澄清,《太平天国历法质疑》,天津《大公报·史地周刊》,第26期(1935年3月15日),第11版。

报》上，而是发表于《大公报·史地周刊》第 26 期，① 因此谢兴尧的回应之文，也于《史地周刊》上刊出。② 发表人在某一份刊物上的观点，可能在另一份刊物上获得回应，说明这些刊物的读者群可能是有所重叠之外，刊物援引刊物，也带有一种"广告"的性质，暗示读者可以去参看另一份性质接近的刊物，对于扩大知识社群的影响力，不无裨补。

四、余论：书评与现代史学客观公评价值的建立

最后，我想谈一谈书评与学术客观公评价值的问题。从前面的讨论中，我们看到史学类书评从最早附属在新书介绍专栏，或以故书新评的方式出现，以至 1920 年代后期渐有符合现代格律的书评产生，书评在现代学术刊物上逐渐占有一席之地。如果就专业化的角度而论，"发表"本身即带有取得学术公评与客观价值的意涵，针对已发表的文章加以评论的文字，则更是形成客观论辩的激素，书评在现代史学学科形成的过程中，最重要的功能之一即是造就了一个可以客观论辩的空间。一篇文章或一部书发表以后，除了静待相熟师友给予的口头评价之外，学人们最希望的当然还是识与不识之人，透过书评与之对话，因为这种形态的对话是可以超越地界、私人情谊或既有学术脉络的。综观 1920 年代中期以后的书评，语态和婉、言辞锋利者兼而有之，但是这些书评几乎都非常一致地从史学基本纪律的角度着眼：一篇文章、一部书究竟是不是以充足的史料为根据，这些史料是否可信，作者所用以铺陈观点的史料究竟是原料还是次料，是

---

① 薛文没有刊登在《史学年报》上是因为该年报在 1934 年尚未有书评的栏位。《史学年报》真正开始有书评一栏的时间甚晚，一直要到第 2 卷第 5 期（1939 年），也就是刊物出版十年之后。
② 谢兴尧，《关于太平天国的历法——并答薛澄清君》，天津《大公报·史地周刊》，第 30 期（1935 年 4 月 12 日），第 11 版。

转手的记载，还是一手的原件，其中是否涉及抄袭或不当引用，等等，都属于现代史学学科的基本纪律问题。任何一个史学工作者一旦把自己的文章公诸于世，这些都无可避免地必须被公开加以检证。《大公报·史地周刊》第 94 期曾刊登一篇署名高平的《元代福建红枪会始末记》，刊出之后不到两期，《史地周刊》便非常迅速地发布了一篇"启事"，声明据陶孟和来函表示，这是一篇全篇抄袭自他旧作《元代的红枪会》的文章，《史地周刊》借此声明对读者表示失察的歉意之外，也将作者的真实姓名与工作地点明白示出，并劝告所有投稿者万勿再做这种"抄袭他人之作以为己作之事"。① 这个例子也许夸张了些，全篇抄袭尚有胆量投到发行量如此之大的报纸副刊上，但也说明了在学科体制愈形确立的 1930 年代，现代史学学科基本纪律除了透过学院内部在方法论上不断地强化之外，也在公开的发表管道里，或是匿名进行的审查制度中完成。学院中的训练如果被视为一种基础规训的培养，那么公开发表以后的评价，就属于反复验证的过程，而书评在此亦即发挥了它最大的功能。

陈恭禄可以振振有词地批评萧一山《清代通史》下卷"不能引用原料"，甚至"抄袭成说"，却无法回避自己出版《中国近代史》时来自各方的评价。刘黎仙表示陈恭禄这本《中国近代史》自称是"读书竞进会选为大学组必读之书"，但是经他"批阅十数页，即发现三大误点，遂废然止而未读，不知其后尚有错误否"。② 张延举书评也说："近读该书变法运动一篇，觉着其中颇多可以商榷的地方"，"一篇里便有这些可訾议的地方，虽然是'六十万言的巨著'，然而，未免有点太不精细"。③ 刘、张二人所指之错误，有些涉及解释上的差异，而这些差异又无一不与史料解读是否正确，或是引用史料是否得当等问题相关。此外，像是傅斯年为应国难之

---

① 《本刊启事》，天津《大公报·史地周刊》，第 96 期（1936 年 7 月 31 日），第 11 版。
② 刘黎仙，《陈著中国近代史纠缪》，天津《大公报·图书副刊》，第 126 期（1936 年 4 月 16 日），第 11 版。
③ 张延举，《中国近代史商榷》，天津《大公报·图书副刊》，第 136 期（1936 年 6 月 25 日），第 11 版。

需而于仓促之间写成的《东北史纲》,主要目的是为说服国联李顿调查团相信东北自古以来即为中国领土,捍卫国家民族尊严,动机可悯,却免不了在发表之后,遭到缪凤林、郑鹤声(1901—1989)和邵循正等人的严词批评。① 缪凤林谓"傅君所著虽仅寥寥数十页,其缺漏纰缪,殆突破任何出版史籍之纪录也"。② 缪氏批评的重点摆在傅斯年立论之际欠缺充分的史料作依据,同时忽略日本长期以来有关满蒙研究的成果,以及各式史籍记载东北与中国和日本的关系。邵循正的批评语气虽然较为和婉,但也实实在在举出三条"材料未充""证据薄弱"的事例,说明傅著有待商榷之处。③ 郑鹤声更以一种求全责备的口吻说:傅斯年是"吾国学术界上有地位之人物,而本书又含有国际宣传之重要性,苟有纰缪,遗笑中外,总以力求美备为是"。④ 由此可见,不管是谁,其著作一旦发表,都逃不过来自不同阵营、不同地域、不同身份读者的批评。现代史学学科的基本纪律与公评价值,透过书评获得进一步检证的机会,而史学这门学科的基础正当性,也因此而得以更加确立。

当然,在我们讨论书评建构史学学科正当性的功能时,不能不考虑书评的表现方式,以及承载书评刊物的社群性。综观1930年代的书评,仍然保留不少1920年代初期新书介绍和故书新评等形式的文章,唯其表现方式和目的已有很大的不同。像是《中国近代经济史研究集刊》《大公报·图书副刊》等刊物中史料评介式的书评,就某种意义上来说即属于旧书重评的性质,然其评论角度则渐渐脱离整理旧学的范畴,带有史料评析的眼光,预示一种新的研究方向,并提点过去为人所忽略的史料在现代学

---

① 王汎森,《思想史与生活史有交集吗?——读"傅斯年档案"》,《中国近代思想与学术的系谱》,页501—504。
② 缪凤林,《评傅斯年君东北史纲卷首》,《国立中央大学文艺丛刊》,1:1(1933年11月),页131—163。
③ 邵循正,《评傅斯年东北史纲第一卷古代之东北》,天津《大公报·文学副刊》,第278期(1933年5月1日),第11版。
④ 郑鹤声,《傅斯年等编著东北史纲初稿》,《图书评论》,1:11(1933年6月),页17—18。

术研究上的价值，因此这类书评显然对于新研究领域的开拓和形塑现代史学方法的正当性仍有一定程度的帮助。

此外，书评刊物的社群性也是影响书评表现形式的重要因素，一般而言，成员固定、稿源相同的社群，往往具有一定程度的封闭性，而一个封闭的社群，尽管比较容易塑造其专业形象，但与其他社群之间对话的概率必然降低。1920年代史学界纷纷出现不少属性鲜明的社群，有些是以研究社会经济史为号召，有些是以古史研究为核心，① 更有为数众多的历史地理研究团队和推广通俗读物的社群。② 这些社群的出现，一方面反映各种次学科领域的形成，同时也说明了史学分工愈来愈趋于专门。只是这些属性鲜明的社群彼此之间的对话显然不多，刊载书评的比例也相对有限。其中原因固然很复杂，但或多或少和该社群成员固定、组织色彩鲜明有关，因为这类社群经常带有明确的宗旨和态度，因此其刊物即便刊登了最能表现对话机制的书评，亦很难不流于观点和意气之争。要不就是这类封闭性的社群太过专注于开发自己的研究领域，或以呈现最新的研究成果为目标，难以顾及和其他性质相似的社群对话，因此其书评最多只能以史料评介或新书介绍的形式表现，只以流通书讯或报道研究状况为务。然而，书评作为一种作者与读者之间对话的文体，评介史料或介绍新书，严格说来都不能充分表现书评所具有的对话特质。因此相对来说，一个涵纳性较广，或是稿源对外开放的刊物，其社群属性虽然不够明显，却反而比较容易造就一个可以对话的空间，其书评可能因此引进不同类型的人加入讨论，甚至与其他刊物发表的文章对话，形构更大范围、更多层次的讨论空

---

① 例如《大美晚报·历史周刊》即是一个由上海光华大学师生为主、以古史研究为主要核心所集结而成的社群，主要成员有：杨宽、郑师许、李希三、蒋大沂、吴宣易、胡怀琛、黎协万、顾言是、胡道静和杜华等人。《大美晚报·历史周刊》自1935年11月11日创刊，1937年4月19日停刊，总共发行72期。见：《发刊词》，《大美晚报·历史周刊》，1935年11月11日，第3页。杨宽，《历史激流中的动荡和曲折》（台北：时报文化，1993年），页101。
② 如禹贡学会和通俗读物编刊社。

间，包纳更多读者的意见，各种新的学术眼光和现代史学所欲形塑的基本规范，也可以比较容易透过书评对话的形式体现出来，对于推动和建立学术客观公评的价值，容或具有更大的意义。

第五章
学术社群与中国社会经济史研究的兴起

从今天的角度来看,社会史、经济史无疑是历史学相当重要的次学科领域,唯在学科体制形成之初,社会史、经济史不但经常为学人交互混用,还以"社会经济史"连称的方式出现。今日不少研究者将中国社会经济史研究的发端推迟到 1930 年代中国社会史论战之后,认为这场以马克思主义、唯物史观为依据的论辩,由于缺乏足够的史料和硬套公式的毛病,难以取得"正统"历史研究者的认同,但论战中种种悬而未决的议题,却在论战结束后持续发酵,间接开辟了中国社会经济史研究的沃土。

类此看法几乎在论战告一段落之后几年旋已出现,① 后来的研究者亦多依循此说。② 某种程度上,我并不完全反对这样的看法,至少就扩大中国社会经济史的研究版图而言,中国社会史论战确实扮演了重要的角色,可是中国社会经济史研究,是不是真的起源于社会史论战之后的 1930 年

---

① 顾颉刚,《当代中国史学》,页 100。
② 台湾早期研究中国社会史论战的学者如逯耀东、赵庆河,以及曾经留意中国社会经济史兴起的学者如杜正胜、梁庚尧等均持此见,此外大陆学者陈峰、李根蟠等也不例外。逯耀东,《从"五四"到中国社会史大论战》,《中共史学的发展与演变》(台北:时报文化出版公司,1979 年),页 29—53。赵庆河,《读书杂志与中国社会史论战(1931—1933)》(台北:稻禾出版社,1995 年),页 417—419。杜正胜,《中国社会史研究的探索——特从理论、方法与资料、课题论》,国立中兴大学历史学系编,《第三届史学史国际研讨会论文集》(台中:青峰出版社,1991 年),页 25—76。李根蟠,《二十世纪中国古代经济史的研究》,《历史研究》,1999 年第 3 期,页 126—150。陈峰,《民国史学的转折——中国社会史论战研究(1927—1937)》(济南:山东大学出版社,2010 年),页 109—119。

代,却是有待商榷的。在我看来,这样的论点或多或少带有一些后见之明的意味,特别是1949年马克思主义成为官定意识形态之后,社会史论战之于中国社会经济史研究的前导性意义尤其受到阐扬,因此很长一段时间里,似乎只有从社会分配的角度和阶级意识出发的研究,才能排比入列中国社会经济史研究的队伍之中,早于中国社会史论战的社会调查(Social Survey)和实证研究便相对难以受到研究者关注。有意思的是,这样的情形在海峡两岸皆然,在史学史研究的脉络中,谈到中国社会经济史发端的研究者无不追溯至1930年代的社会史论战,极少人将视角再往前移至1920年代即已展开的社会调查和实证研究路线。

我认为1930年代的中国社会史论战与其说是导致中国社会史、经济史研究的"因",不如说它是1920年代社会氛围逐渐转向"社会问题"的产物可能更为合宜。在我看来,此一社会问题必须放在清末至1920年代中国知识分子如何从"唤醒社会"走向"调查社会"的脉络下来理解。质言之,自晚清士人将"群"及"社会"(society)概念引入中国后,社会就与"新民"与"国民"产生联系,成为打造新国民、建立新国家的动员论述之一。就如沈松侨指出:此一时期与新民、国民相衔的"社会",并不是一个独立于国家支配权威之外的市民社会(civil society),而是一个与国家、民族紧密结合为有机整体的"国族社会"(national society),[①] 而且此一时期的知识分子虽然经常以思想先觉者的姿态"唤醒"他们想象中的社会与国民,但社会和国民的具体样貌究竟为何?实际上他们还是很陌生的。到了1920年代,随着欧战后经济萧条、失业严重、罢工崛起、女

[①] 沈松侨,《国权与民权:晚清的"国民"论述,1895—1911》,《"中央研究院"历史语言研究所集刊》第73本第4分(2002年12月),页685—734;沈松侨在2012年将此文改写成《近代中国的"国民"观念,1895—1911》时,另增添了有关国民和军国民,以及族群与国民论述之关系的内容,收入:铃木贞美、刘建辉编,《東アジアにおける近代諸概念の成立》(京都:国际日本文化研究センター,2012年),页189—220。沈松侨此处所指与国家、民族结合而成有机整体的"国族社会",实与本书从"集体同一性"角度所论之"民"可相互呼应,而本章所论之社会经济史研究,正是借长时段的历史书写,为有机整体的"国族社会"提出结构性视角。

权开始伸张、学生运动勃发，如何理解失序的社会、如何建立新的社会秩序，成为人们日益关注的课题。于是在人们尝试了解各种社会问题的同时，"社会"的具体轮廓也因此逐渐成形，而社会调查就成了时人掌握社会问题并进一步理解社会的重要手段。就像德里克(Arif Dirlik, 1940 - 2017)指出的，1925年"五卅"事件后，自由主义者和激进主义者均同意政治变革需视社会变革的情况而定，"社会学和社会问题的课程进入大学甚至中学的课程设置。政府机构和新兴的社会学组织开展深入的社会调查，这不仅提供了关于中国社会的具体资料，而且揭示了中国社会问题的深度"。[①] 从这个角度来看，史学史的研究脉络之所以忽略1920年代社会调查带动社会史、经济史研究的这条线索，其中一个原因就在于伴随社会调查而来的中国社会史、经济史研究，一开始并不是以历史学科次领域的姿态出现，而是社会学、经济学研究的重要取径之一和以研究机构与社群组织为核心逐渐发展起来的学科。而这两方面的原因也使得中国社会经济史极不同于前文提及的中国上古史、中国近代史等以"学院"为启始的学科形态。

事实上，学科既是一种学术范畴、研究领域，也是一种组织结构——以学科命名的系，冠有学科之名的学术刊物，按学科分类的藏书、出版品，以及根据学科概念成立的学术团体与学会，都可以视为学科组成的一部分。[②] 因此讨论学科专业化的问题，除了必须考虑学院本身的建制之外，研究机构、社群组织和学术报刊等，往往也是构成学科体制不可忽略的重要环节。而本章所论之中国社会经济史，即正是这样一种从研究机构、社群组织所发展起来的学科。目前学界但凡提到1930年代社会经济史的研究者，大多不会忽略以下三个社群：食货学会、清华史学研究会，以及广州中山大学历史系组织的史学研究会。这三个不同的学术社群各有

---

① 阿里夫·德里克（Arif Dirlik）著，翁贺凯译，《革命与历史：中国马克思主义历史学的起源，1919—1937》（南京：江苏人民出版社，2005年），页29。
② 伊曼纽尔·沃勒斯坦（Immanuel Wallerstein）著，王昺等译，《知识的不确定性》（济南：山东大学出版社，2006年），页104。

其特点,其中由陶希圣主导的《食货》研究群,历来学界已累积不少相关研究成果,这些成果虽不一定从学科专业化的角度出发,但对《食货》半月刊和陶希圣等人早期的观点已有相当深入的研究,① 因此本章除论述上的需要,不拟对其再做全面性的讨论。而另一个与《食货》研究群同一时期创建的中山大学史学研究会,则属于学院建制内的封闭性社群,其出版刊物《现代史学》标榜以社会经济史研究为主力发展方向,很可以代表南方几个大学历史系社会经济史学人的看法,学界对此社群的讨论相对来说比较缺乏。至于清华史学研究会,在现有研究成果中也是属于较少人关注的社群,由于参与成员与北平社会调查所(以下简称社调所)人员迭合颇多,因此研究者往往比较容易忽略它的社群性。

不过上述三个社群中,清华史学研究会之所以特别引起我的注意,正是因为其参与成员和社调所的关系,不仅仅是一个社会经济史研究者的同好集结,也是一个最能体现1920年代以来即已展开的中国社会经济史研究路线。换句话说,清华史学研究会的参与成员,多数任职于1926年成立的社调所和后来的中研院社科所,这些研究机构安置中国社会经济史的方式,多少刺激了在此任职的研究者思考社会经济史问题的取径,于是而有清华史学研究会这样的社群组织集结。基于此,本章既着意于中国社会经济史崛起之初的面貌,故而兼采此学术社群及多数成员所属之研究机构,以期呈现中国社会经济史如何从原本是社会学、经济学的研究取径,逐渐转变为历史学次学科领域的过程。

一、 社会史、经济史的出现

前已述及,在一般人的印象中,中国社会经济史研究受到1920—

---

① 梁庚尧,《从〈读书杂志〉到〈食货〉半月刊——中国社会经济史的兴起》,周梁楷编,《结网二编》(台北:东大图书股份有限公司,2003年),页285—340。黄宽重,《礼律研社会——陶希圣研究中国社会史的历程》,《新史学》,18:1(2007年3月),页169—195。

1930年之交中国社会史论战的影响而逐渐壮大，然而就学科建构的角度而论，社会史、经济史的出现一开始可能并不见得和历史学有绝对的关系。换句话说，社会史、经济史等课程在学院建制中最初未必在历史系的讲授范围之列，① 特别是1920年代中期以前，大学历史系开设经济史课程者屈指可数，社会史则几乎完全不见踪迹。即以北大中国史学门而言，1917—1918年间确由蒋观云开设过经济史一课，唯其讲授内容已难追索。② 1920年代中期以后虽渐有暨南大学、厦门大学之历史社会系开设过社会进化史、西洋社会运动史和本国经济史等科目，③ 不过这多少是因为该系名为"历史社会系"，开课方向必须迁就"社会学组"的需要。

事实上，民国以后很长一段时间里，历史学逐渐向社会科学（social science）靠拢，社会学、经济学也被视为历史系的辅助学科之一。北大史学系于1919年配合学校"废门改系"和"选科制"的实施，就在系主任朱希祖的规划下，将课程全面朝社会科学的方向调整。他强调："学史学者，先须习基本科学，盖现代史学，已为科学的史学；故不习基本科学，则史学无从入门。"④ 这里所谓的基本科学，指的就是政治学、经济学、社会学和社会心理学等学科。朱希祖将史学"社会科学化"的主张，虽然

---

① 民国初成，1913年教育部公布大学规程，大学法科有法律、政治、经济三学门，其中经济学史、经济史等科目此时皆列为经济学门的必修科目之一。《教育部公布大学规程》（1913年1月12日部令第1号），璩鑫圭、唐良炎编，《中国近代教育史资料汇编》，页702。

② 《文科本科现行课程》，《北京大学日刊》，第1分册（1917年11月29日）。国立北京大学，《国立北京大学规程》（北京：国立北京大学，1918年），页86—87。1920年北大史学系亦曾开设过本国经济史、外国经济史两科，唯开课教师不详。见：《北京大学日刊》，第6分册（1920年9月25日）。

③ 1924—1925年间，厦门大学历史社会系第四学年课程中，曾开设过本国经济史和英国经济史各三小时。《史学门课程表》，厦门大学编，《厦门大学布告》，第2卷第2册（1924—1925年），页65。暨南大学历史社会系则于1928年开设过西洋社会运动史、社会进化史等课。《历史社会学系课程指导书》，《暨南大学十七年度教务一览》（1928年），页35—37。

④ 国立北京大学，《国立北京大学史学系课程指导书》（北京：国立北京大学，1925—1926年），页1—2。

影响了北大史学系的设科理念，但在实际操作时，史学系本身却不见得开得出这些课程，史学系学生往往必须透过选科制，到其他学系去修习这些科目。① 这些现象多少说明了至少在 1920 年代中期以前，历史学虽有意朝社会科学的方向发展，但实际上只能采取跨系选修的方式解决历史系辅助学科的问题，② 至于经济史、社会史的讲授在历史学科中也是非常有限的。根据教育部高等教育司于 1928 年所做的调查显示：各大学历史系唯大夏大学、暨南大学和光华大学等三校开设社会史或经济史的相关课程，而其中以中国社会史之名设课者，亦仅光华大学一校而已。③ 经济史、社会史于 1930 年以前大学历史系中开设的情形大抵可见一斑。

设科形式与分科架构一般而言可以反映时人的知识观，在历史学科分支次领域相继出现的 1920 年代，经济史、社会史似乎仍不被认为是史学次领域里不可或缺的要项，特别是社会史，更是极少出现在历史学相关撰述或学术分科的架构下。1923 年胡适在《国学季刊·发刊宣言》中提到国学研究系统时，主张以中国文化史的十大领域作为未来重理国学的纲本，在这个架构下，同样没有社会史，其中勉强算得上是社会史领域的也只有风俗史一项。④ 同年，东南大学国学院所提整理国学计划书，在洋洋洒洒二十二项拟造作之专史长编中，中国社会史一样付之阙如。⑤ 20 世纪学科分化的结果，使得许多新兴学门的学科史未被纳入史学领域之内，梁

---

① 刘龙心，《学术与制度：学科体制与现代中国史学的建立》，页 135—138。
② 北大史学系早期即不开设外交史、经济史、政治思想史等专史科目，唯允许三、四年级的同学到政治系、经济系去选修。新晨报丛书室编，《北平各大学的状况》（北京：新晨报营业部，1929 年），页 26—27。
③ 暨南大学、大夏大学当年度列有社会思想史和西洋经济思想史等课程。教育部高等教育司编，《高等教育概况——大学之部》，上册（1928—1929 年），页 4。
④ 胡适认为理想的中国文化史至少应包括民族史、语言文字史、经济史、政治史、国际交通史、思想学术史、宗教史、文艺史、风俗史、制度史十项。胡适，《国学季刊·发刊宣言》，《胡适文选》，页 241。
⑤ 东南大学国学院的计划书中，列有中国经济史、中国商业史、中国农业史、中国工业史和中国风俗史等大项，唯独缺中国社会史一项。顾实起草，国文系通过提出，《国立东南大学国学院整理国学计划书》，《国学丛刊》，1：4（1923 年 12 月），页 122—124。

第五章　学术社群与中国社会经济史研究的兴起

启超所担心的"史科次第析出",史学或无"独立成一科学之资格"的情形,此时看来恐非杞人忧天之语。①

社会史、经济史在1920年代前期未能成为历史学科的次领域,多少和研究人才缺乏,以及次领域的分科尚未成熟有关。中山大学历史系的朱谦之(1899—1972)在《经济史研究序说》一文中对于历史学者不负担经济史研究的情形提出了他的观察,他说:

> 经济史从来为经济学者研究的专门题目,历史家似乎不应过问才好,……经济史研究是在怎么一种情形之下呢?无疑乎直到现在,经济史仍为经济学者研究的专门题目;我们只看见许多经济学者如历史学派 Schmoller、Sombart、Bücher 等,制度学派如 Thorstein Veblen 等关于经济史的著作,很少是历史家的著作,如 Henri Sée 所著《近世资本主义发展史》(Les origines du Capitalisme moderne)可算很例外的了。②

他还援引了巴奈斯(Harry Elmer Barnes, 1889 - 1968)在1925年的观察说:"美国各大学中关于古今中外之政治史、外交史及宪法史皆设许多讲座,唯经济史讲座则到现在通美国各大学的史学系只有一个。"③朱谦之强调这种情形不光外国如此,中国也不遑多让,北京大学史学系虽设有西洋经济史,

---

① 梁启超,《中国历史研究法(附补编)》,页29—30。
② 引文中的经济学者全名及基本资料如下: Gustav von Schmoller (1838 - 1917), Werner Sombart (1863 - 1941), Karl Wilhelm Bücher (1847 - 1930), Thorstein Veblen (1857 - 1929), Henri Sée (1864 - 1936)。朱谦之,《经济史研究序说》,《现代史学》, 1: 3—4 (1933年),页1—2。
③ 巴奈斯提到美国唯一设有经济史课程的大学是指明尼苏达大学,该校设有 N. S. B. Gras (1884—1956) 讲座。巴奈斯强调1920年代美国绝大多数的经济史研究者都是经济学出身,而 Gras 所写的 Introduction to Economic History 一书,则是一本动态的、具有社会学倾向的经济史著作。Harry Elmer Barnes, The History and Prospects of the Social Sciences (New York: Alfred A. Knopf, 1925), p.47.

但其他各大学"有意识的以经济史研究为现代史学之一大目标,恐怕一个也没有罢"!朱谦之说这话的时候,已经迈入1930年代,他认为现代已经是"经济支配一切的时代",我们需要的不再是政治史、法律史,而是"为叙述社会现象的发展,社会之史的形态,社会形态的变迁之社会史或经济史,尤其是经济史"。① 这时历史学界似乎还没有体认到社会史、经济史应该是历史学科重要的分科次领域。

事实上,历史学界之所以没有意识到社会史、经济史是历史学的次学科领域,除了像朱谦之指出的尚未体认到社会史、经济史的重要性之外,也在于长久以来社会学、经济学和历史学在学科建制化之前相互纠结缠扰的关系。换句话说,社会科学在19世纪中叶以前还是一个非常模糊的概念,社会学的建制化更多是20世纪以后的事,② 因此就像伯克(Peter Burke)在追溯社会学和历史学的分合关系时指出,社会学(或广义的社会科学)在很长一段时间非常仰赖"过去"所提供的资料,作为理解现状的依据。社会学和历史学一直有很密切的关系,从亚当·斯密(Adam Smith, 1723-1790)、马尔萨斯(Thomas Robert Malthus, 1776-1834)到19世纪的马克思(Karl Marx, 1818-1883)等人的著作都充满了大量的历史材料和历史视角。例如亚当·斯密的《国富论》讨论财富的生产过程,无异就是一部有关欧洲经济的简史;马克思的《资本论》探讨劳工立法、从手工生产走向机器生产的转变,以及对农民的剥削等等,亦无一不取材于历史。这些为后世归类为经济学家、社会学家的人,在学科建制化之前写成的著作几乎都和历史有极为密切的关系。③

19世纪后半叶更多新兴的社会科学领域开始关注长时间的趋势,特别是时人所谓演化(evolution)的概念,例如孔德(Auguste Comte, 1798-

---

① 朱谦之,《经济史研究序说》,《现代史学》,1:3—4(1933年),页1。
② 伊曼纽尔·沃勒斯坦(Immanuel Wallerstein)著,王晸等译,《知识的不确定性》,页95。
③ Peter Burke, *History and Social Theory* (Cambridge: Polity Press, 1992), pp.4-8.

1857)的三阶段论将过去划分为神学时代、形而上学时代和实证科学时代,就是把社会放在"演化"的阶梯上,从中了解社会的变迁。社会科学从过去的脉络中寻找社会发展、经济变迁规律的习性,持续到 20 世纪初都还是如此,帕累托(Vilferdo Pareto, 1848 - 1923)、涂尔干(Émile Durkheim, 1858 - 1917)和韦伯(Max Weber, 1864 - 1920)对于历史依然娴熟。① 然而明显的变化出现在 1920 年代以后,伯克强调经济学家开始渐渐远离"过去",朝一种纯数学模式的经济理论发展,有关边际效用和经济均衡的理论家,愈来愈无暇顾及历史研究的取径。社会学者也开始从当代社会攫取他们想要的资料,社会调查、问卷调查逐渐成为社会学的主要方法,那些从"过去"理解人们当下行为的动机变成无稽之谈。各种社会科学渐次独立且愈来愈专业化,在此过程中他们急于和历史脱钩,18—19 世纪从历史角度提出的有关风俗和社会体制的种种解释,如今都成了玄想与推测,在物理学、生物学的推波助澜之下,社会学愈来愈倾向功能论(functionalism)的解释方式,强调组成分子的社会功能及其对维系整体结构所产生的作用。②

差不多就在社会学家逐渐对"过去"丧失兴趣的同时,历史学界却开始检讨 19 世纪以来以兰克(Leopold von Ranke, 1795 - 1886)为代表的政治史研究路线。其中的代表人物兰普雷克特(Karl Lamprecht, 1856 - 1915)一方面抨击兰克史学过于重视政治史和大人物的研究,一方面提倡从其他学科汲取概念的集体历史(collective history)。兰普雷克特的观点不久之后在美国、法国产生了回响,社会史逐渐受到一部分人的重视,如美国的透纳(Frederick Jackson Turner, 1861 - 1932),以及提倡"新史学"的鲁宾逊(James Harvey Robinson, 1863 - 1936),主张从人类学、古物学、经济学、心理学和社会学当中汲取各种理念。在法国,布洛赫(Marc Bloch, 1886 - 1944)和费弗尔(Lucien Febvre, 1878 - 1956)为代表的年鉴学派也主张以更广泛的社会经济史代

---

① Peter Burke, *History and Social Theory*, pp. 9 - 11.
② Peter Burke, *History and Social Theory*, pp. 11 - 14.

替传统政治史，历史学在此反而积极地向社会学家招手，社会史因而日渐受到关注。①

就在西方社会科学和历史学逐渐分道扬镳之际，中国的历史学、经济学和社会学却开始朝建制化的方向发展。② 其中比较值得注意的现象包括：一、历史学科建制中的经济史、社会史都属于相对晚成的次学科领域；二、社会史、经济史在学科平行移植的过程中，反而较早成为社会学、经济学的分支学科；三、由于社会学的建制相对晚成，因此社会史、经济史研究最早并不以学院为基础，而是从学科外缘的研究机构和社群组织建构起来的学科。然而必须强调的是，这些学科在不同时期的学术观点和研究取径，原是由长时间的发展脉络而成，却在移植过程中，因时空压缩而出现了时代错置（anachronism）的状况。最明显的例子莫过于后面会提到的社调所，该所的社会学研究方向同时涵盖了1920年以后盛行的社会调查路线及19世纪以来的历史取径。此外，历史学方面也有类似的现象，1920年代的历史学界既推崇兰克史学，同时又对批驳兰克专重政治史研究的兰普雷克特和鲁宾逊的"新史学"青睐有加。不过，此一时期中国学界钟情于兰克的，更多是关于他运用档案、史料的方法和概念，而不在他以国家为主体的政治史研究方向。而鲁宾逊在《新史学》中一再申陈的某些观点，如历史并非教训，而是提供我们了解现在问题的依据，以及历史学必须"注重普通人、普通事"，③ 并广泛应用各种天然定律——

---

① Peter Burke, *History and Social Theory*, pp.14–17.
② 19世纪末以来，西方社会学、经济学实已透过日本翻译书籍传入中国，并于20世纪初逐渐在教会大学和国立大学设科，成为建制化的一环。然而社会学在大学设科的时间，却明显晚于经济学，最初多由教会大学提倡社会工作之需而设立，如圣约翰大学、沪江大学、燕京大学等皆有社会学系之设。有关社会学在中国的兴起可参考：许仕廉，《中国社会学运动的目标经过和范围》，《社会科学》，2：2（1931年），页6；阎明，《一门学科与一个时代：社会学在中国》（北京：清华大学出版社，2004年）。
③ James Harvey Robinson著，何炳松译，《新史学》（上海：商务印书馆，1924年），页19—21。

第五章　学术社群与中国社会经济史研究的兴起　　*259*

特别是马克思的"经济决定论",①极受时人好评。这些看似"去脉络化"的研究同时出现在1920—1930年代的中国，使得中国社会经济史从社会学、经济学的研究取经逐渐移转至历史学次领域的过程中，往往根据中国社会自身问题和研究所需提出极不相同的策略。

例如兰克史学在伯伦汉（Ernst Bernheim, 1850-1942）和朗格诺瓦（Charles-Victor Langlois, 1863-1929）、瑟诺博司（Charles Seignobos, 1854-1942）等人的辗转引介下传到中国，同一时期，朱希祖、何炳松也介绍了兰普雷克特和鲁宾逊等人的史学著作到中国来，这使得原本在西方学术脉络中一前一后且相互抵触的史学路线一齐涌现在中国。然而由于中国史学界对于兰克一系只看重他们在档案史料和史学方法上的见解，强调历史研究的第一先决要件便是懂得利用原始材料（primary source），因此当历史学有意成为社会科学的一支，并期待从历史中找到可以解释现状来源的因素时，这些研究中国社会经济史的学者，并不像同一时期西方的社会学、经济学家一样想要摆脱历史学的影响，反而是急切想要历史提供它更多有关过去的原始资料。以下这段话某种程度上应该可以看出社会学家、经济学家这样的向往：

> ……要认识现在的人类生活的任何方面我们便不得不追溯到他的历史的过去。因此有的人便说社会科学的大部分都是历史。社会科学的大部分都是历史的说法固然未免过于夸大，但是社会科学的研究的确离不开历史，却是不容否认的，而且自从各种社会科学发展以来，向来所公认的历史范围逐渐扩大，包括人类生活的各方面而形成所谓的文化史或社会史或分演成为个别的社会制度史，也是人所共见的事实。②

---

① James Harvey Robinson 著，何炳松译，《新史学》，页48—51。
② 《中国近代经济史研究·发刊词》，《中国近代经济史研究》，1:1（1932年），页1。

这是《中国近代经济史研究集刊》1932年发刊时的一段话，很能代表社调所成立以来在社会史、经济史方面一贯的主张。虽然这个时候社调所也同时进行社会调查工作，试图以当代社会为研究素材，但他们并不排斥把触角伸向过去，以历史作为理解当代社会的根源。

从这个角度来看，历史学原以研究过去为目标，然而在社会问题的带动下，当前的社会问题经常成为历史学者探求过去的动机，而历史则成了社会学、经济学家解释现实问题的来源。中国社会史论战某种程度上便体现了这样的社会关怀与诉求。王礼锡（1901—1939）曾经表示：要找出中国社会的前途，就要理解中国的经济结构，"要理解中国的经济结构，必须从流动的生成中去理解，而不能专作无机物的静的分析。从流动中去理解中国经济的结构，必须从中国历史上的经济的演变与世界经济的联系，阐明其规律性并捋住其特殊性"。[1] 社科所研究员陈翰笙（1897—2004）也说："然欲明现在，当知过去；欲知中国，亦必需以世界各国之情状为参考。"[2] 所以在他主持"社会学组"期间，该组一方面着手农村实地调查，一方面也从中外书报文献中，"探求过去中国社会演进之轨迹"，用以解释当前问题之所从来。社会学、经济学和历史学在1920—1930年代的中国并没有壁垒分明的鸿沟，在历史逐渐摆脱教训和鉴戒意义之后，社会和经济问题成为新一代历史学者关注的焦点，历史学向社会科学过渡的可能性也因此升高。或许基于这样的原因，社会经济史在中国反而成为桥接社会科学和历史学的重要渠道。

中国社会经济史研究的出现，虽不能排除西方社会学、经济学和历史学的影响，却也有它自身的脉络与关怀。清华大学政治系毕业的汤象龙在投入经济史研究之后表达了他的看法，他认为经济史在中国可谓一门全新

---

[1] 王礼锡，《中国社会史论战序幕》，《读书杂志》（中国社会史论战专号），第4—5期合刊（上海：神州国光社，1932年），民国丛书编辑委员会编，《民国丛书》，第2编79册（上海：上海书店出版社，1990年），页3。

[2] 国立中央研究院文书处编，《国立中央研究院总报告》，第3册，第19年度（南京：国立中央研究院总办事处，1928—1939年。以下1—6册出版项同），页359。

的次学科领域，由于它所涉及的面向横跨历史学和经济学两大学科，不论其方法还是材料都不是单一学科所能独立完成的，所以他把经济史称为一种"骑墙"的研究。因为它"一方面牵扯到纵的历史，而一方面牵扯到横的经济社会各方面。史事的批判与资料的审定需要比较放大的眼光，现象和问题的分析复需要经济法律统计等科的知识，非比一种普通的单纯研究"。① 汤象龙认为中国的经济史研究还在起步阶段，证诸外国经济史学者，如英国的昂温（George Unwin, 1870-1925）和美国的盖伊（Edwin Francis Gay, 1867-1946）在资料充裕的前提下，尚且只有几篇零星的作品，坎宁安（William Cunningham, 1849-1919）的 *The Growth of English Industry and Commerce* 也是花了二十年才写成的。② 因此中国如果能在二十年内找着中国经济史的头绪，三十年内写出一部像样的经济史，就算很不错了。③ 汤象龙说这话的时间已经迈入1930年代中期，可是在他的心目中，中国经济史仍然在材料和方法上都还有很大的成长空间，而他和后面即将谈到的清华史学研究会在实证研究上的努力，或许可供我们观察中国社会经济史崛起之初的面貌。

二、社会调查与社会经济史研究

在社会史、经济史书写权还掌握在社会学、经济学者手里的阶段，最直接影响社会史、经济史研究方法的应该还是社会学、经济学本身的传统。不过就如西方社会学在大学建制化的时间相对较晚一样，社会学在中

---

① 汤象龙，《对于研究中国经济史的一点认识》，《食货》半月刊，1：5（1935年2月），页1。
② *The Growth of English Industry and Commerce*，分为两部：*The Growth of English Industry and Commerce in Modern Times* 于1882年出版，*The Growth of English Industry and Commerce during the Early and Middle Ages* 则于1890年出版。俱由Cambridge University Press 出版。
③ 汤象龙，《对于研究中国经济史的一点认识》，页1。

国设科当不早于 1920 年代初。今天被大家视为中国第一代社会学者的陶孟和，在英国伦敦政治经济学院（London School of Economics and Political Science）读的是社会学和经济学，但他在 1913 年取得经济学博士回国以后，却是在北大文科哲学门研究所任教。① 直到 1930 年北大的教职员名录上，陶孟和都还是政治系而非社会系的教授。② 理由很简单，因为北大在 1982 年以前始终都没有成立社会系。③ 另一个例子是费孝通，他在 1930 年从东吴大学转到北平燕京大学就读前，根本没有听过有社会学这门学科。④ 社会学建制化时间之晚，由此可见一斑，所以后来燕京大学社会系的许仕廉才说："中国社会学运动的起源，是受了中国社会崩坏民生痛苦的刺激来的。"⑤

社会学系建制晚，因而许多与社会学相关的课程，大多开设在政治系或经济系，⑥ 这点倒是和西方大学的设科情况非常类似。"五卅"惨案发生后，许多人开始意识到影响中国社会的根源是经济问题，因此如果要了解当前中国社会面临的困境，便不能不先了解中国的经济。在这样的认知基础下，社会、经济问题往往联袂并称。即以中国第一代社会学者而论，他们留学西方时正值社会学由历史视角向当代研究转化的当口，因此在西方实证主义的影响下，他们大多相信社会现象有如自然现象，客观存在于现实世界中，可以透过"科学的方法"观察社会、解释社会，并从中探寻社会发展的轨迹，以为解决问题的方案，其中社会调查便是此一时期最常

---

① 陶孟和当时在文科哲学门研究所开社会哲学史一课。《现任职员录》，王学珍、郭建荣主编，《北京大学史料》，第 2 卷，1912—1937，页 347、358。
② 文牍课编印，《国立北京大学职员录》（1930 年 5 月），同上书，页 363。
③ 北京大学在 1982 年以前一直没有成立社会学系，唯在 1937 年抗战爆发后，北大、清华、南开三校合并南迁时，才因地制宜设立了历史社会系。
④ 费孝通，《从事社会学五十年》，《费孝通社会学文集》（天津：天津人民出版社，1983 年），页 1。
⑤ 许仕廉，《中国社会学运动的目标经过和范围》，《社会科学》，2：2（1931 年），页 3。
⑥ 蔡毓聪，《中国社会学发展史上的四个时期》，《社会学刊》，2：3（1931 年），页 10—11。

见的科学方法。

陶孟和进入北大教书之后,即开始大力鼓吹社会调查的重要性,主张以社会调查推动立法,改造社会。他强调中国各地方的人互相隔阂,个人往往只知其中一小方面,而非社会之全体。中国人又都是些"哑国民",人民的欢乐、冤苦,一般生活的状态,除了诗歌小说之外,绝少留下记录。① 即便历史典籍中留下少部分有关社会底层的描述,不是太过笼统,就是只能从政府、国家、社会菁英的角度观察记录,其目的不在了解社会、认知社会,只为主政者统御人民的工具。② 陶孟和认为如果真要了解社会,就必须从事社会调查,把触角深入民间,以科学的方法了解中国社会的问题与性质,建立一套本土的社会学研究模式。而他自己在回国之初,即曾利用北京青年会下设之社会实进会对北京人力车夫所做的调查资料,写出一份调查报告,分析社会底层劳动人口的年龄、婚姻、收入、工时、娱乐等面向,作为政治改良、社会再造的依据。③

"五卅"事件后,各种社会冲突和社会问题急剧增加,社会调查的需要更显迫切,于是渐有专职社会调查的研究机构出现,其中最为人称道者,一是社调所,一是中研院社科所。社调所的前身为中基会之附属机构社会调查部,经费来源除中基会所管理运用的庚子赔款之外,并接受美国纽约社会宗教研究院(The Institute of Social and Religious Research)的捐款,是为1920年代最早专事社会调查研究工作的机关。1926年社会调查部成立,由陶孟和、李景汉(1895—1986)主持,纽约社会宗教研究院三年资助期满后,中基会改组续办,1929年改名为社会调查所,由原本担任

---

① 陶孟和,《社会调查(一)导言》,《新青年》,4:3(1918年3月15日),页223。
② 同上书,页221。
③ 陶孟和,《北京人力车夫之生活情形》,《孟和文存》,卷2(上海:亚东图书馆,1925年)。后收入:民国丛书编辑委员会编,民国丛书编辑委员会编,《民国丛书》,第5编,综合类92册(上海:上海书店出版社,1996年),页101—121。

社会调查部秘书的陶孟和出任所长。①

社调所在陶孟和的带领下，主要研究工作集中在经济史、工业经济、农业经济、劳动问题、对外贸易、财政金融、人口、统计等项目，②侧重现地调查与统计方法，其中"经济史组"主要以近代经济史为范围，利用故宫博物院文献馆（简称"故宫文献馆"）保存之清代军机处档案和北京大学等处所藏清代档案，及各地保存之民国以后资料，整理分析两百年来中国经济发展状况。据《社会调查所概况》所载，该组主要工作项目分为：（1）抄录史料及编制索引；（2）清季海关五十年税收统计及其分配；（3）清代厘金统计；（4）道光朝以后之盐务；（5）编纂《近代经济史研究集刊》。③而这几项工作无一不根据前清遗留下来之档案、海关报告、各省厘金报告为材料，写成专刊或论文，为该所主要从事之社会调查路线提供历史向度的观察。

事实上，社调所各类研究项目中，包括都市、农村、劳工、人口、贸易、财政、金融、货币、生活费指数统计等研究，无不以现状调查分析为取向，唯中国近代经济史研究一项上溯至明清两代。其部分原因固然是故宫博物院和北京大学、清华大学、中央研究院历史语言研究所等处档案史料的适时发现与开放，同时也是因为社会学在实践社会调查的过程中，除了需要累积大量现实分析的样本之外，更必须追本溯源，从历史材料和前人生活经验中，了解形成社会现状的渊源，观察中国社会发展的特质，因此社会史研究在此成为翼助社会现状分析的重要依据，而经济问题又是社会问题的核心，于是社调所从一开始便有了经济史研究的项目，将历史研究和社会调查合而观之，颇能契合1920年代社会学处于转型时期的思路，在此过程中，陶孟和的观点应该有决定性的影响。

---

① 社会调查所编，《社会调查所概况》（北平：社会调查所，1933年），页3。杨翠华，《中基会对科学的赞助》（台北："中央研究院"近代史研究所，1991年），页95。
② 社会调查所编，《社会调查所概况》，页8。
③ 同上书，页8—9。

第五章　学术社群与中国社会经济史研究的兴起　265

陶孟和在一篇名为《新历史》的文章中曾经提到:"历史不是我们的借鉴",① 因为古代情形与现代不同,人类生活情状极其复杂,我们不能以古事为今事之榜样,更不能以孟子所说五百年一治一乱之语包括历史上所有的变象。陶孟和强调我们应该从"进化论"的眼光重新评估历史的用途,说:

> 现代与过去相衔接,明古代过去之事,即可帮助我们明白我们的现在,我们自身和我们同胞,明白人类现在的问题和将来的希望。简言之,历史是与人一种看法。②

历史的功能不在鉴往知来,而是帮助我们了解现在,陶孟和进一步表示:

> 改良现在的社会,绝对不能用古时社会做参考,更不能因袭固有的制度或社会的习惯,应该先求明白现在的情形和现在的思想。但是要求明白现在的情形和现在的思想,须先知道他们有怎样的经过,过去的事实说明现状何以如此。历史所研究的,不是过去的事实若何,是怎样会产出那样的事实,这就叫"历史的观念"。③

陶孟和的看法几乎和鲁宾逊在《新史学》中提到的观念如出一辙。鲁宾逊强调历史不是教训,只是提供我们了解现在的依据,正如陶孟和说:"要想明白现状,必须对过去具有充分的知识。"④ 陶孟和并没有因为从事社会调查、现状分析,就此放弃历史的视角,这和他在英国接触社会学、经济学的当口,正值西方社会科学由历史方法转向实证调查应有密切关系,

---

① 陶孟和,《新历史》,《孟和文存》,卷2,页135。
② 同上书,页135—136。
③ 同上书,页136。
④ 同上书,页137。

对他来说,"过去"正是说明"现在"最好的证据,而社调所之兼采社会调查与历史研究两条路线,某种程度上即反映了此一时期社会科学的取向。

上面也提到,社调所从事的社会史研究,并不以全体的社会发展、社会生活为对象,他们关心的是社会发展中的经济问题,因而带有明显的经济史取向。《中国近代经济史研究集刊·发刊词》中有一段话很能表达他们的看法:

> 近年来关于社会各方面的历史的新题目日见增多,家庭,经济,风俗,技术,信仰,都辟出专门的特殊的历史的研究。其中以经济方面的历史更显出长足的发展。在以先历史的范围仅限于政治的时候,英国的有名的历史家 Freeman 说过,"历史是过去的政治",在我们认识经济在人类生活上的支配力并且现代经济生活占据个人,民族,国际的重要地位的时候,我们便不得不说历史的大部分应该为经济史的领域。①

因为意识到经济在人类历史活动中,对个人、民族、国际的重要性,社调所从事的历史研究工作,几乎全然集中在经济史的领域,他们花了大量的时间精力,派人到故宫博物院、北京大学、中研院史语所,抄录军机处和明清内阁大库档案中的司法文件二千余袋、奏折报销册十万余件,并长期整理抄录有关钱粮、关税、厘金、盐税、耗羡、参票、地丁、银库、漕白、兵马钱粮、易知由单、前清商店账簿等史料,并且编纂搜集史志、类书、文献中有关社会经济史的材料,企图以实证研究为基础,以分工合作的方式,建立"一时代、一方面的历史"。

---

① 《中国近代经济史研究集刊·发刊词》,《中国近代经济史研究集刊》,1:1(1932年11月),页1—2。引文中的 Freeman 为英国史家 Edward Augustus Freeman(1823—1892)。

除社调所之外,另一个从事社会调查的研究机构为社科所,该所自1927年中央研究院筹办期间即已成立,最初分民族学、社会学、经济学及法制学等四组,盖皆以实地调查及历史研究为主要方向。长期以来与社调所时有合作,人员之间亦多有流通。自1928年社科所第一次调查工作——浙江杭嘉湖属之农村调查,即与社调所共同进行,① 在社调所陶孟和指导下,由社科所的曲殿元负责前往杭嘉湖三府二十县地方,进行实地调查工作。② 其后清苑县农村经济调查、保定农村调查皆循此模式,其他像工资理论研究、外人在华采矿权、生命表编制法,以及中国近代经济史史料抄录与编目等研究项目,也都有社调所人员一同参与,③ 两所关系极为密切。

中研院社科所成立以来,各组皆致力于实地调查与现状分析。首先,在社会学组方面,由陈翰笙主导的黑龙江流域中国地主与农民调查,④ 无锡、保定两地农村经济调查,山东、河南难民流亡东北考察,上海杨树浦工厂调查,西北农村经济调查,⑤ 宝山田产移转调查,上海工厂包身制调查以及有关中国租佃问题、中国商业资本高利贷资本问题研究,无一不是调查方法的运用。⑥ 其次,经济组方面有:六十五年来中国国际贸易统计、中国国际贸易手续调查、杨树浦工人住宅及工业调查、以拣样调查法研究中国人口问题等项目。⑦ 社会学组和经济组经常采取合作方式,先由社会学组进行调查,再将调查所得交经济组进行统计分析,如杨树浦工业调查

---

① 国立中央研究院文书处编,《国立中央研究院总报告》,第6册(1933—1935年度),页162。
② 同上书,第1册(1928年度),页235。
③ 社会调查所编,《社会调查所概况》,页12、19、34。国立中央研究院文书处编,《国立中央研究院总报告》,第6册(1933—1935年度),页162。
④ 同上书,第1册(1928年度),页234—235。
⑤ 同上书,第2册(1929年度),页307、310。
⑥ 同上书,第4册(1931年度),页312、316、317;第5册(1932年度),页323。
⑦ 同上书,第3册(1930年度),页362、356;第2册(1929年度),页315。

即以此分工方式进行。①

除社会调查之外,社科所亦从事有关社会经济史方面的研究,例如前已提及史语所购得明清内阁大库档案六千麻袋,社科所从中取得有关司法内阁档案二千余袋后,随即展开整理、分类与编纂等工作。②此外,经济组从事历史方面研究者如:中国国际关系史、编纂厘金史料和上海各项统计汇编等项目。其中中国国际关系史,由特约研究员蒋廷黻负责,探讨道光十四年(1834年)英国政府派代表来华,至1927年国民政府定都南京期间的外交关系,前此有关这方面的研究非常稀少,因材料适时开放,蒋廷黻便以北平故宫博物院所藏筹办夷务始末稿件、前清军机处档案,以及外交部蓝皮书等新材料,从事开拓性研究。③此外,经济组为配合政府裁撤厘金政策,便以财政部档案和其他散见于各种书籍、杂志之材料,编纂厘金史料,也属于新史料的整理与运用。④

事实上,社科所历年来有相当多研究项目,皆因探究当前社会、经济问题必须上溯该问题之历史脉络,故而采行社会调查与历史研究相结合的视角。如法制组的上海公共租界制度研究,便明白将该项研究分为历史的、现状的和法理的考察三方面。在历史考察方面,着重在近代租界之设立与发展,土地章程之订定与修改,面积扩充和越界筑路之经过情形;而现状考察和法理考察方面,则是把现行租界制度在立法、行政、司法等三方面之事实加以分析评述,并探讨其法律性质及法律根据,⑤凸显出上海公共租界问题既有历史纵深,且具现实意义。其他如租借地研究、上海各项统计汇编,以及法制组的中华民国外交史、民族组的中国史乘中诸民族

---

① 国立中央研究院文书处编,《国立中央研究院总报告》,第2册(1929年度),页316。
② 同上书,第3册(1930年度),页44。
③ 同上书,第2册(1929年度),页303。
④ 同上书,第3册(1930年度),页363。
⑤ 同上书,第4册(1931年度),页315。

等,① 也都以类似方式进行。

由于社会史、经济史与现实的关系极为密切,现实中的社会、经济问题经常是研究社会经济史的动机,而社会经济史也往往成为时人了解当前社会、经济问题的重要取径。以时间向度区辨社会学(现在)与历史学(过去)的研究范畴,几乎是社调所和多数社科所学人最普遍的视角,唯陈翰笙及社会学组的理解却有别于此。

陈翰笙认为历史学和社会学都是"以至周密之方法整个观察社会生活之全部者",唯二者之间区别在于:史学是以"追求且叙述某一时代、某一地方社会生活之全部",而社会学则专事"应付普遍问题"。② 例如:何谓社会?社会发展与衰落之基本原因何在?各种社会现象如经济的、法律的、科学的,有何相互关系?各种社会现象之演进做何解释?历史上社会形式有几种?各种形式又如何转变?凡此种种,都是社会学研究的范围。因此,在陈翰笙的观念里,历史学和社会学之间的区别,不仅仅在于研究对象一属过去、一属现在而已,他表示:

> 社会学探讨人类进化之原则,以为研究史学之方法,故可称为社会科学中最概括,最抽象之科学;史学则整理可靠之史实,以供研究社会学之材料。史学固当以社会学之哲理为指南而后可得正确之方法,社会学亦须筑于历史的事实上面而后可免错误之论断。③

从这个角度来看,历史学和社会学更存在着一种"事实"与"理论"的关系;也就是说,历史学和社会学的研究对象可以同属于过去,历史学提供社会学研究过去的材料,而社会学则必须对过去存在的各种现象,提出一

---

① 国立中央研究院文书处编,《国立中央研究院总报告》,第 4 册(1931 年度),页 314—316;第 3 册(1930 年度),页 361。
② 同上书,第 2 册(1929 年度),页 304。
③ 同上书,第 2 册(1929 年度),页 304。

种具有理论高度的解释，找出人类发展进化的规律与原则，以之为"研究史学之方法"。

在这层意义上，陈翰笙及社会学组同仁早期所从事的工作，并不以历史学叙述某一时代、某一地方社会生活之全部为满足，为了追索19世纪资本主义入侵之后，中国农村社会的经济问题，以及当前中国社会的性质，他们更倾向以理论驾驭事实，运用社会学的方法（社会调查）对中国社会建立全面性的了解，就如该组在工作报告中强调的：

> 本组工作以分析社会结构，阐明社会发展之必然经过为目的。①

希望对中国社会提出一种"结构"式的分析，阐明社会发展的"必经过程"，使得陈翰笙和社会学组同仁的研究取径和基本假设，自始即与社调所及社科所其他小组之工作旨趣迥然异途。

虽然，陈翰笙及社会学组同仁和当时研究中国社会问题的学者一样，认为经济是构成近代中国社会问题的核心，强调"经济的事实"是组织社会学之基础，不过今日中国社会出现的问题，大多来自资本主义发达以前的社会，关于这方面的情况中国人自己所知甚浅，该组在研究报告中表示：

> 吾人所谓都市，其性质不似 City；吾人所谓乡村，其性质不似 County。即与欧洲前资本主义社会相较，都市之来历非 Polis 及 Communis 可比；乡村之组织亦非 Mir 及 Manor 可比。中国社会调查与统计尚在极幼稚时代，研究社会学者苦无可靠可用之材料；除参考关于欧洲前资本主义社会已有之出版品，如 J. Salvioli, M. Kovajowsky, Max Weber, P. Vinogradoff 等氏之著作外，目前急须从

---

① 国立中央研究院文书处编，《国立中央研究院总报告》，第3册（1930年度），页358。

事中国社会之调查与统计。①

事实上,陈翰笙等人此时已隐然意识到像韦伯和维诺格拉多夫(Paul Vinogradoff, 1854-1925)这些人所描述的欧洲前资本主义社会和中国并不完全相同。然而中国过去究竟是一种怎么样的社会形态,却没有充分的资料可以说明。为了回答这个问题,陈翰笙及社会学组才会主张积极从事社会调查,因为只有透过大规模的调查,才能理解中国社会如何从过去走向现实的基础,了解中国社会的性质,并据之与欧洲社会发展的模式相互对照,找出中国革命应走的道路。

基于此,社会学组成立之初,陈翰笙即陆续聘用了王寅生(1902—1956)、钱俊瑞(1908—1985)、薛暮桥(1904—2005)、张锡昌(1902—1980)、张稼夫(1903—1991)、孙冶方(1908—1983)等人,分赴各地展开都市及农村调查,一开始他们锁定上海附近纱厂林立的杨树浦区以及邻近农村。他们发现如要了解中国都市的劳工问题,必须连带注意劳工的乡村经济背景,因为中国今日社会"农村实重于都市"。② 社会学组强调,在此之前虽然并不是没有人对中国农村做过实地调查工作,但这些调查若不是以慈善救济为名,就是只重视农业改良,或停留在社会表象,并不以了解整体"社会结构"为目标。③ 例如民初北京农商部所做的农村经济调查统计,以及金陵大学美国教授卜凯(John Lossing Buck, 1890-1975)主持的农村调查就出现了类似的问题。陈翰笙及社会组同仁指出:卜凯调查农村时所用表格大都不适于当地情形,"对于各种复杂之田权及租佃制度未能详细剖析,甚至对于研究农村经济所绝不容忽之雇佣制度、农产价格、副业收入、借贷制度

---

① 国立中央研究院文书处编,《国立中央研究院总报告》,第 2 册(1929 年度),页 304。
② 同上书,第 3 册(1930 年度),页 358。
③ 同上书,第 3 册(1930 年度),页 358。陈翰笙,《中国的农村研究》,原载英文《太平洋季刊》,录自《劳动季刊》,1∶1(上海国立劳动大学出版,1931 年)。后收入:中国社会科学院科研局组织编写,《陈翰笙集》(北京:中国社会科学出版社,2002 年),页 33。

等等,亦都非常忽略。由此观之,美国教授对于中国农村经济之尚无深刻认识"。①

为了补强卜凯的调查分析,社会学组选定无锡和保定(及后来的广东)作为主力调查的对象,因为这两个地方是19世纪中叶资本主义入侵后,农业最繁盛、工商业最发达的地区,在中国经济工业化和农产品商业化深入农村、逐渐改变中国农村原有结构和生产关系时,调查这些地方,应该最能看出帝国主义和封建势力如何联手破坏农村经济,改变中国社会整体结构。调查过程中,社会学组同仁首先把重点放在各种调查表中度量衡单位的换算,确定各户的田权关系,并计算各户对于农田的投资与收获,最后再根据各户之田权关系和当地农田之单纯再生产费,确定各村户究竟是纯粹地主、经营地主还是富农、中农、贫农或雇农,及至村户分类完成后,即可从土地和资本两方面了解农村生产关系。②

这份调查显然是针对卜凯所忽略的问题设计的,我们从社科所的年度工作报告中可以很清楚看出,社会学组在调查过程中,相当看重土地和生产关系对农村经济的影响,强调生产关系是了解社会问题的本质。③ 陈翰笙对于社会学组的调查方向有决定性的影响,他认为,一切生产关系的总和,构成了社会的基础结构。在中国,绝大部分的生产关系是属于农村的;农村土地的占有和利用,以及农业生产的手段,往往决定了农村的生产关系,以及由此产生的社会组织和社会意识。因此如果只侧重生产力而忽视生产关系,便无法深入了解社会基本结构,以及由此衍生的问题。④

我们可以说,陈翰笙和社会学组同仁所做的调查,从一开始就设定了阶级分析的立场,因此相当注意土地分配和生产关系在资本主义入侵后的变化。例如他们在无锡从事田权调查时发现:

---

① 国立中央研究院文书处编,《国立中央研究院总报告》,第2册(1929年度),页307。
② 同上书,第3册(1930年度),页358—359。
③ 同上书,第3册(1930年度),页359。
④ 陈翰笙,《中国的农村研究》,中国社会科学院科研局组织编写,《陈翰笙集》,页32。

> 无锡田权正在近代化之过程中：无锡田产买卖，日趋自由；租佃期限，逐渐缩短。因此田权更易集中。无锡农民所有农田，仅占全县田亩之半数。地主多不自经营，其所有农田百分之八八俱属出租；农民耕地不足，多向地主零星租入，租地占农田百分之五二。①

在上海宝山的调查，侧重者亦复如此：

> 全县百分之六十以上之耕地为不满全人口百分之三十之地主所掌有。农田极为分碎。但西乡多经营五十至一百亩之富农，彼此俱采取与工偿制相似之"脚色田"制度以吸收劳动力。②

社会学组基本上假设造成农民贫困的原因，最主要在于农村土地大部分集中在少数人手里，田权分布不均，多数农民手上没有土地，无法拥有生产所得，因此调查过程中，他们特别注意农村中的田权、租佃、雇佣关系和村户分类等问题，希望透过土地分配和农村生产关系，了解地主和农民之间的矛盾，以及贫农、雇农受压迫的状况。这样的观点实即日后经济学者所谓"分配论"（Distribution theory）的视角，他们认为农村原有的土地分配不均问题，在资本主义入侵之后更加恶化；地主阶级以各种不合理的地租、赋税、高利贷等方式剥削农民，导致农民生活日益贫困，被迫出售土地，而帝国主义则使得农村经济对国内外市场的依赖度升高，随着景气变动而难以安定，失去土地的农民等于受地主阶级和帝国主义的双重剥削。因此如要改变这样的生产结构，唯一的办法就是革命，只有打倒专制政权，实施土地改革，才有可能改变土地分配不均的状况。

陈翰笙及社会学组以阶级分析的立场，在马克思主义理论指导下所做

---

① 国立中央研究院文书处编，《国立中央研究院总报告》，第 4 册（1931 年度），页 312。
② 同上书，第 4 册（1931 年度），页 313。

的农村经济调查，在在和"技术论"（Technological theory）者从人口、资源、产量、价格、产销方式着眼的观点大相径庭。① 特别是其侧重生产关系的角度，揭露中国农村社会的性质，为日后中共发动土地改革并提出"半殖民半封建社会"的论断，建立了重要的理论基础。唯该组所做社会经济史研究多从社会调查的角度出发，认为社会调查观察到的不仅仅是当前的现象，还可以用来解释19世纪以来资本主义影响下的社会变貌，与社调所以档案、账册、海关报告、地方志等材料为基础的研究取向有很大的不同。社调所从事社会调查时，往往从总体经济的角度出发，注重国家财政、政府税收及商业活动等问题，影响所及，经济史组所从事的中国近代经济史研究也常常聚焦于晚清以来的税收、财政、外债、赔款等方面的研究，以及与商业活动和流通有关的粮价、物价和账册等等。然而陈翰笙及社会学组始终将重心放在土地、劳工、生产工具与生产关系等问题上，即便曾经使用"中外书报文献，探求过去中国社会演进之轨迹"，②或利用其他现成可用材料，如官署案卷、地方志、机关报告、个人著作及当代书报等材料，③ 在早期研究中亦累积无多。同样是实证研究，基本假设不同，研究取径和关注的问题自然有所差异。

整体而言，社会学组以社会调查法所从事的社会经济史研究，由于受到马克思主义影响而带有明显的理论框架，因而有别于从时间向度出发，由历史材料所推导的社会经济史研究。而其强烈的理论取向与左派色彩，最终难以见容于中研院社科所，因此1934年7月当社科所和社调所合并之后，陈翰笙及社会学组一系带有明显马克思主义及阶级分析立场的社会

---

① 技术论者却认为近代中国大部分土地均为中、小业主所有，真正的大地主甚少，农业危机的根源其实并不是土地问题和剥削，而是人口相对既有资源而言实在太多了，农场过小，耕作和农产品销售的方式落后且不科学。解决之道则是引进新的知识和技术，只有这样才能改善品种，恢复地力，提高生产力。张瑞德，《中国近代农村经济的发展与危机——晚近一些议题的评述》，"中央研究院"近代史研究所编，《中国农村经济史论文集》（台北："中央研究院"近代史研究所，1989年），页724—725、734、744。
② 国立中央研究院文书处编，《国立中央研究院总报告》，第3册（1930年度），页359。
③ 陈翰笙，《中国的农村研究》，中国社会科学院科研局组织编写，《陈翰笙集》，页34。

调查路线便被拦腰斩断,① 社会学组成员一一星散。② 两所合并后,民族组划归中央研究院历史语言研究所,③ 法制组停办,留下社会学组、经济学组为主力发展方向,人员统一,实地调查路线不变。按千家驹 (1902—2002) 的看法,所谓的"两所合并",形式上是社调所取消了,"实际上是社会调查所把社会科学研究所吃掉了"。④ 所谓的合并,其实是北平社会调查所"改名"为中央研究院社会科学研究所,而原来的社科所等于解散了。其后,中研院社科所在研究议题和调查方式上,除少部分未完成的工作外,大体接续了原来社调所的基础,由陶孟和接任所长,社调所成员——包括近代经济史组——从此并入中研院社科所,⑤ 而社会经济史研究项目则持续以实证研究方式进行。原社调所发行刊物《中国近代经济史

---

① 1933 年傅斯年接任中研院社科所所长后,对于左派以及陈翰笙的社会调查路线十分不满,在陈翰笙以及钱俊瑞等人的回忆中,均将矛头指向傅斯年,认为傅打压左派成员,使得社会学组成员陆续遭到解职,再加上杨铨被刺案的刺激,陈翰笙对陶孟和及卜凯有关中国农村调查的方法及结论均不表苟同,使他不得不离开社科所。这方面的讨论可参见: Yung-chen Chiang, *Social Engineering and the Social Sciences in China 1919–1949* (Cambridge: Cambridge University Press, 2001), pp. 167, 182, 201–205.

② 合并前后,陆续离开中研院社科所的人有王寅生、钱俊瑞、张稼夫等人,而王际昌、张辅良、廖凯声、李澄等四人则于 1930 年先离职。陈翰笙辞职后,改作社科所通讯研究员,而其所从事的农村调查工作,则转移阵地至中国农村经济研究会继续进行。见:国立中央研究院文书处编,《国立中央研究院总报告》,第 3 册 (1930 年度),页 352—353。国立中央研究院文书处编,《国立中央研究院总报告》,第 6 册 (1933—1935 年度),页 157。

③ 1933 年初,中研院社科所曾一度研议与史语所合并,由傅斯年、李济短暂兼任所长、副所长之职,并且将两所合并之后的分组改为史料组、语言组、考古组(将史语所考古组和社科所之民族组合并)、经济组(着重统计学)。但至 1934 年 4 月改与社会调查所合并,改聘陶孟和为所长。而民族组就此改隶中研院史语所。见:国立中央研究院文书处编,《国立中央研究院总报告》,第 6 册 (1933—1935 年度),页 157。《历史语言研究所与社会科学研究所合并事谈话会纪录及有关文件》(1933 年),中国第二历史档案馆藏,全宗号:393,案卷号:1486。个人认为其中变化除了人事上的考虑之外,应该也与民族学、社会学、历史学的学科定位仍处于游移状态有关。

④ 千家驹,《从追求到幻灭:一个中国经济学家的自传》(台北:时报文化出版社,1993 年),页 89—90。

⑤ 中研院社科所于 1934 年与社调所合并后,又于 1945 年元月再改名为社会学研究所(简称"社会所"),研究路线与人员不变。

研究集刊》,也于1937年扩大范围,改名为《中国社会经济史集刊》,确立了日后社会经济史的研究路向,成为1930年代社会经济史研究的重镇。

三、 史料的搜求与整理

在社会学者和经济学者的带动下,中国社会经济史研究或以社会调查、或以历史研究的方式,逐渐受到学界重视。社会史论战之后,中国革命问题日趋严重,左派经济学者更急切地想从中国社会发展的进程中,了解中国社会的性质,以确立革命的对象、路线与方针,从而吸引更多对中国社会经济史有兴趣的学人加入讨论的行列。然而,大学历史科系对于中国社会经济史的关注仍显不足,特别是历史学科开设此次领域的学校仍然十分有限,部分大学以跨系合班的方式开设中国社会史、中国经济史等科目,如北大史学系从1932年开始,与政治系合开中国社会史,由政治系的陶希圣讲授;[1] 同年清华大学历史系也请陶希圣开授同一门课。其内容采分期方式讲授:上古期由商至周,着重在氏族社会及其转变的过程;古代指的是秦汉时期,所述者为奴隶社会;中古期由三国至五代,内容偏重于农奴社会;近世期由宋至清;清末以后为现代。其授课重点基本上延续着社会史论战中未完的议题,以"寻求中国社会组织之发达过程,依于每一时代之社会组织,说明其时之政治制度,政治现象,及主要的思潮"。[2] 此外,武汉大学历史系于1930年后也由李剑农(1880—1963)断断续续开设过中国经济史,[3] 其讲授内容除叙述"殷周以来,各时代经济变迁的大

---

[1] 国立北京大学,《国立北京大学史学系课程指导书》(北平:国立北京大学,1932年至1933年适用),页3—5。

[2] 国立清华大学,《国立清华大学本科暨研究院学程一览》(北京:国立清华大学编印,1932—1933年度),页46—47。

[3] 《各学院概况学程内容及课程指导书》,吴相湘、刘绍唐编,《国立武汉大学一览》(1935年),《民国史料丛刊》,第6种(台北:传记文学出版社,1971年),页25—28。

势"之外,"搜求各时代关于经济发展的史料",也是另一项重点。① 整体而言,各大学历史系开始出现较多中国社会史、经济史课程,大约是1933年以后的事,其中又以1934年和1936年比例最高。②

事实上社会史论战之后,中国社会经济史的研究队伍逐渐成军,不过无论是大学讲授的课程,还是社调所和社科所的研究,此时都同样面临着材料不足的问题。长期以来社会经济史的书写权并不掌握在历史学者手中,中国到底有哪些相关材料可以运用,多数学者并不熟悉。于是搜集史料、整辑史料就成了此新兴学科现阶段首要的任务。曾经参与社会史论战的陶希圣对此即有极深的体会,他说:

> 史学不是史料的单纯的排列,史学却离不开史料。理论虽不是史料的单纯排列可以产生,理论并不是尽原形一摆,就算成功了的。方法虽不是单纯把材料排列,方法却不能离开史料独立的发挥功用。有些史料,非预先有正确的理论和方法,不能认识,不能评定,不能活用;也有些理论和方法,非先得到充分的史料,不能证实,不能精致,甚至不能产生。③

为了搜集更全整的中国社会经济史材料,陶希圣于北大政治系任教期间,

---

① 《各学院概况学程内容及课程指导书》,《国立武汉大学一览》(1930—1931年),页51—57。
② 以笔者寓目所及,1934年开设中国社会经济史相关课程的历史学系有:北平师范大学历史系(中国社会史)、大夏大学历史社会系(社会调查)、河北省立女子师范学院史地系(中国经济史)、武汉大学史学系(中国经济史)、厦门大学历史社会学系(社会变迁、社会调查)、中山大学史学系(中国社会史、中国近代经济史)。1936年开设者有:光华大学历史系(中国经济思想史、中国经济制度史)、暨南大学历史地理系(中国经济史、中国社会史)、中山大学史学系(中国经济文化史)。王应宪编校,《现代大学史学概览(1912—1949)》,上册,页152、264、414、250、279;下册,页488、600、604。
③ 陶希圣,《编辑的话》,《食货》半月刊,1:1(1934年12月1日),页29。

特别成立了北大经济史研究室,动员学生一同参与史料整编的工作;并且在《食货》半月刊上发起搜读地方志的提议,获得不少回响。他认为从历史文献中搜集社会经济史的材料,固然以二十四史为先,但在整理社会史的材料"稍有头绪"之后,扩大范围到地方志去,也是很必要的。只是地方志的数量大过二十四史好几倍,所以他建议先读大都会地区的地方县志,再用分工合作的办法,"以本省人读本省的地方志"。① 因着他的提议,鞠清远认为地方志还可以依着都市、交通线、工业与矿业区为中心来读,② 而吴景超（1901—1968）则建议以都市为核心,串联与此相关的工商业或交通线一步步研究。③

因为中国社会经济史的材料分布过广,其中又有太多是前人没有整理、发掘过的,因此当食货学会发起搜读整理社会经济史材料时,有人主张从正史着手,④ 有人主张由方志中挖掘,也有人提出阅读笔记文集。而在此之前即已从事档案史料整理工作多年的社科所学人,此时更站出来大声呼吁不可忽略政府档案资料,汤象龙说:

> 我们研究经济史的资料浩如烟海,尤其关于近代的,除了一部二十四史、几千部的地方志之外,要搜读的资料不知有多少,其中许多的价值比起书本来或者还要高一些,而且是研究中国经济史的人不可

---

① 陶希圣主张搜读地方志的提议,最早来自于顾颉刚,他们认为经济是"社会的基础和历史的动力",二十四史里藏着许多最基本的中国社会经济史材料,如果要写一部"中国社会经济通史",不能不先从这里着手。陶希圣,《搜读地方志的提议》《编者的话》,《食货》半月刊,1:2（1934年12月16日）,页70—71、76。
② 鞠清远,《地方志的读法》,《食货》半月刊,1:2（1934年12月16日）,页71—75。
③ 吴景超,《近代都市的研究法》,《食货》半月刊,1:5（1935年2月1日）,页159—160。
④ 陈啸江在回答陶希圣搜求资料的方法时,提出一个整理二十五史文化史的计划,创立十二大类别,分门别类整理中国文化史,其中一个门类即是经济史。他认为经济史可依生产、流通、分配、消费等四大项整理,并以经济思想附从之。其细目可参见:陈啸江,《二十五史文化史料搜集法》,《食货》半月刊,1:5（1935年2月1日）,页161。

不涉猎的。①

汤象龙这里指的"不可不涉猎"的材料包括：一、明清两代中央政府档案，他认为这些档案"数量之多，头绪之繁"，十倍于搜读数千部的方志，但这却是研究"中国近代财政经济社会法律的头等资料"，它既可以改正许多以往书籍上的错误，二三百万件的"司法案件"，更是研究"中国经济社会背景、人民的痛苦、社会上的争端的症结以及社会制度的缺点的好资料"。二、各地方政府的卷宗档册，这是研究各地方财政、经济、社会情况的重要资料，其价值可与中央政府档案齐等。三、各种账簿，如农民或家庭的流水账、店铺的生意账、公司的营业账，以及其他关于量的性质的记载，这些资料可以看出"各时各地的农民经济、物值、生活程度、工商发达的情形，以及社会组织"。②

汤象龙所介绍的这批史料，正是社调所自1930年以来，从故宫文献馆、北大研究所国学门和中研院史语所整理抄录得来的资料。相较于食货学会此时主张从二十四史、地方志里搜求中国社会经济史的史料，社科所学人似乎更早投注精力于此，他们在社会史论战大战方酣吵得沸沸扬扬之际，并没有参与其中任何一场讨论，对于亚细亚生产方式、奴隶社会、封建社会、资本主义社会的讨论，一概视而不见，专注地投入档案史料的整理抄录工作，因此到了1935年前后已经累积出大量可资运用的材料，并且依据这些材料写成有关近三四百年中国社会经济史的相关论著。当陶希圣和食货学会研究群开始高呼不能"以方法当结论"，应当注重社会经济史史料的时候，社科所学人有感于大家对这批政府档案的陌生，特别在

---

① 汤象龙，《对于研究中国经济史的一点认识》，《食货》半月刊，1：5（1935年2月1日），页158。
② 同上。

《中国近代经济史研究集刊》上，以整期的篇幅介绍这批材料。①

这批档案史料，除故宫文献馆所藏的内阁大库档、军机处档案和内务府档案为故宫原有未移出之档案外，其他档案多因光绪、宣统年间内阁大库倒塌迁移，民国时期几经辗转转卖之后，才被北大、清华和史语所收购的。其中，与近代社会经济史最攸关的，就是黄册、题本、报销册一类的材料，这类材料又以北大和故宫文献馆典藏最富，② 史语所因收购所得的材料破损散佚最为严重，所以这类材料的数量反不如前者。1933 年以前，故宫文献馆在整理内阁大库档时，"以整理黄册致力最多"，包括中央吏、户、礼、刑、工、理藩院、都察院、太常寺、光禄寺等衙门进呈者总计 2998 册，③ 以及兵部钱粮黄册、京外各省黄册约两千余件，④ 都是有关经济史和各省财政方面的原始史料；而军机处档册、奏折中更有八分之一以上是有关财政经济的史料；此外，故宫文献馆在整理内务府档案时，也以经济方面的材料为首要急务，其工程银两报销册、估价单等，都是研究皇室经费的最好材料。⑤

在北大方面，根据北大 1934 年的概算，该校所藏题本约五十万件，报销册约九千余件，其中五十万件的题本虽然封存甚好，且富藏许多近代

---

① 《中国近代经济史研究集刊》刊行"明清档案专号"的时间在 1934 年 5 月，与陶希圣等人在《食货》半月刊开始呼吁搜集地方志和阅读二十四史的时间相当。
② 黄册一般是指由内阁收存，各部院随题本、奏本等进呈的附件，除钱粮报销册之外，还有河工工程图、乡会试题名录、试录、钦天时宪书式等。其中钱粮报销册部分，又以北京大学所藏最多，约六千八百余册，故宫文献馆约藏四五千册，史语所则有二千余册，但大部分残碎破烂。史语所和北大在整理时，皆将此分为岁入、岁出和杂项三类，岁入有户口丁赋、地丁钱粮、漕白钱粮、屯丁屯粮、盐、牙商杂税、各省仓库、中央仓库等类，岁出则分各部寺用款、军用饷糈、俸饷工价等类。见：徐中舒，《中央研究院历史语言研究所所藏档案的分析》，《中国近代经济史研究集刊》，2：2（1934 年 5 月），页 190—194。
③ 单士元，《故宫博物院文献馆所藏档案的分析》，《中国近代经济史研究集刊》，2：2（1934 年 5 月），页 271—272。
④ 同上书，页 278。
⑤ 同上书，页 280。

社会经济史的资料，但因经费与人手不足，尚只能依朝代区分，未能就内容做充分的整理；① 而已经整理的社会经济史史料又以明清实录和报销册最多。根据赵泉澄的分析，北大之所以能够首先处理报销册这类有关社会经济史的材料，主要是因为报销册原本在封面上，就已经"按内容标其名目"了，所以北大只要按着各种不同名目的报销册，分别出许多不同的种类，就可以"不期然而然的近乎内容的分类了"。② 这种不期然而然的结果，正好给了社调所学人方便抄录整理的机会，自1930年开始，社调所分别在故宫文献馆和北大等地，抄录金融、财政、海关、厘金、盐务、通商、矿政、交通、捐输等项片，共计十万件左右，或用表格填写，或用节略方法，做有系统有计划之搜集，甚至与中研院社科所合并之后，此项计划仍持续进行。

其实，只要仔细分析《中国近代经济史研究集刊》上所刊载的论文与北大、故宫典藏的档案，不难发现社调所学人所从事的社会经济史研究，几乎都是从这些档案、报销册中发展出来的。如罗玉东（1910—1985）的厘金制度研究，③ 刘隽、吴铎有关清代盐法、盐务问题的研究，④ 汤象龙的海关税收与贸易问题研究，⑤ 道光、咸丰时期的银价问题研究，以及1934

---

① 赵泉澄，《北京大学所藏档案的分析》，《中国近代经济史研究集刊》，2：2（1934年5月），页239。

② 同上书，页240—243。

③ 罗玉东，《厘金制度之起源及其理论》，《中国近代经济史研究集刊》，1：1（1932年11月），页4—37。之后据此扩大写成专书《清代厘金税收及其用途》。

④ 刘隽，《道光朝两淮废引改票始末》《中国近代经济史研究集刊》，1：2（1933年5月），页123—188。刘隽，《清代云南的盐务》《咸丰以后两淮之票法》，《中国近代经济史研究集刊》，2：1（1933年11月），页27—142。吴铎，《川盐官运之始末》，《中国近代经济史研究集刊》，3：2（1935年11月），页143—261。

⑤ 汤象龙，《光绪三十年粤海关的改革》，《中国近代经济史研究集刊》，3：1（1935年5月），页67—74。汤象龙，《道光时期的银贵问题》及《道光朝捐监之统计》，则刊载在北平社会调查所另一刊物《社会科学杂志》，1：3（1930年9月），页432—444，以及2：4（1931年12月），页1—31。

年后才入社科所的梁方仲所从事的明代税法和田赋研究,① 都是其中的显例。政府档案的适时开放与发现,或许就如社调所学人所说是一种巧合,是一种"无意发现的宝藏",② 但是如果没有这样的眼光,即便这些材料早早公诸于世,也未必会获得研究者的青睐。

就如北大最初整理这批档案的过程中,因为从未有过整理档案的经验,面对数量如此庞大的史料,特别成立了"档案整理委员会",多次讨论整理的步骤和方法,因此得到许多人的意见。其中一位曾经是历史博物馆在国子监时代任职的职员胡绥之(1858—?),就写信建议北大,在取得档案之后,应先去尘垢、铺平、披直,按年月日分别插架之后,再请"有学识者阅之,如为编年史,须去其无大关系者,如为纪事本末或别为类纂,则须将事标明,分别插架",他认为:

> 其中大率命盗案居多,如遇巨案,可将《东华录》一勘,倘有异同,可记出,以备考证。余似无甚大用,惟中有秘事,又有非档案各件,是宜留意耳。……③

照胡绥之的看法,档案中数量最多的可能只有"命盗案",除去命盗案中的"巨案"之外,其他大概也都没有什么可资存留的价值。而且胡氏的分类方式,也是按着传统分年、纪事的编排方法,在这个架构下,移放北大的档案——尤其是报销册一类的社会经济史资料,大概都可以弃之纸篓。北大对于这种建议自是没有采纳,在赵泉澄的笔下,甚至很具体地用"我

---

① 梁方仲,《明代"两税"税目》《明代户口田地及田赋统计》,《中国近代经济史研究集刊》,3:1(1935年5月),页50—66;75—129。
② 《中国近代经济史研究集刊·发刊词》,《中国近代经济史研究集刊》,1:1(1932年11月),页3。
③ 赵泉澄,《北京大学所藏档案的分析》,《中国近代经济史研究集刊》,2:2(1934年5月),页227。

们"和"他们"来区别新旧两派看待材料的态度,① 他说:

> 我们的眼光既不同,他们认为要件的,在我们也许不是要件,他们所不要的,在我们看来或者倒是很宝贵的案件。②

赵泉澄强调:"当用我们的眼光去观察时,这种要件很少是要件的了",除开军事上的报告之外,五十多类的要件中,不是"专制帝王私人之事",就是"忠臣孝子的个人记载",这些"不是堂皇虚饰的官样文章,即是升官登科的题名簿册",直接跟社会经济史有关的材料可说是没有的。

或许就如《中国近代经济史研究集刊·发刊词》上所说:经济的资料"向来是异常缺乏的,在我们中国尤其如此。或者是以先的人对于经济事实或经济现象不加注意,没有记载;或者有记载而人们不认识他的价值,未能保存"。③ 要能看到题本报销册、流水账、户口钱粮清册的史料价值,甚至认为其高过书籍典册的史料价值,不能说不是现代史料观念的一种重大变化。

四、 清华史学研究会与中国社会经济史研究

在整理这批明清时期所遗留下来的档案时,北大、清华、故宫文献馆、中研院史语所、社科所都各自动员了不少人力,北大、清华由老师带领学生边做边学,故宫文献馆、史语所和社科所也有专司其职之人,社科所更早在社调所时期,便以培训研究生的方式,招募各大学成绩优良的毕

---

① 王汎森,《什么可以成为历史证据——近代中国新旧史料观点的冲突》,《中国近代思想与学术的系谱》,页 343—367。
② 赵泉澄,《北京大学所藏档案的分析》,《中国近代经济史研究集刊》,2:2(1934年5月),页 239—240。
③《中国近代经济史研究集刊·发刊词》,《中国近代经济史研究集刊》,1:1(1932年11月),页 2。

业生参与其事,汤象龙、罗玉东、刘隽等人,都是社调所时代就进到近代经济史组协助抄录档案的学生。① 而汤象龙在1930年代以后接任社科所社会经济史组组长之职,主持并指导选抄整理档案等事宜。② 虽然,各学校、单位最后整理、分类档案的原则与方法不尽相同,但是借着这次整理档案的过程,反而让许多原本分属不同单位、不同学科背景的人就此有了更深一层的联系。

可能是这个机缘的关系,1934年5月汤象龙、吴晗邀集了一批当时或是参与过档案整理工作,或是对历史研究有兴趣的学人,组织了清华史学研究会。研究会成员以清华大学校友为基底,包括社科所的汤象龙、梁方仲、朱庆永、罗玉东、刘隽,清华的吴晗、孙毓棠、夏鼐,南开大学经济研究所的谷霁光,当时正在北大研究所考古研究室工作的罗尔纲,以及后来加入的张荫麟、杨绍震和吴铎。③ 这是一批年轻史学工作者的集结,主要结合的动力来自于对中国社会经济史的共同兴趣。他们一方面在各自的工作领域中从事类同方向的研究,一方面定期进行聚会讨论、举办年会,① 并另外以报纸副刊作为社群组织成员发表的园地,前后主编过天津

---

① 社会调查所编,《社会调查所概况》,页5。
② 罗尔纲,《中国近代海关税收和分配统计·罗序》,汤象龙编著,《中国近代海关税收和分配统计》(北京:中华书局,1992年),页1。
③ 有关清华史学研究会成员,各家晚年回忆说法不一,有说十人(罗尔纲),有说十二三人(汤象龙),有说九人者(梁方仲)。回忆不同的缘故,盖因清华史学研究会成员在不同时期分别有人出国或离开,因而有所异动。例如最初成会时,夏鼐还是清华大学历史系学生,原想研究中国近代史,旋因公费留考出国,改行学考古学,回国后在中研院史语所工作,仍列名《中国社会经济史集刊》编辑委员。罗尔纲,《中国近代海关税收和分配统计·罗序》,汤象龙编著,《中国近代海关税收和分配统计》,页1。汤象龙,《汤象龙自传》,晋阳学刊编辑部编,《中国现代社会科学家传略》,第4辑,页121—122。汤明檖、梁承邺、黄启臣,《梁方仲传略》,晋阳学刊编辑部编,《中国现代社会科学家传略》,第4辑,页380。夏鼐,《夏鼐日记》,卷1(上海:华东师范大学出版社,2011年),页240。
① 如谷霁光的《崔浩"国史"之狱与北朝门阀》,天津《益世报·史学》,第11期(1935年9月17日),就是一篇原本在1935年5月27日第一次年会时所发表的报告。

《益世报·史学》副刊和南京《中央日报·史学》副刊,① 由汤象龙担任总务,吴晗、罗尔纲先后出任刊物编辑,谷霁光担任会计。② 据汤象龙晚年回忆,1937年中研院社科所发行的《中国近代经济史研究集刊》改名为《中国社会经济史集刊》时,所有清华史学研究会的会员都被纳入编辑群的行列,③ 由此可以看出《中国社会经济史集刊》并不完全只是社科所发行的一份"机关刊物",在更大程度上,它反而更接近《益世报·史学》副刊、《中央日报·史学》副刊,有如清华史学研究会成员的社群刊物。

不同于陶希圣等人所组的食货学会,清华史学研究会基本上是一个非常典型的"封闭性"专业社群,④ 它除了有极为固定的社群组织成员外,也有可供社群发表的园地,更重要的是刊物上的撰稿人和社群组成分子几乎是同一批人。他们主张以"分工合作"的方式,对中国历史上的问题"从大处着眼,小处下手,就各人的兴趣和所学,就每一问题作广博深湛的检讨"。天津《益世报·史学》副刊"发刊词"上有一段话说:

> 在另一方面,零烂的,陈旧的,一向不被人们所重视的正史以外的若干纪载,我们也同样地加以注意,这里面往往含有令人惊异的新史料。反是,在被装进象牙之塔里去的史籍,往往有极可珍惜的史实被掩置在一副古典的面具之下,或被化装成另一事物,或被曲解为另一意义,我们也要作一番极审慎的搜剔工夫,给还以原来的位置和

---

① 天津《益世报·史学》,于1935年4月30日创刊,至1937年5月30日停刊,共发行54期。南京《中央日报·史学》,创刊于1936年3月5日,至1936年10月1日停刊,共发行30期。
② 汤象龙,《汤象龙自传》,晋阳学刊编辑部编,《中国现代社会科学家传略》,第4辑,页122。另一说表示谷霁光为文书。罗尔纲,《中国近代海关税收和分配统计·罗序》,汤象龙编著,《中国近代海关税收和分配统计》,页1。
③ 汤象龙,《汤象龙自传》,晋阳学刊编辑部编,《中国现代社会科学家传略》,第4辑,页123。
④ 有关封闭性社群和开放性社群的讨论,请参见第四章。

面目。①

从这段由吴晗执笔、②清华史学研究会成员集体讨论修改的声言可以很清楚地看出,该会成立的宗旨和目的,实际上和社调所成立以来近代经济史组努力的方向并无二致,一样是以发掘新史料、重新看待旧典籍为基础。唯一不同的是,他们把成员扩大,容纳了更多非社科所工作的同仁进来;拜整理明清档案之赐,不同学科背景的人,在此集结,基于相同的眼光、相同的方向,组织共同的社群。汤象龙、梁方仲、朱庆永、罗玉东、刘隽、吴铎等——原本处在以社会调查为核心的边缘人,和一群立志探寻新史学路线的史学工作者,因着对"一时代""一方面"历史的兴趣和历史"求真"的共同信念,集结成群;在宣告"帝王英雄的传记时代已经过去了,理想中的新史当是属于社会的,民众的"的声言中,③找到了交集。清华史学研究会在这层意义上,不但是一个社会经济史研究社群的集结,更是社会学、经济学、历史学在学科界面上的交会:搜求史料、整理史料的过程,让社会经济史的书写权,转移到了史学家的手中,经济学者所擅长的计量分析与统计方法,④因此被带进了历史研究的领域,社会经济史不再只是社会学和经济学的研究视角,更是史学学科分支下的一门重要次学科领域。

清华史学研究会从表面看来是一群志同道合的朋友,以私人情谊为基础的结合,但是如果不是在研究取径和方法上,有着极为近似的看法,无

---

① 《益世报·史学·发刊词》,天津《益世报·史学》,第 1 期(1935 年 4 月 30 日)。
② 苏双碧、王宏志,《吴晗传》(北京:北京出版社,1984 年),页 66。
③ 《益世报·史学·发刊词》,天津《益世报·史学》,第 1 期(1935 年 4 月 30 日)。
④ 汤象龙于晚年表示:当年在社会调查所和中研院社科所时,所从事的清宫档案抄录工作,"有一半以上实行了统计表格化,形成了半成品,可供研究之用"。他认为这是中国史学界最早大量发掘和利用清代政府档案的创举,也是"我国史学研究运用统计方法整理大量史料工作的开始"。见:汤象龙,《汤象龙自传》,晋阳学刊编辑部编,《中国现代社会科学家传略》,第 4 辑,页 120。

由出现这样的社群。历史研究是他们之间最大的公约数,社会发展与经济的动因,则是形成交集的核心。一如梁方仲谈到他自己的专题研究时表示,他做的是一种"小题大做"的功夫——"小题"是指从个别的研究着手,选题具体,但求对"历史上各种经济制度或政策的各别研究";"大做"则是指大量地收集材料,并且置某一制度和政策本身于当时的社会中,去做综合的考察,在大量积累资料的基础上,反复探索,求得对整个社会经济状况的认识。① 这个方向可以说是对吴晗在天津《益世报·史学》副刊"发刊词"上所说"大处着眼,小处下手"观念最具体的阐释。在这个前提下,《益世报·史学》副刊宣称:"凡对历史上某一种形态作专门的叙述,或提出历史上的新问题,以及对史案作考证的试探",② 都是他们欢迎的行列。因此,我们看到登载在《益世报·史学》副刊和《中央日报·史学》副刊上的文章,并不像社科所发行的《中国近代经济史研究》一样,那么一致地像是整理明清档案史料的成果报告,更没有以评介新旧史料为务的书评专栏。而 1937 年 3 月以后改名的《中国社会经济史集刊》,也因社科所整理明清档案的阶段性任务告一段落,为容纳清华史学研究会成员更广泛的社会经济史论题,有更多元的面貌出现。

像是谷霁光的《府兵制度的起源》《北魏均田制之实施》《中正九品考》《汉末魏晋间之流民》等文,③ 研究范围全都集中在汉魏至隋唐之间,吴晗的《烟草初传入中国的历史》《明代的农民》《元明两代之"匠户"》

---

① 汤明檖、梁承邺、黄启臣,《梁方仲传略》,晋阳学刊编辑部编,《中国现代社会科学家传略》,第 4 辑,页 389。
② 《本刊启示》,天津《益世报·史学》,第 8 期(1935 年 8 月 6 日)。
③ 谷霁光,《府兵制度的起源》,天津《益世报·史学》,第 2 期(1935 年 5 月 14 日);谷霁光,《北魏均田制之实施》,天津《益世报·史学》,第 7 期(1935 年 7 月 23 日);谷霁光,《中正九品考》,天津《益世报·史学》,第 25 期(1936 年 3 月 31 日);谷霁光,《汉末魏晋间之流民》,天津《益世报·史学》,第 34 期(1936 年 8 月 2 日)。

等文，^① 用的不是正史、会典、实录、方志，就是《物理小识》《水东日记》《石隐园藏稿》《楼山堂集》等文集、杂著。此外，像张荫麟的《三国的混一》、^② 童书业的《汉代的社稷神》等文，^③ 更无一是利用政府档案写成的文章，其讨论范围当然更不以明清为限。而经济学出身的学人则一仍其旧，以其擅长的计量分析，研究社会经济史的议题，如汤象龙的《轮船招商局的创立》，^④ 即非常娴熟地运用了招商局成立第一年的总账，说明招商局成立之后对清代漕运和商务的影响。朱庆永的《晚明流寇与辽东战争的关系》，^⑤ 也是很典型的经济史取向，他统计了万历三十八年到天启七年辽东各镇所欠京运银，说明辽饷加重逼迫农民转为流寇的原因。而陈晖的《中国铁路外债数额的估计》一文，^⑥ 则利用邮传部、旧交通部、铁道部及各路局所编印之《各路外债合同》《各路债款节略》《各路债款分类详表》所提供的数字，估计中国自光绪十三年（1887年）以后所举外债之总额，说明各国在华势力的消长，并反驳外国学者耿爱德据各国合同推算统计之误。

不同的学科背景，显然各有擅场。清华史学研究会既是一个涵纳经济学、历史学出身学人的社群，彼此之间自然不可能没有跨学科性的对话。如张荫麟在《中国社会经济史集刊》中曾发表的《北宋的土地分配与社会骚动》，想用量的统计方式，探讨北宋承平时期和五次动乱发生时，土地

---

① 吴晗，《烟草初传入中国的历史》，天津《益世报·史学》，第3期（1935年5月28日）；吴晗，《明代的农民》，天津《益世报·史学》，第13期（1935年10月15日）；吴晗，《元明两代之"匠户"》，天津《益世报·史学》，第44期（1936年12月20日）。
② 张荫麟，《三国的混一》，天津《益世报·史学》，第45期（1937年1月12日）。
③ 童书业，《汉代的社稷神》，天津《益世报·史学》，第16期（1935年11月26日）。
④ 汤象龙，《轮船招商局的创立》，天津《益世报·史学》，第8期（1935年4月8日）。
⑤ 朱庆永，《晚明流寇与辽东战争的关系》，天津《益世报·史学》，第17期（1935年12月10日）。
⑥ 陈晖，《中国铁路外债数额的估计》，天津《益世报·史学》，第32期（1936年7月5日）。

是否有大量集中的现象。他认为如要讨论农业社会的经济问题，土地分配几乎占了生产关系的全部，然而中国历史上可以提供较为详细的地主、佃客统计资料的，只有北宋，因此他把《太平寰宇记》《元丰九域志》和毕仲衍的《中书备对》等三种资料，列表统计之后，分析宋代主户（地主、自耕农）、客户（佃客）的比例，说明北宋时期土地集中的问题。由这些统计数据张荫麟得出几项结论：一、在北宋相对和平稳定的时期，土地集中的程度不但没有增加，反而有显著退减的现象；二、土地集中的程度与地理分布的状况并没有直接的关联性；三、从太平兴国至元丰年间的五次动乱，实际上也未造成土地集中的现象。①

对于这样看法，当期主编汤象龙表示：张荫麟这篇以量的统计所作的文章是"有趣的尝试"，特别适用在研究社会经济史方面，但是在运用的时候也有其危险性，因为"统计可以证明一切，同样的量的资料可以同时证明完全相反的事情"，而且量的资料必须"精确""完整"，并且依据现代统计原理设计，乃得其用，可是我们在历史上可以看到的量的资料，常常都是"官厅行政所用的记载"或是"时人认为有意义的数字"，像张荫麟文章中所用的统计数字，都是当时政府征收田赋的记录，是不是可以拿来从中推断当时土地分配的实际状况，是"大有商榷的地方"。汤象龙强调：历史研究者必须"认清每个历史事实都是单独的，特别的，没有两个历史现象是相同的"，因此利用统计资料所得的结论，有时很难"类推或佐证其他的历史事项"，还必须要参照许多其他相关资料才能得到印证。②当历史学者在学习运用统计学的方法时，经济学者的经验往往是很好的借鉴，汤象龙的观点非常切要地说明了统计数字在历史研究上的助益与限制，对于历史学如何运用量化资料提供了很好的参照。

然而不管清华史学研究会成员在研究范围或选题上存在着多少的差

---

① 张荫麟，《北宋的土地分配与社会骚动》，《中国社会经济史集刊》，6：1（1939年6月），页35—38、59—63。
② 同上书，页63—64。

异,强调社会与经济之间的互动关系仍是他们共同关注的焦点;换句话说,经济因素对社会变迁的影响,或政治、制度的变化与底层社会、民众生活的关系等,都是他们最常讨论的课题。最典型的例子莫如梁方仲有关田赋、税制的研究,他的《明代粮长制度》《一条鞭法》《易知由单的起源》等文,所关心的问题不仅仅是制度本身施行的内容,及其兴衰变化的过程,他更重视的是施行这些制度背后的社会经济条件。另外,像谷霁光的《崔浩"国史"之狱与北朝门阀》一文,借着崔浩因"国史"案被诛的事实,阐释北魏的门阀势力与皇权消长的关系,以及异族统治下的旧文化势力对种族和文化的看法。① 此外,以考证太平天国史事见长的罗尔纲所写的《金田发难》《太平天国天朝田亩制度实施问题》,或是《太平天国革命的性质及失败的原因》等几篇文章,② 无不是从底层民众的角度出发,分析太平天国革命最后失败的社会因素。他的《陟山随笔》所介绍的史料,亦不乏留意像汪士铎(1802—1889)《乙丙日记》这样的材料,借着汪士铎的人口论指出乾隆以后人口暴增是为社会动乱的来源。③

当然,有些时候社科所学人因为在所内利用档案史料工作时,注意到明清社会的某一问题,进而引发对类同问题的兴趣,这时他们也会把文章投稿到社群刊物里来,例如刘隽曾经利用清代档案研究过道光、咸丰两朝的盐法、盐务问题,在《益世报·史学》副刊上,他就把焦点转到汉代,

---

① 谷霁光,《崔浩"国史"之狱与北朝门阀》,天津《益世报·史学》,第11期(1935年9月17日)。
② 罗尔纲,《金田发难》,天津《益世报·史学》,第2期(1935年5月14日)。罗尔纲,《太平天国天朝田亩制度实施问题》,天津《益世报·史学》,第19期(1936年1月7日)。罗尔纲,《太平天国革命的性质及失败的原因》,南京《中央日报·史学》,第9期(1936年4月2日)。
③ 罗尔纲,《陟山随笔》,南京《中央日报·史学》,第17期(1936年7月2日)。

因而写成《东汉的盐政制度》《西汉时代的国家专卖盐法》等文章。① 要不就是因为经济史统计数据庞大，据以为文，不见得适合刊载在具有通俗化倾向的报纸副刊上，所以像汤象龙在研究外债问题时，一方面在《中国近代经济史研究集刊》上发表《民国以前关税担保的外债》一文三万多字，② 之后在《益世报·史学》副刊上就改以较通俗的形式，写成《中国第一次外债》和《左宗棠与外债》等文，③ 以适合一般大众阅读。

毕竟报刊发表的形式与论证严密的学术论文之间，还是有一段距离，《益世报》和《中央日报》史学副刊尽管标榜以发掘"正史以外的记载"为务，但受限于刊物的形式，势必不太可能登载太多专业而小众的文字，因此有些带有趣味性而兼具保存价值的史料，反而得以在此披露，例如孙星枢所撰《庚子从军记》，④ 即是一篇记录友人迟程九在庚子事变发生时，镇守榆关，力谏宋庆保护京津铁路、护送洋员的口述记录，日记从光绪二十六年五月初十开始，到七月二十一日两宫銮舆出京为止，无一日间断，清楚记录了一个中级军官在庚子事变发生时在京的所见所闻。此外，清华史学研究会成员孙毓棠，也因先祖两代在同光宣三朝为官，经常行走内廷，与曾国藩、李鸿章、廖寿恒等均为至亲，从甲午战前到庚子事变前后十年间，大小政事无不参与其中，因此对晚清史迹知道许多不见于文献、传闻的回忆，孙毓棠乃援笔为之记录，以为将来撰写清史者参考。⑤

---

① 刘隽，《东汉的盐政制度》，天津《益世报·史学》，第 4 期（1935 年 6 月 11 日）。刘隽，《西汉时代的国家专卖盐法》，天津《益世报·史学》，第 5 期（1935 年 6 月 25 日）。
② 汤象龙，《民国以前关税担保之外债》，《中国近代经济史研究集刊》，3：1（1935 年 5 月），页 1—49。
③ 汤象龙，《中国第一次外债》《左宗棠与外债》，天津《益世报·史学》，第 4 期（1935 年 6 月 11 日），第 24 期（1936 年 3 月 17 日）。
④ 孙星枢撰，《庚子从军日记（未刊稿）》，天津《益世报·史学》，第 15—16 期（1935 年 11 月 12、26 日）。
⑤ 棠（孙毓棠），《晚清史话》，天津《益世报·史学》，第 8、10 期（1935 年 8 月 6 日、9 月 3 日）。

再有一例，就是当时在社科所工作的魏泽瀛，因研究所需无意间注意到《大公报·图书副刊》上刊载了一篇万斯年所写《鸦片战争时代史料的新发现》，介绍了一间乾隆年间由荣姓商人所开设的杂货铺"升记统泰"，因经营得法，历嘉庆、道光而不坠，直到同治年间才因种种原因宣告歇业，但是长达数十年所留下来的店铺资料、账簿等皆妥善保存，这些在当时看来只是一堆废纸的史料，经后人荣孟源（1913—1985）捐赠北平图书馆而获典藏。魏泽瀛从中发现许多有关当时银价、物价、利贷等记录的资料，因此借以写成《中国旧式簿记的一个探讨》，推论中式簿记发展成复式簿记的可能性，以及旧式商店经营的模式。① 这些从未刊行或经口述而得的历史材料，借由报端一角发表，不但达到了清华史学研究会所欲推广社会经济史研究的目的，同时也示人一种眼光，说明这些看似不起眼的材料在社会经济史研究上的价值。

相较于《食货》半月刊和左派社会经济史学人的研究来说，清华史学研究会所办刊物是较不具现实色彩和受意识形态影响的，但随着世局的变化，该会早期标榜的"专业研究"路线，不得不有所调整，他们于1936年3月在南京开辟《中央日报·史学》副刊为另一发表园地时，即表示："一年来国事愈加迫切，使我们感到史学研究更应积极的与种种实际问题紧接。因为目前一切现象的形成和问题的发生，都是由于过去多少年的错误堆积而来的。人们欲求这些现象和问题的解决，无论是全部的或是部分的，大家总不能忽视或离开目前现象和问题所由成的过去事实。简单说，我们此后的研究里更要尽量的与种种民族社会问题打成一片。"②

这种改变可以从两方面看得出来：一是与现实关怀切近的议题增多，二是通俗化的色彩增强。关于前者，很可以汤象龙的《清初的经济政策》为代表。汤象龙于综述满人入关后十年，也就是顺治一朝的经济政策时表

---

① 魏泽瀛，《中国旧式簿记的一个探讨》，南京《中央日报·史学》，第23期（1936年8月13日）。
② 《中央日报·史学发刊词》，南京《中央日报·史学》，第1期（1936年3月5日）。

示,他所关怀的问题是:"一个文化较低的民族怎样来统制一个文化较高的民族的经济生活?"以及"明末清初的经济凋敝到极点,当时用何种政策走到复兴之路?"。他认为清初整顿财政经济的方法不外三端:一是清理丁地,厉行易知由单制度;二是编造黄册,严定考成;三是编纂赋役全书,责成户部调各省地亩人丁,以为日后征收赋役的准则。① 这些问题的提法很显然都与现实问题攸关。另外,《中国社会经济史集刊》更于1937年3月和6月,分两期连刊"兵制史研究专号",清华史学研究会成员几乎半数以上出动,包括孙毓棠、谷霁光、张荫麟、吴晗、梁方仲、罗尔纲和主编朱庆永,外稿只有贺昌群一篇《汉初之南北军》,两期专号几乎从西汉、西魏、北周、隋唐,一直谈到宋、明、清三代。② 这项研究固然延续早期整理清华档案时富藏兵制史料而有的路线,吴晗、朱庆永等人,在此之前也写过《明初卫所制度之崩溃》和《明代卫所制破坏的原因及其补救方策》等文,③ 但如此大规模,上下两千年的兵制研究,一齐发表在战争一触即发的1937年,不能说不带有强烈的现世关怀。

在通俗化的色彩方面,也是愈接近抗战愈是明显,自1937年2月开始,更一改刊物成立初期的风格,应读者要求刊载更多通俗化的论著,于是出现了不少袁震、张荫麟等所写的人物传记。这个时期负责编辑副刊的是罗尔纲,他在晚年回忆时也说:"人们认为这个会(史学研究会)对中国史学曾有所贡献,但却有一事还不为世人所知,那就是这个会很重历史知识普及工作,在成立时会友们就曾经拟定并通过"中国历史小丛书"的

---

① 汤象龙,《清初的经济政策》,南京《中央日报·史学》,第1期(1936年3月5日)。
② 两期刊载的文章有:孙毓棠《西汉的兵制》、贺昌群《汉初之南北军》、谷霁光《西魏北周和隋唐间的府兵》,以上在《中国社会经济史集刊》,5:1(1937年3月);张荫麟《宋史兵志补阙》、吴晗《明代的军兵》、梁方仲《明代的民兵》、罗尔纲《清季兵为将有的起源》,以上在《中国社会经济史集刊》,5:2(1937年6月)。
③ 吴晗,《明初卫所制度之崩溃》,南京《中央日报·史学》,第3期(1936年3月19日)。朱庆永,《明代卫所制破坏的原因及其补救方策》,南京《中央日报·史学》,第13期(1936年6月4日)。

计划和题目，只因为当时印刷条件困难，无法实现。"① 《中国历史小丛书》计划虽无由实现，但《益世报》和《中央日报》上倒是刊登了不少这类作品，像是袁震的《于谦》《宗泽与孟珙》《文天祥》《戚继光》等等，② 都是发表在 1937 年 1 月之后。这些人物传记几乎非常一致地选择了历史上主张对抗外敌的"民族英雄"作为着墨的对象，其反映现世的意态可说十分明显。而张荫麟的《三国的混一》等文，也是他从事《中国史纲》这类通俗性著作的初试之作。

五、余论——学术社群与学科次领域的形成

也许，当我们从社群组织的角度观察 1930 年代中国社会经济史研究兴起的过程时，清华史学研究会并不见得是第一个为人想起的社群，至少，它的实际运作状况并没有留下太多材料，如果跟《食货》研究群相比，它专业而小众的性质，以及封闭性的色彩，都使得这个学术社群相对受到忽视。加上参与成员时而脱队、时而归队，部分中坚分子即便坚守岗位，但和《食货》半月刊相比，主编者留在报刊上与读者之间的对话也十分稀少，让人较难掌握这个社群的意态和宗旨；极为淡薄的意识形态，也一定程度地造成了他们在拓展社群认同时的限制。但是当我们从学科发展的角度观察这个社群时，不得不承认清华史学研究会确实有着高度的代表性。

首先，我们可以从研究方法来看这个问题。成熟而自主的方法意识，

---

① 罗尔纲，《中国近代海关税收和分配统计·罗序》，汤象龙编著，《中国近代海关税收和分配统计》，页 1。
② 袁震，《于谦》，天津《益世报·史学》，第 46 期（1937 年 1 月 24 日）；袁震，《宗泽与孟珙》，天津《益世报·史学》，第 50 期（1937 年 3 月 21 日）；袁震，《文天祥》，天津《益世报·史学》，第 52 期（1937 年 4 月 26 日）；袁震，《戚继光》，天津《益世报·史学》，第 54 期（1937 年 5 月 30 日）。

对任何一门具有独立性格的学科而言，都是不可或缺的要素；① 而充分的证据和正确无误的史料，又是现代中国史学在方法纪律上最基本的要求。在社会经济史研究尚未形成气候的1930年代初期，大学历史系设科的情况还不普遍，社会史论战在一群非学术中人手上开打，理论方法胜于材料的情形比比皆是，就像陶希圣所说："谈罢了'先秦'时代，接下来便是鸦片战争。"② 中国历史最重要的问题，莫过于分期，弄清楚了分期问题，才可以为每一个历史阶段定调，历史材料只不过是装点理论的工具。

然而这个时候，清华史学研究会多数成员早已借着参与明清档案的整理工作，接触并掌握到历史研究不可或缺的材料，这个经验让他们对于研究中国社会经济史的切入取径，有着不同于一般人的看法。他们对于社会史论战中提出的问题兴趣不高，关心时事，但与现实保持一定程度的距离，反映在学术研究上，较不容易出现明显的政治意识形态和理论溢于实际的问题。③ 他们甚至认为中国经济史的写成，绝不是现阶段短期可以完成的，"搜集史料"和"整理史料"才是奠定中国社会经济史研究最根本的基础。汤象龙即使到了晚年，回忆起这段历史时，仍然坚持一样的看法，虽然他也承认这个看法在当时"一度遭到人们的非议，也与当时老一辈的史学工作者在治学方面的倾向不同"，但他认为"这种治学方法今天看来仍是有意义的"。④ 汤象龙如此，一路被胡适培养起来的罗尔纲就更不用说了，他刊载在天津《益世报》和南京《中央日报》上的文章，如《"九命奇冤"的本事》《"九命奇冤"凶犯穿腮七档案之发现》《封神演义

---

① 刘龙心，《学术与制度：学科体制与现代中国史学的建立》，页265。
② 陶希圣，《读者的话》，《食货》半月刊，1：2（1934年12月16日），页46。
③ 吴晗在一封写给胡适的信中，谈到刚从北大经济系毕业的千家驹，当时吴晗对他的评价不差，认为他是一个会用新观点来尝试研究的人，尝试虽不一定成功，但"似乎比时下一般自命为唯物史观之生吞活剥削趾就履来得强一些"。根据上下文推断，此信写就时间应为1932年，由此可以看出吴晗此时对于唯物史观的看法。见：《吴春晗致胡适函》，中国社会科学院近代史研究所藏，"胡适档案"，卷宗号：1343。
④ 汤象龙，《汤象龙自传》，晋阳学刊编辑部编，《中国现代社会科学家传略》，第4辑，页119。

的时代及作者问题》《此园自序跋》《虎穴生还记跋》,①无一不是遵循胡适教他的考证方法完成的撰作,他的《太平天国史纲》出版时,十分自信地表示他的著作"都是曾经过详征博考,然后据以写作","自信没有一处地方是根据不曾考证过的史料来写的"。②罗尔纲对于胡适考证方法的推崇,即使到了抗战结束之后仍不改其旧,认为"乃万世不朽的法则",③1948年罗尔纲的写作计划里,还把《胡适之先生考证学》列入其中,而向胡适求索写作大纲。④就这个层面来说,清华史学研究会成员对于史料的讲求和方法纪律的坚持,是有高度自觉意识的。

其次,在研究范围上,清华史学研究会成员几乎非常一致地认为历史研究必须以"分工合作"的方式进行,每个学者必须在各自限定的范围里,以区域分工、年代分工、专题分工的方式从事研究工作,他们认为历史研究的关键在于实质问题的解决,而中国社会经济史就是他们立定的专史研究方向。1936年4月天津《益世报·史学》副刊创刊周年的致辞上,清华史学研究会编辑群对于一年来各界的来稿说明曾有这样一段话:

> 本刊对于来稿的标准,虽然我们不能有一个绝对的准则,但我们却有两个重要的权衡,便是审查来稿"题材的选择"与"立论的态度",一个明辨精深的作者,可以使人从他所写作的题材与态度中知

---

① 罗尔纲,《"九命奇冤"的本事》,天津《益世报·史学》,第35期(1936年8月16日);《"九命奇冤"凶犯穿腮七档案之发现》,天津《益世报·史学》,第43期(1936年12月6日);《封神演义的时代及作者问题》,天津《益世报·史学》,第38期(1936年9月27日);《此园自序跋》,天津《益世报·史学》,第45期(1937年1月12日);《虎穴生还记跋》,南京《中央日报·史学》,第15期(1936年6月18日)。
② 罗尔纲,《太平天国史纲·自序》,《太平天国史纲》(上海:商务印书馆,1936年),页2。
③《罗尔纲致胡适》(1945年11月2日),中国社会科学院近代史研究所藏,"胡适档案",卷宗号:1433(15)。
④《罗尔纲致胡适》(1948年5月30日),中国社会科学院近代史研究所藏,"胡适档案",卷宗号:1434(7)。

其学识的素养,与他对于某一问题认识的程度。①

这里所谓"题材的选择"和"立论的态度",指的就是研究范围的问题。编辑群表示,一年来他们所收到的稿件,大多不能符合这两个条件,因为这些稿件充其量只能称之为"纲要式的论文"。至于什么是"纲要式的论文"?编者还特举一例说明:像是《两汉面面观》和《东汉以后中国政制的变革》这类的文章,"往往选择一个大题目以三五千字草草完卷",实际上这种题材"都非几十万字的大著不能写得详尽,而著者只以三五千字了之",完全不能符合刊物"大处着眼,小处下手"的主张。从这个例子我们可以看出,清华史学研究会成员对于研究范围上的坚持。事实上,这类大题小作的论文,在1930年代还是相当普遍的,不论是教育部的升等审查著作,或是研究生的论文习作,缺乏问题意识,拉大研究范围的题目还是随处可见,一个时代、一个方面的历史,对很多不熟悉学院书写形式的人来说,仍是有待学习的课题。

当然,如此坦白的批评和严格把关的结果,自然造成清华史学研究会所办刊物的封闭性,就拿《益世报·史学》副刊来说,一年之间共发表四十篇论文,其中外稿来投的就有六十多篇,可是雀屏中选的只有七篇,其他三十三篇全是会员的"特约稿"。靠着会员只有十来人的特约稿,支撑一份学术期刊、两份报纸副刊,确实有些沉重。如果就社群组织的社会基础来说,清华史学研究会的影响力,自是不如其他开放性社群。但是如果就社群组织的专业性而言,清华史学研究会反而因为目标明确、我群意识强烈,更容易凸显它的特质。

再者,清华史学研究会可说是一个非常典型的经济学者和历史学者结合的团体。原本分属不同学科背景、受到不同专业学术训练的学人,借着社群组织交换彼此的看法;习于从历史流变的视角观察社会、经济变迁的

---

① 《周年致辞》,《天津益世报·史学》(1936年4月14日)。

学人,一旦和重视档案、史料且急欲社会科学化的历史学者相遇,便有了共同关注的焦点,一种从历史发展脉络下观察经济活动与社会变迁的研究取径就此出现。乾隆嘉庆年间清朝官员洪亮吉(1746—1808)在1793年的《意言》中发表的人口论,尘封在历史尘埃中,一百三十年后才为张荫麟所注意,拿来与马尔萨斯的人口论等量齐观;① 靠着考证学起家的罗尔纲自称,他的《太平天国史纲》如果没有汤象龙的指点,无以完成有关财政、经济问题的篇章。② 社会科学与历史学在20世纪的交会,让历史学找到了不一样的观点,中国社会经济史研究的兴起,正是这种学科交会之后的结果。清华史学研究会不但像一般学术社群一样,以报刊作为社群组成分子的发表园地,并且进一步将社群活动与学院及研究机构联结,1937年以后的《中国社会经济史集刊》几乎成了清华史学研究会的社群刊物,同年,吴晗、孙毓棠也陆续在清华历史学系开设明代社会史、中国社会史等课程,③ 进一步将研究所得反馈于课堂之中。从事社会经济史研究的学人,反倒愈来愈像中研院社会所的边缘人,罗尔纲几度愤愤不平自己在社会所的待遇,不满社会所其他组同仁对其研究路线的讥讽,④ 说明了1940

---

① 洪亮吉的《意言》二十篇,发表于1793年,其人口论主要集中于《治平》《生计》两篇,他认为社会安定,人口自然增加,但是物产却会因开垦荒地的减少而受到限制,不能与人口增加的速度相适应,人口愈多,劳力愈贱,物价愈高,生计愈难,失业与游手好闲的人口增多,自然造成社会动乱的来源。洪亮吉,《洪北江诗文集》,上册(上海:商务印书馆,1935年),页48—50。张荫麟,《洪亮吉及其人口论》,《东方杂志》,23:2(1926年1月25日),后收入:《张荫麟先生文集》下册,页997—1003。
② 罗尔纲,《太平天国史纲·自序》,《太平天国史纲》,页3。
③ 《国立清华大学一览》(1937年),王应宪编校,《现代大学史学系概览》,上册,页343—344、346。
④ 中研院社科所已于1945年改名为社会所,罗尔纲自1945年开始就不断写信给胡适,表示自己不适合待在中研院社会所,他认为社会所的研究对象为"现代问题",而他的工作在社会所只是"附庸",不但"研究对象不同,其方法亦异,故所资望于师友之指导切磋很为困难"。尤其令他愤愤不平的是,他所写的《太平天国史丛考》虽然受到史学界的好评,但在社会所除了"少数几位"同仁有兴趣读得下去之外,其他人反而以他所写通俗读物《洪秀全》来评量他的学术成果,令他十分不满。特别是1942年汤象龙离开社会所之后,他在社会所的处境就更为艰难,甚至年度加薪也受到裁(转下页)

年以后的中国社会经济史愈来愈向历史学阵营靠拢，中研院社会所从事社会调查路线的经济学、社会学者愈发与社会经济史学者殊途异路，某种程度上或可说明中国社会经济史在此过程中已逐渐转为历史学之下的一门次学科领域。

从学科发展的角度来看，专业社群的出现与学术专业化的趋势存在着一定程度的关联，1930年代以后，愈来愈多的史学专业社群崛起，说明了分工专门的研究路线逐渐成为历史研究的主要潮流。作为史学分支学科的中国社会经济史，一方面以专史研究的形态确立了它在学科范围上的疆界，一方面也以高度自觉的方法意识，取得了它在史学学科中的正当性，社会经济史的书写不再是社会学者、经济学者的事，历史学者从社会科学中汲取愈多的资源，社会经济史似乎反而愈向历史学靠拢。1940年部定历史系必修科目中，中国经济史、中国社会史正式被列为专史选修项目之一，① 愈来愈多大学历史系纷纷开始设置相关课程，西南联大从1940年开始，由吴晗、孙毓棠两人或以轮开，或以合授方式开设两汉社会、中国经济史、中国社会史、中国社会经济史，分期讨论中国历史上的社会经济问题，② 中国社会经济史在专业学术社群的带动下，逐渐从学科建制的外缘进入核心，从某个角度来说，中国社会经济史分科次领域的出现，正是社会学、经济学、历史学走向独立化与专业化之后，在学科边界的一种

（接上页）减，令他几度萌生辞意。见：《罗尔纲致胡适》（1945年11月2日；1946年11月15日；1948年5月30日），中国社会科学院近代史研究所，"胡适档案"，卷宗号：1443（15）；1434（1）；1434（7）。

① 教育部，《大学科目表》（南京：正中书局，1940年），页48—50。
② 西南联大历史系自1940年由孙毓棠讲授两汉社会开始，之后历年皆有相关课程，如1941年孙毓棠的中国社会经济史（迄六朝），1942年由孙毓棠、吴晗合开的中国社会经济史（迄明代），1944年前后吴晗还单独开设过中国经济史（宋元明）、中国社会史（明）。见：《国立西南联合大学各院系必修选修学程表（1939至1940年度）》，北京大学、清华大学、南开大学、云南师范大学编，《西南联合大学史料（三）教学、科研卷》，页180—181、208—209、239—240、276—277、344。西南联大北京校友会编，《国立西南联合大学校史——1937至1946年的北大、清华、南开》（北京：北京大学出版社，1996年），页150—153。

重合。

而以专史形态作为历史学分支次领域的中国社会经济史也和上篇所论断代史一样，偏好从长时段的视角寻找该时段的"集体同一性"。就像《中国近代经济史研究集刊·发刊词》上强调："在我们认识经济在人类生活上的支配力"，以及"现代经济生活占据个人、民族、国家的重要地位"时，"我们便不得不说历史的大部分应该为经济史的领域"。陈翰笙也说：史学是以"追求且叙述某一时代、某一地方社会生活之全部"。对社会经济史学者而言，"经济"是构成社会及历史能够产生"集体同一性"的核心领域，因为不论个人或地方的经济活动，皆会因各种市场交换与流通的形态而被勾连成一个经济的群体；而引动近代中国社会变迁的"经济问题"更几乎是一切问题的核心，他们认为只有了解资本主义入侵之后对中国社会产生的影响，才能找到当前社会问题的症结。唯其不同的是，社调所和清华史学研究会一系学人，更多是从总体经济的角度出发，以奏折、档案、账册、海关报告为材料，试图与社会学者、经济学者所作的社会调查和统计资料相结合，着重国家财政、政府税收和商业活动等方面的变化；而社科所早期如陈翰笙等一系学人，则更倾向于以社会学理论概括历史发展的进程，直接以社会调查的方法解释现状生成的原因，从阶级的角度出发，看重土地分配不均，以及生产关系失调所带来的变化。

这两种不同的切入取径，虽然一样看重经济动因对长时段社会变迁所带来的影响，但他们对于处理理论和事实的基本态度却有很大的不同：在左翼学者的眼中，历史事实必须在社会学的理论指导下才能看出人类发展进化的轨则，生产力与生产关系的改变既是导致社会变迁最根本的因素，那么探讨资本主义对近代中国社会所造成的问题，其目的便不仅仅在于了解过去，更重要的是如何改变现状并走向未来，左翼学者眼中所见的历史必与"未来"的目的相衔。相对于此，社调所及清华史学研究会一系学人，虽然也将社会史看成长时段发展变迁的过程，但历史对他们而言却只是了解现状来源的依据，过去与今日相连，却不肩负指向未来的责任。然而这样的社会经济史对左翼史家而言，不但欠缺理论高度，更无法指出中国社会该往何处去。

"中国社会该往何处去"的问题，在1930年代以后吸引了许多研究社会经济史学者的目光，如何在救亡日迫的年代里，为大多数受资本主义和地主阶级压迫的人民找到一条出路，使中国免受帝国主义侵凌，无疑更具有"致命的吸引力"。换句话说，经济的动因与长时段的视角固然是形构中国社会经济史"集体同一性"的特质，然而高涨的民族主义却使经济问题与国族未来的前景扣连；对左翼学者而言，中国社会经济史研究除了要找出中国逐渐沦为半殖民地半封建社会的原因，更重要的是为中国未来发动"无产阶级革命"提出理论上的依据。而社调所及清华史学研究会一系侧重总体经济的角度，以描写农工商业的经济活动及国家财政为目标的社会经济史研究，虽然一样看重经济的动因和历史长时段的变化，却因缺乏未来的指向性而在1949年以后很长的一段时间里，逐渐淡出中国马克思主义者的视域，然而他们以经济的角度书写国民与国家的历史，则是另一种从国族内部勾勒经济共同体的尝试，这种只为寻找当下问题根源的取径，对于1949年以后台湾的社会经济史却产生了深远的影响。或许，近代以来历史书写所形构的"集体同一性"，正是体现历史"本真性"最为有效的方式。寻找历史上的"哑国民"，对中国社会经济史而言，无疑是迫切且需要的，然而那些千年没有人为其发声的"哑国民"究竟是什么形貌，今人所知毕竟无多，因此当这些"哑国民"一旦能为当代国族有所献替时，认同就可能成为决定如何书写过去的关键，以及形构"集体同一性"的来源。从这个角度来看，强调"长时段"的社会经济史，某种程度上正落实了晚清以至民初知识人对"国族社会"的想象。

第六章
通俗读物编刊社与战时历史书写

注意到通俗读物编刊社这个社团,是我研究学术社群时延伸出来的课题;大凡研究顾颉刚或现代中国史学发展的学者,大多会注意这个因应抗日环境需要和通俗大众化走向而出现的社团。通俗读物编刊社的成立,固然可以放在"九一八"事变之后整个大时代的环境下加以察考,把它看作抗日救亡意识主潮的一环,但是从学术社群和历史书写的角度审视此一社群,似仍有许多可以讨论的空间,这也是本章立意之所在。

目前学界有关通俗读物编刊社的讨论,多半仍环围在顾颉刚身上,如美国学者施耐德(Laurence A. Schneider)所写 *Ku Chieh-kang and China's New History: Nationalism and the Quest for Alternative Traditions*,多处提及1930—1940年代顾颉刚在通俗读物和推广大众文化上的努力,并且概述了顾氏本人在"九一八"事变之后,企图透过历史地理和通俗读物,为民族抟成的现实问题提出检讨;而西北考察之行,更使得顾颉刚体认到民族问题与大众文化对于抗敌宣传的重要性。[1] 施耐德的研究有着许多发人深省的论述,只可惜对通俗读物的讨论,可能受限于资料问题,无法有比较全面的观照。其次如刘起釪于1986年所著《顾颉刚先生学述》一书,对

---

[1] Laurence A. Schneider, *Ku Chieh-kang and China's New History: Nationalism and the Quest for Alternative Traditions* (Berkeley: University of California Press, 1971), pp. 279-300.

于顾氏编写民众读物的缘由经过不乏着墨,但所述仍以顾氏个人回忆为限。① 另外相关的作品,如洪长泰的 *War and Popular Culture: Resistance in Modern China, 1937-1945* 一书,亦与本章讨论的问题多有相关。洪氏一书由于受到文化史理论的影响,导入了不少新的视野,重新探讨战时大众文化的本质与功能,甚至有一整章是讨论"旧瓶装新酒"的创作和相关的文学论辩,不过洪长泰的关注焦点侧重在中华全国文艺界抗敌协会,如老舍(舒庆春,1899—1966)和老向(王向辰,1898—1968)等人为代表的通俗读物创作上,较少论及通俗读物和历史书写之间的关系。② 此外,李孝悌的《清末的下层社会启蒙运动,1901—1911》③ 和洪长泰于 1985 年出版的 *Going to the People: Chinese Intellectuals and Folk Literature, 1918-1937*④,虽与本章所探讨的通俗读物编刊社没有直接的关系,但仍提供了极为重要的参照背景。前书从白话报刊、阅报社、宣讲所、演说会和戏曲改良运动等方面,讨论清末最后十年间下层社会的启蒙运动;而洪氏在 *Going to the People* 一书中,则探讨五四以降民间文学研究者在征集研究歌谣、民间传说、谚语和儿童文学上所做的努力。此二书使本章在分析通俗读物编刊社的角色和创作理路时,得以对清末以来知识分子透过各种通俗大众化的表现形式启迪大众的这一脉络,有更深一层的认识。

事实上,一直以来对于通俗读物编刊社的研究,最大的困难恐怕还是出在资料的问题上。就其编辑出版的项目而言,大体可分成定期刊物、丛书、画刊、战时国民读本等类别。定期刊物如《大众知识》《民众周报》《求生之路》,以及上海《申报》副刊的"通俗讲座"、《包头日报》《绥远

---

① 刘起釪,《顾颉刚先生学述》(北京:中华书局,1986 年),页 235—238。
② Chang-tai Hung, *War and Popular Culture: Resistance in Modern China, 1937-1945* (Berkeley: University of California Press, 1994), pp. 187-220.
③ 李孝悌,《清末的下层社会启蒙运动,1901—1911》(台北:"中央研究院"近代史研究所,1992 年)。
④ Chang-tai Hung, *Going to the People: Chinese Intellectuals and Folk Literature, 1918-1937* (Cambridge: Council on East Asian Studies, Harvard University Press, 1985)。

日报》上的"通俗论坛"等；丛书类则有甲、乙两种，甲种是以旧小说体裁编写的民族英雄故事和亡国惨痛史，乙种丛书是以大鼓词、歌曲、快板书的形式写成的通俗小册子；再一种则是年画、连环画等画刊，以及代地方政府编印的战时国民读本等。① 这些出版品往往以极低廉的售价打进下层社会和民众的日常生活中，保守估计，通俗读物编刊社自1933年成立以来，至1940年为止，总共发行过六百多种书籍，发行量高达五千万册之多，而此尚不包括各种图画和翻印的读物在内。②

如此庞大的出版品，对研究者而言，无疑是沉重的负担，更何况这些出版品多半已十分难以查找。笔者多次前往中国大陆找资料的过程中，不时留意相关材料，但除少数定期发行的刊物之外，各种当年销售量极广的小册子、大鼓书和画刊等，已极难看到。也许从某个角度来看，这类极为通俗的大众读物如此彻底地消失，其本身就是一个非常值得思考的问题：长期以来，各大图书馆对于收藏这类通俗读物的意愿不高，一如中小学教科书或宣传品般，不被知识菁英或文化人认为有典藏的价值，即便日后观念改变，如果不是有人当下收藏，也极难回流到二手市场或公私立图书馆。加以这类书籍售价便宜，读者不是随看随丢，就是辗转传阅，民众的阅读习惯，可能也是造成这类读物难以存留的另一个原因。再者，更根本的原因也可能和这类出版品的属性有关，通俗读物编刊社所编写的这批通俗读本，绝大多数和抗日救亡的题旨相关，具有鲜明的时代特色，推出之时自然极受读者欢迎，可是一旦时空转换，事过境迁，一般民众对于保留这类书籍的意愿自然相对递减。这种现象尤其在通俗大众化的作品中，表现得最为明显，一如许多民间文学研究者发现，民间歌谣只有在被社会普遍接受的情况下，才能持续保持其生命力，并逐渐成为民间共同的作品流

---

① 刘克让，《介绍通俗读物编刊社》，《秦风日报》（1937年12月1日），顾颉刚，《顾颉刚日记》，第3卷（1933—1937），页737—741；邵恒秋，《顾颉刚创办通俗读物编刊社所起作用》，王煦华编，《顾颉刚先生学行录》（北京：中华书局，2006年），页119—120。
② 顾潮编著，《顾颉刚年谱》（北京：中国社会科学出版社，1993年），页301。

传下去，反之，则可能自然消失。① 而通俗读物编刊社所出版的这类具有高度抗日救亡意识的通俗读本，极可能是在这种情况下遭到自然淘汰的命运。因此，日本学者小仓芳彦在1980年代介绍通俗读物编刊社的出版品时，也只能针对他所能看到1930年代的十一种小册子而论。② 所幸，近几年来陆陆续续出现了一些史料，使得通俗读物编刊社可以有较为完整的面貌，一补过去学界对此论题的不足与限制，其中又以近来出版的《顾颉刚日记》最具代表性。此一日记的问世，配合早年通俗读物编刊社成员的回忆，使得顾颉刚对于大众读物的看法、政治立场，及其与通俗读物编刊社的关系等，都有了比较清晰的轮廓。

本章在此基础上，将以通俗读物编刊社现阶段所能找到的期刊、小册子和参与成员的日记、回忆等材料为根据，分析1930—1940年代通俗读物编刊社如何在通俗化和大众化的诉求下，发展出一套"旧瓶装新酒"的书写策略，并讨论此一因应战时需要而重新改造的历史书写方式，对于重塑现代历史意识和国民现代性的影响，以及通俗读物编刊社在这方面的努力及其所遭遇的困境。

一、 从三户书社到通俗读物编刊社

根据顾颉刚的说法，通俗读物编刊社的成立大会应该在1934年的7月27日，③ 与会者包括顾颉刚、徐炳昶、范文澜、孙楷弟（1898—1986）、

---

① 相关议论可参见 Chang-tai Hung, *Going to the People: Chinese Intellectuals and Folk Literature, 1918-1937*, pp. 4-5。
② 小仓芳彦，《通俗读物编刊社の出版物——1930年代の抗日ペンフレット11种——》，《调查研究报告》（学习院大学东洋文化研究所），第17期（1983年3月），页61—112。
③ 洪长泰根据贺龙及老向的说法表示：三户书社于1938年成立于汉口，而通俗读物编刊社成立的时间则在1931年9月。此与后来出版的《顾颉刚年谱》《顾颉刚日记》和通俗读物编刊社成员的回忆皆有不同。见：Chang-tai Hung, *War and Popular Culture: Resistance in Modern China, 1937-1945*, p. 216。

吴其昌、谢国桢（1901—1982）、王庸、刘节、容庚、李一非和王守真（1905—1989，又名王受真、王真、王日蔚）等二十余人，当天的会议除了讨论该社的章程之外，并决定了职务分配和分头募款的办法。① 然而在此之前，通俗读物编刊社在"九一八"事变之后即以三户书社为名，编写并发行过不少通俗读物。1933年燕京大学中国教职员抗日会成立，洪业出任宣传组组长，顾颉刚任宣传干事。最初该会商议宣传办法时，顾颉刚曾于会中提议以悬赏征求大鼓词和剧本之法，推广抗日民众读物，获得与会者一致的赞同。② 与此同时，由燕大学生组成的燕大学生抗日会赴战区慰劳队适从热河劳军归来，表示热河战区普遍缺乏战时读物，而热河义勇军又十分盼望燕大教师们能为其编写教科书。为此，顾颉刚便与国文系教授郭绍虞（1893—1984）商议，于国文系加开一门"通俗文学习作"课程，一面编写教科书，一面结合学生创作唱本、戏剧、小说和大鼓书等通俗读物，③并成立三户书社出版唱本、编印画片，是为燕大教职员与学生抗日会的附属机关。同年6—7月间，更开办金利书庄，专门销售三户书社刊印的出版品。④

在三户书社期间，燕大教职员、学生抗日会首先拟定了几个题目，再以登报征求文稿的方式，向大众公开征稿，鼓励创作。⑤ 这次的征稿意外地获得了广大的回响，两个月之间陆续收到六七十本稿件；⑥ 收齐来稿之后，再由教职员和学生抗日会组成评审小组，由顾颉刚、洪业、马鉴（1883—1959）、郭绍虞、高君珊、吴世昌（字子臧，1908—1986）、郑德坤

---

① 顾颉刚，《顾颉刚日记》，第3卷（1933—1937），页216。顾潮编著，《顾颉刚年谱》，页222。
② 顾潮编著，《顾颉刚年谱》，页205。
③ 王煦华，《顾颉刚先生学术纪年》，尹达、张政烺等编，《纪念顾颉刚学术论文集》，下册（成都：巴蜀书社，1990年），页1036—1037。
④ 顾潮编著，《顾颉刚年谱》，页210。
⑤ 顾颉刚，《顾颉刚日记》，第3卷（1933—1937），页51—52。
⑥ 如《傀儡皇帝坐龙庭》《胡阿毛开车入黄浦》《二十九军大战喜峰口》等。顾颉刚，《编印通俗读物的经过》，《西北考察日记》，收入：中国人民政治协商会议甘肃省委员会文史资料研究委员会编，《甘青闻见记》（兰州：甘肃人民出版社，1988年），页365。

(1907—2001)等人，负责审阅这批稿件。① 最后获奖的作品无一不是取材自真实故事，并且是以切近时局的抗日救亡为题材。② 燕大教职员抗日会为了达到宣传的目的，将得奖作品与后来刊印的《宋哲元大战喜峰口》《二十九军男儿汉》《义勇军女将姚瑞芳》《汉奸报》《胡阿毛开车入黄浦》《叹朝鲜》等，③ 均交三户书社出版。出版时，三户书社还特意模仿了地摊上畅销小书的形式，以红绿套印的封面，加插一张戏装照片吸引群众。最初，三户书社对于这些书籍的销量并没有太大的把握，所以每种只印了五千本，销到小书铺，再由小书铺分散到各个书报摊上贩卖；没想到这些小书不但在很短的时间内就卖完了，有些小书铺甚至为了赚钱，便把销得快的册子再自行翻印，像是《宋哲元大战喜峰口》，据说半年之内就加印了七万册之多。④

小书铺大量翻印，虽有良好的销售量，却没有为三户书社带来太多利润，金利书店不得不在第二年（1934年）因营运不佳宣告倒闭。⑤ 此时三户书社为了扩大经费来源，获得政府补助，⑥ 开始向教育部社会教育司请

---

① 顾潮编著，《顾颉刚年谱》，页209—210。
② 比赛结果分三等，第一等3名，第二等7名，第三等37名。其中由赵伯庸以义勇军抗日的真实故事《杜泉死守杜家峪》，获得了第一名，第二名《翠红姑娘殉难记》则主要是描写沈阳陷落之后的惨状，第三名以下则有剧本形式的《淞沪战》、牌子曲的《叹朝鲜》和弹词体的《义勇军女将姚瑞芳》等等。参见：顾潮编著，《顾颉刚年谱》，页209；刘起釪，《顾颉刚先生学述》，页236。
③ 王真，《记顾颉刚先生领导下的通俗读物编刊社》，王煦华编，《顾颉刚先生学行录》，页107。小仓芳彦，《通俗读物编刊社の出版物——1930年代の抗日ペンフレット11种——》，页86—89。
④ 顾颉刚，《编印通俗读物的经过》，《西北考察日记》，收入：《甘青闻见记》，页365。《宋哲元大战喜峰口》究竟由小书铺翻印了多少册，说法不一，顾氏在《编印通俗读物的经过》中表示印了七万册，但通俗读物编刊社在战时检讨"旧瓶装新酒"的座谈会上，却说由旧式书店翻印行销了七十万册。两者数字差距极大，大概与调查统计之时间点有关。见：顾颉刚，《关于"旧瓶装新酒"的创作方法座谈会记录》，《通俗读物论文集》（汉口：生活书店，1938年），页110。
⑤ 顾潮编著，《顾颉刚年谱》，页215。
⑥ 王受真（王守真），《再论"为什么要把新酒装在旧瓶里"》，顾颉刚，《通俗读物论文集》，页22。

款。当时的教育部长王世杰（1891—1981）对此表示赞同，唯建议三户书社之名必须有所变更，① 因"三户"之名具有"三户亡秦"的寓意，明显的抗日意图，不但与政府当时的外交政策抵触，也容易遭受日本抗议。为此，三户书社在1933年10月脱离燕大教职员与学生抗日会，正式更名为通俗读物编刊社，同时向外招募社员，② 成为一独立的学术社团，而教育部也同意每月拨款一百元（不久之后增加到二百元）补助出版；中山文化教育馆亦月给稿费五百元资助。③ 1936年7月，顾颉刚再透过朱家骅和叶楚伧（1887—1946）的协助，取得国民党中央党部补助款二万元，④ 通俗读物编刊社的经济问题暂获解决，摩拳擦掌准备展开推广通俗大众化读物的工作。

二、"旧瓶装新酒"——通俗化与大众化

通俗读物编刊社成立之后，由顾颉刚出任社长之职，基本社员最初仍以燕大教职员和学生居多，如吴世昌、郑侃嬺、连士升、杨缤⑤（1905—1957）等，皆为顾颉刚在燕大的学生，此后陆陆续续加入的成员有王守真、⑥ 李一非、陈轼（字仙泉）、赵纪彬⑦（1905—1982）、邵恒秋（1916—2006）、张秀亚（1919—2001）、郭敬堂、王柳林、李景辰、王冰洋等人。取得教育部补助款后，虽然暂时解决了经济上的难题，但接踵而来的问题是：通俗

---

① 顾潮编著，《顾颉刚年谱》，页212；顾颉刚，《顾颉刚日记》，第3卷（1933—1937），页92、98。
② 顾颉刚，《顾颉刚日记》，第3卷（1933—1937），页103。
③ 顾颉刚，《编印通俗读物的经过》，《西北考察日记》，收入：《甘青闻见记》，页366。
④ 顾潮编著，《顾颉刚年谱》，页255。
⑤ 原名杨季徵，笔名杨刚。
⑥ 根据王真回忆，1936—1940年间在编刊社工作者唯他与李一非二人。王真，《记顾颉刚先生领导下的通俗读物编刊社》，王煦华编，《顾颉刚先生学行录》，页104—106。李一非曾为首都平津救亡团成员（1937—1938）。
⑦ 字象离，笔名向林冰。

读物编刊社所出版之书刊,因不再能堂而皇之地以"抗日"为号召,以致其编刊路线不得不有所调整,而所出书刊亦不能再有"抗日"一类的字眼;其次,三户书社时期所出版的以抗日为诉求的鼓词书,虽然在市场上颇受欢迎,但这类创作毕竟不是出身学院的燕大教职员、学生所擅长,因此编刊社决定暂时放弃鼓词写作,转而致力于通俗故事丛书的编纂。①

只是初初成立的通俗读物编刊社,此时并没有固定的期刊作为宣传阵地,对于如何推广通俗读物也还处于摸索状态。为此,顾颉刚运用了个人学术资源与人脉关系,先后介绍社员将稿件投到当时已颇具规模的报刊上去,如天津《大公报·史地周刊》② 以及叶圣陶(1894—1988)在上海所办《中学生》等,并于1936年2月与上海《申报》馆取得联系,商定自3月19日开始,在《申报》副刊上设连续性的"通俗讲座"专栏,并取得月付一百二十元的稿费,③ 是为通俗读物编刊社最早刊行的一份定期出版品。④ 有了固定宣传阵地之后,顾颉刚亦重新修订了通俗故事的编写方向,认为必先从人物着手,因为人物是历史的主角,也是最能引起大众共鸣的题材。可是怎么去描写人物,以及应该描写哪些人物,才不会像三户书社时期以真实抗日人物为对象,而遭日本政府的抗议呢?顾颉刚说:"他们不许我们抗日,难道抗辽、抗金、抗元、抗清的故事都不许我们重提吗?我们何尝不能借了近古的史事来提倡现代应有的民族意识。"⑤ 因此,选择历史上具有抵抗意识的人物,便成了通俗读物编刊社此一阶段创

---

① 顾颉刚,《顾颉刚日记》,第3卷(1933—1937),页330—332;顾潮编著,《顾颉刚年谱》,页229—230。
② 该专栏创刊于1934年9月,创办人以燕大教授群为主,主要编辑有洪业、张荫麟、容庚、顾颉刚、容肇祖、洪思齐与张印堂等人。顾潮编著,《顾颉刚年谱》,页226;美国中文资料中心编,《史地周刊》(Washington: Center of Chinese Research Materials Association of Research Libraries, 1974)。
③ 顾颉刚,《编印通俗读物的经过》,《西北考察日记》,收入:《甘青闻见记》,页366。
④ 通俗读物编刊社主编之上海《申报·通俗讲座》,于1936年3月19日发刊,每周一刊,至1937年8月5日为止,共发刊72期。
⑤ 顾颉刚,《编印通俗读物的经过》,《西北考察日记》,收入:《甘青闻见记》,页366。

作的重要题材。而上述报章杂志登载的文章,即几乎清一色以历史人物传记为书写对象,他们尽可能地避开了与当前局势有关的现实题材,选择了像勾践、子产、岳飞、史可法、郑成功、黄宗羲、顾炎武、王夫之、关天培、张季直等寓涵民族意识的英雄人物,[①] 规避日人的挑衅与诘难。

因应抗日环境的需求,通俗读物编刊社此时一方面从大量的"历史书里找寻可用的材料",一方面也开始重新检讨"除了提倡民族意识外",还应该灌输民众什么样的知识。对此,通俗读物编刊社于《申报·通俗讲座》之《发刊词》上所揭橥的"唤起民众"之意,指出了他们思考的方向:

> "唤起民众"的目的,不仅要使他们知道自己生活的贫乏,应当努力求知能来改进,同时要使他们了解此刻国家的危机,他们对于国家的责任,应当怎样为自己为国家打开险恶的环境,努力奋斗。并且在这个世变日亟的时代,尤其应当知道做一个现代国民必须有的基本常识。[②]

他们认为中国民众不仅在物质生活上匮乏,同时在精神生活上亦因智识技能的不足而显愚昧,数千年来因袭传统思想,养成"愚妄,夸大,依赖,盲从,自私,信命运,不团结"和对政治冷漠的积习,使中国老百姓完全失去了作为现代国民的资格。而造成这种现象的原因,主要来自于在市面

[①] 由郑侃媞代顾颉刚所作之《黄宗羲》《顾炎武》《王夫之》,于1935年11月时交《中学生》发表。见:顾潮编著,《顾颉刚年谱》,页230、242;贺光,《郑成功》,上海《申报·通俗讲座》,第2期(1936年3月26日),第5张;周源,《史可法》,上海《申报·通俗讲座》,第38期(1936年12月3日),第5张;李季珍,《岳飞的少年时代》,上海《申报·通俗讲座》,第39期(1936年12月10日),第5张;苏子涵,《关天培将军》,上海《申报·通俗讲座》,第37期(1936年11月26日),第5张。
[②] 通俗读物编刊社,《发刊词》,上海《申报·通俗讲座》,第1期(1936年3月19日),第4张。

上流传甚广的通俗读物。① 他们认为这些一般民众所熟悉的唱本、鼓词、弹词和评话小说等，传递了太多陈腐封建的观念，支配了一般老百姓的生活习惯、思想行为、娱乐，甚至是死后的丧葬习俗。②

顾颉刚和王受真③认为五四运动以来所倡导的白话文学、普罗文学，虽然让文字通俗化了，但是影响所及，仍然只在都市和受过新式教育的知识分子身上，大部分的下层民众依旧与此不相干。④ 他们认为有些在五四新文化运动时期被视为以白话文创作的经典，在文学上虽然有其可取之处，但是思想内容上，却充满了因果报应、神仙鬼怪等封建意识，这些"阻碍社会进化""违反科学精神"的内容，无疑是新文化运动深入大众的最大劲敌。所以通俗读物编刊社自 1936 年开始，创办自己的发表园地《民众周报》时，即喊出了"旧瓶装新酒"的口号，提出通俗读物应该用大众所熟悉的旧形式，灌注新国民应有的意识，使现代科学常识、革命思

---

① 洪长泰指出，五四以降的知识分子和民间文学家，认为存在于传统文化中陈腐的价值观，才是导致中国长期处于贫困落后的根本原因。所以像顾颉刚一类的学者，虽然对民间文学抱着浪漫主义的色彩，但终不免走向"改革工具论"的观点，把民间文学当成是改良社会的利器；相信从民间文化入手，洗涤传统社会封建的价值观，改变民众的生活观念和方式，才能建设一个新形态的社会。见：Chang-tai Hung, *Going to the People: Chinese Intellectuals and Folk Literature, 1918-1937*, pp.166-170。
② 通俗读物编刊社，《发刊词》，上海《申报·通俗讲座》，第 1 期（1936 年 3 月 19 日），第 4 张。
③ 战前通俗读物编刊社成员，除顾颉刚外，大部分的社员都以笔名或化名发表文章，盖因躲避日人的追查，王守真便经常化名为王受真，发表其对通俗读物的看法，而其刊载于《禹贡》半月刊之文，则常用工口蔺之名。事实上，顾颉刚有非常多的文章是由社员代作，经其修改后再以顾氏之名发表，因此《为什么要把新酒装在旧瓶里》一文，刊载在《民众周报》，1：5（1936 年 10 月 30 日）时，署名为顾颉刚，抗战爆发后，生活书店将战前《民众周报》上有关通俗读物创作理论的文字收录起来重新出版时，才将作者正名为王受真。见：王受真，《为什么要把新酒装在旧瓶里》，顾颉刚，《通俗读物论文集》，页 13—17。
④ 顾颉刚，《通俗读物的时代使命与创作方法》，原载《民众周报》，1：1（1936 年 10 月 2 日），页 15。王受真，《为什么要把新酒装在旧瓶里》，顾颉刚，《通俗读物论文集》，页 13。

想、国家观念和民族精神，取代旧读物中迷信、妄诞、淫猥的成分；① 并且继续五四以来启蒙主义的精神，用通俗的口调教育国民，激发民众的向上意志，提高民族的智能。②

在通俗读物编刊社成员的概念中，五四运动以来所谓的通俗化作品，始终与大众化的观念存在着一定程度的矛盾与冲突，向林冰称此为"通俗化的反大众化"，以及"大众化的不通俗化"，③意即许多流传民间的作品，虽然极为通俗，但内容却陈腐不堪；而内容前进的大众化作品，却往往囿于形式，不易为大众接受，失去通俗化的可能。④ "前者形式上抓住了大众，内容上失掉了大众；后者是内容上代表了大众，形式上不能接近大众"。⑤ 因此所谓"旧瓶装新酒"的概念就是要确认："健全的大众化，是通俗化；合理的通俗化，是大众化的。"⑥

在发展"旧瓶装新酒"的创作理论过程中，通俗读物编刊社在某种程度上受到1930年以来中国左翼作家联盟（简称"左联"）所提出"文艺大众化"理论的影响；1934年文艺界有关文学"新旧形式"和"大众语"的讨论，对通俗读物编刊社的"旧瓶装新酒"路线也有所启发。不少左联作家纷纷强调，要用"劳动群众自己的言语"，"去创造革命的大众文艺"，即如左联重要成员瞿秋白（1899—1935）认为新文化运动之后，中国同时存在着"古文的文言、梁启超式的文言、五四式的白话和旧小说式的白话"；虽然旧小说式的白话仍有其缺点，但要比抄袭欧、日文法的五四式白话来

---

① 通俗读物编刊社，《发刊词》，上海《申报·通俗讲座》，第1期（1936年3月19日），第4张。
② 顾颉刚，《通俗读物的时代使命与创作方法》，《民众周报》，1：1（1936年10月2日），页5、16—17。
③ 向林冰，《"旧瓶装新酒"释义》，顾颉刚，《通俗读物论文集》，页35—36。
④ 向林冰，《旧形式的新评价》，同上书，页60。
⑤ 向林冰，《"旧瓶装新酒"释义》，同上书，页36。
⑥ 向林冰，《"旧瓶装新酒"在文化发展史上的任务》，同上书，页72。

得接近群众,① 而且是群众读惯了的。因此"革命的大众文艺"在开始的时候,必须利用"旧形式"的优点,逐渐加入"新的成分",养成群众的新习惯,运用说书、滩簧、小唱、文明戏等,创造群众容易接受的新形式。像是利用流行的小调,夹杂着说白,编成纪事的小说,或是创造新式的歌剧;利用纯粹的白话创造有节奏的大众朗诵;利用演义的体裁创造短篇小说和最通俗的论文,等等。瞿秋白强调革命的大众文艺"可以是旧的题材的改作",也可以是革命斗争的"演义",所以像《新岳传》《新水浒》,或是洪杨革命、五卅罢工、香港罢工等都是很好的题材。② 而鲁迅(1881—1936)在讨论新旧文艺表现形式时,也认为大众化的作品必须"采取"某些旧形式,只是旧形式的采取,并不意味着将旧形式"整个"捧来,在此过程中旧形式"必有所删除,必有所增益",而其结果应该是"新形式的出现"。③ 鲁迅此一观点,亦即日后向林冰所谓的"因袭即创造""服从即征服"的概念。向林冰认为运用旧形式的目的,不是为了迎合大众的落后意识,或向旧形式投降,而是要在量的改造中,争取旧形式质的转化,并且以肯定旧形式为起点,导出旧形式的自我否定。④ 在这些基本态度上,通俗读物编刊社"旧瓶装新酒"的创作理念,可说延续了左联部分代表人物的观点。

虽然,1930年代初期有关文艺大众化的讨论,仍有着许多不同的见解,对于通俗文学和民间文学对抗日救亡工作究竟能不能有所助益,也充满了歧见,但就如洪长泰指出的:战争一方面强化了通俗文学的地位,却

---

① 瞿秋白认为新的文学革命不但要肃清文言的余孽,更要推翻"白话的新文言",一切都以新兴阶级的话来写。而他所谓的新兴阶级,指的不是一般的乡下人或农民,因为乡下人的言语是原始的、偏僻的;他主张应该用在五方杂处的大都市里,各省人互相谈话、演讲、说书的"中国的普通话"来写,才能创造最浅近的新兴阶级的文学。见:宋阳,《大众文艺的问题》,《文学月报》创刊号(1932年6月10日),页3—5。
② 同上书,页5—6。
③ 鲁迅,《论"旧形式的采用"》,《且介亭杂文》(北京:人民文学出版社,2000年),页16—18。
④ 向林冰,《旧形式的新评价》,顾颉刚,《通俗读物论文集》,页67—68。

也改变了其关注的焦点。随着"九一八"事变的爆发,整体抗日救亡意识展开,通俗大众化作品渐渐在"抵抗文化"的主流声浪下,将焦点转向政治和民族主义的诉求上。① 从某个角度来看,1930年代以来文艺界对于新旧形式的讨论,即反映了这个转向。质言之,在救亡日亟的年代里,期待旧形式能为新文化注入能量,其背后即寓涵了一个相当重要的命义,即对于新民族文化形式的探索。通俗读物编刊社在推广通俗读物的过程中,秉持了顾颉刚从事民俗学研究以来,把大众文化和传统联系起来的一贯态度,② 企图透过存藏在民间文化中的巨大能量,为五四以来的新文化运动找到更具民族特色的文化表现形式。③ 他们认为五四新文化运动对于西洋文化的全盘接受,和对中国固有文化遗产的笼统反对,不但不能使西洋文化和中国传统文化产生有机的联系,而且对于中国固有文化的积极部分,也未能加以"批判的摄取"与"扬弃的继承"。④ 面对日益严峻的抗日形势及抗战建国运动,他们相信唯有从民间文化中汲取养分,才能更为积极有效地创造具有民族形式的新文化。⑤

事实上,从通俗故事的编写到"旧瓶装新酒"创作理论的成形,通俗读物编刊社也是透过边学边做的方法一步步摸索。为了深入了解通俗读物

---

① Chang-tai Hung, *War and Popular Culture: Resistance in Modern China, 1937-1945*, pp. 189-190.
② Laurence A. Schneider, *Ku Chieh-kang and China's New History: Nationalism and the Quest for Alternative Traditions*, pp. 148-156.
③ 洪长泰亦认为顾颉刚是从肯定通俗文学对抗日救亡工作有益的立场出发,而其"旧瓶装新酒"的主张,也是结合了书写与口传两种形式,以通俗文学和民间文学并用的方式,创作具有抵抗意识的通俗读物。见:Chang-tai Hung, *War and Popular Culture: Resistance in Modern China, 1937-1945*, pp.191-192.
④ 向林冰,《"旧瓶装新酒"在文化发展史上的任务》,顾颉刚,《通俗读物论文集》,页70—71。
⑤ 有关中国民族形式的问题,一直持续到1940年代,周扬、艾思奇、何其芳、冼星海等人先后在延安的《新中华报》《文艺突击》《中国文化》等报刊上为文讨论,并举办座谈会,内容涉及文学、诗歌、戏剧、音乐、美术等方面。向林冰和通俗读物编刊社"旧瓶装新酒"的观点此时受到不少来自左翼阵营的批判。参见唐弢、严家炎主编,《中国现代文学史》(北京:人民文学出版社,1992年),第3册,页36—46。

为大众接受的情形和喜好程度，通俗读物编刊社首先针对民间销售通俗读物的管道和购买力进行调查。1936年通俗读物编刊社派出孙祥林，在北平市区一带调查旧式读物的流通管道和销售量，并据此写成《民众读物流通情况的调查》报告，① 他们发现旧读物的流通方式和一般图书很不一样，以北平一地来说，旧读物的批发，除了几家较具规模的书店外，大街上随处可见的行贩和地摊也是主要的管道。此外，糖贩、杂物贩和下层民众常聚会的茶馆等地，亦不时兼卖或兼营租阅书籍的生意。至于北平以外的地方，通俗读物编刊社透过一场全国性的大调查发现，北平几家主要书局的势力甚至深入江浙、豫皖、陕甘、东北等地，形成一个几乎遍及全国的发行网。透过此次的调查，通俗读物编刊社才惊觉到通俗读物在民间的影响力，及其特殊的行销管道。② 在这个行销网中，一般人是很难介入的，通俗读物编刊社如果不利用这些旧有的发行网，几乎根本打不进各省、各县及各乡镇，书籍自然到不了民众的手中。因此，如果真要利用这个发行网代销读物，就不得不采用"旧瓶装新酒"的办法，改造形式、装帧都与旧式通俗读物一样的书籍，因为在这个发行网之下，一般人是不太能接受新形式书籍的。③

在民众购买力方面，通俗读物编刊社在调查行销网的同时发现，一本大约四五页的旧通俗读物，一分钱大概可以买到三本，一角钱可以买个三十几本，一块钱可以买到三四百本，平均下来三块钱可以买到一千多本。这中间再经过商贩的盘剥取利，到读者手上时，一本大约也不过一到两分钱。而且旧读物根本没有版权，每千本的成本不过两块七八角钱，书商卖这类的书，基本上赚的只不过是包扎工料费，为的是吸引顾客上门，来买他们主要营业的字帖、尺牍和私塾教本等等，④ 所以只要价钱一提高，大

---

① 王真，《记顾颉刚先生领导下的通俗读物编刊社》，王煦华编，《顾颉刚先生学行录》，页109—110。
② 王受真，《为什么要把新酒装在旧瓶里》，顾颉刚，《通俗读物论文集》，页14—15。
③ 王受真，《再论"为什么要把新酒装在旧瓶里"》，同上书，页20—22。
④ 王受真，《再论"为什么要把新酒装在旧瓶里"》，同上书，页19。

众的购买力根本无法配合，买得起的人就不多了。因此通俗读物编刊社做了这项调查之后，尽其可能地压低价钱，像是抗战初期委托生活书店发行的"大众抗敌剧丛"每本定价四到八分不等，最贵的《黄家庄》开价一角钱，而"战时通俗读物"系列，也差不多是二分钱到五分钱不等。① 另外像是五彩通俗图画每张零售价三分钱，为达宣传效果，批发五百张十元，一千张十八元。② 战前发刊的《民众周报》每期篇幅高达四十页，零售价是三至四分钱，半年二十四期六至八角，全年四十八期售一元到一元五角。③ 发刊三个月之后，直接订户就有四千六百户，零售每月可达二千份。④《大众知识》的单价看似较高，可是以半月刊的形式出刊，每期售价一角六分钱，半年十二期一元六角，全年二十四期二元八角，和《民众周报》相比，价钱相差不大，篇幅也有七八十页之多。

然而，无论如何压低售价，通俗读物编刊社出版的杂志、书籍仍然无法像旧读物一样可以用一到二分的价钱卖出，⑤《民众周报》的订户看来不少，零售业绩也不算坏，四十多页一本卖四分钱，看来也比旧读物划算，可是订阅户还是以学生居多，⑥ 真正下层民众的购买力仍然薄弱。⑦ 造成这种现象的原因，最主要还是因为通俗读物编刊社的各类出

---

① 顾颉刚，《通俗读物论文集》，"生活书店广告"。
② 《民众周报》，2：6（1937年2月5日），广告页。
③ 《民众周报》，2：3（1937年1月15日），广告页。
④ 纪彬，《为本刊革新敬告读者》，《民众周报》，2：4（1937年1月22日），页10。
⑤ 顾颉刚，《编印通俗读物的经过》，《西北考察日记》，收入：《甘青闻见记》，页366。
⑥ 王日蔚，《学生读者与本刊的革新》，《民众周报》，2：4（1937年1月22日），页12。
⑦ 抗战前国内物价虽有波动，但一般而言，蚕售物价和零售价格都尚算平稳，根据《申报年鉴》所调查之各业男性工资，以1933年之"普通工资"为例，其中制钉业每月工资37.5元，居各业之冠，柳器业工资最差，每月所得仅3元；其他如棉织业7元，纺纱业14.5元，碾米业10元，面粉业12元，榨油业7.95元，纸烟业18.5元，造纸业6.35元。详见：秦孝仪主编，《中华民国经济发展史》（台北：近代中国出版社，1983年），第1册，页443—454。而战前一般日常生活开销，亦可参考《吴宓日记》中之记载，如修理眼镜费约2元，搭乘北平市政府公共汽车，由城中赴香山价约8角，东兴楼宴客四人，花费7元，《吴宓诗集》一部价约2元，等等。见：吴宓著，吴学昭整理，《吴宓日记》，第6册，页38、8、47、51。

版品，都是新创作的作品，稿费开支往往形成不小的负担，就以《征稿启事》上的定价来看，每千字稿费一到三元，① 一本十万字的章回小说就要一百至三百元不等；弹词、旧剧、故事之类的读物每册大约四千至一万字，每册稿费也要四至三十元，加上印刷、出版、行销，开销不可谓不大；即便是社员创作不取稿费，经济上的负担仍然很吃力，难怪顾颉刚在通俗读物编刊社成立之初四处筹钱，几度心灰意冷，想"令其自灭"。② 尤其是国民党中央党部后来怀疑通俗读物编刊社左倾，停发补助经费，③ 导致1936年出刊的《大众知识》只出了十二期，便不得不走上停刊之途。④

为了打进下层社会，通俗读物编刊社对读物的内容和形式，也不时调整方向。基本上"旧瓶装新酒"的创作理念是针对下层民众的，但是"下层民众"指的究竟是谁？是城市里的劳动阶级，还是乡下老百姓？通俗读物编刊社对此其实并没有十分清楚明确的定义。对照晚清以来知识分子所从事的"开民智"运动，⑤ 或五四之后知识分子下乡所展开的民间文学调查工作来看，近代以来知识分子所指称的"下层民众"，若不是粗通文字的人，就是处于社会底层、不识字的文盲、乡下人或农民。⑥ 如果按着这个脉络来看，通俗读物编刊社所谓的"下层民众"，指的大约也是同一批

---

① 《通俗读物编刊社征稿启事》，《民众周报》，1：1（1936年10月2日），封底。《改订投稿简则》，《民众周报》，1：10（1936年12月4日），无页码。
② 雷文景辑，《顾颉刚致郑德坤信函辑录》，《档案与史学》，2002年第4期，页6。
③ 顾潮编著，《顾颉刚年谱》，页266。
④ 同上书，页273。
⑤ 李孝悌认为晚清时人在从事启蒙大众的运动时，对于何谓下层/下流/下等社会，只有一种约定俗成的说法，并没有十分严格的界定。一般而言，白话报所针对的基本上是一些粗通文字的人，而戏曲、宣讲、演说等，则是针对不识字的人而设计的。见：李孝悌，《清末的下层社会启蒙运动，1901—1911》，页11、19—21。
⑥ 洪长泰的研究指出：1920—1930年代中国民间文学研究者对于"民众"的定义，大体上接受了欧洲学者的概念，即泛指生活在文明边缘、风俗陈旧的人，一般指的不是农民，就是居于社会底层的文盲、乡下人。见：Chang-tai Hung, *Going to the People: Chinese Intellectuals and Folk Literature, 1918-1937*, pp. 8-9。

人;然而为了解决下层民众不识字(或粗通文字)的困境,通俗读物编刊社则希望借助所谓"中介人"的力量,把所欲传递的新知传达给多数不识字、不读书的老百姓。而这里所谓的"中介人",指的就是"一般旧知识分子,半知识分子,说评书的,唱大鼓的"和青年学生。王受真强调,一切知识必须经过他们的理解、消化,才能传达给一般民众。① 因此通俗读物编刊社绝大部分的创作品,包括定期刊物、章回小说、鼓词、戏曲、通俗故事等都是以中人为对象的,由这些中人把"读"来的东西,或说或唱给不识字的老百姓"听",② 进而改造下层社会。

确定了读者的对象之后,③ 读物的形式和内容才得以确立。经过几年经验的累积,通俗读物编刊社对于"旧形式"的把握愈来愈娴熟,他们从最早的鼓词、剧本、弹词创作,到后来发现了民间各种多样化的体裁,如章回小说、评书、鼓书、唱曲、旧剧、小调、歌谣、相声、双簧、拉洋片、连环画、年画等等。④ 这些体裁为了适应各个地方环境而存在,故而表现出浓厚的地方性。通俗读物编刊社在推广和创作的过程中发现,旧形式的读物除了图画之外,文字的作品只有极少数(如章回小说)是供阅读的,其他大部分多属于演奏说唱的形式,其中说的东西(如评书、相声)又比唱的东西来得少。⑤ 因此通俗读物编刊社为求作品能唱,便开始着手分析评剧、鼓书、戏词、曲词、歌谣的用韵方法和词句构造,以求创作出

---

① 王受真,《为什么要把新酒装在旧瓶里》,顾颉刚《通俗读物论文集》,页13。
② 顾颉刚,《我们怎样写作通俗读物》,《抗战文艺》,2:8(1938年10月29日),页116。
③ 通俗读物编刊社对于读者对象的掌握,也时常处在调整与摸索的状态,《民众周报》发行四期后,编者应读者投书时回答,他们假定的阅读对象是"乡师学生、初级中学学生、乡村小学教师、都市中店员工人,及能看《七侠五义》的旧知识分子"。《民众周报》,1:4(1936年10月23日),页48—49。
④ 顾颉刚,《我们怎样写作通俗读物》,《抗战文艺》,2:8(1938年10月29日),页116。
⑤ 属于民间文艺的戏剧、鼓书,甚至文字读物(小说)都是向大众讲说的,极少是个人独赏的性质,因此这种有声的告白形式,必然又与音乐结合,转化成一种具有宣传意味的综合艺术。见:向林冰,《旧形式的新评价》,顾颉刚,《通俗读物论文集》,页64—65。

更适合大众说唱的形式。① 为此，1937年通俗读物编刊社还特别成立了"大鼓书训练班"，聘请著名的盲人鼓书演唱者翟少屏来上课，并修改他们的创作作品。②

"旧瓶装新酒"的创作路线，在通俗读物编刊社推广多年之后，逐渐取得知音同好的认同。抗战爆发后第二年，远从济南奔赴后方参加抗战的老舍，与茅盾（1896—1981）、郭沫若、冯乃超（1901—1983）、夏衍（1900—1995）、胡风（1902—1985）等支持抗日的文艺界人士，于1938年3月在汉口组成了"中华全国文艺界抗敌协会"（简称"文协"）。③ 与此同时，老舍搁置了新文学小说写作，开始尝试以"旧瓶装新酒"的概念，从事鼓词创作。为了写出合韵能唱的作品，老舍特别请教由北方逃出来的大鼓书艺人富少舫（1896—1952）和董莲枝，了解北平大鼓书和山东大鼓书的创作方法；也由冯玉祥（1882—1948）收容的唱坠子艺人那里，学习了河南坠子的唱法。④ 根据这些写成了《王小赶驴》《张忠定计》《打小日本》等大鼓书词，和以京戏为表现形式的《新刺虎》《忠烈图》《王家镇》《薛二娘》，以及旧小说《兄妹从军》，等等。他认为这些作品，不论是大鼓书、小说还是京剧，形式虽各不相同，但都是为了通俗与激发民众抗战

---

① 顾颉刚，《大鼓词怎样作法》，《民众周报》，3：3（1937年4月16日），页2—7；顾颉刚，《我们怎样写作通俗读物》，《抗战文艺》，2：8（1938年10月29日），页116。
② 由翟少屏训练出的九位大鼓书演唱者，在4月9日徐炳昶宴请傅作义时受邀演唱，傅作义听了之后很是喜欢，便请他们到部队里去演唱《百灵庙》，颂扬傅作义部队的战绩，因其表演生动，感动了不少在场的听众。顾颉刚，《编印通俗读物的经过》，《西北考察日记》，收入：《甘青闻见记》，页367。
③ 1938年3月27日，"中华全国文艺界抗敌协会"成立，到会者百余人，大会推举蔡元培、周恩来、罗曼·罗兰（Romain Rolland, 1866 - 1944）、史沫特莱（Agnes Smedley, 1892 - 1950）等十三人为名誉主席团；邵力子、老舍、冯玉祥、郭沫若、陈铭枢、田汉、张道藩、胡风等十余人为主席团。并由周恩来、郭沫若、鹿地亘、冯玉祥、邵力子、吴组缃共同起草《中华全国文艺界抗敌协会宣言》。甘海岚编撰，《老舍年谱》（北京：书目文献出版社，1989年），页92。
④ 老舍，《我怎样写通俗文艺》，《老舍曲艺文选》（北京：中国曲艺出版社，1982年），页33—36。

热情。①

　　1938年8月，文协总会迁往重庆之后不久，随即展开通俗读物的编写、出版工作，②并获得国民党中宣部和教育部补助款，陆续开办通俗文艺讲习会，延请在通俗读物创作上已有相当经验的通俗读物编刊社成员参与，如向林冰、王泽民等均前往支援讲授理论与方法课。③文协成员老向发表鼓词创作《募寒衣》，经评音大鼓手山药旦（即富少舫）修改后试唱，还特别邀请了顾颉刚、张道藩（1897—1968）、张默生（1895—1979）等人前往参加。④此时，双方成员对于"旧瓶装新酒"的理念虽不尽完全相同，但时有交流往来。顾颉刚对于老舍、老向等文协成员一面编鼓词，一面开办讲习会、教育新一代鼓词创作者的做法，感到十分欣慰，认为"这个工作已经有人继续去做，扩大去做"了！⑤

　　老舍等文协成员，在实际从事"旧瓶装新酒"的创作之后，发现所谓的"旧形式"，不能只在体裁上讲究，内容和思想上也要运用老百姓所熟悉的形式，像是《秋胡戏妻》《武家坡》《汾河湾》等戏，用的都是同一个套子——也就是故事结构，可是老百姓并不因为缺少变化而讨厌它们。老舍以为有了相同的套子，思想上也得"差不多"，可以把原来讲"忠君"的故事，改为"忠国"，把平日侠肠义胆的旧道德思想，改成舍身成仁的例子；利用旧套子来装故事，也利用旧思想把民心引到抗

---

① 老舍，《忠烈图》，《三四一》（重庆：独立出版社，1938年），页42。
② 文协接受了国民党中宣部的委托，代为编写街头剧、大鼓词、儿童读物、通俗小说、军歌民歌和民众游艺指导法等，并交由中宣部印刷发行。见：总务部，《中华全国文艺抗敌协会会务报告》，《抗战文艺》，1：11（1938年7月2日），页144；总务部，《中华全国文艺抗敌协会会务报告》，《抗战文艺》，2：6（1938年10月15日），页96。分别收入：老舍，《老舍文集》（北京：人民出版社，1991年），第15卷，页607—608、613—615。
③ 总务部，《中华全国文艺抗敌协会会务报告》，《抗战文艺》，2：9（1938年11月5日），页143，后收入上书，页616—617。
④ 总务部，《中华全国文艺抗敌协会会务报告》，《抗战文艺》，2：8（1938年10月29日），页117，后收入上书，页615—616。甘海岚编撰，《老舍年谱》，页111。
⑤ 顾潮编著，《顾颉刚年谱》，页289。

战上来，重写新的《连环套》与《投军别窑》，让"故事既像旧的，又是新的；思想既像旧的，又是新的"，这样才容易被大众接受，达到宣传的效果。①

事实上，文协此一推广"旧瓶装新酒"的做法，也是通俗读物编刊社多年下来累积的经验。编刊社成员在实际进行通俗读物流通调查之后即发现，只有民众懂得的，或听过、见过的，他们才会感兴趣，才肯花钱来购买；凡是在名目上使民众感到陌生与茫然的，多半销路都不好。有的时候创作者必须站在民众的立场，想象他们熟悉的题材，再去改换其中的内容。例如，介绍新疆史地时，就不能老老实实地用这个题目，否则根本引不起老百姓的兴趣，可是换上一个《新西游记》的名字，②老百姓就愿意掏钱买了。所以像是《彭公案》《连环套》里大名鼎鼎的窦尔敦，到了通俗读物编刊社的手里，便从一个啸聚山林、行侠仗义的绿林豪杰，变成了一个不愿委身日本特务机关的现代英雄。③蹦蹦戏名剧《马寡妇开店》，原来是描写唐代狄仁杰进京赶考，遇上小孤孀的故事，④民间无人不晓；通俗读物编刊社深谙此剧流传甚广，于是便把马寡妇的身世，从一个名门之后，换成了在"九一八"事变中丧生的义勇军的遗孀，讲述了她为报家仇国恨，计诱汉奸的故事。⑤其他像《王二姐思夫》《小寡妇上坟》等，⑥也是一样，都是民众最熟悉、最感兴趣的题材，可是其内容却毫无"新

---

① 老舍，《制作通俗文艺的苦痛》，《抗战文艺》，2：6（1938年10月15日），页91—92，后收入：老舍，《老舍曲艺文选》，页10。老舍，《谈通俗文艺》，《自由中国》，第2号（1938年4月），页130，后收入上书，页5。
② 王大真，《新西游记》，《民众周报》，1：1（1936年10月2日），页36—41。
③ 李克，《窦尔敦破案》（武昌：通俗读物编刊社，1938年），乙种丛书，新刊第21种。
④ 《（杂腔唱本）马寡妇开店》，石印本，双红堂——戏曲190，见：东京大学东洋文化研究所藏汉籍善本全文影像资料库。
⑤ 石鸣九，《新马寡妇开店》（武昌：通俗读物编刊社，1938年），乙种丛书，新刊第24种。
⑥ 《（杂腔唱本）王二姐思夫》，双红堂——戏曲190；《（唱本190册）大鼓段词——小寡妇上坟》，双红堂——戏曲189。见：东京大学东洋文化研究所藏汉籍善本全文影像资料库。

酒"的成分；通俗读物编刊社就换了个法子另外创作，说王二姐的丈夫正参与抗战，小寡妇的丈夫是抗日死的，然后把他们的歌哭词句作为《新王二姐思夫》和《新小寡妇上坟》的内容，这么一来，销路就大了。此外，通俗读物编刊社还有一种更省便的做法，就是翻印旧剧。他们发现老百姓对戏剧是最有瘾头的，多数人买唱本，为的是消遣、娱乐，所以他们便大量翻印许多旧剧，并在旧剧之后附上一段新鼓词，让民众在无意的消遣中，受到有意的教育。① 在"唤起民众"的目标下，"旧瓶装新酒"的创作路线，无疑延续了20世纪初以来以"国民教育"为宗旨的启蒙路线；②而救亡抗日的思潮则刺激了通俗作品的转向，把一部部描写闺怨、侠义、果报、神仙鬼怪的篇章，改扮成宣扬民族大义、国家思想的国民读本，利用旧形式导出新主题，借此教育下层民众。

　　整体来说，通俗读物编刊社的写作对象十分广泛，他们写领袖、政府、指挥官、士兵、战役、民运、伤兵、妇女、难民、游击队、汉奸、伪军、敌国民众等等，不一而足。这些丰富而多样的通俗读物推出之后，很受各界好评。1937年抗战爆发，顾颉刚得知日人所列逮捕名单之中，赫然有他的名字，于是只好仓皇出奔，前往绥远，并且把通俗读物编刊社迁往绥远工作。到了那里之后，顾颉刚才知道他们所编写的大鼓书、剧本和年画等，在当地很受欢迎。③ 太原、兰州等地甚至大量翻印他们所编印的鼓书，④ 或仿习他们的做法，成立类似的团体，编写通俗民歌，作为抗敌的宣传。⑤ 此外，因歌咏1937年7月由林彪（1907—1971）指挥的平型关战役而编写的鼓词《大战平型关》，虽然遭到国民党中央党部和军事委员会

---

① 顾颉刚，《编印通俗读物的经过》，《西北考察日记》，收入：《甘青闻见记》，页368—369。
② Chang-tai Hung, *Going to the People: Chinese Intellectuals and Folk Literature, 1918 - 1937*, pp.174 - 175.
③ 顾潮编著，《顾颉刚年谱》，页277。
④ 顾颉刚，《编印通俗读物的经过》，《西北考察日记》，收入：《甘青闻见记》，页367。
⑤ 兰州当地青年设立类似团体，名曰"老百姓"，并请顾颉刚出任社长，出版旬刊。顾颉刚，《西北考察日记·序》，《西北考察日记》，收入：《甘青闻见记》，页4。

警告，却因此受到八路军的好评与同情。① 由此可见通俗读物编刊社在西北边地推广通俗读物的成绩。

三、 战时历史知识的建构与国民现代性的重塑

笔者目前掌握的有关通俗读物编刊社的出版品，大体可分三类：一是通俗读物编刊社在战前出版的定期刊物，分别是1936年10月2日创刊的《民众周报》，同年10月20日创刊的《大众知识》和12月发刊的《求生之路》；二是上海《申报》副刊的定期专栏"通俗讲座"；以及第三类，也就是目前已很难看到，在当时却有相当大影响力的甲、乙种丛书数种。以下的分析将主要集中在这些材料上。

这些刊物、出版品发行的时间虽然差距不大，但最初设定的读者群显然有所不同。如《民众周报》最具多样性，其所设定的阅读群显然较广，即所谓的"民众读物"，内容与乙种丛书最为接近，不乏以"旧瓶装新酒"为理念创作的弹词、鼓书、坠子和章回小说。最初由顾颉刚挂名担任主编，第2卷以后改由徐炳昶接任，实际灵魂人物则是王受真、向林冰和李一非。而几乎同一时期发行的《大众知识》，在内容上就显得中规中矩许多，其风格明显与稍早在上海《申报》定期发刊的"通俗讲座"接近，带有浓重的学院性格，内容包括论文、传记、书评和通信等；主编挂名为顾颉刚，实际负责人是燕京大学国学研究所毕业、时任北平研究院史学研究所编辑的吴世昌，以及当时在燕大、辅仁国学研究所、经济系和英文系就读的学生郑侃燧、连士升、杨缤、张秀亚等人。② 另外，由山东省教育厅承印、北平通俗读物编刊社主编的《求生之路》，③ 编刊内容明显是以小朋友为对象，特别是针对读过短期小学的学生，其文字内容更为浅白易

---

① 顾颉刚，《西北考察日记·序》，《西北考察日记》，收入：《甘青闻见记》，页4。
② 顾潮编著，《顾颉刚年谱》，页259。
③《求生之路》，于1936年12月创刊，1937年5月停刊，共发行5期。

懂,每期篇幅不超过二十页。

顾颉刚在《旧瓶装新酒的创作方法论》上曾说,"旧瓶装新酒"的创作方法只适合民众,学生是不必要的。① 他认为前者是通俗文化运动,后者是青年运动,两者所需的形式和内容是不相同的。按照这个标准,《民众周报》和乙种丛书实可看作宣扬通俗文化的出版品,② 而《大众知识》和《申报》"通俗讲座"则是以学生群为对象,③ 完全没有任何"旧瓶装新酒"的色彩。换句话说,这种双轨并行的方式,虽然都以"通俗"为取向,但是在路线上还是可以清楚地区分出民众和青年学生(知识分子)两条线。顾颉刚始终相信"改造中国历史即可以改造一般民众的历史观念",④ 战前他努力开办各种各样的刊物,为的就是改造一般人的历史观念;《大公报·史地周刊》专栏、《禹贡》半月刊、《民众周报》、《大众知识》等刊物几乎同时间开办。他曾不止一次对人说:"弟之野心,欲使中国上层阶级因此刊(按:《禹贡》)而认识中国,又欲使中国下层阶级因通俗读物而知道自己是中国人。"⑤ 盖欲同时改造上层阶级和下层阶级的历史观念。

即就下层阶级的改造而言,顾颉刚亟欲传达给下层民众的,正是要认知自己在国家及国民上的属性及定位,透过大量改写的人物传记、历史故事、地理知识,告诉一般老百姓作为一个"现代国民"应有的常识及应尽

---

① 顾颉刚,《旧瓶装新酒的创作方法论》,《通俗读物论文集》,页10。
② 1937年5月《民众周报》停刊后,直到1947年5月顾颉刚才又重新开办(第二期之后改名为《民众周刊》),再度强调这是一份"给农民、市民、工人看的通俗刊物",但其只办了七个月后,就再度停刊了。见:苏州国立社会教育学院民众读物社编,《民众周刊》,1:1至1:29—30(1947年5月24日至1947年12月14日);顾潮编著,《顾颉刚年谱》,页332。
③ 《大众知识》出刊仅12期即停刊,战后顾颉刚创办史地通俗丛书编辑社,出版《中国名人传》及《中国历史故事小丛书》等,即为此一路线之延续。顾潮编著,《顾颉刚年谱》,页314;顾颉刚,《编辑中国名人传说明书》,《上游集》(上海:合众图书馆,1949年),页7。
④ 顾潮编著,《顾颉刚年谱》,页200。
⑤ 同上书,页237;顾颉刚,《顾颉刚日记》,第3卷(1933—1937),页376。

的义务。一如《民众周报》征稿启事上所说，其目的在"启发民众知识，激发民众向上意志，提高民族意识，培植民族自信力"。① 在国难当头之际，"把最大多数的民众都叫醒来，大家来担负'救亡图存'的重担子"。②

既以"救亡图存"为号召，通俗读物里最普遍的题材自然莫过于民族英雄人物，而这些民族英雄所包纳的范围异常宽广，如《民众周报》里的史可法、沈云英、杨黑虎、大刀王五、苗可秀，《平倭记》里的戚继光，《顺昌府大破金兵》的刘锜，《大众知识》里的李广、郭子仪，《民众周刊》里的林则徐、荀灌娘，《夫人城》里东晋太守朱序的母亲及其所率领的一批娘子军，以及《申报·通俗讲座》里的蒙恬、李广、班超、祖逖、郭子仪、岳飞、郑成功、冯子材；也有强调实业救国的张謇，宁可毁家纾难以救国的卜式，明代开边英雄萧云仙，以及大漠女英豪诃额仑。晚清时期革命党人或改良派人士，各自以"种族"或"国族"为界所书写的民族英雄系谱，③ 至此也随着国族界域（boundary）的外移、共同敌人的改换，而汇聚一炉；具有高度抵御外族意识的英雄人物，和能够扬威异域、拓土开边的民族英雄，在抗日民族统一战线里，不分彼此，一同"为国效力"。为此，在英雄人物之外，忠臣与汉奸，也都在近代国家、国民统合的需要下，一系包纳在形构国族意识的书写体系之下，好比《民众周报》里《澶渊盟》的主角寇准、《大众知识》里的诸葛亮、王安石，《申报·通俗讲座》里死不降清的阎应元、不肯出仕异族的傅青主、宁死不屈的方孝孺，都是典型的忠君爱国之士；而顾颉刚在《大众知识》里写的负面人物石敬瑭、赵德钧、赵延寿、杜重威，以及《民众周报》里《真龙天子造天书》

---

① 《通俗读物编刊社征稿启事》，《民众周报》，1:1（1936年10月2日），页68。
② 编者，《民众周报·开场白》，同上书，页2。
③ 相关论述请参见沈松侨，《振大汉之天声——民族英雄系谱与晚清的国族想象》，《"中央研究院"近代史研究所集刊》，第33期（2000年6月），页107—143。

的王钦若,则是"人人得以唾面"的汉奸卖国贼。① 忠奸之辨的对照,凸显的不只是正反两面的人物评价,更是国族疆界重划过程中对于敌我、异己书写的再造。

当然,在民族危亡的年代里,不见得只有男子可以被称为英雄,能报国的也绝不只成人,妇女、小孩、官差、强盗,人人都是该被"唤醒"的对象,人人也都有报效国家的机会。苏子涵的《王义士》,写的就是明末的王姓官差,为了营救不肯薙发留辫的许博元夫妇,不惜牺牲自己;而深明大义的王妻,甚至愿意冒名代替许博元之妻充军,为妇女立下忠义的楷模。② 郑侃嬑的《王孙贾的母亲》,讲的是战国时期燕齐两国相争的故事,但她不写齐宣王、不写燕昭王,也不写名将乐毅、邹衍或剧辛,反而着眼于一个15岁的少年——齐国大夫之子王孙贾,描写他在齐国只剩下莒和即墨二城时,如何在母亲的鼓舞下,号召民间忠义之士四百多人,成功消灭了前来趁火打劫的楚国,挽救齐国于危亡之中。③ 在郑侃嬑的描绘中,恃强凌弱的霸道,终不敌众志成城的力量,深明大义的妇女、幼小羸弱的少年,一样可以贡献一己之力。同样地,县官的妻子、不识字的乞丐、善于制弓的匠人以及赤手空拳的百姓,④ 看似毫无抵抗的能力,团结起来却可以汇聚巨人的能量,产生无比的勇气。通俗读物的作者们,极力在每一个故事中,营造强与弱、胜与负的对照,用以凸显坚忍团结的志气,和勇

---

① 王乃堂,《真龙天子造天书》,《民众周报》,2:6(1937年2月5日),页17—24。此外,流传甚广的乙种丛书中,亦不时可见汉奸的题材,如方白,《枪毙韩复榘》(武昌:通俗读物编刊社,1938年),乙种丛书,新刊第29种;佚名,《活捉白坚武》(西安:通俗读物编刊社,1937年),乙种丛书,新刊第10种。
② 苏子涵,《王义士》,上海《申报·通俗讲座》,第8期(1936年5月7日),第4张。
③ 郑侃嬑,《王孙贾的母亲——孩子懂得自强,齐国不亡了》,上海《申报·通俗讲座》,第15期(1936年6月25日),第5张。
④ 子人,《李侃妻——一个勇于抗敌的妇人》,上海《申报·通俗讲座》,第44期(1937年1月14日),第3张;韩德溥,《行乞兴学的武训》,上海《申报·通俗讲座》,第25期(1936年9月3日),第5张;季珍,《晋弓人》,上海《申报·通俗讲座》,第36期(1936年11月19日),第5张;苏子涵,《苏州五义士》,上海《申报·通俗讲座》,第8期(1936年5月7日),第4张。

于对抗的精神，试图以此"唤醒"民众，勇于承担时代的责任。

只是，同样写历史人物，一样是民族英雄，强调以青年学生为对象的《大众知识》《申报》的"通俗讲座"，和以通俗文化运动为诉求的《民众周报》、乙种丛书，二者的着墨方式显然有很大的不同。《大众知识》和《申报》的"通俗讲座"，写英雄人物着重的是一个人的行谊，强调的是他的功绩、事业和情操，写汉奸说的是他的恶行，以及罪不可逭、两面不讨好的下场。主旨明确，角色性格鲜明是共同的特色，浅白易懂、文字流畅则是最基本的要求，偶尔穿插对话体，以增加故事的通俗性，也是常用的手法。为顾颉刚称许文笔"有民众气而无学生气"的郑侃嫄，① 写郭子仪和李光弼相忍为国，尽释前嫌，写郭氏孤身深入回纥大营，单骑退敌，笔调通俗，却无一字无来历。② 前面提到的《王孙贾的母亲》，除了生动紧凑的文字之外，郑侃嫄也不忘在故事最后，清楚列出《孟子》《战国策》《史记》《列女传》等书，表示这是一个出典有据的真实故事，使读者产生共鸣。其他如王崇武 (1911—1957) 写诃额仑遭也速该抢婚时的哀怨，写她带领族人在斡难河畔生活的艰难，写她怒责铁木真兄弟的内讧等，不到五页的篇幅，用了七个注释，强调全文是以《元秘史》为主要材料，还参考了《元史》《元史译文证补》《蒙兀儿史记》《新元史》《蒙古源流》及《圣武亲征录》，更引王国维《蒙古史札记》里的考证，以为征信。③ 署名"刚子"所写的《李广》，让人一看就可以感受到作者歌咏抵抗、抨击苟安的用意，可是单单只为了解释清楚文中的人名和事件，作者一口气就引了八个注释。④ 杨莲生（杨联陞）写玄奘，写的是玄奘取经、译经的惊人毅力，行文之间作者却不放弃说明佛教的基本教义，以及佛教东传的过程，⑤ 少掉了学院式的考证，却没有省略传达历史事实的深意。

---

① 顾潮编著，《顾颉刚年谱》，页 208。
② 郑侃嫄，《郭子仪》，《大众知识》，1：9（1937年2月20日），页 30—37。
③ 王崇武，《诃额仑》，《大众知识》，1：3（1936年11月20日），页 26—32。
④ 刚子，《李广》，《大众知识》，1：7（1937年1月20日），页 31—37。
⑤ 杨莲生（杨联陞），《玄奘法师》，《大众知识》，1：6（1937年1月5日），页 20—26。

通俗读物编刊社所写的历史故事，是给青年、学生、半知识分子看的，生动流畅之余，也强调符合史实，选择的历史人物既有耳熟能详的中外闻人，也有名不见经传的小人物，然人物不论大小，必有所本。作者讲述故事时，并不加入太多个人的观点，即使意有所指，叙事笔法也极为含蓄，意在言外之词，往往留给读者自己去领会。这些略带文学性的笔调，虽然是通俗历史故事的特色之一，但书写对象显然不是工农大众或不识字的老百姓。

可是《民众周报》和乙种丛书写历史、写人物就不是这样了，除了普遍用鼓词、唱本、蹦蹦戏、皮黄等创作形式外，内容和叙述方式也有很大的不同。如民间原有的《十杯茶》《十杯酒》《花鼓词》和《凤阳花鼓》等小曲，说的无非是男女偷情、望君早归等内容，① 或是为了谐韵，把历史上的一些人物串成一句句像这样的顺口溜：

> 写下一字一条街，姜太公稳坐钓鱼台，关老爷本是磨豆腐，刘备西川打草鞋（嗳呀嗳子嗳）；（又一句）写下二字二条红，常山上出了赵子龙，跨海征东薛仁贵，李靖王起兵入中原（嗳呀嗳子嗳）；（又一句）写下三字三条湾，赵匡胤偷税去撞关，力大无存［按：穷］李存孝，萧何丞相遇张良（嗳呀嗳子嗳）；（又一句）写下四字四面方，杨四郎失落在番邦，他在番邦为驸马，不在朝中伴君王（嗳呀嗳子嗳）；（又一句）写下五字五盘根，杨五郎本是修行人，隋炀皇帝就把广陵上，欺娘奸妹是昏君（嗳呀嗳子嗳）；（又一句）写下六句六面山，吴拎［按：磷］大战仙人关，宋高宗金陵来接位，宫门挂带小秦王。②

---

① 《（杂腔唱本）十杯茶》，民国排印本，双红堂——戏曲190；《（杂腔唱本）新出改良十杯酒》，双红堂——戏曲190，见：东京大学东洋文化研究所藏汉籍善本全文影像资料库。
② 《（杂腔唱本）新出花鼓词》，石印本，双红堂——戏曲190，见：东京大学东洋文化研究所藏汉籍善本全文影像资料库。

这类看似前言不搭后语的小调，只为好唱易懂，没有一点现实色彩；可通俗读物编刊社用了"旧瓶装新酒"的方法，大幅改写这类作品，重编了像《抗日十杯茶》《新花鼓》《国难十二月》《民国廿六年》和《抗战歌谣》等，与现实攸关的歌谣，① 这类歌谣有些一样仿《十杯茶》的十段叙事方式，写的却是打汉奸、保中华的调。好比《抗敌时令歌谣》里说：

  一月水仙白带黄，东洋倭子好疯狂，夺了东北尚不够，还要逞凶黄浦江。

  二月茉莉白如霜，东洋倭子多死伤，打了一月无胜败，落得损兵又折将。

  （注："一·二八"时敌将白川被炸身死）

  三月桃花红粉粉，倭子和我讲和平，那知和平是骗局，转眼又攻承德城。

  四月蔷薇白又赤，倭子肚里怀鬼事，东北演了傀儡戏，又向华北闹自治。

  五月石榴红如火，大家抵制东洋货，倭子生意不能做，只怨军阀野心多。

  六月荷花白带红，倭子国内本是空，失业工人成千万，乡村农民也闹穷。

  七月凤仙红似火，倭寇居心实在野，七月八日芦沟桥，宛平城内又遭劫。

---

① 佚名，《民国廿六年》（西安：通俗读物编刊社，1938年），乙种丛书，新刊第14种；佚名，《新刊抗战鼓词目录》，《抗战歌谣》（武昌：通俗读物编刊社，1938年），乙种丛书，新刊第11种，页7；江牧，《抗敌时令歌谣》，上、下册（汉口：生活书店，1938年）。顾颉刚在1938年到甘肃卓尼成德学校参观时，见学生化妆演唱通俗读物编刊社所编《十杯酒》等小曲，很受感动。顾颉刚，《西北考察日记》，收入《甘青闻见记》，页68。

八月桂花黄如金,倭寇专喜动刀兵,进攻北平还不够,八月十三又挑衅。

九月菊花红又黄,中华英雄好雄壮,机枪大刀一齐用,倭官倭兵齐惊慌。

十月芙蓉红带紫,到处都是鬼子尸,五次总攻都失败,三易司令无法子。

十一月里茶花红,倭寇飞机到处轰,不管民房或医院,尸横遍地血成河。

十二月里腊梅黄,中国全面来抵抗,倭寇到处受打击,怕见中华好儿郎。①

论者以为,这类从一月唱到十二月的唱本形式,早在六朝时就已出现,唐五代以后在民间大为盛行,更开启了宋代"十二月鼓子词"的先河,而这些出自民间的俗曲小调,更在清末知识分子、官绅、志士推展下层社会启蒙运动之际,广为运用。② 然而必须强调的是,过去民间流传的五更调、十二月曲,所述内容尽管活泼多样,可是这种从一更叹到五更,一月唱到十二月,或是像《十杯酒》《十杯茶》《花鼓词》这类具有"数字"体裁的小调,多半是为了配合声韵节拍,区隔叙事段落,所以歌曲里的时序、节气、月份通常是没有多大意义的;反观这时通俗读物编刊社却是依着时间顺序,一月一月地表述现实生活中所发生的家国大事,写下像《抗敌时令歌谣》这样的词曲。

更有意思的是,强调可以用大鼓坠子演唱的《国难十二月》,远从中华民国建立,推翻帝制行民主开始,一路写到抗战前夕;再从西安事变往下,一月一月地写尽日寇侵华百态。由于全文内容太长,这里只引一两段

---

① 江牧,《抗敌时令歌谣》,上册,页1—12。
② 李孝悌,《清末的下层社会启蒙运动,1901—1911》,页184—191。

以为说明：

> 正月搁下且不表，再把二月明一明：二月里来龙抬头，西安事变不罢休，眼看着和平将成就，又谁知那汉奸从中破坏火上加油，下边煽惑众兵士，上边鼓动于孝侯。他想要挑拨离间起内乱，自己来把渔利收。这诡计有些人们没有看透，居然上了他的钩。特务团长孙铭九，丧心病狂太混头！二月三日大叛变，杀害了王以哲将军命归幽。从此后汉奸阴谋全暴露，和平成功国家元气得保留。
>
> 七月里来七月七，小日本芦沟桥上动杀机，二十九军男儿汉，要与此桥同休戚。一连打了好几仗，打得那小鬼子卸甲丢盔直拉稀。最可叹统兵将官没有主意，事到临头还发迷。他跟那小日本开了谈判，妄想和平误军机。谁知道中了敌人缓兵计，大军入关来进逼。二十八日天上午，进攻南苑真紧急。赵登禹将军竟战死，五千健儿成了血泥。接连着北平天津都失守，实在令人太痛惜！幸赖我委员长决大计，领导着全国军民举起了抗日的旗。全面抗战将发动，要和日本见高低。①

在《国难十二月》里所叙述一月到十二月发生的事，没有一件不和时事相关，像是三月的日船上海走私铜元事件，四月郑州破获董方城间谍案，五月天津日租界海河浮尸案，六月察哈尔北部国民自卫军和蒙古军政府交战，以及八月的上海"八一三"淞沪战役，九月察哈尔、晋北失守，八路军收朔县、涞源，攻打平型关，十月国庆谈话，十一月西北战场失利，上海沦陷，十二月南京失守。大鼓词里每个月份都有确切的时间意义，紧紧扣合中日战事里每件动人心魄的史实，与旧日五更调、十二月曲里可以一

---

① 李克，《国难十二月》（武昌：通俗读物编刊社，1938 年），乙种丛书，新刊第 14 种，页 1—7。

再反复、重来、互换的时间秩序，有很大的不同。在这样一种新的书写形式里，我们看到了通俗读物编刊社一方面试图翻转老百姓过去的休闲趣味，同时也有意无意把一种具有时间先后脉络和因果关系的线性历史叙事方式，带进一般大众的脑海里，让民众在哼哼唱唱之余，不知不觉间知道了国家的处境和国民应有的态度，一点一滴地改造民众的历史观念。

此外，在历史人物书写方面，《民众周报》或乙种丛书也有很不一样的表现。如王泽民的《平倭记》是借明朝嘉靖年间倭寇来犯，戚继光率众抵抗的故事，隐寓抗日之志。作者在文中不光写日寇入侵时的残忍，同时花了很大的笔墨描写"家贼"汪直。这里引一段鼓词原文：

> 常言说没有家贼也勾不进野鬼，
> 这家贼的头目本姓汪，
> 他本是安徽省徽州人氏，
> 姓汪名直一个大流氓。
> 他手下带了一批地痞无赖，
> 驾船过海到东洋，
> 先不过勾通外国做买卖，
> 到后来公然成了海上王，
> 招一些亡命之徒徐海、陈东做大将，
> 勾结着倭奴头目多田大岛屎壳郎，
> 占据着丰前丰后通明巨甲三十六岛，
> 造了些兵船战舰名叫大联舫。①

在民族大义的前提下，通俗读物的人物书写通常显得十分扁平，汉奸一定

---

① 王泽民，《平倭记》，《民众周报》，2：5（1937年1月29日），页24。

与英雄相对，抵抗与妥协誓不两立，人物的性格必须有鲜明的对照，不能给读者任何模棱两可的空间。汪直在这段叙述里没有任何其他的形象，既不是一个带领沿海流民出海贸易的商人，更不可能成为殖民海外的英雄，他只是一个地痞流氓。这篇鼓词全文上下没有一处提及日本，自然是因为受限于官方"敦睦邦交"的态度，可是不点明，又怕民众不懂，所以日本倭寇在这里成了"多田大岛屎壳郎"，替日本人取个奚落的名字，开个无伤大雅的玩笑，通俗读物在这里，似乎又不必太过要求必得符合史实。

当然，写抗战、写抵抗，绝不能只有将领，只有主帅，民众才是抗暴的主角，失去了民众群起响应的剧情，何以唤起民众的抵抗之意。王乃堂(1898—1967)的《澶渊盟》里，力主宋真宗御驾亲征的当然是寇准，借着意志坚强的寇准说出："水来土堰，兵来将挡是正理，国家有难不该怕死又贪生。谁劝我主不抵抗，这个人，就该问罪正典刑。"可是如果只有寇准一人绝对无法成事，所以御驾发兵到澶州之后，一定要来上一段：

> 百姓道旁呼万岁，
> 人山人海喊连天！
> 这个说只说皇上是个脓包货，
> 谁想到竟敢领兵到边关？
> 那个说说他脓包一点也不错，
> 一听打战心胆寒！
> 这个说他平常爱听小人话，
> 这些人劝他逃跑到南边。
> ……
> 这个说假使皇上不抗战，
> 众百姓也要起来保国权，
> 团结民众抵抗鞑子，

为国杀身理当然！
那个说政府既然要抗战，
我们也要发民团，
军民联合一起干，
杀敌卫国勇往直前！①

透过"这个说""那个说"，老百姓的抗敌意志才得以彰显，政府不抵抗的时候，民众也可以自组民团义军。鼓词、唱本的书写方法丝毫含蓄不得，"老百姓"是谁不必细究，是不是真实人物也无所谓，重要的是要让民众知道，抗敌不只是政府、军队的事，老百姓只要意志坚定，一样可以从被压迫者的角色中站起来。

这些描写古代抵抗外敌入侵的历史故事，虽然意在教导民众领略古人行谊，进而起效尤之心，但究竟不如现实战役里的抗敌故事来得直接，或更能引起读者共鸣。"九一八"事变之后，参加东北民众抗日自卫军的苗可秀，《大闹王家庄》里因妻孥受辱、家毁人亡，毅然决定加入义勇军行列的王大远，《收商都》里三十五军傅作义部队的陈世治、沈仲英，以及《血战芦沟桥》里19岁杀敌无算的小伙子赵金标，② 容或不是全国知名的人物，但不妨碍其为民表率的义行。曾经感动傅作义（1895—1974）部队的鼓词《百灵庙》，作者野民大力歌颂的"众健儿"，可以叫老张，可以叫老赵，可以是王长胜，也可以是李得标。③ 这些面目模糊、性格又极其一致的人物，和傅作义、孙师长、张连长混同一气，真假莫辨；在现实世界里

---

① 王乃堂，《澶渊盟》，《民众周报》，2：5（1937年1月29日），页29—32。
② 佚名，《抗日英雄苗可秀》（西安：通俗读物编刊社，1937年），乙种丛书，决定版第1种；老白，《大闹王家庄》（武昌：通俗读物编刊社，1938年），乙种丛书，决定版，新刊第28种；佚名，《收商都》（西安：通俗读物编刊社，1937年），乙种丛书，新刊第4种；佚名，《血战芦沟桥》（西安：通俗读物编刊社，1937年），乙种丛书。
③《百灵庙》唱词有云："众健儿热血沸腾杀气高，老张开言叫老赵，王长胜又叫李得标，奶奶的洋鬼子太胡闹，他拿着俺们都当草包，……。"野民，《百灵庙》，《民众周报》，1：12（1936年12月18日），页36。

可以是任何一个斗志高昂的勇士图像，也可以是战场上每一个为国捐躯的英雄缩影，① 透过说书人的演唱，历劫归来的战士在这里找到了抚慰心灵的知音。同样地，描写现实战役的通俗读物，民众的面貌又比"历史上的民众"来得更为清晰、具体，不只士农工商一举网罗，拉洋车的、叫花子、学生、看护队、参战团，谁都可以为抗日救亡尽一份心力，老百姓从鼓词说书人的口中，看到了群众，也看到了自己。

可是"唤起民众"不能只是唤起民众起来抗日，如果没有足够的现代知识、生活知能、国家概念、历史常识，又如何能够成为一个具有现代意识的公民？通俗读物编刊社成立之初，所出版的《打虎》《白面客叹五更》等，即是针对这方面加以着墨的作品。《打虎》一文说的其实是霍乱防治的办法，霍乱（cholera）之日文汉字音读为"虎咧拉"，故以《打虎》为名，吸引老百姓的注意。作者刻意创造了一个祁州城王家庄闹霍乱的故事，先把感染霍乱时的各种症状，如"吐泻肚疼腿抽筋，舌干口渴小便不顺，手脚冰凉汗满身。不思食来不思饮，通身无力头发昏。十个病人倒有九个死，十家准有九家有病人"等，② 编成好唱易懂的曲调，再借着王家庄村民迷信求神问卜、误信庸医，造成疫情蔓延、全村遭难的剧情，提醒世人要有科学的观念和正确的卫生常识，才能有效防堵霍乱的流行。其中告诫老百姓不吃生冷食物，安置纱门纱罩防蝇，妥善处理病人的呕吐物，烧水、消毒，保持环境清洁等内容，活脱脱像一部基础卫生教战手册。而《白面客叹五更》则是一部改良大鼓词，由一名染上鸦片毒瘾的白面客，

---

① 沈松侨在探讨晚清民族英雄系谱时也指出，英雄人物与过去民族的光荣事迹，在族群团体迈向国族建构的过程中，往往成为强化群体的重要力量，然而这些民族英雄是否真有其人，其事迹是否确切可考，则无关宏旨。以此对照抗战时期通俗读物的历史书写，也有类似的情形，但凡能够激发民族意识的当代/历史人物——即便是虚拟的——在通俗历史书写里也经常被一再放大其英勇的形象，而此一现象在"旧瓶装新酒"的创作类型中，又比写作对象是"中人"的通俗历史书写来得更为明显。参见：沈松侨，《振大汉之天声——民族英雄系谱的晚清国族想象》，页85、87—88。
② 小仓芳彦，《通俗读物编刊社の出版物——1930年代の抗日ペンフレット11种——》，页99—103。

从一更叹到五更,诉说自己无尽的悔恨。作者极有层次地不断扩大、升高白面客的情绪,从愧对父母亲朋、结发妻子,叹到对不起家国社会,如谓:"想人生百年刹那终须死,总应该成名立业不虚生,要学那五典三坟安家国,要学那六韬三略立勋功,要学那取义成仁真烈士,要学那捐躯报国大英雄。"白面客最后不忘提醒世人:鸦片、吗啡、白面、金丹红丸都是"洋人害我"的毒计,"苦害了多少同胞受折磨",五更里来月西沉,白面客辗转神伤,感叹:"我中华地大物博称富庶,最可怜东北四省归敌人,每个人应该挺身去争战,为什么还贪恋着大烟白面吗啡针?身成病夫风吹倒,那能够冲锋陷阵杀敌人?""只愿举国同胞速觉醒!下决心戒除嗜好作新民!"① 此一文本巧妙地把过去多数描写女子闺怨的五更调,转换成吸毒男子的悔罪书,将毒害和国难勾连一处,借作新民的期许,带出现代国民对国家的责任与义务。

随着抗日情势的转变,通俗读物编刊社更不断修正早期作品中"救亡八股"的老套,② 在歌咏抵抗、战争与英雄人物之余,也适时加入各种现代知识,强化民众基本的抗战知能。为鼓励民众主动求知,通俗读物编刊社不断以武训讨饭兴学的故事为范本。顾颉刚首先在《民众周报》上刊出《武训讨饭兴学》的大鼓词,劝谕民众不可忽视读书,才是"救己救人"之道;即便像武训这样的小人物,不求做官,不求闻达,可是如果连基本的识字能力都不具备,就连数数、计账、贴春联这样的小事,都不免受人欺侮。③ 作者告诉老百姓,武训花了三十年的光阴,忍受残羹冷炙的讨饭生涯,只为"提倡教育扫除文盲",实现替穷人兴义学的梦想,所以"同胞救己救国要图自强",读书识字才是第一桩要紧的事。这个故事后

---

① 小仓芳彦,《通俗读物编刊社の出版物——1930年代の抗日ペンフレット11种——》,页111—112。
② 向林冰,《通俗读物编刊社的自我批评》,顾颉刚,《通俗读物论文集》,页83—84。
③ 顾颉刚,《武训讨饭兴学》,《民众周报》,2:3(1937年1月15日),页31—40。

来一再为通俗读物编刊社以各种形式刊载,① 甚至到了战争结束之后,又再度被米宝顺选中,改编成历史故事的形式,登在《民众周刊》上,② 加进了更为明确的时间、地点和故事情节,以"真人真事"的版本重行刊出。

此外,《民众周报》自 1 卷 2 期之后,以连载的方式刊出说唱鼓词《赛金花》,首度尝试改编晚清名妓赛金花的故事。通俗读物编刊社为了忠实呈现故事的真实性,还特别前往探访已被人称之为赛二爷的傅彩云,③ 作者赵之中选择这个大家耳熟能详的故事,以说词、唱词相间的方式,流利的笔调,把一段原本充满淫艳色彩的民间传说,改编成一个具有现代思想的历史故事。首先,作者借着傅彩云被迫为娼的情节,告诉大众"娼妓生活,本来是社会上一件极端不合理的现象,也是在这男女不平等社会里应有的结果","希望大家认清这种不合理的制度,想个解决的办法"。④ 写到傅彩云的第一任丈夫洪钧时,作者充分利用这个机会大力教育民众,告诉读者洪钧原不过是个只会摇头晃脑、死读书的糊涂状元郎而已,如果不是同乡前辈冯景亭指点他"留意世界大势和外国的学问",洪钧仍然相信"五经四书就能打退外国兵"。只是这样"半通不通的外交人才",在清

---

① 相隔数月,武训行乞兴学的故事,又再以人物传记的书写方式,刊登在上海《申报·通俗讲座》上,见:韩德溥,《行乞兴学的武训》,上海《申报·通俗讲座》,第 25 期,1936 年 9 月 3 日,第 5 张。抗战爆发,通俗读物编刊社转进绥远,出任分社长的段绳武,因军旅生涯时期曾驻守山东,不时到武训所办的义学参观,因此兴起了表扬武训精神的想法,并于 1933 年筹建河北新村时,兴办了武训小学。绥远分社后来还根据段绳武所提供的资料,绘制编印了《武训兴学》等画传、连环画和年画。郭敬,《为悼念顾颉刚先生——记北平通俗读物编刊社和绥远分社》,王煦华编,《顾颉刚先生学行录》,页 114—117。
② 米宝顺,《行乞兴学的武训》,《民众周刊》,1∶2(1947 年 5 月 31 日),页 6—9。
③ 王煦华,《顾颉刚先生学术纪年》,王煦华编,《纪念顾颉刚学术论文集》,下册,页 1038。1934 年 5 月 4 日顾颉刚特别到刘半农住处,相约同访年已六十的赛金花,谓之美人迟暮。见:顾颉刚,《顾颉刚日记》,第 3 卷(1933—1937),页 185。
④ 赵之中,《赛金花》(第二回),《民众周报》,1∶3(1936 年 10 月 16 日),页 45。

朝末年已属难得，① 所以才会在当时外派出使俄、德、奥等国。

赵之中在第四回"观海景引起求知欲，谈时事呼出反抗声"中，借洪钧带傅彩云北上赴京述职时，在船上大谈世界地理，向民众说明欧、亚、美、非、大洋洲的位置，并以世界近代史阐明"弱肉强食，优胜劣败"的民族进化观；当然，这中间不免提到中国与日本的关系，批评日本"趁火打劫"，侵略中国。② 作者还借傅彩云之口，向洪钧追问一句"中国既是天朝大国，从什么时候起，才受外国人的气呢?"，导出了一段中国近代史。在这段中国近代史的叙述中，洪钧综述鸦片战争以后，领土割让、关税不能自主，丢失了外藩、领土的过程，口吻完全不像一个"不知世界大势"的腐儒，而其批评清廷办外交、设同文馆、练海军和慈禧挪用军费大修颐和园的话语，更是明显地在传递一种后设的现代化史观。③ 第五回以后，作者描写洪钧出使前夕，李鸿章来访，一面要求洪钧尽量拉拢俄国，以抗衡日本，一面希望洪钧在德国能多购买一些新发明的科学器物，好给慈禧放在颐和园里玩赏，④ 用此塑造李鸿章颟顸迂腐的形象；而"学商各界代表"一同来见时，作者更巧妙地利用老绅士闭关自守的主张，和商界代表想要依赖大国以图自保的言辞，一气烘托出守旧派和苟安派的心理。至于洪钧提出想要借出使俄国之际研究西北地理的构想，作者也没有好评，反而说是"连本国的情形都认识不清，怎能谈到调查别国的国情呢?"。作者最后告诉读者，只有那位把清朝政府臭骂一顿的年轻"学界代表"，稍具一点"进步"思想，而这种进步思想"在那时虽然得不到大多数人的了解和拥护，可是从那时以后，却渐渐地发荣滋长起来，终于得到了辛亥革命的结果"。⑤

---

① 赵之中，《赛金花》（第三回），《民众周报》，1：4（1936 年 10 月 23 日），页 39—40。
② 赵之中，《赛金花》（第四回），《民众周报》，1：5（1936 年 10 月 30 日），页 48—49。
③ 赵之中，《赛金花》（第四回），《民众周报》，1：5（1936 年 10 月 30 日），页 50—51。
④ 赵之中，《赛金花》（第五回），《民众周报》，1：7（1936 年 11 月 13 日），页 39。
⑤ 赵之中，《赛金花》（第六回），《民众周报》，1：8（1936 年 11 月 20 日），页 44—46。

《赛金花》的故事连载了八期之后，实际上并没有写完，可能因为篇幅过长的关系，后来也不见单行本发行，可是作者意图在文中传达的现代化史观却极其鲜明，赵之中借着家喻户晓的故事，大量翻新内容，试图让民众在不知不觉中了解世界地理、中外关系，和一段由国耻、国难所串联起来的中国近代史。在细部的描述上，他更不放过任何可以利用的情节，向民众宣示一种新的道德观念和民族思想：像是作者借着傅彩云和洪钧原配的紧张关系，批判旧礼教，① 或是透过二人途经新加坡购物时，发现当地住民虽同为中国人，却无法了解彼此语言，说明方言所造成的隔阂，乃是民族不能团结的要因，② 类此情节，都是作者精心安排的桥段。而这些元素又无一不是通俗读物编刊社所欲形塑现代国民的特质，透过通俗历史读物的撰写及说唱艺人的传唱，希望一点一滴地传播给庶民大众。

四、 余论——内外困境

通俗读物编刊社自 1933 年成立三户书社开始，学术同侪多表观望的态度，③ 社会上的接受度也不很高，平津一带几乎找不到愿意承印的书商，后来只好往上海方面找去。④ 顾颉刚曾感叹："民众自身无求智识的兴趣，真束手矣！"⑤ 不过，1930 年代通俗读物的编印和推广，自始就与国难有着不可分离的关系，"唤起民众"的目标，也说明了民众此时确实处于相对被动的角色。通俗读物编刊社缺乏民间的挹助，自然只能求助于

---

① 赵之中，《赛金花》（第四回），《民众周报》，1：5（1936 年 10 月 30 日），页 45—46。
② 赵之中，《赛金花》（第八回），《民众周报》，1：11（1936 年 12 月 11 日），页 38—41。
③ 顾颉刚曾经表示，他办下层阶级的刊物"不知为什么，向我表同情的只有青年，而前辈与同辈则皆视若无睹，甚且目笑之"。见：顾潮编著，《顾颉刚年谱》，页 237。
④ 1936 年 8 月 4 日上海亚东图书馆承诺顾颉刚，每月可印通俗读物二十万字，及半月刊每期七八万字。顾颉刚，《顾颉刚日记》，第 3 卷（1933—1937），页 513。
⑤ 同上书，页 125。

政府机构、国民党中央党部的补助款,① 以及个人的捐献,运作过程不时出现各种艰难。顾颉刚多次抱怨教育部的社会教育经费,明明编列有改良民众读物的预算,却不愿意给予补助,② 1936 年甚至一度因陈立夫 (1900—2001) 认为通俗读物编刊社内有共产党员,而差点宣告关闭;③ 出版刊物不断宣扬抗日的主张,也使该社的编刊路线始终受到日本的刁难和政府当局的警告。《民众周报》3 卷 8 期一万多册已经编印完成,却在上海遭巡捕房查抄,只因内容"妨碍邦交"无法上市,最后不免遭到停刊的命运;④ 而《大众知识》从第 6 期开始就出现了动摇的迹象,勉强支撑到 12 期之后也不得不停刊。顾颉刚表示:"过去这六期是费了很大力气挣扎出来的,当然,假使我们愿意放弃我们原来'不合时宜'的主张,经济的困难会立刻解除。"⑤ 这里所谓"不合时宜"的主张,指的就是他们坚持抗日的态度。定期刊物相继停刊之后,他们只能靠继续编印通俗读物支持运作。战争爆发后,标举抗日之名虽然不再受到政府干预,但补助款一样难以取得,加以战争期间通货膨胀、生活书店被封,社员星散,通俗读物编刊社至 1940 年仅存其名,教育部、行政院的补助款虽持续领到 1944 年,但实际上已是名存实亡了。⑥

个人认为通俗读物编刊社在战争中期不得不结束的原因,可以从内外两方面的困境来谈。在外部困境上,积极抗日的主张所导致上述经费不足、社团运作困难,只是表面原因,实际上左倾的抗日路线,才是通俗读物编刊社始终得不到政府及国民党中央党部支援的重要因素。这里牵涉到一个非常根本的问题,就是包括顾颉刚在内的通俗读物编刊社成员们的政

---

① 顾颉刚,《顾颉刚日记》,第 3 卷(1933—1937),页 380。
② 同上书,页 442、501、504。
③ 顾潮编著,《顾颉刚年谱》,页 247。
④ 查抄时间在 1937 年 5 月 19 日。见:顾颉刚,《顾颉刚日记》,第 3 卷(1933—1937),页 644、648。
⑤ 顾潮编著,《顾颉刚年谱》,页 273。
⑥ 同上书,页 301。

治立场,以及顾颉刚个人与通俗读物编刊社的关系,这些问题在《顾颉刚日记》出版后,有了一个比较清楚而完整的轮廓。

一如前面所讨论的,1930年代的"文艺大众化"和通俗读物的编写,实与"九一八"事变之后的国难有着密不可分的关系。即就顾颉刚个人而言,通俗读物的编写,虽不能说和他早期的研究脉络毫无联系,但在他的生涯规划中,通俗读物编刊社却不属于他预期中的学术事业,而是归类在"社会服务"项目之下。① 国事蜩螗,原来躲在书斋象牙塔中的学术人,很难再做"自了汉",② 挺身而出鼓吹抗日,本是极自然的选择,可偏偏国共双方皆把抗日当成政治角力的战场,支持与反对的背后,牵涉了复杂的政治因素。例如三户书社成立之初,时任教育部长的王世杰,对于通俗读物的编刊路线原是大表赞同的,③ 然而随着热河沦陷、长城战役、绥远战役的开打,通俗读物编刊社所大力歌咏的二十九军宋哲元(1885—1940)部队和驻守绥远的傅作义部队,④ 在中原反蒋大战中,原为冯玉祥和阎锡山(1883—1960)旧部,与中央军的关系本就不睦,加上抗日主张不同,力持抗日立场的通俗读物编刊社,当然难以得到来自中央的经济奥援。相对于此,中国共产党却因同情抗日与反蒋的立场,而与站在第一线上的二十九军和傅作义部队产生惺惺相惜之情,于是连带地通俗读物编刊社就成为其拓展抗日宣传版图的重要阵地。

在此过程中,南京国民政府一概将主张抗日者打为左倾分子,顾颉刚也不断受到来自各方的压力,或谓顾氏左倾,或谓其为共党分子包围之说

---

① 1934年6月30日,顾颉刚在日记上检讨其生活内容时,很明确地将在通俗读物编刊社、技术观摩社、引得校印所、黎明中学、朴社、景山书社等处担任的职务,当成"社会服务"的范围。顾颉刚,《顾颉刚日记》,第3卷(1933—1937),页204。
② 顾颉刚,《顾颉刚日记》,第3卷(1933—1937),页667—668。
③ 据顾颉刚所言,王世杰于1935年还一度想找顾氏前往南京编通俗读物。见:顾颉刚,《顾颉刚日记》,第3卷(1933—1937),页92、87、365—366。
④ 通俗读物编刊社歌颂冯玉祥旧部在抗战中表现的作品有:《宋哲元大战喜峰口》《赵登禹南苑殉国》《血战芦沟桥》《郝梦龄抗敌殉国》《飞将军》《战平郊》《大战天津卫》等;而《收商都》《张子青诱敌》《张仰贤大战百灵庙》等则是歌咏傅作义部队之作。

甚嚣尘上。1936年底傅斯年自南京来，私下告诉顾颉刚，他来北平一星期，听见北大、清华说他坏话的至少三十人，说的大多都是思想左倾和受共产党包围之类的话，① 傅斯年为此也忍不住劝他，勿"助冀察以骂中央"。② 几个月之后，北平学界甚至有谣言传出，说西安事变是顾颉刚所鼓动的。面对这些谣传，顾颉刚愤懑异常，认为是"曾参杀人"之谣，"直将坐予以枪毙之罪矣"! 对顾颉刚而言，办通俗读物是"不忍民族之覆亡"，③ 无关乎政党，戴上一顶左倾的大帽子，乃不可承受之重；可客观情势和现实观感却未必如此简单，对国民党及中央政府而言，顾颉刚私访张学良（1901—2001）、杨虎城（1893—1949），④ 接受孙科（1891—1973）、冯玉祥等人的金钱援助，或是歌咏宋哲元、张自忠（1891—1940）、傅作义部队，以及刊行冯玉祥诗文等作为，⑤ 无异于拿了中央的钱，却"助冀察以骂中央"，非但没有为国民党的民众政策宣传，反而间接帮助了共党势力的坐大。

不过，话说回来，顾颉刚虽然极力想要撇清自己的左派色彩，可是环顾通俗读物编刊社的重要成员，国民党的指控也非空穴来风；主导通俗读物编刊路线的三个人王受真、李一非和向林冰不用说，皆与共产党组织有密切的关系。王受真晚年回忆，社员大约十五六人，这些人的来历顾颉刚极少过问，充分授权给他们自己安排；所以社员中有些人是因为投稿到社里，从特约撰稿人变成了正式职员，有些则是因为大批订购了编刊社的出版品，被认为志同道合而吸收进来，有些社员即使不是共产党员，也是民

---

① 顾颉刚，《顾颉刚日记》，第3卷（1933—1937），页577。
② 同上书，页599。
③ 同上书，页518。
④ 1936年11月15日顾颉刚与徐炳昶、李书华等人往访西安，曾与张学良、杨虎城、邵力子等人同宴。见：顾颉刚，《顾颉刚日记》，第3卷（1933—1937），页560。
⑤ 《民众周报》刊有冯玉祥诗文，而乙种丛书亦曾以单刊方式发行冯玉祥的《抗战诗歌》。1937年1月顾颉刚赴孙科宴中，孙允诺援助通俗读物编刊社每月500元。见：顾颉刚，《顾颉刚日记》，第3卷（1933—1937），页644、579—581。冯玉祥，《冯玉祥抗战诗歌》（西安：通俗读物编刊社，1937年），乙种丛书，新刊第11种。

族解放先锋队的成员，① 或是左倾态度明显的年轻人。如燕大英文系学生杨缤，1930 年加入了中国共产党，北方左联（中国左翼作家联盟北平分盟的简称）成立后，被推举为常务委员，在校期间即已积极参与燕京大学左翼社团的组织工作，毕业后到了上海，又进入左联上海总盟，1936 年重回北平，才担任《大众知识》的编辑。《大大小小一齐干》的作者马昌实，是陶行知（1891—1946）的得意门生，早在 1927 年就加入了共产党，从 1928 年开始参加共产党在皖北的地下活动，1936 年回到上海，在生活教育社担任编辑工作，抗战期间编过《抗战儿童报》和《儿童晨报》等刊物。此外，像《八路军出马打胜仗》的作者杨晋豪、为《大战平型关》画插图的邵恒秋、写《梨膏糖》的荣千祥（1912—2006）、《八百好汉死守闸北》的作者赵景深（1902—1985）等，② 当时皆是具有左倾思想的文艺青年。

这些人的集结，有很大一部分原因是为了抗日，国民党在战前打压抗日言论的做法，反而刺激他们转而同情共产党的处境，对于马克思主义和阶级革命论所抱持的理想色彩，他们也有一定程度的认同；只是这些态度和主张无一不与国民党相左，所以即使"七七"事变之后，"抗日"不再是中央政策上难以启齿的禁忌话题，可是通俗读物编刊社从战前歌咏二十九军、五十九军奋勇杀敌的故事，转而愈来愈露骨地直接歌颂八路军在抗战中的英勇行径，并且一再形塑中央军军纪败坏、八路军纪律严整的形象，③ 就再也不是中央政府及国民党中央所能容忍的了。经济无法自立，

---

① 如《杜泉死守杜家峪》的作者赵伯庸，即是三户书社时期因投稿而加入编刊社行列的；后来担任社会科学出版社社长的郭敬，则是大批订购了出版品，并对编刊社的工作产生浓厚的兴趣。王真，《记顾颉刚先生领导下的通俗读物编刊社》，王煦华编，《顾颉刚先生学行录》，页 104—106。
② 邵恒秋，《顾颉刚创办通俗读物编刊社所起作用》，同上书，页 120—121。
③ 卢沟桥事变后，通俗读物编刊社的写作题材明显地转向，由先前歌颂二十九军转而歌咏八路军战绩，如《大战平型关》《八路军出马打胜仗》《阳明堡火烧飞机场》《丁方上前线》等，皆是其一印再印的刊本。这类作品许多以虚拟小人物为主角，以现身说法的语气，描写"有些个抗日部队"不是随意抽壮丁，就是扰民劫舍，用以映（转下页）

社员生活无以为继,通俗读物编刊社的灭亡,也只是早晚的事。

事实上,顾颉刚对于通俗读物编刊社内部的情形并非一无所悉,他自己也很清楚问题是出在自己的个性和盛名之累,才使其陷入进退维谷之境。1937年顾颉刚在抗战爆发,从北平出逃绥远之际,做了一番沉重的检讨,很能说明这种心情,他说:

> 余以爱才,为青年所附集,能成事在此,而败事亦在此。盖大多数之青年为衣食计,就余谋出路,使余不得不与各方交接,旁人不知,以为我有意造自己势力,于是"顾老板""顾大师"之绰号纷然起矣。又有一般青年,自己有所图谋,无如未得社会之信仰,力不足以号召,谋推戴余,为彼等之傀儡,成则彼得其利,败则我受其祸,于是"顾颉刚左倾""顾颉刚为共党包围"之传说宣扬于道路间矣。①

对顾颉刚来说,教育民众是其难舍的社会责任,但实际上却没有太多时间兼顾于此,放任且信赖部属,似乎成了他唯一的选择。顾颉刚并不讳言自己成了傀儡,多少说明了他在通俗读物编刊社所处的位置及其真实意态。

(接上页)照八路军所到之处军民一家,万民拥戴的形象。如署名"方白"所写的《大战平型关》有谓:"从前家家躲军队,如今不躲也不藏,……都只为八路军的纪律强。公买公卖不欠账,好借好还有主张,从那里来的还往那里放,弄坏了东西要赔偿,未曾说话面带笑,好言好语来商量。"见:方白,《大战平型关》(武昌:通俗读物编刊社,1938年),乙种丛书,新刊第13种,页3。《八路军出马打胜仗》也是歌咏平型关战役的作品,与《大战平型关》有类似的故事结构,描述出自沈阳的虚拟人物老朱,先投效二十九军抗日不成,转赴陕北投红军,参加八路军打胜平型关一役的故事。见:杨晋豪,《八路军出马打胜仗》(汉口:通俗读物编刊社,1939年),大众读物乙种之3。有关平型关战役最初涉及毛泽东与八路军领袖之间的路线之争,以及中共如何自抗战初期开始,建构八路军与平型关战役的集体记忆之研究,可参看:翟志成,《集体记忆与历史真实:"平型关大捷"的建构与解构》,《"中央研究院"近代史研究所集刊》,第51期(2006年3月),页131—186。

① 顾颉刚,《顾颉刚日记》,第3卷(1933—1937),页673。

从《顾颉刚日记》里可以清楚地看出，学术志业始终是顾颉刚念兹在兹的选择；"七七"事变后，面对"国土大块分裂"，文化前途堪虞，顾氏虽忧心忡忡，可是听闻自己登上了日人缉捕的黑名单不得不出逃时，却反而庆幸自己有了一个可以"跳出重围，别寻遨翔"的机会，内心的矛盾和冲突，以及亟欲摆脱名实不符之累的心情跃然纸上。

只是事情并不如预期，顾颉刚抵达兰州之后，八路军派人与之联系，顾氏对此显得既惊讶且惶恐，一方面担心一旁的人因此造谣，① 陷其于不义，一方面却又十分相信"民众教育"之事，"惟彼方能识之，亦惟彼方敢为之"。这种态度和他多次想要"跳出社会运动"的圈子，却不忍眼见社员孤军奋战的矛盾，可说是极其一致的。② 而这种来回拉锯，也令顾颉刚终究不得不放手通俗读物编刊社的事务。1938 年 4 月顾颉刚出任中英庚款会之补助西北教育设计委员，因不堪李一非总是把他"牵入思想问题之漩涡"，③ 使他进退维谷，只好狠下心来，结束了客串六七年的"傀儡生活"，④ 正式辞去社长之职，在此之后，他就极少再过问通俗读物编刊社具体的事务。

《顾颉刚日记》的披露，帮我们还原了不少顾颉刚与通俗读物编刊社的关系，相对厘清了一些顾颉刚当时复杂的心态，对于理解通俗读物编刊社的出版及编刊路线，也有了较为清晰的轮廓。此处姑不论通俗读物编刊社到底贯注了多少顾颉刚的意志与观念，唯可确定的是顾氏当时的心态和

---

① 顾颉刚，《顾颉刚日记》，第 3 卷（1933—1937），页 748；顾潮编著，《顾颉刚年谱》，页 281。这两条史料对于此一段记载略有不同，后者将《顾颉刚日记》里"适农校校长王尔黻在，其将为我造谣言乎？"一段话节略，语意大有不同。
② 顾颉刚，《顾颉刚日记》，第 4 卷（1938—1942），页 282、345。
③ 事发的真正原因是，1937 年 8 月顾颉刚接受了中英庚款会的委托，和陶孟和、戴乐仁、王文俊等人，前往甘、青、宁三省考察西北教育，任补助西北教育设计委员。次年 4 月李一非自兰州前往临洮找顾颉刚商讨社务，并向中英庚款会请求补助，但申请地址留的却是补助西北教育设计委员会会址，此举使得中英庚款会的杭立武生疑，通俗读物编刊社兰州分会只好因此结束，顾颉刚辞去社长之职，以摆脱嫌疑。见：顾潮编著，《顾颉刚年谱》，页 283—284。
④ 顾颉刚，《顾颉刚日记》，第 4 卷（1938—1942），页 59。

遭遇，应是很多 1930—1940 年代知识分子的缩影。顾颉刚不满有人拿《大战平型关》鼓词，当作他是"异党"的铁证，甚至曾语带赌气地说："抗战之中，国共合作，八路军固由共产党统率，其军队非属国家者乎！平型关之胜利独非吾国家之胜利乎！今日指予为共产党，不足以杀我，曷不锻炼我以汉奸罪耶！"① 这样的例子绝非个案，前面提到的老舍，在从事"旧瓶装新酒"鼓词创作时，遭到一样的批评和质疑，老舍愤而反唇相讥，认为大敌当前，对方的说法根本是"分裂抗日战争"。② 也许对很多身处国难的学人而言，国民党硬是把他们的爱国热忱说成是"异党"，或是刻意区分国共之间的抗日壁垒，反倒是致使他们倒向共产阵营一个很重要的理由，对通俗读物编刊社来讲，又何尝不是如此！

如果说国共两党对于抗日领导权之争，为通俗读物编刊社带来了无可避免的外在困境，那么 1930 年代以来有关"新旧形式"的论辩，所涉及的就是文化界对于民族特殊性和普遍性认同的另一种争持；而此一争持，多少也造成了通俗读物编刊社在内部的创作路线和编刊对象上难以突破的困境。

如同前面所讨论的，通俗读物编刊社以"旧瓶装新酒"的理念推广通俗读物的过程，实际上是企图把大众文化和传统联系起来的一种做法。他们修正了五四以来对于传统文化所采行的全盘批判态度，希望从更广阔的民间文化中，吸取更丰沛的能量，积极创造更具民族特色的新文化。然而此一创作理念，到了 1939 年初，在延安发起的"民族形式问题"讨论中，却受到来自各方极大的批评。这场论辩持续将近两年，陆续在重庆、桂林、昆明、成都、香港、上海等地延烧，引起许多政治立场不同的文化界人士，对于"文艺大众化"路线的大规模讨论。在此过程中，较早尝试"文艺大众化"路线的通俗读物编刊社即成了各方批评的焦点。不少批评

---

① 顾潮编著，《顾颉刚年谱》，页 284。
② 甘海岚编撰，《老舍年谱》，页 130。

者认为通俗读物编刊社所提出的"旧瓶装新酒"的主张,太过注重以民间形式为中心,并且把"旧形式"当成大众化的唯一途径,造成许多作品出现了生搬硬套的现象。而通俗读物编刊社强调用大众所熟悉的旧形式,"灌注"新国民意识的主张,也被视为一种知识分子俯身低就的态度,并非真的从一般大众的角度创作与思考。①

通俗读物编刊社的理论大将向林冰,在这场有关"民族形式"的论战中成为众矢之的。他在1940年发表有关"民族形式"中心源泉的系列文章中,一再为"旧瓶装新酒"的创作路线辩护。首先,他归结了当时对于"民族形式"讨论的两种意见:一是主张"民族形式"必须以五四新文艺为起点,②一是如通俗读物编刊社所主张的,"民族形式"必须要以"大众所喜见乐闻的民间文艺形式"为起点。③在向林冰的观念里,"民族形式"这一命题并不是个"既成的存在",而是一个尚在发展的过程,因此民间文艺虽然带有一定程度的封建残余,但却也是封建社会矛盾的产物,而最终也将是崩解封建社会的利器。他说:

> 新质发生于旧质的胎内,通过了旧质自己否定过程而成为独立的存在。因此,民族形式的创造,便不能是中国文艺运动史的"外铄"的范畴,应该以先行存在的文艺形式的自己否定为地盘。④

---

① 向林冰,《论"民族形式"的中心源泉》,重庆《大公报·战线》,第508号(1940年3月24日),第4版。有人认为通俗读物编刊社的大众化路线,在某种程度上,还是把大众当成被教育的对象,而非积极地加入大众的行列,从大众的角度创作与思考,因此他们的创作充其量只能称之为"化大众",而非"大众化"。有关此一方面的讨论,请参见:王爱松,《"大众化"与"化大众"——三十年代一个文学话语的反思》,《南京大学学报》,1996年第2期,页27—28;刘忠,《中国现代文学话语形式的三次论争》,《社会科学研究》,2004年第6期,页137—143。
② 此一主张可以葛一虹为代表。见:葛一虹,《民族形式的中心源泉是在所谓"民间形式"吗?》,重庆《新蜀报·蜀道》,第29期(1940年4月10日)。
③ 向林冰,《论"民族形式"的中心源泉》。
④ 同上。

向林冰以一种极为辩证的方式，斩钉截铁地强调民族的新形式绝不能以五四新文艺为中心，因为五四新文艺乃是一种"缺乏口头告白性质"，和"畸形发展的都市产物"，是"大学教授，银行经理，舞女，政客及其他小'布尔'的适切形式"，所以在创造民族形式的起点上，顶多只能居于"副次"的位置。① 相反地，"存在决定意识"，向林冰认为一切的"喜闻乐见"当以"习见常闻"为基础，民间形式由于是大众习见常闻并切合文盲大众口头文学的形式，所以反而是创造新"民族形式"的锁钥。

从1930年代新旧形式的讨论，到1940年前后有关"民族形式"的论战，各方的观点及胜负始终是一个见仁见智的问题，个人无意对此多做讨论，我只想指出在这场有关旧形式是否可以成为"民族形式"起点的论辩中，无论是主张民族形式应以五四新文艺为中心，还是以民间文艺为中心，其背后所牵涉的，其实是文化界对于现代民族的普遍性和特殊性认同的问题。② 值得注意的是，在民族主义的语境下，通俗读物编刊社及"旧瓶装新酒"的创作理论，重新肯定了民间文艺所代表的"旧形式"，并试图以此与"传统"相连，用以对抗五四新文化运动中不断向西方倾斜的文艺色彩。我们于此再度看到了"传统"被赋予一种全新的形象，它不再是五四时期所批评的山林文学，也不再泛指五四一代知识分子所欲打倒的旧道德和旧文化；"传统"的定义随着"现代"意义的转化而出现截然不同的面貌，在此之前，传统是保守的象征，此时，

---

① 此处为向林冰借用黄绳的说法，说明五四新文艺缺乏大众欣赏的基础。见：向林冰，《论"民族形式"的中心源泉》。
② 郭沫若在《"民族形式"商兑》中即曾提到："民族形式"问题的提出，乃是受到苏联的影响，不同的是，苏联"民族形式"论辩的目的，是要以"内容的普遍性扬弃民族的特殊性"，但中国对此问题的讨论，则围绕在"中国化"和"大众化"的问题上，企图以"民族的特殊性以推进内容的普遍性"。郭沫若，《"民族形式"商兑》，重庆《大公报·星期论文》，1940年6月9日，第2版；1940年6月10日，第3版。后收入：郭沫若，《郭沫若全集》（北京：人民文学出版社，1992年）文学编，第19卷，页31—47。

第六章 通俗读物编刊社与战时历史书写

传统却代表了蕴蓄巨大能量的民间文化,甚至肩负了再造新民族的重责大任。

当然,这样的转变绝对和抗日动员的语境相关。向林冰说:"民族形式的提出,是中国社会变革动力的发现在文艺上的反映",而"人民大众"则是中国社会变革的动力所在。① 为了战争动员,人民大众的地位因此提升,连带地,人民大众的力量、喜好、文化表现形式,也因而比城市小资产阶级来得有分量、有价值、有特色。五四时期为求和西方接轨而一再宣扬的普世价值,到了战争年代,仿佛都成了阻碍民族发展自我特色的绊脚石。战争所需的是敌我立判、旗帜鲜明,谁具有更高的辨识性,谁就能出任民族主义的代言人;所以只有少数人能懂,曾积极寻求现代文学表现形式的五四新文艺,当然只能败下阵来,由那个过去从不被知识分子、小资产阶级青睐的民间大众文艺取得代言的宝座。

在民族主义的语境中,民族特殊性的强调显然高过了现代性的追求,为了战争动员,没有人再敢轻忽老百姓的力量,而民间文艺也成了最具特色的传统文化。通俗读物编刊社不断致力"旧瓶装新酒"的创作方式,为的就是要以老百姓所熟悉的旧形式,灌注新国民的意识,使之成为一个具有现代思想观念的新国民。只是,通俗读物编刊社一方面在形式上,坚持采取传统民间文艺的表现方式,一方面在创作内容上,却又希望可以将现代国民应有的知识传达给民众,在形式与内容之间,通俗读物编刊社其实是交杂着对民族特殊性的要求,以及对现代性普遍价值的认同;这样的矛盾与冲突,其实多多少少反映了他们对于创作形式和创作内容之间的联系,存在着一种想当然耳的推论。好比向林冰说:

> 民间形式,只在其与封建内容相结合(如过去中国民间文艺),

---

① 向林冰,《论"民族形式"的中心源泉》;向林冰,《封建社会的规律性与民间文艺的再认识——再论民族形式的中心源泉之一》,重庆《新蜀报·蜀道》,第 101 期(1940 年 4 月 21 日),页 4。

或与帝国主义思想相结合（如目前日寇在游击区的通俗宣传品）的场合，才是反动的；如果和革命的思想结合起来，就是有力的革命武器。①

对向林冰而言，形式是由内容来决定的，所以只要内容正确，形式必跟着转化。② 这样的推论，仍然是把"旧瓶"和"新酒"当成两个互不相属的敌体，新酒的内容为何，是由知识分子决定的，旧瓶只是工具；一般大众的思想和趣味完全是受知识分子被动的牵引，两者之间并不存在任何转化上的困难。对于这样的看法，实际从事"旧瓶装新酒"创作的老舍，却有完全不同的体会。

老舍认为"旧瓶装新酒"的写作方式，根本是一个极为痛苦甚至不可能的任务。他在 1941 年初正式宣布放弃"旧瓶装新酒"创作路线时，曾语重心长地表示："新的是新的，旧的是旧的，妥协就是投降！"老舍承认一开始从事旧形式创作的时候，以为那就像"描红模子"般地简单，但实际尝试之后才知道非常不容易。因为这些旧剧、鼓词看来陈旧，但都还活生生地在民间传唱，所以写作之前必须先学会许多套子，再斟酌旧的情形，加入新的成分，并设法使新旧协调；而且为了抗战，不得不有"教训"，为了文艺，又得使之"美好"。老舍认为这还不是最难的，最难的地方在于必须"用别人定好的形式和语言去教训，去设法使之美好"，而那些别人规定好的形式和语言，看来如此的"精巧生动"，可是换成了自己用同样的形式和语言写作时，"就感觉到喘不出气来"。这种格格不入的感觉，说到底，就是欠缺生命力的问题，知识分子无法体会老百姓真实的生活、情感，就难以写出可以感动自己、感动别人的作品。所以老舍也承认自己的旧剧、鼓词是在都市里学来的，

---

① 向林冰，《论"民族形式"的中心源泉》。
② 向林冰，《封建社会的规律性与民间文艺的再认识——再论民族形式的中心源泉之一》，页 4。

"离真正的民间文艺还很远很远"。他认为如果要写出真正有生命力的民间文艺,非得"写家和演员一处,随写随演随改才行",否则"在都市里闭门造车,必难合辙"。①

老舍对于形式和内容之间难以协调的体会,和向林冰有很大的不同。虽然他对向林冰"内容决定形式"的观点和1939年以来关于"民族形式"的讨论,始终没有正面的回应,但老舍强调:放弃旧形式的写作,"这个否定就是我对民族形式的争论的回答"。② 事实上,老舍的创作经验同样是从知识分子的立场出发,只是依样画葫芦之后,才发现民间文艺其实是一般大众生活经验的积淀,老百姓的喜好与关怀,并不见得会随着知识分子的牵引而有所变化;知识分子试图改变民间文艺之前,如果不能先懂得老百姓,创作出的作品一定和一般大众之间有严重的隔阂。老舍说:"因旧生新易,突变急转难。一蹴而成,使大家马上成为最摩登的国民,近乎妄想。"③ 或许通俗读物编刊社"旧瓶装新酒"的创作理念,始终在民族的特殊性和普遍性之间摆荡,从而过分简化了形式和内容的关系,以及知识分子和民众之间的距离,期待因旧生新,所有的老百姓都能一夕成为现代化的新国民。从某个角度来看,通俗读物编刊社在理论上否定了五四新文艺作为"民族形式"中心论的看法,等于变相消解了五四新文艺在现代文学脉络中的位置,这样的态度为他们招致了许多来自同侪知识阶层的责难;而"旧瓶装新酒"坚持采行的民间文艺形式,又因知识分子的本位立场,轻忽了老百姓的主观能动性,致使他们的创作又未必能赢得一般大众的喝彩。徘徊在民众与知识分子之间的通俗读物编刊社,看似无限抬升了

---

① 老舍,《我怎样写通俗文艺》,原载:《抗战文艺》,7:1(1941年1月),页51—53。后收入:老舍,《老舍曲艺文选》,页33—36。
② 1940年11月23日,文协在重庆举行"1941年文学趋向的展望"座谈会,老舍在这次座谈会上正式宣布放弃"旧瓶装新酒"的创作路线。见:老舍,《1941年文学趋向的展望》,《抗战文艺》,7:1(1941年1月),页3—11。后收入:老舍,《老舍文集》,第15卷,页439—441。
③ 老舍,《谈通俗文艺》,《自由中国》,第2号(1938年4月),页130。后收入:老舍,《老舍曲艺文选》,页5。

一般大众的地位,可却又因为无法精准抓到民众语汇的特性,进而了解民众真实的情感和喜好,传递他们的观念,导致其内在创作上的困境,恐怕也是致使其消亡不可忽略的因素之一。

结　论

　　书写是一种力量，只有书写，才能记忆，也才能遗忘。

　　这本书绝大部分谈的都是历史书写，而另一部分则是讲这些历史书写是在什么样的条件下，让我们觉得它是真的！

　　过去的事情，今天的想法，未来的计划，常常都是靠书写留下记忆，不过更多时候，书写也帮助我们遗忘，遗忘那些从记忆的指缝中流出去的事，或那些不论昨天、今天、明天都不愿意再想起的人。历史书写展现的力量，便常常在这记忆和遗忘之间，因为历史上那些被留下来和被遗忘的，常常都是历史书写造成的结果。好比在我追索什么是近代历史的"本真性"表述时，感受到民族国家强大的力量，而现代史学往往受其影响而不自知，实际上这"不自知"正是历史书写所展现的最大力量，因为它让我们习以为常。

　　如果说现代史学是一门探讨在特定时间、空间范围内，社会人群发展各个面向的学科，① 那么时间、空间和人（事）便是左右历史变化的主角，而受到现代民族国家影响下的历史书写，显然也可以从这三方面观察它的特质与变化。

---

① 学科概念的出现代表了一种以知识性质做分类依据的学科意识已经成形，而内部的分类亦往往与学科本身特有的性质息息相关。有关现代历史学学科特质的讨论请参考：刘龙心，《学术与制度：学科体制与现代中国史学的建立》，页177—181、195—204。

首先，从时间和空间角度来看，近代历史学和时间、空间概念的变化有绝对密切的关系。一般来说最显而易见的变化，就是从朝代分期转向时代分期，上古、中古、近古等时代分期的方式取代了传统朝代分期的概念，而致成此一变化的关键性因素便是民族国家的出现。为了要说明民族国家从古到今一以贯之的历史，必须上溯历史的源头，找到民族国家的起源，也要向下延伸，说明民族国家的历史不只是碎片化的过去，或是一个个单一不连贯的事件，在民族国家清楚的目的导向下，历史必然是前后相连，有计划、有意义，也有目标的线性发展过程，而且最重要的是，这个过程还带有明确的未来指向，让我们相信一切都会朝着进步和美善（good in all time）的方向前行。此外在空间方面，由于每个国家向近代民族国家转型的道路各不相同，以中国而论，既有着由帝国转化而来的痕迹，也有民族主义外铄的力量。因此近代中国史学在空间观念上便出现了一种由"相对空间"向"绝对空间"转化的轨迹，也就是强调中心衰落之后，边缘的巩固和地方的崛起；过去王朝国家由中心看向边缘的视角逐渐破除，取而代之的是一个由主权国家所清楚界定的领土和边界，以及相对于中心的地方概念。而此一空间概念的转换，很大程度上也是在抵御外侮的民族意识中渐次累积成形的。

其次，从人（事）的角度来看，近代史学延续了传统历史书写中的要角——人，不过这个"人"不再只是过去的帝王将相、外戚、党锢、忠良、酷吏、叛臣、儒林、文苑、孝友、列女里的一个个"人"，而是以集合式姿态出现的"民"；这些"民"可以是上古时期来源不一的"民族"，可以是近代史书写中有待凝聚国族意识的"中国人"，也可以是承受百年国耻、国难的"中华民族"，或是加入反帝反封建行列里的"人民"，当然也可以是社会经济史里那些千年没办法发声的"哑国民"，或是社会调查报告中受生产力、生产关系制约的"劳工"与"农民"，还有无数由这些"人"所串联构成的众多历史事实。这些在今天的历史书写里，对我们而言一点都不陌生的对象，实际上是这一百多年来才逐渐跃然纸上的人群。

从知识转型的角度来看，近代历史学在时间、空间和书写对象上的转变，清楚体现在各式各样的历史书写当中。

在史学史极端不受学界重视的今天，多数历史书写者对于近代历史学受民族国家影响下所出现的改变浑然不觉；学院中生产的历史知识不断顺理成章地生产着各种为民族国家所绑架的"过去"。历史学者时而用"民族国家是一种西方的产物"，企图消解所有的问题，或尽力避开相关领域，便以为可以永不碰触为民族国家所形构的意识形态，再不就是尽力在传统历史书写中找到类同的元素，用以证明民族国家古已有之，深恐"中国"只是一种被"建构"出来的"想象共同体"。事实上，这样的恐惧，正是民族国家对历史带来最大的钳制力量。因为"建构"不是无中生有，不是虚构，也不是捏造，所有的历史知识都是在特定的时间、空间条件与脉络下生成的，因此当我们去追索任何一个历史问题时，正是要去问这样的知识或观念是在什么样的时空条件和脉络下生成并使我们视其为真，抑或是有哪些时空条件和脉络变化之后，才导致那些原本支撑它为真实的条件遭到破坏或就此改变。所以进一步了解因民族国家而生成的历史，并不是就此否定历史的真实，而是希望发掘更多为民族国家所掩盖的历史事实和历史观念，并提醒我们：没有一种知识不是社会建构的产物。

而本书所欲呈现的，正是尽力剥除那些包裹在近代历史书写中的国族因素，并讨论不同的次学科领域如何建构各式各样的"民史"，以及这些"民史"又是在什么样的科学信仰和权力机制中逐渐上升为近代国族书写中的主角。从今天的角度来看，20世纪上半叶最受历史学者瞩目的领域，非中国上古史和中国近代史莫属。首先，在民族国家的框架下，中国上古史以其带有探寻国族起源的意义，尤受历史书写者重视。唯此学科自始即因强烈质疑传统古史同出一源的系谱，以及清末以来中国人种西来说的挑战，逐渐发展出本土多元的民族史观，其中又以蒙文通、徐炳昶的三元论和傅斯年的夷夏东西二元说最具影响力。他们将原本按"时间"序列排定的古史系统，转化为带有当代国族空间意涵的"地域"，以多元"民族"

的活动取代三皇五帝夏商周一脉相承的系谱，这种中心衰落、地方崛起的思维，以及"相对空间"朝"绝对空间"转化的痕迹，在在说明了"多元"是为中国上古史的时代表征。然而上古茫昧难稽，中国上古多元民族活动的轨迹，往往必须靠后来的文献推证而得，考古发掘的地点、各民族的起源以及不同集团的属性，无不与时人所欲建构的国族想象有密切关系；"本土多元"的上古民族活动，固然解构了汉族同出一源的论述，却也代表了他们对中国人种西来说的回应，一个从当代国族空间范围出发的民族起源，仍然框限着他们对于古代民族活动的想象。民族与文化的多元表征，最终不免要回到政治空间的一元论述中，当中国上古史必须纳入国史书写的脉络时，线性发展的历史最后还是必须以统合的方式呈现。而日本的侵略和现实民族国家的危机，某种程度上也使得国史最终必须强调它集体同一的特质。

相对于国族起源的探索，中国近代史则因与当代国族的合理性攸关而成为另一个备受重视的次学科领域。如果从时代分期的角度来看，当鸦片战争为起始的观点获得多数学人认同时，中国近代史所欲形塑的"集体同一性"即已显露无遗。1930年代初期中国近代史即因日本的挑衅与侵略，勾起研究者上溯中国百年来遭逢外力入侵的史实，中国近代史便与当代国族的命运紧紧扣联，一套以国耻、国难为主体的叙事结构就此成形，民族主义更成为串联中国近代史不易的主轴，帝国主义是为所有感时忧国的学人想象国族界域时共同的"他者"。

其后随着国内政治情势的变化，中国近代史的论述方式也开始有所分梳：一方面蒋廷黻等人运用"现代化"理论作为凝聚国族意识的方案，强调帝国主义入侵不是导致近代中国落后的根本因素，而是中国本身的内部因素使然；由于中国社会还保有中世纪思想，受家族、家乡观念束缚，保守排外、不思变革、欠缺独立创造的精神。因此中国如要走向现代化必须先从内部做起，先让中国具备能够成为现代民族国家的制度与条件，以及让中国人具备作为现代国民应有的知识和素养。据此看法，以抟成内部意识为目标的"现代化"论述，便以朝向未来理想的国族为蓝本，反向重构一套有关近代中国的论述体系，成为日后人们理解当代国族来源的基本框架。而另一方面，左翼史学家则延续着从国耻、国难一路发展下来的民族主义论述模式，以"反帝反封建"斗争作为中国近代史的叙事主轴，再度召唤帝国主义作为界别中外的"他者"，试图借外部力量凝合内部意识。抗战后期，范文澜更呼应毛泽东"新民主主义革命"的主张，以阶级概念区分敌我，透过不同阶级所代表的民族意识，重新建构中国内部各阶级与帝国主义的关系，将中国近代史全盘改写成一部"侵略和反侵略的斗争史"。

如果说遗忘也是书写造成的结果，那么中国社会经济史最初在中国出现的过程，似乎就说明了这个现象。后来以马克思主义为正统的社会经济史研究者，往往在追溯此一次学科领域的起源时，大多只记得1930年代的中国社会史论战，几乎遗忘了在此之前中国已经出现了以实证方法为基础的中国社会经济史研究。事实上，这一系的研究基本上可以社调所、中研院社科所和清华史学研究会为代表。他们的研究方法几乎和同一时期西方社会学、经济学和历史学的发展相互呼应，颇能说明早期的中国社会经济史研究如何从社会学、经济学转为历史学的过程。在时间方面，中国社会经济史和中国上古史、近代史一样，强调长时段的变化，希望从中找出中国社会、经济变迁的内在动因，以及各种社会现状的渊源，而社会调查则是他们经常采用的方法。不过一样是社会调查，以陶孟和为代表的北平社会调查所基本上认为"过去"是说明"现在"最好的证据，因而其社会调查工作便常常带有历史的眼光，希望借着历史了解各种现状的渊源。而另一系以陈翰笙为代表的中研院社科所社会学组，虽然一样采用了社会调查的方法理解近代农村与都市问题，唯其不同的是，他们认为历史学和社会学之间更存在着一种"事实"和"理论"的关系，因此其社会调查工作更倾向于以理论驾驭事实，希望从中找到近代中国社会变迁的规律与通则。而这两种方向基本上也预示了日后中国社会经济史研究两条截然不同的路径。

从专史的角度来看,社会经济史较前两大次领域更看重有关"民"的书写,而社会调查与统计分析便成为他们了解人民生计与社会状况非常重要的取径。不过此时社会经济史学者所讨论的"民"并不以单一个别的方式呈现,更多时候这些"民"往往隐身在整体经济结构中,在各种档案、钱粮、厘金、关税、账簿,以及社会调查报告里,以复数的劳工、农民、地主、佃户、资本家、阶级之名出现,多数时候他们只是社会经济学家分析社会经济问题时众多不知名的主角,只有在社会经济史学者为了通俗报刊的需要时,才会把他们从背景或群相中拉出来,以比较清晰具体的面貌重新改写他们。近代中国社会经济史自始就没打算为这些千年没有人为其发声的"哑国民"绘制个人图像,社会经济史学者受社会学、经济学的影响,着墨更多的还是整体的趋势、结构和脉络。

或许,不仅仅是社会经济史如此,近代历史学和传统史学的重要差别之一,的确是"人的消失"。① 多数时候,学院里的历史不是写给一般人看的,抽象的理论、结构,失去细节描述的分析,历史上人和事的面目都愈来愈模糊。历史学家只有在真切感受到读者的重要性时,才愿意为他们改变书写策略,而战争动员,往往是最常见的理由,1934年成立的通俗读物编刊社便是因为这样才组织起来的社群。为了唤起民众、宣扬抗日理念、打进下层社会,原本只会写分析、论证式文字的历史学者开始学着怎么用一般大众熟悉的鼓词、唱本、皮黄、蹦蹦戏,讲一套老百姓能够听得懂的故事,从中"灌输"抗敌意识和现代思想。把一部部描写闺怨、侠义、果报和神仙鬼怪的篇章,改写成宣扬民族大义、国家思想的国民读本,利用旧形式导出新主题,教育下层民众。这时候历史书写文本才又回到了一个个的人。不过,这一个个的人不见得再是以前的英雄烈女、忠臣

---

① 王汎森,《人的消失?! 兼论二十世纪史学中"非个人性历史力量"》,《思想是生活的一种方式:中国近代思想史的再思考》(台北:联经出版事业公司,2017年),页353—391。

汉奸，为了让老百姓能够"置入性"的想象，具典型、表率性的人物不见得会使人产生"起而效尤"之心，抗敌、爱国不但需要群体的力量，更需要让人先意识到自己是这个国家的国民，于是通俗历史书写里经常出现一批面目模糊、性格接近，可以叫老吕、可以叫小刘的人物，使读者从中意识到"国民"的群相，从而置入自己的角色。只是这些改写历史的过程，对于学院史家来说并不是件轻松容易的事，许多实际参与的文史工作者，在改写过程中才发现自己并不真的那么懂得老百姓的语言、喜好和情感。在民族主义的语境中，通俗历史的创作存在着鲜明的目的，国民意识的塑造亦不能脱离民众原有的习惯，通俗历史书写不但存在着"旧瓶新酒"的困境，似乎也难以避免在现代民族的普遍性和特殊性之间摆荡的问题，国族意识之于历史的制约由此亦隐然可见。

接下来我想谈一谈形构历史知识的外在条件。一个学科的形成除了学院本身的建构之外，同样以学科分类为组成原则的学术机构、社群组织和学术报刊等，也是极为重要的一部分。即以本书所论而言，中国上古史研究的推进，中研院史语所和北平研究院都是不可忽略的研究机构，而中国社会经济史研究的萌起，在学院建制出现之前，社调所和中研院社科所也都扮演了重要的角色。这些研究机构往往有比较丰富的资源，可以从事较大规模的研究、调查，例如傅斯年和徐炳昶因为史语所和北平研究院考古组的支持，才能动员人力、物力、财力等资源从事历次考古发掘工作。对于一样提出民族多元观点的蒙文通而言，因为缺乏地下考古发掘的证据，他所提出来海岱、河洛、江汉三元说在当时的影响力相对就小得多。同样，社会调查在西方国家也是20世纪初才逐渐受到重视的研究方法，而陶孟和、陈翰笙及其团队成员之所以能够在1920年代中后期展开大规模的社会调查和档案的整理抄录，没有社调所和中研院社科所的支持亦不可能为之。

现代学术社会的特征之一就是知识和权力之间的关系，拥有了学术资源，某种程度上也意味着掌握了解释知识的权力。傅斯年协助中基会审查科学研究补助案，在通过与不通过的案件中可以看出他认为合乎现代"史学研究"标准的必须是窄而深"专题式"的研究，即使像吴晗的研究计划写的语焉不详，傅斯年还是可以凭着熟知他的研究路数而破格拔擢，评上甲等，而不符合这种窄而深形态的著作，写得再好也只能"参考"，这样的研究在傅斯年眼里或根本"不足名为研究"。然而，这种原属见仁见智的看法，一旦透过审查机制成为补助的标准，一种学术价值或标准很可能就此建立，希望获得补助的学人无论如何都会尽量朝这样的方向趋近，对于日后的研究形态往往产生莫大的影响。当然，解释知识的权力，有的时候不一定在审查机制中才会展现，当某种学术观点逐渐成为主流时，往往也能左右知识的解释权，1934年陈翰笙在中研院社科所从事的农村调查，因带有明显的马克思主义色彩，难以见容于当时的主流学术界，最后只好与其分道扬镳，离开中研院。只不过陈翰笙等人所做的农村调查，认为近代中国已经进入半殖民地半封建的社会，农村经济不断受地主、商业资本家和高利贷者剥削的结论，却为日后中国共产党的革命运动提供了相当重要的理论与实证基础。

手上握有学术资源，怎么用又是另外一回事。除了学术机构之外，傅斯年良好的私人网络关系，也为他在学术制度草创的年代里，做到了很多人、很多年都不见得能够做到的事，所以有人说他是"学霸"，但即使是学霸，如何运用手上的人际网络和学术资源才是重点。抗战时期居延汉简出版延宕之事，最后由傅斯年出面解决，今天典藏在史语所"傅斯年档案"里，傅斯年和众人来来往往的信函，说明了傅斯年为了处理此事，不但得出面写信给当事人袁复礼、袁同礼和马衡厘清事情原委，也要和商务印书馆的王云五、李泽彰等人来回磋商，还要为西北科学考察团的沈仲章、徐鸿宝等人筹措赴港期间的生活费，并向中英庚款会的朱家骅、杭立武请款补助，更得向该会董事叶恭绰解释出版进度。此事严格说来和傅斯年或史语所都没有直接关系，而他之所以甘冒大不韪插手此事，不外乎因为他认为"此物乃国家之公器，任何人不得而私之"，如果手上握有的学术权力只能公器私用，再好的人际关系、再多的资源也是枉然。

傅斯年是一个民族主义者，有着强烈的国家观念，他认为一切的学术资源、成果、声誉，背后代表的都是国家，为了这点他甚至可以很霸道地和袁复礼等人往复争辩，或是相当主观地向叶恭绰保证劳榦为居延汉简所作的考释绝对是最好的，甚至不避"包揽"之名，与教育部协商以史语所的名义加入国联出面邀请的国际历史学会，并由胡适代表史语所出席年会和发表演讲。傅斯年执意由史语所和胡适代表中国加入国际组织的原因，不外乎他极为在乎"谁可以代表国家"，也就是说，国家的学术成就可以由谁代表、怎么代表、以及如何诠释的问题。这个时候傅斯年最想让国际认知中国的学术成就，当然是他念兹在兹、最能与西方学术界争胜的成果。综观傅斯年的诸多作为，既可以看到他如何动用常为现代社会所诟病的私人关系，也会看到依循学术体制所运行的权力机制如何发挥它的作用，然而在他运用这些新旧交替的网络关系时，最终左右傅斯年取舍判断的标准，往往是他的国家观念以及对"学术社会"的想望。

除了学术机构，社群组织也是形构学科知识另一个非常重要的力量。前述中国社会经济史早期形成的过程就是相当典型的例子。社调所早期几乎都是社会学者、经济学者的天下，汤象龙、罗玉东、梁方仲、刘隽等人所属的"经济史组"之所以设立，只是因为社会学、经济学自18世纪以来在西方学界就一直带着观察过去的视角，而1920年代又正值学术研究典范转型的当口，以社会调查直接观察当代社会的研究取径初初成形，社调所成立之初即同时兼容了这两种研究取径。因此，此一时期的经济史、社会史研究基本上还是延续了西方早年经济学、社会学的传统，是为了解现状渊源而存在的。可是当历史学的学科意识愈来愈强、学科与学科之间的界域愈来愈清楚的时候，这些原本被视为社会学、经济学的学者自然更希望从历史学本身的视角出发。换句话说，他们希望从事的历史研究，不再只是作为社会学了解现状的方法，也不只是解释社会学理论的材料，社会经济史其实可以转为历史学的一个次学科领域，一切的材料、方法和解释,都可以回到历史学本身的脉络里。因为有了这样的转变与诉求,汤象龙、罗玉东、梁方仲等原在社调所和后来中研院社科所的研究者,才会和清华其他校友如吴晗、夏鼐、张荫麟等人共同筹组清华史学研究会,而此社群组织的集结,无异说明了社会经济史研究从社会学、经济学转向历史学的过程,以及社群组织对于形构学科知识的意义。

当一门次学科领域还没有足够强大的动能在学院设科时,很可能先借社群组织蕴积足够的能量,当研究方法、材料渐趋成熟之后才可能在学院中普遍设科,中国上古史和中国社会经济史便是此例。不过,中国上古史的情形比较特殊,涉及知识系统从破坏到建设的过程,好比顾颉刚早年不断推辞在大学任教的机会,一方面出于谦虚,一方面也是认为自己没有教授中国上古史的能力,因为他认为中国上古史和"古史"不同,前者更需要集体同一的脉络及前后相连的次序,在根本怀疑古史系统的前提下,顾颉刚并不认为自己适合站上讲台教授中国上古史。不过顾颉刚此时并没有筹组社群,但他编写《古史辨》汇聚与此课题相关的人才和见解,某种程度上也是一种集结。此外,中国社会经济史亦是如此,1920年代中国社会经济史无论在学科意识和研究方法上,都还没有达到独立成科的时机,加上政治意识形态的干扰,许多"主流"大学缺乏设科的意愿,这时社群组织便先从集结研究人员和研究动能开始,储备日后走向学院建制的能量与机缘,这是从社群走向学院之例。当然,也有从学院往外组织社群的例子,本书所言通俗读物编刊社便是一例。学院之外的社群集结往往有多种可能,有些是研究人才基于某种目的的横向集结,有些有跨学科的性质,有时候也可能是社群组织的目的和性质更适于在学院之外发展,而通俗读物编刊社更接近于后者。不过无论是从社群到学院,抑或从学院到社群,学科知识与社群组织之间交互展现的作用力都是清晰可见的,而经常附属在社群之下的书评,尤其可以看出这种双向作用的痕迹。

书评在大部分的刊物中占有的篇幅都不算大,有些刊物甚至没有书评的栏位,不过也有专门登载书评的刊物。许多时候,书评附属在某个社群刊物之中，社群组织的性质就会对书评产生一定程度的影响。从表面上来看，书评是一个"盍各言尔志"的场域，读者可以在上面发表不同的意见，然而实际上当任何人想要在公开的书评中对他人的著作提出批评、建议或赞赏之词时，他都必须先有相应的学术论据，以及一套基本上符合这个学科／领域的"客观价值"，而这套价值与标准又往往是学科内部组成分子与学科知识之间相互诘辨构筑而成的。因此书评撰写者基于某种立场或秉持某种观念提出的批评，既是一种学术内在理路的体现，也反映了某一学科／领域所信持的价值及其能够容忍的边界。在书评也必须经过双向匿名审查的今天，此一价值与边界尤清晰可见；过去是书评撰写者和作者之间的对话，渐渐变成书评撰写者和审查者之间的问难，而经过此一过程所刊载出来的书评，恐怕更多只在发言而非对话。制度化的书评所反映的学科危机又是什么，或许值得我们思考。

而史学史之所以重要的原因亦即在此。从事史学史研究多年，最大的感受是多数的史学工作者都不重视它。当然，每个史学工作者都不喜欢被别人认为自己是有偏见的，因为我们一直以为自己是以追求客观为职志，但与此同时，我们又创造了各种各样的学术机制来降低各种导致不客观的情形发生的可能。到底是谁捆绑了我们的手脚，让我们既不敢这样又不敢那样？其实是我们自己，当我们把所有的研究工作都对象化（objectification）之后，我们以为自己就可以置身事外。事实上，就像布迪厄说的：社会学家只想把自身以外的东西当成研究对象，但只有自己不能。[1] 历史学家何尝不是呢？因为我们早早就把追求客观当成"祖训"。佩基(Charles Pierre Péguy, 1873-1914)说得更直白："历史学家们并不想写一部关于他们自己的历史，却很乐意全心全意投入历史无尽的细节当中。因为他们不想自己成为历史细节的一部分，就像医生不想生病或死亡一样。"[2]

---

[1] Pierre Bourdieu, *Homo Academicus*, trans. by Peter Collier (Stanford: Stanford University Press, 1988), p.5.
[2] 转引自上书，p.1.

我们习惯和研究对象保持一定程度的距离,然而实际上我们仍然"身在此山中",特别是近代史学史,其实我们自己和我们的研究对象都在同一座山头,当我们在说傅斯年和顾颉刚有什么不同,说梁启超善变,或争辩傅斯年和陈寅恪谁比较依靠谁的时候,我们看到了多少属于这一整个时代的"集体同一性"?我的意思不是说差异不重要,而是更想从"趋同性"的角度了解这一个时代的史学究竟和传统有什么不同?而这些不同又让我们看到了什么?或许这也是我这本书以及自己多年来的一点思考吧!

征引书目

报刊

《大公报·文学副刊》(天津),第 1,3,13,19,132,176,177,178,248,252,269,278 期(1928 年 1 月 2 日—1933 年 5 月 1 日)。

《大公报·史地周刊》(天津),第 1—146 期(1934 年 9 月 21 日—1937 年 7 月 23 日)。(据美国中文资料中心编,《史地周刊》。Washington: Center of Chinese Research Materials Association of Research Libraries, 1974.)

《大公报·图书副刊》(天津)第 34、35、36、37、39、126、136 期(1934 年 7 月 7 日—1936 年 6 月 25 日)。

《大美晚报·历史周刊》(1935 年 11 月 11 日)。

《大众知识》,1:1—1:12(1936 年 10 月 20 日—1937 年 5 月 20 日)。

《中央日报·史学》(南京),第 1—30 期(1936 年 3 月 5 日—1936 年 10 月 1 日)。

《北京大学日刊》,第 1、6、8 分册(北京:人民出版社,1981 年)。

《民众周报》,1:1—1:12(1936 年 10 月 2 日—1936 年 12 月 18 日);2:1—2:12(1937 年 1 月 1 日—1937 年 3 月 19 日);3:1—3:6(1937 年 4 月 2 日—1937 年 5 月 7 日)。

《民众周刊》,1:1—1:29—30(1947 年 5 月 24 日—1947 年 12 月 14 日)。

《申报·通俗讲座》专栏(上海),第 1—72 期(1936 年 3 月 19 日—1937 年 8 月 5 日)。

《求生之路》,1:1—1:5(1936 年 12 月—1937 年 5 月)。

《益世报·史学》(天津),第 1—54 期,(1935 年 4 月 30 日—1937 年 5 月 30 日)。

《晨报副刊》,(1922 年 3 月 13、14、15、16、17 日),第 1 版。

档案、史料(辑)

St. John's University, *Courses of Study, from 1938—1949*.(上海档案馆藏)。

王汎森、杜正胜编,《傅斯年文物资料选辑》(台北:"中央研究院"历史语言研究所,1995年)。

王汎森、潘光哲、吴政上等主编,《傅斯年遗札》,第2、3卷(台北:"中央研究院"历史语言研究所,2011年)。

王应宪编校,《现代大学史学系概览(1912—1949)》,上、下册(上海:上海古籍出版社,2016年)。

王学珍、郭建荣主编,《北京大学史料》,第2卷(1912—1937),第3卷(1937—1945)(北京:北京大学出版社,2000年)。

《云南大学志》,第1卷(人物传)(昆明:云南大学出版社,2000年)。

《历史学系十年来职员名录》,《史学年报》,2:5(1938年12月),页545—546。

《历史语言研究所与社会科学研究所合并事谈话会纪录及有关文件》(1933年),中国第二历史档案馆藏,全宗号:393,案卷号:1486。

中央研究院"历史语言研究所编,《"中央研究院"历史语言研究所七十年大事记》(台北:"中央研究院"历史语言研究所,1998年)。

方白,《大战平型关》,乙种丛书,新刊第13种(武昌:通俗读物编刊社,1938年)。

方白,《飞将军》,乙种丛书,新刊第6种(武昌:通俗读物编刊社,1937年)。

方白,《枪毙韩复榘》,乙种丛书,新刊第29种(武昌:通俗读物编刊社,1938年)。

左丘明,《国语》(据《四部备要》排印清代士礼居翻刻明道本为底本)(台北:里仁书局,1981年)。

石鸣,《阳明堡火烧飞机场》,乙种丛书,新刊第7种(武昌:通俗读物编刊社,1937年)。

石鸣九,《新马寡妇开店》,乙种丛书,新刊第24种(武昌:通俗读物编刊社,1938年)。

北平私立燕京大学,《北平私立燕京大学一览》(北平:私立燕京大学编印,1937—1938年)。

北京大学、清华大学、南开大学、云南师范大学编,《西南联合大学史料(三)教学、科研卷》(昆明:云南教育出版社,1998年)。

北京大学编,《北京大学规程》(北京:北京大学,1914年)。

冯玉祥,《冯玉祥抗战诗歌》,乙种丛书,新刊第11种(西安:通俗读物编刊社,1937年)。

老白,《大闹王家庄》,乙种丛书(决定版),新刊第28种(武昌:通俗读物编刊社,1938年)。

西南联大北京校友会编,《国立西南联合大学校史——1937至1946年的北大、清华、南开》(北京:北京大学出版社,1996年)。

朱有瓛主编,《中国近代学制史料》,第1辑下册(上海:华东师范大学出版社,

1986年)。

《(杂腔唱本) 十杯茶》,民国排印本,双红堂——戏曲190。东京大学东洋文化研究所藏汉籍善本全文影像资料库。

《(杂腔唱本) 王二姐思夫》,双红堂——戏曲190。东京大学东洋文化研究所藏汉籍善本全文影像资料库。

《(杂腔唱本) 马寡妇开店》,石印本,双红堂——戏曲190。东京大学东洋文化研究所藏汉籍善本全文影像资料库。

《(杂腔唱本) 新出改良十杯酒》,双红堂——戏曲190。东京大学东洋文化研究所藏汉籍善本全文影像资料库。

《(杂腔唱本) 新出花鼓词》,石印本,双红堂——戏曲190。东京大学东洋文化研究所藏汉籍善本全文影像资料库。

刘安等编注,高诱注,《淮南子》(上海:上海古籍出版社,1989年)。

江牧,《抗敌时令歌谣》,上、下册(汉口:生活书店,1938年)。

杜预注,孔颖达等正义,黄侃经文句读,《春秋左传正义》(十三经注疏之七)(上海:上海古籍出版社,1990年)。

杨晋豪,《八路军出马打胜仗》,大众读物乙种之3(汉口:通俗读物编刊社,1939年)。

李克,《国难十二月》,乙种丛书,新刊第14种(武昌:通俗读物编刊社,1938年)。

李克,《窦尔敦破案》,乙种丛书,新刊第21种(武昌:通俗读物编刊社,1938年)。

《(私立)大夏大学一览》(出版项不详,1929、1930、1931、1933、1936年)。

《私立齐鲁大学文理学院一览》(济南:私立齐鲁大学编印,1932年)。

佚名,《丁方上前线》,乙种丛书,新刊第17种(武昌:通俗读物编刊社,1938年)。

佚名,《民国廿六年》,乙种丛书,新刊第14种(西安:通俗读物编刊社,1938年)。

佚名,《血战芦沟桥》,乙种丛书(西安:通俗读物编刊社,1937年)。

佚名,《收商都》,乙种丛书,新刊第4种(西安:通俗读物编刊社,1937年)。

佚名,《抗日英雄苗可秀》,乙种丛书,决定版第1种(西安:通俗读物编刊社,1937年)。

佚名,《抗战歌谣》,乙种丛书,新刊第11种(武昌,通俗读物编刊社,1938年)。

佚名,《张子青诱敌》,乙种丛书,新刊第27种(武昌:通俗读物编刊社,1938年)。

佚名,《张仰贤大战百灵庙》,乙种丛书,新刊第22种(武昌:通俗读物编刊社,1938年)。

佚名,《赵登禹南苑殉国》,乙种丛书,新刊第4种(西安:通俗读物编刊社,

1937年)。

佚名,《活捉白坚武》,乙种丛书,新刊第10种(西安:通俗读物编刊社,1937年)。

社会调查所编,《社会调查所概况》(北平:社会调查所,1933年)。

陈垣,《私立辅仁大学一览》,(北平:私立辅仁大学,1937年)。

《国内五大学历史系学程一览》,《史地学报》,2:7(1923年11月),页147—150。

国立中山大学编,《国立中山大学一览》(广州:国立中山大学,1930年)。

国立中央大学,《国立中央大学一览》,1930年。

国立中央研究院文书处编,《国立中央研究院总报告》,第1—6册(南京:国立中央研究院总办事处,1928—1939年)。

《国立北平研究院五周年工作报告》,张研、孙燕京主编,《民国史料丛刊》(文教、文化概况)第1117册(郑州:大象出版社,2009年)。

国立北京大学,《国立北京大学史学系课程指导书》(北平:国立北京大学,1932—1933年适用)。

国立北京大学,《国立北京大学史学系课程指导书》(北平:国立北京大学,1934年)。

国立北京大学,《国立北京大学史学系课程指导书》(北京:国立北京大学,1924—1925年)。

国立北京大学,《国立北京大学史学系课程指导书》(北京:国立北京大学,1925—1926年)。

国立北京大学,《国立北京大学规程》(北京:国立北京大学,1918年)。

国立北京大学卅一周年纪念会宣传股编,《北京大学卅一周年纪念刊》(北平:国立北京大学,1929年)。

国立北京大学志编纂处编,《北京大学校史》(北平:国立北京大学志编纂处印行,1933年)。

国立武汉大学,《国立武汉大学一览》(1935年),吴相湘、刘绍唐编,《民国史料丛刊》,第6种(台北:传记文学出版社,1971年影印)。

国立武汉大学,《国立武汉大学一览》(出版项不详,1930、1933、1934年)。

国立清华大学,《国立清华大学一览》(北平:国立清华大学编印,1930年)。

国立清华大学,《国立清华大学本科暨研究院学程一览》(北京:国立清华大学编印,1932—1933年)。

国立清华大学,《国立清华大学学程大纲(附学科内容说明)》(北平:国立清华大学编印,1929年)。

《河南大学一览》(出版项不详,1930年)。

"胡适档案",中国社会科学院近代史研究所藏,卷宗号:1343;1443(15);1434(1);1434(7)。

《南开大学一览》(出版项不详,1929年)。

复旦大学，《科目、学程调查表和新生补习名册》（油印本，1939—1940年）。

复旦大学，《教员任课表及教职员录》（油印本，1940—1949年）。

复旦大学编，《复旦大学一览（19年春）》，（油印本，1930年）。

复旦档案馆编，《复旦大学志》（上海：复旦大学出版社，1985年）。

洪亮吉，《洪北江诗文集》，上册（上海：商务印书馆，1935年）。

教育部中国年鉴编辑委员会编，《第二次中国教育年鉴》，第3册第6编，"学术文化"（台北：宗青图书出版公司，1981年）。

教育部高等教育司编，《高等教育概况——大学之部》，上册（无出版项，1928—1929年）。

教育部编，《大学科目表》（重庆：正中书局，1940年）。

辅仁大学，《北平辅仁大学文学院概况》（北平：辅仁大学编印，1935年）。

辅仁大学，《辅仁大学文学院史学系课程组织及说明》（北平：辅仁大学刊，1933年）。

《（唱本190册）大鼓段词——小寡妇上坟》，双红堂——戏曲189。东京大学东洋文化研究所藏汉籍善本全文影像资料库。

清华大学校史研究室编，《清华大学史料选编》，第2卷上（北京：清华大学出版社，1996年）。

厦门大学编，《厦门大学布告》，1：1（1921—1922年）；2：2（1924—1925年）。

"傅斯年档案"，"中央研究院"历史语言研究所藏

Ⅰ：56；58；64；66；74；77；90；239；256；257；262；263；266；462；467；493；497；514；596；597；610；711；730；797；905；910；913；1244；1248；1249；1257；1261；1275；1419；1449；1475；1477；1506；1518；1519；1520；1521；1637。

Ⅱ：36；86；265；295；344；452；672。

Ⅲ：110；239；635；789；802；917；1003；1061；1067；1069；1212；1248；1329；1330；1334；1335；1460；1461；1465。

Ⅳ：378—13；378—28；378—29；378—52；530；532；533；534；535；536；537；539；550；1059；1250。

《暨南大学一览》（出版项不详，1935年）。

《暨南大学十七年度教务一览》（出版项不详，1928年）。

璩鑫圭、唐良炎编，《中国近代教育史资料汇编——学制演变》（上海：上海教育出版社，1991年）。

时人论著、日记、书信、回忆录、年谱

Fitzgerald, C.P., "C. V. G. Kiernon, *British Diplomacy in China, 1880 - 1885*, Cambridge University Press, 1939"，《中国社会经济史集刊》，8：1（1949年1

月),页 176—181。

一岳,《重重旧恨与新愁下之〈国耻史要〉》,《中国新书月报》,2:1(1932年),页 16—17。

丁山,《古代神话与民族》(北京:商务印书馆,2005年)。

千家驹,《从追求到幻灭:一个中国经济学家的自传》(台北:时报文化出版社,1993年)。

马伯乐(Henri Maspero)著,冯沅君译,《书经中的神话》(长沙:国立北平研究院史学研究会出版,商务印书馆发行,1939年)。

王礼锡,《中国社会史论战序幕》,《读书杂志》(中国社会史论战专号),第4—5期合刊(上海:神州国光社,1932年),民国丛书编辑委员会编,《民国丛书》,第2编79册(上海:上海书店出版社,1990年),页1—23。

王聿均、孙斌合编,《朱家骅先生言论集》(台北:"中央研究院"近代史研究所,1977年)。

王国维,《古史新证——王国维最后的讲义》(北京:清华大学出版社,1994年)。

王承军,《蒙文通先生年谱长编》(北京:中华书局,2012年)。

王钟翰,《书评:中国古史的传说时代》,《燕京学报》,第30期(1946年),页299—304。

王崇武,《书籍评论:明内廷规制考》,《中国社会经济史集刊》,7:1(1944年),页143—146。

王蔼棠,《中国近百年史问题研究》(北平:作者自印,1929年)。

开江、文清合编,《中国近百年史》(出版地不详:青江书店,1934年)。

弋纯,《书评的研究》,《武昌文华图书科学季刊》,3:4(1931年12月),页489—505。

《中国近代经济史研究集刊·发刊词》,《中国近代经济史研究集刊》,1:1(1932年11月),页1—3。

中国社会科学院科研局编,《陈翰笙集》(北京:中国社会科学出版社,2002年)。

毛泽东,《中国革命与中国共产党》,《毛泽东选集》,第2卷(北京:人民出版社,1991年),页621—656。

邓广铭,《回忆我的老师傅斯年先生》,聊城师范学院历史系、聊城地区政工委、山东省政协文史委合编,《傅斯年》(济南:山东人民出版社,1991年),页2—8。

甘海岚编撰,《老舍年谱》(北京:书目文献出版社,1989年)。

记者,《新青年杂志》,《新潮》,1:2(1919年2月),页353—355。

老舍,《1941年文学趋向的展望》,《抗战文艺》,7:1(1941年1月),页3—11。

老舍,《三四一》(重庆:独立出版社,1938年)。

老舍,《老舍文集》,第15卷(北京:人民出版社,1991年)。

老舍,《老舍曲艺文选》(北京:中国曲艺出版社,1982年)。

老舍,《我怎样写通俗文艺》,《抗战文艺》,7:1(1941年1月),页51—53。

老舍,《制作通俗文艺的苦痛》,《抗战文艺》,2:6(1938年10月15日),页89—92。

老舍,《谈通俗文艺》,《自由中国》,第2号(1938年4月),页128—131。

吕思勉,《白话本国史》,第1册(上海:商务印书馆,1923年)。

吕思勉,《吕著中国近代史》(上海:华东师范大学出版社,1997年)。

吕思勉、童书业编,《古史辨》,第7册(台北:蓝灯文化,1987年)。

朱谦之,《经济史研究序说》,《现代史学》,1:3—4(1933年),页1—50。

华北大学历史研究室编,《中国近代史》(出版地不详:新华书店,1949年)。

华岗,《中国民族解放运动史》(上海:鸡鸣书店,1940年)。

华岗,《中国近代史》(出版地不详:华东新华书店,1949年)。

向林冰,《论"民族形式"的中心源泉》,重庆《大公报·战线》,第508号(1940年3月24日),第3版。

向林冰,《封建社会的规律性与民间文艺的再认识——再论民族形式的中心源泉之一》,重庆《新蜀报·蜀道》,第101期(1940年4月21日),页4。

刘师培,《中国历史教科书》,刘师培,《刘申叔遗书》,下册(上海:江苏古籍出版社,1997年)。

刘珍,《国耻史纲》(台北:正中书局,1974年)。

刘彦,《帝国主义压迫中国史》(上海:太平洋书店,1927年)。

刘隽,《东三省盐法志》,《中国近代经济史研究集刊》,1:2(1933年5月),页314—321。

刘隽,《咸丰以后两淮之票法》,《中国近代经济史研究集刊》,2:1(1933年11月),页142—165。

刘隽,《清代云南的盐务》,《中国近代经济史研究集刊》,2:1(1933年11月),页27—141。

刘隽,《道光朝两淮废引改票始末》,《中国近代经济史研究集刊》,1:2(1933年5月),页123—188。

刘寅生、房鑫亮编,《何炳松文集》,第2卷(北京:商务印书馆,1997年)。

刘维开,《罗家伦年谱》(台北:中国国民党中央委员会党史委员会,1996年)。

汤象龙,"Henri Hauser, *Recherches et Documents sur L'Histoire des Prix en France de 1500 à 1800*, Les Presses Modernes, Paris, 1937",《中国社会经济史集刊》,6:2(1939年12月),页385—390。

汤象龙,《民国以前关税担保之外债》,《中国近代经济史研究集刊》,3:1(1935年5月),页1—49。

汤象龙,《对于研究中国经济史的一点认识》,《食货》半月刊,1:5(1935年2月1日),页1—2。

汤象龙,《达衷集》,《中国近代经济史研究集刊》,1:1(1932年11月),页

89—91。

汤象龙，《光绪三十年粤海关的改革》，《中国近代经济史研究集刊》，3：1（1935年5月），页67—74。

汤象龙，《张季子九录》，《中国近代经济史研究集刊》，1：2（1933年5月），页311—314。

汤象龙，《谕折汇存及华制存考》，《中国近代经济史研究集刊》，1：1（1932年11月），页92—94。

汤象龙，《道光时期的银贵问题》，《社会科学杂志》，1：3（1930年），页1—31。

汤象龙，《道光朝捐监之统计》，《社会科学志》，2：4（1931年），页432—444。

汤象龙编著，《中国近代海关税收和分配统计》（北京：中华书局，1992年）。

许仕廉，《中国社会学运动的目标经过和范围》，《社会科学》，2：2（1931年），页1—29。

孙毓棠，《西汉的兵制》，《中国社会经济史集刊》，5：1（1937年3月），页1—74。

芮逸夫，《苗族的洪水故事与伏羲女娲的传说》，《国立中央研究院历史语言研究所人类学集刊》，1：1（1938年），页155—203。

严中平，《书籍评论：辑录贸易史资料两种著作》，《中国社会经济史集刊》，7：1（1944年），页149—152。

劳榦，《史岩著：敦煌石室画像题识》，《中国社会经济史集刊》，8：1（1949年1月），页157—163。

苏秉琦，《陕西考古发掘报告：斗鸡台沟东区墓葬》第1种第1号（北平：国立北平研究院史学研究所，1948年）。

杨幸之，《论中国现代化》，《申报月刊》，2：7（1933年7月），页66—73。

杨宽，《历史激流中的动荡和曲折——杨宽自传》（台北：时报文化出版社，1993年）。

杨朝杰，《近代中国民族革命运动史》（上海：大东书局，1933年）。

李孝定，《逝者如斯》（台北：东大图书股份有限公司，1996年）。

李建芳，《各国民族统一运动史论》（重庆：大道出版社，1945年）。

李济，《发掘龙山城子崖的理由及其成绩》，《山东省立图书馆季刊》，1：1（1933年），页197—200。

李泰棻，《中国最近世史》（上、下册），沈云龙主编，《近代中国史料丛刊三编》，第61辑（台北：文海出版社，1990年）。

李絜非，《中国近世史》，（上海：文通书局，1948年）。

李鼎声，《中国近代史》，民国丛书编辑委员会编，《民国丛书》，第4编第78册（上海：上海书店出版社，据上海光明书局1949年版影印，1992年）。

连士升，"W. C. Oman, *A History of the Art of War in the Middle Ages*, Vol. I—II, Second edition, London: Methuen, 1924"，《中国社会经济史集刊》，5：1（1937年3月），页134—140。

吴玉章,《中国最近五十年民族与民主革命运动简史》(出版地不详:华北大学教务处,1949年)。

吴宓著,吴学昭整理,《吴宓日记》,第3、4、6册(北京:生活·读书·新知三联书店,1998年)。

吴铎,《川盐官运之始末》,《中国近代经济史研究集刊》,3:2(1935年11月),页143—261。

吴晗,《明代的军兵》,《中国社会经济史集刊》,5:2(1937年6月),页147—200。

吴景超,《近代都市的研究法》,《食货》半月刊,1:5(1935年2月1日),页159—160。

何兹全,《民族与古代中国史》,河北教育出版社编,《二十世纪中国史学名著叙录》(石家庄:河北教育出版社,2002年),页204—229。

佚名编,《国耻痛史》,沈云龙编,《近代中国史料丛刊》,第90辑(台北:文海出版社,1973年)。

谷霁光,《西魏北周和隋唐间的府兵》,《中国社会经济史集刊》,5:1(1937年3月),85—120。

沈仲章口述、霍伟记录、胡绣枫整理,《抢救"居延汉简"历险记》,《文物天地》,第4辑(1986年7月30日),页33—37。

沈亮棨编,《(绘图官话)国耻史演说》(上海:商务印书馆,1921年)。

沈鉴、王栻,《国耻史话》(重庆:独立出版社,1940年)。

宋阳(瞿秋白),《大众文艺的问题》,《文学月报》,创刊号(1932年6月10日),页1—7。

张之洞,《劝学篇》,收于沈云龙主编,《近代中国史料丛刊》,第9辑(台北:文海出版社,1967年)。

张希贤、王宪明、张伟良,《毛泽东在延安——关于确立毛泽东领导地位的组织、人事、理论宣传和外交统战活动实录》,(北京:警官教育出版社,1993年)。

张良辅,《中国现代化问题特辑·中国现代化的障碍和方式》,《申报月刊》,2:7(1933年7月),页3—4。

张其昀,《读〈史通〉与〈文史通义·校雠通义〉》,《史地学报》,1:3(1922年5月),页133—149;1:4(1922年8月),页105—131。

张朋园、陈三井、陈存恭、林泉等访问,陈三井、陈存恭纪录,《郭廷以先生访问纪录》(台北:"中央研究院"近代史研究所,1987年)。

张荫麟,"Chao-ting Chi(冀朝鼎):*Key Economic Areas in Chinese History*, London, 1930",《中国社会经济史集刊》,5:1(1937年3月),页121—125。

张荫麟,《北宋的土地分配与社会骚动》,《中国社会经济史集刊》,6:1(1939年6月),页33—64。

张荫麟,《宋史兵志补阙》,《中国社会经济史集刊》,5:2(1937年6月),页

141—146。

张荫麟,《张荫麟先生文集》上、下册(台北:九思出版社,1977年)。

张健甫,《中国近百年史教程》(香港:文化供应社,1949年)。

张熙若,《全盘西化与中国本位》,《国闻周报》,12:23(1935年),1—10。

陈怀,《中国近百年史要》(广州:中华书局,1930年)。

陈恭禄,《中国近代史》(上海:商务印书馆,1935年)。

陈啸江,《二十五史文化史料搜集法》,《食货》半月刊,1:5(1935年2月1日),页161。

陈崎编译,《外患史》(上海:时中书局,光绪二十九年癸卯[1903年])。

《现代化与非现代化》,《国闻周报》7:27(1930年),页2—3。

范文澜,《中国近代史》,收入:民国丛书编辑委员会编,《民国丛书》,第4编第78册(上海:上海书店出版社,据上海三联书店1949年版影印,1992年)。

罗玉东,《厘金制度之起源及其理论》,《中国近代经济史研究集刊》,1:1(1932年11月),页4—37。

罗玉东,《湖南厘务汇纂》,《中国近代经济史研究集刊》,1:2(1933年5月),页321—323。

罗尔纲,《太平天国史纲》(上海:商务印书馆,1936年)。

罗尔纲,《书籍评论:太平天国丛书第一集》,《中国社会经济史集刊》,5:1(1937年),页125—127。

罗尔纲,《师门五年记·胡适琐记(增补本)》(北京:生活·读书·新知三联书店,1998年)。

罗尔纲,《吴绳海:太平天国史》,《中国社会经济史集刊》,5:1(1937年3月),页128—130。

罗尔纲,《清季兵为将有的起源》,《中国社会经济史集刊》,5:2(1937年6月),页235—250。

罗根泽编,《古史辨》,第4册(台北:蓝灯文化,1987年)。

罗家伦,《研究中国近代史的意义和方法》,《武汉大学社会科学季刊》,2:1(1931年7月16日),页135—167。

罗家伦先生文存编辑委员会编,《罗家伦先生文存》,第5、7、12册(台北,"国史馆"、中国国民党中央委员会党史委员会,1976年)。

知耻社编,《国耻》,沈云龙编,《近代中国史料丛刊三编》,第23辑(台北:文海出版社,1992年)。

金克木,《论书评》,天津《益世报·读书周刊》,第107期(1937年7月8日),第12版。

周涤钦编著,《我们的耻辱》(重庆:正中书局,1942年)。

郑慧英,《书评索引初编》(广州:广州大学图书馆,1934年)。

郑鹤声,《太史公司马迁之史学》,《史地学报》,2:5(1923年5月),页57—84;

2：6（1923 年 8 月），页 79—106。

郑鹤声，《傅斯年等编著东北史纲初稿》，《图书评论》，1：11（1933 年 6 月），页 7—18。

单士元，《故宫博物院文献馆所藏档案的分析》，《中国近代经济史研究集刊》，2：2（1934 年 5 月），页 270—280。

孟世杰，《中国近百年史》，上册（天津：百城书局，1931 年）。

孟世杰，《中国最近世史》，第 1 册（天津：华泰印书馆，1926 年）。

孟真（傅斯年），《故书新评》，《新潮》，1：1（1919 年 1 月），页 139—141。

赵泉澄，《北京大学所藏档案的分析》，《中国近代经济史研究集刊》，2：2（1934 年 5 月），页 222—255。

荣孟源，《中国近百年革命史略》（北京：生活·读书·新知三联书店，1954 年）。

胡先骕，《评尝试集》，《学衡》，第 1 期（1922 年 1 月），页 119—142；第 2 期（1922 年 2 月），页 142—160。

胡厚宣，《楚民族源于东方考》，《史学论丛》第 1 册（北平：国立北京大学潜社，1934 年），页 1—52。

胡适，《胡适文选》（台北：远流出版公司，1990 年）。

胡适，《诸子不出于王官论》，《太平洋》，1：7（1917 年 4 月），页 1—7。

胡适纪念馆编，《论学谈诗二十年：胡适杨联陞往来书札》（台北：联经出版事业公司，1998 年）。

胡颂平，《朱家骅先生年谱》（台北：传记文学出版社，1969 年）。

胡颂平，《胡适之先生年谱长编初稿》，第 3、5 册（台北：联经出版事业公司，1984 年）。

胡绳，《中国近代历史的分期问题》，《历史研究》编辑部编，《中国近代史分期问题讨论集》（北京：生活·读书·新知三联书店，1957 年），页 1—14。

柳诒徵，《中国文化史》，上册（上海：上海古籍出版社，2001 年）。

柳诒徵，《梁氏佛教史评》，《学衡》，第 2 期（1922 年 2 月），页 131—141。

恽代英，《中国民族革命运动史》（上海：建国书店，1927 年）。

恽毓鼎，《读十六国春秋》，《中国学报》，第 3 期（1913 年 1 月），页 9—25。

总务部，《中华全国文艺抗敌协会会务报告》，《抗战文艺》，1：11（1938 年 7 月 2 日），页 144。

总务部，《中华全国文艺抗敌协会会务报告》，《抗战文艺》，2：6（1938 年 10 月 15 日），页 96。

总务部，《中华全国文艺抗敌协会会务报告》，《抗战文艺》，2：8（1938 年 10 月 29 日），页 117。

总务部，《中华全国文艺抗敌协会会务报告》，《抗战文艺》，2：9（1938 年 11 月 5 日），页 143。

费孝通，《费孝通社会学文集》（天津：天津人民出版社，1983 年）。

贺昌群,《汉初之南北军》,《中国社会经济史集刊》,5:1(1937年3月),页75—84。

袁永一,《陶希圣、鞠清远:唐代经济史》,《中国社会经济史集刊》,5:1(1937年3月),页130—134。

聂崇岐,《对现在史学界几句诤言》,《现代史学》,1:11(1947年),页22—23。

晋阳学刊编辑部编,《中国现代社会科学家传略》,第1、3、4、8辑,(太原:山西人民出版社,1982—1985年)。

夏曾佑,《中国古代史》(台北:台湾商务印书馆,1994年)。

夏鼐,《夏鼐日记》,卷1(上海:华东师范大学出版社,2011年)。

顾实,《国立东南大学国学院整理国学计划书》,《国学丛刊》,1:4(1923年12月),页121—130。

顾颉刚,《上游集》(上海:合众图书馆,1949年)。

顾颉刚,《中国上古史研究讲义》(北京:中华书局,1988年)。

顾颉刚,《西北考察日记》,中国人民政治协商会议甘肃省委员会文史资料研究委员会编,《甘青闻见记》(兰州:甘肃人民出版社,1988年)。

顾颉刚,《当代中国史学》(香港:龙门书店,1964年)。

顾颉刚,《我们怎样写作通俗读物》,《抗战文艺》,2:8(1938年10月29日)。

顾颉刚,《宝树园文存》,卷4(北京:中华书局,2011年)。

顾颉刚,《顾颉刚日记》,第3、4、5卷(台北:联经出版事业公司,2007年)。

顾颉刚,《通俗读物论文集》(汉口:生活书店,1938年)。

顾颉刚、王钟麒著,胡适校订,《中国史读本》(北京:中国工人出版社,2007年)。

顾颉刚编,《古史辨》第1、2、5册(台北:蓝灯文化,1987年)。

顾潮编著,《顾颉刚年谱》(北京:中国社会科学出版社,1993年)。

钱穆,《八十忆双亲·师友杂忆》(台北:东大图书股份有限公司,1992年)。

倪中轸,《读史记》,《国学杂志》,第4期(1917年12月),页1—3。

徐中舒,《中央研究院历史语言研究所所藏档案的分析》,《中国近代经济史研究集刊》,2:2(1934年5月),页169—221。

徐中舒,《再论小屯与仰韶》,李济编,《安阳发掘报告》,第3册(北平:国立中央研究院历史语言研究所,1931年),页523—557。

徐中舒,《陈侯四器考释》,《国立中央研究院历史语言研究所集刊》,3:4(1933年),页479—506。

徐旭生,《徐旭生西游日记》,(银川:宁夏人民出版社,2000年)。

徐炳昶,《中国古史的传说时代》(台北:里仁书局,1999年)。

徐炳昶,《中国古史的传说时代》(重庆:中国文化服务社,1943年)。

徐炳昶、苏秉琦,《试论传说材料的整理与传说时代的研究》,《史学集刊》,第5期(1947年),页1—28。

高博彦,《中国近百年史纲要》,上册(北平:文化学社,1928年)。

郭廷以,《近代中国史》,后收入:民国丛书编辑委员会编,《民国丛书》,第1编第78册(上海:上海书店出版社,据商务印书馆1947年版影印,1989年)。

郭沫若,《"民族形式"商兑》,《大公报》(重庆),"星期论文"(1940年6月9日),第2版。

郭沫若,《"民族形式"商兑(续昨日星期论文)》,《大公报》(重庆),"星期论文"(1940年6月10日),第3版。

郭沫若,《郭沫若全集》,文学编,第19卷(北京:人民文学出版社,1992年)。

浦江清,《清华园日记·西行日记》(北京:生活·读书·新知三联书店,1999年)。

陶希圣,《食货周刊创刊的意思》,天津《益世报增刊·食货》,第1期(1936年12月6日),第2版。

陶希圣,《搜读地方志的提议》,《食货》半月刊,1:2(1934年12月16日),页70—71。

陶希圣,《编辑的话》,《食货》半月刊,1:1(1934年12月1日),页29—30;1:2(1934年12月16日),页76。

陶孟和,《中国现代化问题特辑:中国现代化问题》,《申报月刊》,2:7(1933年7月),2—3。

陶孟和,《社会调查(一)导言》,《新青年》,4:3(1918年3月15日),页221—228。

陶孟和,《孟和文存》,卷2(上海:亚东图书馆,1925年),《民国丛书》,第5编,综合类92册(上海:上海书店出版社,1996年)。

黄祖英、沈长洪、陈怀白编,《近百年史话》(北平:大华印刷局翻印东北书店版,出版年不详)。

黄烈编,《黄文弼历史考古论集》(北京:文物出版社,1989年)。

萧一山,《清代史》,收入:民国丛书编辑委员会编,《民国丛书》,第4编第77册(上海:上海书店出版社,据商务印书馆1947年版影印,1992年)。

萧一山,《清代通史》(北京:北京出版社,1923年)。

梁方仲,《万历会计录》,《中国近代经济史研究集刊》,3:2(1935年11月),页292—299。

梁方仲,《明代"两税"税目》,《中国近代经济史研究集刊》,3:1(1935年5月),页50—66。

梁方仲,《明代户口田地及田赋统计》,《中国近代经济史研究集刊》,3:1(1935年5月),页75—129。

梁方仲,《明代的民兵》,《中国社会经济史集刊》,5:2(1937年6月),页201—234。

梁心,《国耻史要》(上海:日新舆地学社,1933年)。

梁启超,《中国上古史》(北京:商务印书馆,2016年)。

梁启超，《中国历史研究法（附补编）》（台北：台湾中华书局，1981年）。
梁启超，《中国学术思想变迁之大势》（台北：台湾中华书局，1979年）。
梁启超，《饮冰室文集》，第1、2、3、4、14册（台北：台湾中华书局，1983年）。
梁启超，《国史研究六篇（附录三篇）》（台北：台湾中华书局，1956年）。
梁思永，《龙山文化——中国文明的史前期之一》，《考古学报》，1959年第7册，页5—14。
梁锡华选注，《胡适秘藏书信选》，上、下册（台北：风云时代出版社，1990年）。
彭泽益，《赵丰田撰：晚清五十年经济思想史》，《中国社会经济史集刊》，8：1（1949年1月），页168—176。
葛一虹，《民族形式的中心源泉是在所谓"民间形式"吗?》，《新蜀报》（重庆），"蜀道"，第29期（1940年4月10日）。
蒋廷黻，《中国近代史》，民国丛书编辑委员会编，《民国丛书》，第2编第75册（上海：上海书店出版社，据商务印书馆1939年版影印，1990年）。
蒋廷黻，《蒋廷黻选集》，第1册（台北：文星书店，1965年）。
蒋恭晟，《国耻史》（上海：中华书局，1931年）。
傅振伦，《七十年所见所闻》（上海：华东师范大学出版社，1997年）。
傅振伦，《傅振伦文录类选》（北京：学苑出版社，1994年）。
傅斯年，《傅斯年全集》，第3、4、7册（台北：联经出版事业公司，1980年）。
鲁迅，《且介亭杂文》（北京：人民文学出版社，2000年）。
谢兴尧，《太平天国历法考》，《史学年报》，2：1（1934年9月），页57—106。
蒙文通，《古史甄微》（成都：巴蜀书社，1999年）。
雷海宗，《断代问题与中国历史的分期》，《清华大学社会科学》，2：1（1936年），页1—33。
新晨报丛书室编，《北平各大学的状况》（北平：新晨报营业部，1930年）。
蔡毓聰，《中国社会学发展史上的四个时期》，《社会学刊》，2：3（1931年），页1—33。
缪凤林，《评胡氏诸子不出于王官论》，《学衡》，第4期（1922年4月），页106—130。
缪凤林，《评傅斯年君东北史纲卷首》，《国立中央大学文艺丛刊》，1：1（1933年11月），页131—163。
黎东方，《平凡的我》，第2集（台北："国史馆"，1998年）。
霍怀恕，《书评的价值及其作法》，《学风》，2：10（1932年10月），页1—6。
鞠清远，《地方志的读法》，《食货》半月刊，1：2（1934年12月16日），页71—75。
James Harvey Robinson著，何炳松译，《新史学》（上海：商务印书馆，1924年）。

专书

于尔根·奥斯特哈默（Jürgen Osterhammel）著，强朝晖、刘风译，《世界的演变：

19 世纪史》，II（北京：社会科学文献出版社，2016 年）。
山室信一著，陈仁硕译，《宪法九条：非战思想的水脉与脆弱的和平》（新北：八旗文化出版社，2017 年）。
马大正主编，李军、邓森著，《斯文·赫定》（北京：中国民族摄影艺术出版社，2002 年）。
马林诺夫斯基（Bronislaw Kasper Malinowski）著，李安宅译，《巫术、科学、宗教与神话》（上海：上海社会科学院出版社，2016 年）。
王汎森，《古史辨运动的兴起——一个思想史的分析》（台北：允晨文化，1987 年）。
王柯，《中国，从天下到民族国家》（台北：政大出版社，2015 年）。
王煦华编，《顾颉刚先生学行录》（北京：中华书局，2006 年）。
"中央研究院"历史语言研究所四十周年纪念特刊编辑委员会编，《"中央研究院"历史语言研究所四十周年纪念特刊》（台北："中央研究院"历史语言研究所，1968 年）。
"中央研究院"近代史研究所六十年来的中国近代史研究编辑委员会编，《六十年来的中国近代史研究》，上、下册（台北："中央研究院"近代史研究所，1989 年）。
尹达、张政烺等编，《纪念顾颉刚学术论文集》，上、下册（成都：巴蜀书社，1990 年）。
布占祥、马亮宽主编，《傅斯年与中国文化："傅斯年与中国文化"国际学术研讨会文集》（天津：天津古籍出版社，2006 年）。
包遵彭、李定一、吴相湘编，《中国近代史论丛》，第 1 辑第 1 册（史料与史学）（台北：正中书局，1979 年）。
乔伊丝·艾坡比（Joyce Appleby）、琳·亨特（Lynn Hunt）、玛格丽特·杰考（Margaret Jacob）著，薛绚译，《历史的真相》（台北：正中书局，1996 年）。
伊曼纽尔·沃勒斯坦（Immanuel Wallerstein）著，王昺等译，《知识的不确定性》（济南：山东大学出版社，2006 年）。
刘龙心，《学术与制度：学科体制与现代中国史学的建立》（台北：远流出版事业公司，2002 年）。
刘起釪，《顾颉刚先生学述》（北京：中华书局，1986 年）。
苏双碧、王宏志，《吴晗传》（北京：北京出版社，1984 年）。
苏秉琦，《满天星斗：苏秉琦论远古中国》（北京：中信出版集团，2016 年）。
苏恺之，《我的父亲苏秉琦：一个考古学家和他的时代》（北京：生活·读书·新知三联书店，2015 年）。
杜正胜、王汎森主编，《新学术之路》，上、下册（台北："中央研究院"历史语言研究所，1998 年）。
杨瑞松，《病夫、黄祸与睡狮："西方"视野的中国形象与近代中国国族论述与想象》（台北：政大出版社，2010年）。

杨翠华，《中基会对科学的赞助》（台北："中央研究院"近代史研究所，1991年）。

李光谟，《锄头考古学家的足迹——李济治学生涯琐记》（北京：人民大学出版社，1996年）。

李孝悌，《清末的下层社会启蒙运动，1901—1911》（台北："中央研究院"近代史研究所，1992年）。

李怀印著，岁有生、王传奇译，《重构近代中国：中国历史写作中的想象与真实》（北京：中华书局，2013年）。

沙培德、张哲嘉主编，《近代中国新知识的建构》（台北："中央研究院",2013年）。

张光直，《中国青铜时代》（台北：联经出版事业公司，1983年）。

张希贤、王宪明、张伟良，《毛泽东在延安——关于确立毛泽东领导地位的组织、人事、理论宣传和外交统战活动实录》（北京：警官教育出版社，1993年）。

陆坚心、完颜绍元编，《20世纪上海文史资料文库》，第8册（上海：上海书店出版社，1999年）。

阿里夫·德里克（Alif Dirlik）著，翁贺凯译，《革命与历史：中国马克思主义历史学的起源，1919—1937》（南京：江苏人民出版社，2005年）。

陈三井主编，《走过忧患的岁月——近史所的故事》（台北："中央研究院"近代史研究所，1995年）。

陈星灿，《中国史前考古学史研究（1895—1949）》（北京：生活·读书·新知三联书店，1997年）。

陈峰，《民国史学的转折——中国社会史论战研究（1927—1937）》（济南：山东大学出版社，2010年）。

欧阳哲生，《傅斯年一生志业研究》（北京：北京大学出版社，2016年）。

岳玉玺、李泉、马亮宽著，《傅斯年：大气磅礴的一代学人》（天津：天津人民出版社，1994年）。

岳南，《陈寅恪与傅斯年》（台北：远流出版公司，2009年）。

孟昭晋，《书评概论》（南京：南京大学出版社，1994年）。

赵庆河，《读书杂志与中国社会史论战（1931—1933）》（台北：稻禾出版社，1995年）。

香港中国近代史学会编，《中国近代史研究新趋势》（台北：台湾商务印书馆，1995年）。

复旦大学历史学系、复旦大学中外现代化进程研究中心编，《中国现代学科的形成》（上海：上海古籍出版社，2007年）。

秦孝仪主编，《中华民国经济发展史》，第1册（台北：近代中国出版社,1983年）。

徐秀丽主编，《过去的经验与未来的可能走向——中国近代史研究三十年（1979—2009）》（北京：社会科学文献出版社，2010年）。

郭廷以，《近代中国的变局》（台北：联经出版事业公司，1987年）。

唐弢、严家炎主编，《中国现代文学史》，第 3 册（北京：人民文学出版社，1992年）。

萧乾，《书评研究》（台北：台湾商务印书馆，1990 年）。

阎明，《一门学科与一个时代：社会学在中国》（北京：清华大学出版社，2004 年）。

逯耀东，《中共史学的发展与演变》（台北：时报文化出版公司，1979 年）。

葛兆光，《何为中国：疆域民族文化与历史》，（香港：牛津大学出版社，2014 年）。

程杏培、陶继明，《红色学府——上海大学（1922—1927）》（上海：上海大学出版社，2002 年）。

曾业英主编，《五十年来的中国近代史研究》（上海：上海书店出版社，2000 年）。

谭佳，《神话与古史：中国现代学术的建构与认同》（北京：社会科学文献出版社，2016 年）。

论文

卜正民（Timothy James Brook）著，李荣泰译，《资本主义与中国的近（现）代历史书写》，卜正民、格力高利·布鲁（Gregory Blue）主编，古伟瀛等译，《中国与历史资本主义：汉学知识的系谱学》（北京：新星出版社，2005 年），页 132—194。

小仓芳彦，《通俗読物編刊社の出版物——1930 年代の抗日パンフレット 11 种——》，《调查研究报告》（学习院大学东洋文化研究所），第 17 期（1983 年 3 月），页 61—112。

王汎森，《一个新学术观点的形成——从王国维的〈殷周制度论〉到傅斯年的〈夷夏东西说〉》，《中国近代思想与学术的系谱》（台北：联经出版事业公司，2003 年）页 305—320。

王汎森，《人的消失?！兼论二十世纪史学中"非个人性历史力量"》，《思想是生活的一种方式：中国近代思想史的再思考》（台北：联经出版事业公司，2017 年），页 353—391。

王汎森，《什么可以成为历史证据——近代中国新旧史料观点的冲突》，《中国近代思想与学术的系谱》（台北：联经出版事业公司，2003 年），页 343—376。

王爱松，《"大众化"与"化大众"——三十年代一个文学话语的反思》，《南京大学学报》，1996 年第 2 期，页 24—32。

王煦华，《抗日战争期间的中国史学会》，上海图书馆历史文献研究所编，《历史文献》，第 4 辑（上海：上海科技文献出版社，2001 年），页 218—226。

方维规，《近代思想史上的"民族"相关核心概念通考》，孙江、陈力卫主编，《亚洲概念史研究》，第 2 辑（北京：生活·读书·新知三联书店，2014 年），页 3—60。

石川祯浩，《晚清"睡狮"形象探源》，《中山大学学报》，49：5（2009 年），页

87—96。

邢义田,《傅斯年、胡适与居延汉简的运美及返台》,《"中央研究院"历史语言研究所集刊》,66:3(1995年9月),页921—952。

刘忠,《中国现代文学话语形式的三次论争》,《社会科学研究》,2004年第6期,页137—143。

刘超,《学术与政治:〈现代本国史〉教科书个案》,《史学月刊》(2006年第7期),页95—99。

孙江,《拉克伯里"中国文明西来说"在东亚的传布与文本之比较》,《历史研究》,2010年第1期,页116—137。

杜正胜,《中国社会史研究的探索——特从理论、方法与资料、课题论》,中兴大学历史学系编,《第三届史学史国际研讨会论文集》(台中:青峰出版社,1991年),页25—76。

杜正胜,《从疑古到重建:傅斯年的史学革命及其与胡适、顾颉刚的关系》,《当代》,第116期(1995年12月),页10—29。

李长银,《一件关乎民国年间政学商三界的重大事件:1929年本国史教科书案新探》,《历史教学》,2014年10月,页34—40转17。

李帆,《人种与文明:拉克伯里(Terrien de La Couperie)学说传入中国后的若干问题》,《西南民族大学学报》,2008年第2期,页31—35。

李帆,《民族主义与国际认同之间——以刘师培的中国人种、文明西来说为例》,《史学理论研究》,2005年第4期,页97—102。

李帆,《西方近代民族观念和"华夷之辨"的交汇——再论刘师培对拉克伯里"中国人种、文明西来说"的接受与阐发》,《北京师范大学学报》,2008年第2期,页66—72。

李根蟠,《二十世纪中国古代经济史的研究》,《历史研究》,1999年第3期,页126—150。

李新伟,《中国史前文化格局建构的心路历程》,北京大学考古文博学院、北京大学中国考古研究中心编,《考古研究》,(九)(北京:文物出版社,2012年),页768—786。

李新伟,《重建中国的史前基础》,北京联合大学考古研究中心编,《早期中国研究》,第1辑(北京:文物出版社,2013年),页1—18。

沈松侨,《我以我血荐轩辕——黄帝神话与晚清的国族建构》,《台湾社会研究季刊》,28期(1999年12月),页1—77。

沈松侨,《现代化的回顾与展望——"中国现代化研讨会"纪要》,《新史学》,2:1(1991年3月),页115—130。

沈松侨,《国权与民权:晚清的"国民"论述,1895—1911》,《"中央研究院"历史语言研究所集刊》73:4(2002年12月),页685—734。

沈松侨,《振大汉之天声——民族英雄系谱与晚清的国族想象》,《"中央研究院"

近代史研究所集刊》，第33期（2000年6月），页77—158。

沈松僑，《近代中国的"国民"观念，1895—1911》，铃木贞美、刘健辉编，《東アジアにおける近代諸概念の成立》（京都：国際日本文化研究センター，2012年），页189—220。

张寿安，《近代中国知识转型与知识传播（1600—1949）大陆版导言》，《中国文化》，第44期（2016年第2期），页290—295。

张寿安，《近代中国的知识建构专号·导言》，《"中央研究院"近代史研究所集刊》，第52期（2006年6月），页9—17。

张凯，《出入"经""史"：上古史三系说"之本意及蒙文通学术旨趣》，《史学月刊》，2010年第1期，页125—134。

张瑞德，《中国近代农村经济的发展与危机——晚近一些议题的评述》，"中央研究院"近代史研究所编，《中国农村经济史论文集》（台北："中央研究院"近代史研究所，1989年），页719—744。

周文玖，《从"一个"到"多元一体"——关于中国民族理论发展的史学考察》，《北京大学学报》，44：4（2007年7月），页102—109。

胡逢祥，《李平心与中国近现代史研究》，《江西社会科学》，2005年第4期，页225—233。

黄宽重，《礼律研社会——陶希圣研究中国社会史的历程》，《新史学》，18：1（2007年3月），页169—195。

黄铭崇，《古史即"神话"——以〈大荒经〉及〈尧典〉为中心的再检讨》，《新史学》，7：3（1996年9月），页175—194。

龚书铎、郑师渠，《中国近代史》，萧黎主编，《中国历史学四十年（1949—1989）》（北京：书目文献出版社，1989年），页257—294。

梁庚尧，《从〈读书杂志〉到〈食货〉半月刊——中国社会经济史的兴起》，周梁楷，《结网二编》（台北：东大图书股份有限公司，2003年），页285—340。

雷文景辑，《顾颉刚致郑德坤信函辑录》，《档案与史学》，2002年第4期，页3—12。

翟志成，《集体记忆与历史真实："平型关大捷"的建构与解构》，《"中央研究院"近代史研究所集刊》，第51期（2006年3月），页131—186。

潘光哲，《想象"现代化"——一九三〇年代中国思想界的一个解剖》，《新史学》，16：1（2005年3月），页85—124。

英文专书、论文

Anderson, Benedict, *Imagined Communities: Reflections on the Origin and Spread of Nationalism* (London: Verso, 1991).

Barnes, Harry Elmer, *The History and Prospects of the Social Sciences* (New

York: Alfred A. Knopf, 1925).

Berger, Stefan &. Chris Lorenz, eds., *The Contested Nation: Ethnicity, Class, Religion and Gender in National Histories* (New York: Palgrave Macmillan, 2008).

Berger, Stefan, &. Chris Lorenz, eds., *Nationalizing the Past: Historians as Nation Builders in Modern Europe* (New York: Palgrave Macmillan, 2010).

Berger, Stefan, ed., *Writing the Nation: A Global Perspective* (New York: Palgrave Macmillan, 2007).

Berger, Stefan, Linas Eriksonas &. Andrew Mycock eds., *Narrating the Nation: Representations in History, Media, and the Arts* (NewYork: Berghahn Books, 2008).

Boltz William G., "Kung Kung and the Flood: Reverse Euhemerism in the 'Yao tien'," *T'oung Pao*, Vol. LXVII, Livr. 3 – 5(1981), pp. 141 – 153.

Bourdieu, Pierre, *Homo Academicus*, translated by Peter Collier (Stanford: Stanford University Press, 1988).

Bourdieu, Pierre, "Intellectual Field and Creative Project," trans. by Sian France, *Social Science Information*, Vol. 8 No. 2 (April, 1969), pp. 89—119.

Burke, Peter, *History and Social Theory* (Cambridge: Polity Press, 1992).

Chakrabarty, Dipesh, "Postcoloniality and the Artifice of History: Who Speaks for 'Indian' Pasts?" *Representations*, 37 (Winter, 1992), pp. 1—26.

Chiang, Yung-chen, *Social Engineering and the Social Sciences in China 1919—1949* (Cambridge: Cambridge University Press, 2001).

Cohen, Paul A., *Discovering History in China: American Historical Writing on the Recent Chinese Past* (New York: Columbia University Press, 1984).

Cordier, Henri, *Histoire des relations de la Chine avec les puissance occidentales, 1860—1900* (Paris: Alcon, 1901—1902).

Dennett, Tyler, *Americans in Eastern Asia: A Critical Study of the Policy of the United States with Reference to China, Japan, and Korea in the 19th Century* (New York: The Macmillan Company, 1922).

Duara, Prasenjit, *Rescuing History from the Nation: Questioning Narratives of Modern China* (Chicago: The University of Chicago Press, 1995).

Duara, Prasenjit, "The Regime of Authenticity: Timeless, Gender, and National History in Modern China," *History and Theory*, Vol. 37 No. 3, (Oct. 1998), pp. 287—308.

Gellner, Ernest, *Nations and Nationalism* (Ithaca: Cornell University Press, 1983).

Hamerow, Theodore S., *Reflections on History and Historians* (Madison: The

University of Wisconsin, 1987).

Hobsbawm, Eric J., *Nations and Nationalism since 1780: Programme, Myth, Reality* (Cambridge: Cambridge University Press, 1990).

Hu, Minghui, Johan Elverskog, eds., *Cosmopolitanism in China, 1600—1950* (Amherst, New York: Cambria Press, 2016).

Hung, Chang-tai, *Going to the People: Chinese Intellectuals and Folk Literature, 1918—1937* (Cambridge: Council on East Asian Studies, Harvard University, 1985).

Hung, Chang-tai, *War and Popular Culture: Resistance in Modern China, 1937—1945* (Berkeley: University of California Press, 1994).

Koselleck, Reinhart, *Futures Past: On the Semantics of Historical Time*, trans. by Keith Tribe (Cambridge Mass.: The MIT Press, 1985).

Li, Huaiyin, *Reinventing Modern China: Imagination and Authenticity in Chinese Historical Writing* (Honolulu: University of Hawai'i Press, 2013).

Makeham, John, ed., *Learning to Emulate the Wise: The Genesis of Chinese Philosophy as an Academic Discipline in Twentieth-Century China* (Hong Kong: The Chinese University Press, 2012).

Moloughney, Brian, "Myth and the Making of History: Gu Jiegang and the Gushi bian Debates," in Brian Moloughney and Peter Zarrow, eds., *Transforming History: The Making of a Modern Academic Discipline in Twentieth-Century China* (Hong Kong: Chinese University Press, 2011), pp. 241—270.

Moloughney, Brian, and Peter Zarrow eds., *Transforming History: The Making of a Modern Academic Discipline in Twentieth-Century China* (Hong Kong: Chinese University Press, 2011).

Morse, H. B., *The International Relations of the Chinese Empire* (London: Longmans, Green, and Co. 1910—1918).

Olsen, Niklas, *History in the Plural: An Introduction to the Work of Reinhart Koselleck* (N.Y.: Berghahn Books, 2012).

Schneider, Laurence A., *Ku Chieh-kang and China's New History: Nationalism and the Quest for Alternative Traditions* (Berkeley: University of California Press, 1971).

Wang, Fan-sen, *Fu Ssu-nien: A Life in Chinese History and Politics* (New York: Cambridge University press, 2000).

Wang, Q. Edward, "Between Myth and History: The Construction of a National Past in Modern East Asia," in Stefan Berger ed., *Writing the Nation: A Global Perspectives* (New York: Palgrave Macmillan, 2007) pp. 126—154.